中国商事法律制度

Commercial Legal System of China

赵旭东 等　著

法律出版社 LAW PRESS · CHINA

前　言

我国民法典立法正在全面推进之中,按照立法安排,2020 年中国民法典将会颁布。商法是与民法紧密联系,二者同为我国市场经济法律制度的重要法律部门,商法对市场经济的作用尤为突出。商事立法与民法典立法存在着极为特殊的关联,具有特殊的意义,编纂民法典这一重大立法的主要出发点和目的是为了加强市场经济法律制度建设,完善社会主义市场经济法律制度体系。就市场经济法律而言,联系最为直接和紧密的恰好是商事法律制度,加强市场经济法律制度建设,重要的内容是要加强商事法律制度建设。

然而,在我国目前的法律体系中,最为短缺和不足的正是商事基本法律制度,与民法相比,商事立法的缺陷十分明显。尽管我国尚无统一的民法典,但至少还有一部统领整个民事法律的民法通则。而迄今为止,商法只有公司法、证券法、破产法、保险法、票据法、信托法等各个单行商事法,缺少一部类似民法通则、规定一般商事法律制度、统领整个商法领域立法的系统性法律文件,整个商事立法处于完全的零散化、碎片化状态,与部门法应有的体系化、科学化的要求相距甚远。在传统法典化的体系中,作为相对独立的部门法,目前只有商法等少数部门法缺少统领性的一般立法。

深化商事制度改革、激发经济发展活力是党中央、国务院作出的重要战略部署,也是转变市场职能、激发市场潜能的重要举措。近年来我国开展了以改革工商登记为切入点的商事制度改革,通过工商系统的自我革命、主动放权,带动相关部门审批制的改革,减少行政审批,转变政府职能,降低市场主体准入门槛,还权于企业,还权于市场,为公平竞争搭建好舞台,为经济发展提供有力支撑,取得了释放市场活力、支撑就业增长、优化产业结构、激发创新创业、促进经济发展的良好成效。商事制度改革的成就有目共睹,令人振奋。同时,商事制度改革也面临着法律规则供给不足、未来改革方向不明的困境,面临着未雨绸缪的前瞻性规划和选择:如何确定我国商事制度发展的总体思路?目前商事制度发展存在的突出问题和面临的主要任务是什么?商事制度未来的发展方向和价值取向是什么?我国商事制度的总体框架和制度体系如何构建?现有规范性文件多是在政策导向下的填补式规范,缺乏科学的目标导向和完整的体系设计,导致未来商事制度改革的目标不清、方向不明。商事制度改革的具体内容缺乏一般性商事立法的统筹与规划。甚至,商事制度改革到现在,连什么是商事制度,中国的商事制度具体包括哪些内容,都没有清晰、明确、统一的界定。同时,迄今为止的商事制度改革主要是围绕商事登记制度和市场监管的职能而展开,但是一个国家的商事制度不只是商事登记制度，还包括更为广泛的内容和其他相应的制度，商事登记制度仅是其中重要的部分。

说到商事制度的界定和内容，这又是最为基本、但又是相当艰难的法律问题。近二十年前，我对商法曾有过这样的感慨和评论："商法的内容是朦胧的，商法的边界是模糊的。在中国二十年的法学史上，这样的情况的确少见：一方面我们在念叨着商法，但不确定商法为何物，一方面我们在呼喊着商法的理论和学说，但却说不清商法的概念和范围。面对着古老成熟的民法，商法的位置在哪里？我们教着商法，我们写着商法，我们眼观商法的兴旺和繁荣，我们热衷商法的事业和发展，同时我们也在怀疑着商法。我们知道它的过去，但我们却说不清它的现在，也看不透它的未来，我们似乎被笼罩在商法的迷雾之中，我们感到难以名状的困惑。"

近二十年过去，中国商法实践取得举世瞩目的辉煌成就，俯瞰中国商法的整个领域，有太多的法律制度得以建立和形成，有无数的法律问题被不断地探索和解决。中国的商法体系在逐步地充实和完善，中国的商法学也在不断地丰富和发展。虽然我们对商法的某些问题依然还有困惑，但我们对中国商法的认识已经有了质的飞跃，我们对中国商法的性质使命和结构体系有了深刻的理解和科学的安排。尤其是中国商法历经几十年的快速发展，已经形成并展现出其鲜明的中国特色。

近些年来，我国商法学界就中国基本商事法律制度的立法，尤其是制定《商法通则》的问题进行过多方面的深入研究和交流，取得了广泛的共识，并形成了一些重要的研究成果。学界普遍认为，在我国抓紧制定一部一般性、统领性的《商法通则》，不仅是健全和完善社会主义市场经济法律体系的需要，同时也是商事法律制度自身体系化、科学化的需要；不仅在理论体系的完备上是必要的，而且在立法技术上也是可行的。为此，中国商法学研究会在已故王保树教授主持下，曾组织全国高校和有关机构的专家学者，集中全国商法学界的力量，开展了商法通则的立法研究，并最终形成了统一的《商事通则》立法建议稿。近些年来，商法学界和社会各方都在密切关注并期待有关机关能尽快将《商法通则》的制定提到立法议程。

我国有关机关也十分重视商事制度改革的制度设计和相关立法。2016 年和 2017 年，原国家工商行政管理总局作为市场监管机关先后就《商法通则立法研究》《构建我国商事制度的总体思路研究》设立专项研究项目，并由法规司和综合司具体组织实施。本人作为学者有幸接受委托，牵头组成课题组承担了具体的研究任务，并如期完成了项目研究报告和新的《中华人民共和国商法通则》立法建议稿。本项目研究的目的是从国家商事法治建设的高度和角度对整个商事制度的宏观问题进行全面分析和探讨，为构建我国商事制度的总体框架和结构体系，为商事制度的立法提供系统化的设计方案。本项目研究根据传统商法的基本理论原理，借鉴境外有关国家商事法律制度的先例和经验，总结我国多年来商事制度丰富的实践经验，探索反映我国现实、具有中国特色的商事法律的制度框架和结构体系，为民法典编纂之后的中国商事立法提供具体的立法建议。同时，我们以课题研究为契机，并在此基础上，对我国的商事法律制度的实践情况进行了广泛的收集、梳理和分析，对我国商事法律制度深层次的法律原理进行了全面、系统的归纳、总结和挖掘，形成了本书的基本体系和内容，并试图由此进一步建构和丰富中国商事法律制度的完整理论结构、体系和内容，为我国商事法律制度理论体系的最终形成和相应的立法作出探索性的工作和贡献。在此，我也代表项目课题组和本书作者对前国家工商管理总局给予我和课题组的信任和支持致以最诚挚的敬意和谢意。

参加本身编写的作者有：赵旭东、卢宁、陈丽苹、徐深澄、衣小慧、李梦洁、王玄烨、王迪、任重哲、邹学庚、陈樱娥、陈王澍、潘朗峰、刘亚菲、龚圆敬。

赵旭东

二〇一九年五月

目　　录

第一编　中国商事法律制度总论

第二编 中国商事法律制度分论

第一编　中国商事法律制度总论

第一章 中国商事法律制度概述

一、商事法律制度的概念和调整对象

商事法律制度是调整商事关系的法律规范，是法律体系中的一个重要部门。商事法律起源于地中海沿岸国家的商人习惯法。随着经济贸易活动的发展以及商事规则的丰富，大陆法系国家纷纷制定了商法典及其他商事单行法规，形成了民商分立的格局。此后，由于商人身份的弱化及商事活动的扩大化，逐渐出现了民商合一的趋势。我国作为大陆法系国家，自清末以来一直采用民商合一的立法体例，但商事法律具有其特殊的属性，因此，通说认为商法是民法的特别法。随着金融市场的出现，商法日益复杂化、专业化与民法的共同性亦逐渐削弱，此通说也不断受到质疑。更有学者认为，商法是私法的特别法，与民法共同构成私法。商法究竟是私法的特别法，还是民法的特别法？抑或两者是存在交叉共同规范的两个子私法体系？此问题的答案并不取决于我国采用什么体例，而在于我国的商事实践、经济发展需要什么样的商法。

（一）商事的含义

商法即商事法，商法中的概念、规范和制度都是建立在“商事”这一概念基础之上。经济学意义上的“商”或“商事”是指沟通生产与消费的中间环节，即产品由生产者流转到消费者的渠道和中介，是社会大生产的一个重要阶段。也就是说，经济学意义上的“商”或“商事”是狭义上解释。

作为商法术语意义上的“商”或“商事”，各国法律上对其并没有明确的定义。商法上“商”或“商事”泛指一切以营利为目的的经营活动的总称。商法学界有学者认为“现代商法上所称的商事是指营利性主体所从事的一切营利性活动和事业的总称”；有学者认为“法律意义上的‘商’或‘商事’，乃是指一切营利性活动和事业的总称”；有学者认为“凡属以营利为目的，从事媒介交易之行为，皆称之为商”。[①] 由此可见，商法学上“商”的含义要比经济学意义上的更为广泛，它不仅仅包括流通领域的产品买卖活动，还包括与流通行为相关联的中介、生产、担保、保险、金融、信托、证券、信息、旅游、娱乐等领域。由于社会经济的不断发展，“商”的内涵和外延范围也在不断扩大。

（二）商事的范围

商事的范围非常广泛，几乎包括各种以营利为目的的商品交换以及与此相关的其他活动。买卖活动是商事活动的核心。作为扩大买卖交易法范围的手段而起作用的

---

① 张国健：《商事法论》，台北，三民书局1980年版，第4页。

是代理业、代销业，在交易活动中起媒介作用的是经纪业，作为买卖业的辅助并在商业交易中克服空间障碍的是运输业，克服了时间障碍的是仓储业。矿业、农林水产业等原始产业，出版社、广播等文化宣传业，旅馆、餐饮等服务业等都以各种形态与买卖业密切联系。因此，在西方国家有“无业不商”之说。商法理论上，通常将商事作以下四类划分：

第一，“固有商”，学说中又称为“第一种商”，即直接媒介财物交易的商事活动，主要包括商品交易、证券交易、票据交易以及海商交易等。

第二，“辅助商”，学说中又称为“第二种商”，指间接媒介货物交易的商事活动，它是使“固有商”得以实现其目的的某种辅助行为，包括如货物运送、仓储、代理、行纪、居间、包装等。

第三，“第三种商”，指虽不具有直接或者间接媒介货物交易活动的目的，但其行为性质与固有商和辅助商有密切联系或者为其提供商业条件的营业活动，如银行、融资、信托、承揽、制造、加工、出版、印刷、摄影等。

第四，“第四种商”，指仅与辅助商或者第三种商有牵连关系的营业，如广告宣传、人身和财产保险、旅馆、饭店、戏院、旅游服务、信息咨询等。

世界各国及地方对于商事的范围在立法上大致存在 3 种不同的规定方法：

第一，概括主义，即在立法上对商事的范围作出概括性的规定，而不予详细列举，如《美国统一商法典》（Uniform Commercial Code，UCC）第 1－102 条就认可“经习惯、惯例和当事人协议而不断扩大的商业上的做法”。

第二，列举主义，即在立法上对商事的范围予以详细的列举，如 1985 年《联合国国际贸易法委员会国际商事仲裁示范规则》就列明了属于商事的十六类事项，包括贸易交易、销售协议、商事代理、租赁、咨询、设计、许可、投资等。

第三，折中主义，指综合采用上述两种方法对商事的范围予以界定，此种方法以日本商法最为典型。

对于商事的具体范围，由各国商事法律具体规定。由于社会经济和文化发展水平的不同，商事的具体范围在各国间存在差异，但它们之间存在一个基本的共同标准范围，即均认可商事是泛指以营利为目的的经营性活动。

（三）商事法律制度的概念

商事法律制度是商法的表现形式。商法有形式意义的商法和实质意义的商法之分。形式意义的商法是以商法为名称制定的法典，它着眼于规范的表现形式和法律的编纂结构。① 也就是说，此种意义上的“商法”是指一部统一的法律文件——《商法典》。形式意义上的商法主要存在于大陆法系采“民商分立”体例的国家和地区。目前，在大陆法系国家中大约有 40 多个国家存在形式意义上的商法，如法国、德国、日本等。大陆法系中采“民商合一”体例的国家和地区则不存在形式意义上的商法，我国

---

① 王保树：《中国的商事法律制度》，载中国人大网：http://www.npc.gov.cn/npc/xinwen/1999－10/31/content_1459911.htm，最后访问日期：2017 年 12 月 27 日。

也不存在形式意义上的商法典。此外,属于英美法系国家的美国于1952年公布了《统一商法典》(UCC),已经为除路易斯安那州之外的各州所采纳,因此也可以说,在美国也存在形式意义上的商法,虽然在具体内容上与大陆法系各国家或地区的《商法典》的内容大相径庭。实质意义的商法则是各种商法规范的总和。[①] 它着眼于规范的性质、规范的构成和作用理念的统一。从实质意义上考察,商法不仅可以存在于商法典中,也可以存在于其他形式的商事法律、法规、规章、商事习惯法中。我国目前不存在形式意义上的商法典,但实质意义的商法大量存在,自1992年以来,相继制定了《海商法》《公司法》《票据法》《保险法》《商业银行法》《合伙企业法》《证券法》《信托法》和《个人独资企业法》等商事法律制度。此外,即将《民法总则》及正式施行后的《民法典各分篇》中的商法规范;国务院颁布的相应的商事法规;国家工商总局等部委出台商事规章以及长期的商业贸易实践中发展起来的用于解决商事问题的实体法性质的商事习惯法。因此,我国目前所谓商事法律制度,仅有实质意义上的商法,不存在形式意义的商法。

但是,未来对形式意义上的商法是可以期待的。我国商法学者已经大量论证了在民商合一的立法体例下,制定《商法通则》的必要性和可行性,提出此为我国商事立法模式的最优或较优模式。在实行实质商法主义的民商合一体制下制定《商法通则》,既可矫正商法民法化的偏颇又可实现商法体系的完善,同时又不根本性地改变我国采用单行商事法律的立法模式。[②]《商法通则》作为商事一般法颁布之后,我国的商事法律制度,既包括民商合一体例下的形式意义的商法即《商法通则》,也包含实质意义上的商法,如《民法典》中的商法规范、商事法规、商事规章以及商事习惯法等。

(四)商事法律制度的调整对象

确定商事法律制度调整对象是商事法律制度制定的前提,也是建构和研究商事法律制度的基础。商事法律制度的主要调整对象是商事关系。

有商法学者将现有的分析商事关系的进路分为四种:①从主体属性、行为的角度界定商事关系,将其理解为某种特定主体基于特定行为而形成的社会关系;②从所属社会关系的构成或性质的角度界定商事关系,将其理解为某种财产关系(社会经济关系)或与此有密切联系的人身关系(社会经济关系)的总和;③从内容角度界定商事关系,将其描述为若干类型与商事有关的社会关系的集合;④不取商事关系的概念,而采商事法律关系的概念,实际上是将商事关系等同于商事法律关系。[③] 这四种进路或限缩了商事关系的范围,如进路一,或模糊商事关系的内涵;如进路二、进路四,或将概念替换为"商事法律关系",商事关系并不一定为商法所调整,显然商事法律关系的范畴要小于商事关系。面对这些研究进路上的缺陷,有商法学者从主体类型化的角度将商

① 王保树:《中国的商事法律制度》,载中国人大网:http://www.npc.gov.cn/npc/xinwen/1999-10/31/content_1459911.htm,最后访问日期:2017年12月27日。

② 石少侠:《我国应实行实质商法主义的民商分立——兼论我国的商事立法模式》,载《法制与社会发展》2003年第5期。

③ 蒋大兴:《商事关系法律调整之研究》,载《中国法学》2005年第3期。

事关系区分为四类：商主体与商主体之间以营利为目的的商事关系；商主体与作为监管者的非商主体之间与营利相关的商事关系；商主体与作为消费者的非商主体之间基于商主体的营利目的而形成的商事关系以及非商主体与非商主体之间偶尔为之的营利性行为形成的商事关系等。[①] 此四种类型依次处于商事关系的最核心区域到最边缘区域。以上分类表明：商事关系并非一定是平等主体之间的社会关系，商事关系的构成主体尽管与营利性相关，但并非双方主体在形成该关系时同时具有营利目的，故将商事关系本身界定为带有营利性目的的社会关系并不准确。可以将商事关系界定为“主体双方或一方基于营利性目的而形成的社会关系”。[②]

商事关系无论范围多么广泛，也无论从何种角度对其进行界定，都主要表现为以营利性为特点：所谓盈利，就是通过经营获取利润，以较少的经营投入获取较大的经营收益。盈利是一切商事关系形成基本动机和目的，是商事经营活动的出发点和归属点。没有盈利，就没有商事关系，不能盈利，商人也无法生存。当然，这种营利系指商事行为的主观目的是为了取得经济利益，至于客观上是否能够取得实际的盈利则在所不问。正是基于商事关系的营利性本质，现代商事关系表现出无所不包、无所不商的状态，市场经济越发达，商事关系的范围就越广泛，几乎在社会生活的一切领域，几乎一切社会活动，都可以是基于营利而进行，都可以成为一种商事关系。

二、商事法律制度的性质与特点

（一）商事法律制度的性质

商事法律制度的性质表现在以下几个方面：

1. 商事法律制度是私法制度

公法与私法的划分标准，各种学说差异甚大，有利益说、效力说、主题说、统治关系说、意思说等不同的主张，但一般认为公法是调整国家与社会组织和个人之间关于公权力义务关系的法律规范，私法是调整社会组织和个人之间以及相互间关于私权利义务关系的法律规范。公法维护的是公共秩序和社会的宏观利益，其调整的原则为国家干预原则。私法维护的是社会个体的微观利益，其调整的原则为意思自治。

无论依何种标准，一般都认为商事法律制度属于私法。正如德国法学家拉德布鲁赫所言，“商事法律制度是基于个人主义的私法本质，为那些精于识别自己利益并且毫无顾忌地追求自身利益地极端自私和聪明的人而设计的”。[③] 私法是商事法律制度的本质属性，虽然进入现代资本主义时期以来，西方国家对经济活动的干预越来越多，并将其政策规定于法律之中，从而出现“私法公法化”的趋势，商事法律制度也具有了公法的色彩，但就其本性而言，商事法律制度依然属于私法，其根据在于：其一，商事法律制度的调整对象是商事关系，而商事关系除商事监管关系外，是以平等主体在从事以营利为目的的经济活动中所形成的一种社会关系。在商事关系中，商事主体的地位

---

① 蒋大兴：《商事关系法律调整之研究》，载《中国法学》2005 年第 3 期。

② 同上。

③ ［德］拉德布鲁赫：《法学导论》，米健、朱林译，中国大百科全书出版社 1997 年版，第 72 页。

是平等的，始终贯彻意思自治原则。其二，商事法律制度调整商事关系的直接目的是保护和协调民事主体的私人利益，促进商业活动的增长和发展。其三，商事法律制度调整的方法主要是民事权利义务的设定和民事责任的追究。

当然，商事法律制度中存在着具有公法性质的规范。商事主体在从事交易时，为了自己利益的实现，必然对交易安全极为重视，离开了交易安全，营利是无法实现的。此外，商事行为可能影响到国家或社会的利益，从而与现代法律的社会本位存在冲突。因此，具有公法性质的强制性规范在商事法律制度中必然存在。然而，此类规范的存在并不能改变商事法律制度的私法属性，它是建立在商事法律制度基础上并服务于商事法律制度的，体现了商事法律制度的时代性和进步性。

2. 商事法律制度是实体法制度

依法律的内容为标准，可以将法律划分为实体法与程序法。实体法一般是规定法律主体主要权利和义务的法律，程序法一般规定保证法律主体权利和义务得以实现的法律。商事法律制度的主要内容是规定商事主体在交易活动中具体的权利和义务，因此，商事法律制度属于实体法。当然，在商事法律制度中不可避免地存在程序性的规范，如关于商事登记的规定，但此类规范与程序法意义上的规范是不同的。

3. 商事法律制度是调整市场经济关系的法律制度

市场经济是商事法律制度的基础，没有市场经济就没有商事法律制度。市场经济是以交换为目的的经济，商事法律制度所调整的商事关系具有营利性的特征，而这恰恰是通过市场从事商品交换活动的目的。商事法律制度作为市场经济的法，直接反映着市场经济的要求。商事法律制度中的商事主体制度规范的是生产者和经营者的组织形式和内外法律关系，商事法律制度中的商事行为规则调整的是市场交易行为和与此相关并为之服务的其他经营行为。

商事法律制度起源和演变的历史过程也充分表明了其与市场经济的内在联系。商事法律制度最初的形式是商人在从事商品交易活动中形成的商人习惯法。伴随16世纪新大陆的发现，欧洲开始了史无前例的商业革命，重农抑商的封建观念让位于重商主义的普遍政策。与此同时，对商人利益的协调和保护和对商业行为的规范和调整也日益成为国家立法的重要任务。从19世纪开始，商事法律制度开始在大陆法系国家作为一个独立的法典化的法律部门出现。

（二）商事法律制度的特点

商事法律制度作为调整商事关系的法律规范，具有下列几个基本特点：

1. 私法与公法规范的融合

总体来看，商事法律制度在性质上属于私法。然而随着市场经济的发展，商人基于意思自治、契约自由等原则而实施的行为极有可能侵害他人利益及社会公共利益，如不正当竞争、垄断、侵害消费者利益等行为。因此，需要国家对商事活动进行控制和调节，以维护经济秩序的正常运行，由此带来了“法律社会化”和“私法公法化”的倾向。私法公法化在很大程度上表现在商事法律制度领域，即商事立法中越来越多的体现政府的经济职权和国家意志的干预，越来越多地规定了调整个人与政府和社会间经济关系、维护社会公共利益的内容，这些内容体现了明显的公法属性。这意味着商事法律制度具有私法性质的同时，也具有公法的色彩。例如，商事登记、商业账簿制度，公司法中关于公司登记的规定，破产法、公司法及保险法中的罚则规定，海商法中的船舶登记、保险法中的责任准备金、保险业监督管理的规定，破产法中的债务清偿顺序等规定，都是具有公法性质的商事法律制度。

因此，商事法律制度虽属私法，但却存在有公法性质的规范，这表现了公法、私法在商事法律制度中的相互渗透。实际上，泾渭分明的公法、私法只存在于法学理论之中，实际生活中的法律几乎不存在纯粹的公法和纯粹的私法。

2. 强制性规范与任意性规范的结合

法律规范依据权利、义务的刚性程度，可分为强制性规范和任意性规范。所谓强制性规范是指必须依照法律适用、不能以个人意志予以变更和排除适用的规范。任意性规范则允许主体变更、选择适用或者排除该规范的适用。商事法律制度以私法规范为主体，贯彻意思自治原则，当然具有大量的任意性规范。商事活动要求简便、快捷，应由当事人自行决定更为合理，因此在商事行为法方面更多地存在任意性规范。例如，合同的订立、合同形式的选用、履行的方式，公司中经理人的设置、职权的规定，证券的投资，票据的转让等，都可以由当事人按照自己的意思自由决定。

然而，由于商事组织在经济生活中居于十分重要的地位，商事组织的设立及其成立后的运行机制是否健全，会涉及交易当事人之外的第三人的利益，会直接对交易安全及国家利益和社会公共利益发生影响。因此，关于商事组织的法律规范不宜完全由当事人意思自治，而应由国家给予适当的干预，这些干预的规范在商事法律制度中就体现为强制性规范。例如，公司法中有关公司设立、公司的组织机构，商业登记，票据的种类、行为的方式，破产法中的清偿顺序等规范均为强制性规范。商事法律制度所具有的强制性规范与任意性规范的结合特点正如德国法学家德恩所说："商法是一切法律中最为自由，同时又是最为严格的法律。"

3. 组织法与行为法的结合

商事法律制度首先由组织法性质的规范构成。商人是商事法律制度活动的基础，包括商自然人、商法人及其他商事组织，有关商人的规定在商事法律制度中体现为商事组织法。例如，公司法中关于公司的种类、设立、组织机构、公司的内部关系的规定，证券法中关于证券公司的规定，保险法中关于保险人的规定等，都属于商事组织法。

商事法律制度中更多的内容是行为法规范。商事关系具有营利性，从事商事交易是设立商事组织的目的，因此，商事法律制度必然要对商人的商事活动进行规范，有关商事活动的规范在商事法律制度中就体现为商事行为法。例如，公司法中关于公司经营活动的规定，证券法中关于证券的发行、交易、信息披露的规定，票据法中关于出票、背书、承兑、付款及追索的规定，保险法中关于保险合同的订立、履行、变更、解除和保险代理及经纪的规定，海商法中关于海商合同、船舶碰撞、海难救助、共同海损的规定等，在商事法律制度都体现为商事行为法。

组织法与行为法的结合成为商事法律制度的特点，其中商事组织法的规定大多属于强制性规范,而商事行为法大多属于任意性规范。

4. 商事法律制度的具有较强的可操作性和技术性

商事法律制度源于商人从事商品交易活动所产生的习惯法,并随着商事实践和惯例的发展而得以发展完善。这就决定了商事法律制度是一个实践性极强的法律部门,正如拉德布鲁赫所说:“什么是商事法律制度的特征?没有任何领域能比商事法律制度更能使人清楚地观察到经济事实是如何转化为法律关系的。”①因此,商事法律制度具有较强的可操作性,它对商事行为中的行为方式、环节、规则都做了具体、确定的规定,从而使其得以适应商人在商事活动中实际操作的要求。

另外,商事法律制度也是市场机制运行的制度规范。为了使市场得以顺畅运行,使交易活动可以便捷、安全地进行,商事法律制度在各种制度设计方面必然存在大量的技术性规范,从而使商事法律制度成为一套相互衔接、缜密的系统。例如,公司法中关于公司的设立、公司股份、公司财务;证券法中证券的发行、证券的交易、上市公司的收购、信息的披露;票据法中关于票据的文义性、要式性、无因性,发票行为、背书行为、承兑行为,票据抗辩、追索权的行使;保险法中关于保险费用、保险金额、精算、理赔;等等,都涉及大量的技术性问题,体现了很强的技术性,这些方面的规定在商事法律制度上都体现为技术性规范。

5. 国际性

商事法律制度是最具有国际性的法律规范。商事关系实质就是商品关系在法律上的表现,因而商事法律制度必须反映和尊重商事关系的客观规律和要求。同时,商事关系本身也具有一定国际性,许多商业活动都跨越国籍,各国经济日益紧密联系,并趋向世界经济体系的形成。为此不仅世界各国在本国商事立法方面注意坚持一般的科学原理和保持与其他国家商事法的协调和衔接,而且在国际间也订立有许多国际性商事公约。受这些公约的影响,各国在制定本国商事法律制度时往往对其加以吸收。同时,一国商事法律制度的成功制度也会迅速为各国借鉴,导致各国商事法律制度的日益趋同化,这样,又进一步促进了商事法律制度的国际性。

商事法律制度源于商人的交易习惯法,商事规范是在国际商事交往中不断发展起来的,商事法律制度的国际性从中世纪商事法律制度就已经有所体现,此后,随着工业革命的进行,国家之间的商事交往日益频繁。20 世纪以来,社会化大生产规模不断扩大,几乎每个国家都参与了国际的分工与合作,从而使商事进一步扩大到世界范围。与此发展趋势相适应,商事法律制度的国际化程度日益提高。大量有关商事活动的公约得以订立。例如,1924 年《统一提单若干法律规则的国际公约》、1930 年《统一汇票本票法公约》、1946 年《关税与贸易总协定》、1946 年《统一国际货物买卖公约》、1978 年《联合国海上货物运输公约》、1980 年《联合国国际货物买卖合同公约》、1990 年《国际贸易术语解释通则》及正在制定的《欧洲公司法》等。

① [德]拉德布鲁赫:《法学导论》,米健、朱林译,中国大百科全书出版社 1997 年版,第 74 页。

三、商事法律制度与其他部门法的关系

(一)商事法律制度与民法

商事法律制度作为商法的表现形式,商法与民法关系的问题是决定私法体系教义学上的建构的最基本和最重要的问题。而教义学上的建构,最终要反映在立法体例的选择上。具言之,民法与商法的关系怎么定性,商法是民法特别法的关系,还是一般私法与特别私法的关系,抑或是存在交叉共同规范的两个子私法体系,不同关系定性对私法体系教义学上的建构会产生重要影响,最终可能会影响后发国家的立法体例选择。但多数大陆法系国家和地区的立法体例的选择都存在很大的历史偶然性,但后续法解释必然深受民商关系定位的影响。由此,厘清民法与商法关系以及立法体例的选择是两个不同的问题,立法体例选择存在较大历史偶然性,即便确定了"民商合一"的立法体例,也并不必然可以推导出商法是民法特别法的关系,民法与商法的关系仍应在私法体系的教义学构建层面作深入思考。

1. 立法体例

在民法典编的背景下讨论民法与商法的关系,大多学者主要就是讨论民法典的立法体例问题,学界就此存在"民商合一"与"民商分立"的意见对立,这一问题属于立法技术问题。①

(1)民商合一模式。采用这种模式的国家实行民商合一的立法模式,即只制定民法典,而不再另行制定商法典。这种模式认为商法与民法在基本原理、基本制度方面有共通性,商法也涉及私人利益,贯彻着私法的共同精神,其内容是民法的组成部分,要么规定在民法典中,要么制定单行法来规定。因此,在民法典之外,不必另行制定商法典。主张该模式的理论认为,随着市场经济的发展,导致人的普遍商化,商人作为特别阶层及商行为作为特别法律行为的制度价值已经大大降低;此外,商事行为与民事行为的划分也日益模糊,独立的商人法院也不复存在。因此,商法没有必要和民法相分离,而应该合一。

民商合一模式率先于瑞士实现,其1872年制定的《瑞士债务法》中包括了公司、有价证券及商号、票据、商业登记、商业账簿等本属商法的内容,并且于1911年将该法纳入1907年颁布的《瑞士民法典》当中,作为其中的一编,从而开创了民商合一的模式。意大利商法原来是民商分立模式,后于1942年制定一部包括民商法在内的新的民法典。此外,土耳其、泰国、匈牙利、南斯拉夫、俄罗斯等国也采用民商合一模式。

(2)民商分立模式。采用这种模式的国家实行民商分立的立法模式,在制定民法典之外,又制定商法典,商法是其法律体系中的一个独立的法律部门。在此种模式下,商事主体被认为是不同于一般民事主体的法律主体,商事行为也被认为不同一般民事法律行为,商法是独立于民法的一个法律部门。因此,在民法典之外,另行制定独立的商法典。主张民商分立模式的理由主要有:第一,商法有其自身的发展历史与传统,从

① 王轶、关淑芳:《民法商法关系论——以民法典编纂为背景》,载《社会科学战线》2016年第4期。

19世纪开始,商法在大多数大陆法系国家就作为一个独立的法律部门出现,而且开始法典化。较典型的商法典有:1807年《法国商法典》、1897年《德国商法典》、1899年《日本商法典》。目前,世界上大约有40多个国家有独立的商法典。第二,商法与民法各自有其侧重点。商法从商事主体的角度出发,侧重于对营利性的商事活动进行规范,强调商事交易的便捷与安全;民法则从一般的民事主体角度出发,侧重对一般人身和财产关系进行规范。

对各国存在的民商分立模式进行具体分析,又可以分为3种类型:

第一,客观主义模式,又称商行为法模式或法国商法模式。1807年《法国商法典》的颁布,标志着大陆法系国家民商分立模式的形成。在法国大革命革除阶级、主张人权平等思想的影响下,该法典摒弃了中世纪以来商法只适用于商人阶层的商人法观念,而将商人法转变为商行为法,以商行为为基础来构造该法典。根据这种立法模式,实施商行为的人就是商人,不论其是否商人或者是否从事营业,因商行为所发生的关系均为商事关系,从而适用商法。《法国商法典》是近代第一部商法典,对此后许多国家商法典的制定产生了深刻影响。此后,又有西班牙、卢森堡、阿根廷、墨西哥等国相继采用了这种模式。

第二,主观主义模式,又称商人法模式或德国商法模式。1861年《德国普通商法典》(德国旧商法典)是以商行为为法律适用的决定性因素,即采客观主义模式而制定的。1871年德国统一后,开始修订《普通商法典》,于1897年颁布了《德国商法典》(德国新商法典)。新的商法典采主观主义模式,以"商人"的概念为出发点来编制。之所以采用这种模式,是因为法典的制订者"持有一种十分陈旧的观点,即一个社会中的不同职业构成了相互独立的身份集团,而每个集团都有其专门的法律。"①主观主义模式的立法主张认为,商行为就是商人所为的行为,由商行为引发的关系都是商事关系,如果行为主体不是商人,其行为就不是商行为,所发生的关系也就不是商事关系,从而不适用商法典。采用此立法模式的国家还有奥地利等国家。

第三,折中主义模式。这种模式将客观主义模式和主观主义模式相结合,在商法典的制定中将商行为概念和商人概念同时作为立法的基础,因此称为折中主义模式。1899年颁布的《日本商法典》即为采用该模式制定,此外还有比利时等国家也是采用该模式来制定商法典。

2. 民法与商法的关系

从制定《民法通则》之始,到现今如火如荼地编纂《民法典》,我国民商法学者对民法与商法的关系问题的探讨就一直在持续。对民商法关系的定性,主要有两种主要观点:①商法是民法的特别法,民法就是私法;②民法与商法仅仅有部分共同规范,除此之外是两个完全独立法律部门,两者共同组成了私法。两种观点在我国争论较为激烈,除涉及商法的地位之外,把商法作为民法的特别法,这种简便的技术来处理民法与

① [德]罗伯特·霍恩、海因·科茨、汉斯·G. 莱斯:《德国民商法导论》,中国大百科全书出版社1996年版,第232页。

商法的关系，有学者认为第一种观点的关系定性无明显的教义学上建构意义。第二种观点是批判第一种观点上基础上提出，有学者认为该观点在教义学的建构上更有意义，且司法适用上更有利于法官在商事审判中作出最优的规范选择。

（1）观点一：商法作为民法的特别法。商法之所以是民法的特别法，是由商法的调整对象的性质决定的。作为商法调整对象的商事关系和民事关系具有同质性，“商事仅系民事之一部分，偏重于经济生活方面，故商事对于民事具有特殊性”。[①] 因此，无论是否存在独立的商法典，商法作为民法的特别法这一点是无法否认的。

商法作为民法的特别法，它们的关系主要表现在两个方面：第一，商法与民法在基本原理、基本制度方面有共通性。如民法关于自然人能力的规定、法人的规定、法律行为的规定、侵权责任的规定，都适用于商法，商法不需要对上述方面作出特别规定。第二，法律适用方面，商法的适用优先于民法。依照特别法优先于一般法适用的原则，凡涉及商事的事项，当商法有规定时，应优先适用商法；只有当商法没有规定时，依照民法补充适用的原则，才可以适用民法的有关规定。

（2）观点二：商法与民法是各自独立的法律部门。商法与民法是各自独立的法律部门，是因为作为商法调整对象的商事关系与民事关系日趋异质化，完全不适宜作为民事关系的一部分，本质上与民事关系已不同。商事关系是一种经营关系，这种关系由三种核心要素构成：营利、营业、商人。[②] 当今商法从传统商事关系的调整日益转移到对金融商事关系的调整，商事关系与民事关系在法体系构建上更需注重异质性的规范，而非同质性的提炼。因此，商法与民法作为各自独立的法律部门，可能更能满足中国市场经济的制度需求的供给。

商法与民法是各自独立的法律部门，主要表现在两个方面：

第一，商法与民法的基本理论、制度开始分化。传统商法与民法的调整对象差异不大，商法与民法在规则和理论上的互动性很强，故用民法基本理论作为商法规则的解释分析工具，仍能得出较为妥当结论，解释力度也足够充分。但是，现代商法调整的商事关系与民事关系已有很大差异，相应的很多商法的规则是民法所没有的，且两者之间也很难发生互动，如商事监管规则、会计规则以及商事主体设立的程序规则等。这些现代商法新增的规则，在民法中是没有任何根基的。民法如果想成为这部分商法规则的一般法，其逻辑前提是民法能为这部分商法规则提供理论源流或者规则来源。显然，事实上的民法与商法在理论以及制度上的分化，使这部分商法规则与民法不存在“一般法”与“特别法”的关系。

第二，法律适用方面，将商法简单认定为“民法的特别法”或者“特别私法”，会让商事案件的审判出现向“民法逃逸”的倾向。只要规范适用上，欠缺商法的特别规定就会适用民法规范，这种适用顺序在“商法是特别法”的观念下具有逻辑性上的正当性。但是，如果将“商法和民法作为独立两个私法部门”，这种适用顺序将不再具有正

---

① 林咏荣：《商事法新诠》（上），台北，五南图书出版股份有限公司 1990 年版，第 3 页。

② 参见蒋大兴：《商事关系法律调整之研究——类型化路径与法体系分工》，载《中国法学》2005 年第 3 期。

当性。商事案件的法律适用顺序：首先，应适用商事规范，包括商事单行法中强制性规则以及民法典中民法与商法的共同强制性规则。其次，商事习惯法以及商事习惯。再次，商事单行法中任意性规则与民法典中民法与商法的共同任意性规则。最后，不存在商事规范与商事习惯时，适用民法规范前，仍需通过商法体系内的有效性论证后才能得以适用。相较于"一般法—特别法"的简单粗暴的法律适用顺序，将"商法和民法作为独立两个私法部门"后的法律适用顺序应当更具有科学性。

(3)小结。中国商法40年的发展不仅确立了内容丰富的商法制度，而且形成了自己特有的主体法、行为法和监管法融为一体的制度构成。这种"三位一体性"是现代商法作为领域法所势必会呈现特性。所谓领域法特性源自商事单行法分别调整特定的商事领域，不同商事领域有着各种特殊的内容，制定的相应商事规范会呈现不同的规范构成。比如，公司法主要表现出主体法的属性，票据法、海商法主要表现出行为法的属性。破产法既可定性为商事主体破产解散阶段的主体法规范，也可定性为关于破产解散与清算的特殊行为规范。保险法、证券法、信托法、期货法、运输法和银行法则表现出主体法、行为法与监管法三类规范融为一体的典型构成。我国已经颁布的电子商务法也表现出主体法、行为法、监管法三位一体的典型制度构成。

商法因其"三位一体性"与民法呈现出交叉的关系。如商事主体制度与民事主体制度会有部分交叉；商事交易制度中规范普通的商业交易的规则，如制造、承揽、运输、买卖等与合同法是大致重叠的，当然特殊的商业交易规则，因受特定商事主体的组织性影响，其交易规则也呈现出巨大的差异化，如公司发行股票、债券的活动、保险机构的保险经营活动、证券机构和交易者的证券发行和交易活动、银行的存贷业务活动等；商事监管制度则完全独立于民法。由此，现代商法中一部分脱胎于传统商法的规则与民法存在重叠关系，这部分内容主要为普通的商事交易规则以及少量商事主体规则，当然现代商法发展出很多民法无关的规则，呈现出完全的独立性，且随着商事领域发展，这些规则会日益增多。所以，本书认为，在商法与民法重叠的部分存在一般法与特别法的关系，在商法完全独立的部分则无此关系。

(二)商事法律制度与经济法

作为一个法律部门而存在的经济法，其概念、调整对象和范围至今未能形成通说，在学者中存在不同的观点。对于经济法的概念，存在广义和狭义两种解释。广义的解释认为经济法是调整全部经济关系的法律规范的总称，既调整平等主体之间的经济关系，也调整不平等主体之间的经济关系，既调整经济组织关系，也调整经济交易关系。狭义的经济法概念的解释，认为所谓经济法，"是调整在国家协调本国经济运行过程中发生的经济关系的法律规范的总称"。①

目前，狭义经济法的解释已经在立法中得到采纳并成为学界的主流意见。

依照狭义的经济法概念，经济法主要包括反不正当竞争法、反垄断法、宏观调控法和国家参与法。基于此，商法与经济法主要存在以下几个方面的区别：

---

① 杨紫煊主编：《经济法》(第5版)，北京大学出版社2014年版，第35页。

第一,二者的调整对象不同。商法的调整对象除商事监管关系外,主要为平等主体之间从事商事交易所产生的社会关系,经济法的调整对象为国家协调本国经济运行过程中发生的社会关系。前者为私法关系,后者则明显的不属于私法关系。

第二,二者法律规范的属性的不同。商事法律规范的性质以任意性规范为主,强制性规范为辅;经济法由于国家作为一方主体,其规范的性质多为强制性规范,同时存在少量的任意性规范。

第三,二者的调整方法不同。商法属于私法,其调整方法多为市场机制和民事责任。经济法具有公法性质,其调整方法多为强行机制和行政责任。

第四,二者的规范内容不同。商法主要包括商人、商行为的原则规定、公司法、证券法、保险法、票据法、海商法等;经济法则主要包括经济法主体及其经济职能的原则规定、反垄断法、反不正当竞争法、宏观调控法(主要有财政税收法、中央银行法、产业政策法)等。

四、商事法律制度的体系

商事法律制度的体系是指商法作为一个独立的法律部门,其内在具有逻辑联系的各项法律制度所组成的系统。商事法律制度体系有广义和狭义之分。广义的商事法律制度体系包括商事法律法规体系、商法学体系以及商法实践体系;狭义的商事制度体系则仅指商事法律规范体系。一般所指商事法律制度体系,系指狭义的商事法律制度体系。具体而言,商事法律制度体系是商事一般制度、商事单行法、商事法规、商事规章、商事习惯法以及国际性商法所组成的有机联系的整体。

(一)商事一般制度

商事一般制度是在所有的商事法律规范和所有的商事活动的基础上提炼出的共同性的、一般性的法律规则。具体而言,在各个商事单行法、商事法规等既有的商事法律制度中寻找共性,并根据这些共性提炼出四类一般性制度。第一类,商事主体相关的制度,属于大陆法系商法体系的商事一般制度,目前我国立法已基本形成,如商事主体制度、商事登记制度、商号与商业名称制度、商事账簿制度等。第二类,商事交易特别行为规范,仍属于大陆法系传统的商事一般制度,但目前我国立法中仅部分形成却有缺漏,如商事行为制度、商事代理制度、商事营业转让制度等。第三类,商事公示和信用制度,虽然并非属于大陆法系传统的商事一般制度,但是经济发达的国家近年来均在积极创设商事公示与信用制度,我国也正在逐渐形成且已初具规模。第四类,商事争议解决制度,在英美法系国家根据商事争议解决的特性形成了一套区别于民事争议解决的商事争议解决制度,基于我国商事争议解决实际需求,也应当制定一般性的商事争议解决制度。所有这些内容将共同构成我国的商事一般制度。

1. 商事主体制度

商事主体制度是商法上商事主体范围、商事主体分类、商事主体的商事能力等一系列法律制度的统称。商事主体制度旨在揭示商事主体的本质特征,并从立法上将商事主体与其他法律区别开来。从西方商法实践看,欧陆国家多在商法典中对商事主体作了统一、明确的规定。从我国目前的情况看,商事主体的法律规范尚处于无统一标准、无层次化的分散立法状态。这种状态,不仅导致了法律之间的重叠、冲突甚至立法空白,而且还引起了执法的混乱。鉴于此,借鉴国外的立法经验,结合我国的国情,尽快建立我国的统一商事主体制度非常必要。

商事主体制度的主要内容包括:商事主体的要件、商事主体分类等一系列内容。

商事主体应当具备三大要件:(1)必须具有商事权利能力和商事行为能力,能够以自己的名义实施商行为。(2)必须实施商事行为,且以之为其经常职业,即不仅能够参加商事活动,而且商法允许其从事商事活动。(3)须缔结商事法律关系,并享有权利,承担义务。

商事主体基于不同的标准有不同的分类:①依商人的组织形态,分为商法人、商合伙、商个人。②依商人的规模,分为大商人、小商人。③依国籍可分为本国商人、外国商人。④依商人是否以注册登记为其要件,分为法定商人、注册商人、任意商人。

2. 商事登记制度

商事登记制度是规范商事登记行为,确定登记主管机关、内容程序等事项,调整商事登记关系的法律制度。商事登记制度在确认商事主体经营资格、提高交易效率、保护交易安全、维持经济秩序等方面具有重要作用,现行制度中对登记的申请、主管机关、登记的内容、效力以及登记与商事主体资格成立的关系,登记与公示的关系都作出了规定。这是我国商事制度中最为丰富、成熟的制度,也是各种商事法规最为集中的领域,商事登记制度立法的主要任务是对现行商法法规进行梳理、整合,实现登记制度的统一性和科学性。

商事登记制度的主要内容包括:商事登记的事项、商事登记的效力、商事登记程序等。

商事登记的事项在法律上受到某种程度的规定。根据中国法律的规定,商事登记的必要事项主要有商号、商事主体的住所、经营场所、法定代表人、经济性质、经营范围、经营方式、注册资金、从业人数、经营期限和分支机构等。

商事登记的效力在法律理论和司法实践中主要涉及两个方面的内容:一是对商事主体的效力。根据工商登记法规的规定,商事登记不仅是商法人取得法人资格的前提条件,也是非法人的商事主体取得商事经营资格的前提条件。我国法律严禁未经登记的无照经营行为。二是对第三人的效力,其中包括未履行商事登记的事项在法律上对第三人的效力及已履行商事登记之事项在法律上对第三人的效力。在商事交往中,必须在商事登记簿上登记的事项未履行登记或未予以公告的,任何该必须登记事项的参与人都不得以该事项来对抗第三人,除非第三人已经了解了该事项的真实情况。如果登记事项已经登记并已经公布,该事项对第三人产生对抗力。但是,如果在登记事项公布之后一定时间以内,第三人既不知道,也无责任知道该登记事项,那么,该登记事项对第三人不产生对抗力。对于这种不生对抗力的有效期限,在时间上各国法律都有一个严格的限定。

商事登记的程序在各国均大同小异,我国的商事登记程序主要分为五个阶段:首先,名称预先核准登记。依据《企业名称登记管理规定》规定,公司设立应先申请名称预先核准,此为公司设立登记的前置程序。预先核准的企业名称保留期为6个月,在保留期内,不得用以从事经营活动,不得转让。保留期满,不办理公司设立登记的,其公司名称自动失效。其次,申请与受理。由商事主体创办人或商事主体提出的创设、变更商事主体或变更商事主体已登记的有关事项的行为。根据商事主体的不同,我国法律规定了不同的申请条件,申请时提交的文件和证件也各不相同。只有符合法定要求,登记主管机关才予以受理。登记机关收到申请人提交的符合规定的全部文件后,应发给申请人登记受理通知书。再次,审查。审查是指受理登记申请的机关,在接到申请者所提交的申请之后,于法定期限内,对申请者所提交的申请内容,依法进行审查的活动。复次,核准发照。登记机关在收到申请人的申请及相关的材料并予以审核之后,应在法定期限内将审核结果及时通知申请人。对具备法人条件的企业,核发企业法人营业执照;对不具备法人条件的,发营业执照;对外商投资企业设立的分支机构,核发中华人民共和国营业执照;外商投资企业设立的办事机构,核发外商投资企业办事机构注册证。最后,公告。将登记的有关事项,通过特定的公开方式让公众周知。公告具有便于商事交易的进行、便于社会公众的监督、便于保障商事主体的合法权益等作用。

3. 商业名称与字号制度

商业名称是商事主体用来在营业活动中表彰自身身份的名称,又称商号、厂商名称、企业名称等。商业名称为非自然人的商事主体使用,类似于自然人的姓名,商事主体通过使用商业名称,可以同其他商事主体相区别。在我国,依照法律和法规的规定,商业名称包括企业名称、个体工商户和个人合伙的字号。

字号通常是指商业名称中的表彰商事主体的特殊文字,是商业名称的核心部分,一般由两个或两个以上的文字组成。例如,北京的“全聚德”,天津的“狗不理”,“凤凰”“红塔山”等。在此意义上,商业名称是商事主体的全称,而字号则是商业名称的构成部分或核心部分,如“中信国安信息产业股份有限公司”是该公司的商业名称,其中“中信国安”是其特有的字号。但字号的含义和使用并不严格,有时亦将字号与商业名称通用。习惯上,对公司等商事主体多用商业名称,对商自然人和商合伙多用字号。商业名称与字号制度是规范商事主体选定、取得、使用商业名称与字号等行为与事项的法律制度。

商业名称与字号制度的主要内容包括:商业名称的构成、选定和取得,商业名称权的保护等。

商业名称的构成是指商业名称应当由哪些要素组成。根据《企业名称登记管理规定》第7条的规定,在我国,商业名称必须具备下列几个要素:地名、字号、行业或营业特点、组织形式。我国在商业名称的选定问题上,通说认为采用的是严格主义,即商事主体选定的商业名称必须与其名称或者营业内容相一致,不符合的,均不予承认,且无法转让或者继承。法国、瑞士与拉美的许多国家均采取此种立法主义。商业名称通常是通过登记而取得保护的,商业名称的所有人通过登记取得对商业名称的专用权。

我国《企业名称登记管理规定》第3条规定:"企业名称在企业申请登记时,由企业名称的登记主管机关核定。企业名称经核准登记注册后方可使用,在规定的范围内享有专用权。"因此,我国商业名称的取得必须经过登记,这是取得商业名称权的唯一途径。

商业名称所有人取得商业名称权后,法律必须对其给予保护,否则商业名称权就会名存实亡。法律对于商业名称权的保护主要体现在两个方面:一是同一商业名称登记的排除。在商业名称的登记机关辖区内,不得再登记与已登记的同行业商业名称相同或者近似的商业名称。二是同一商业名称或类似商业名称使用的排除。未经商业名称权人许可,擅自使用他人商业名称或者使用类似商业名称的,为侵权行为,商业名称权人可以请求停止侵害,并赔偿损失。同时,也可依据反不正当竞争法的规定,请求行为人赔偿损失。

4. 商事账簿制度

商事账簿是商事营业及整个经济活动的重要工具,对于不同的主体,其表现出不同的法律功能和价值,具有十分重要而具体的法律意义和作用。我国现行法律并未从商事立法的角度对商事账簿作出总体规定,而是从国家管理和企业经营管理出发,对账簿的制备及具体规则作出规定,主要体现在《会计法》《审计法》《企业会计准则》等法律中。商事账簿制度是指规范商事主体记录和记载自己经营过程中财产状况以及盈亏状况而制作商事凭证以及保管商事凭证的法律制度。商事账簿制度兼具私法与公法的双重属性,并以私法属性为主,将商事账簿制度纳入兼具公法和私法双重属性的商法体系顺理成章,名副其实。我国已经颁行多年的会计法和会计准则对商事账簿的某些问题所做的规定并不当然排斥商法通则从基本商事制度角度对商事账簿的某些核心法律问题再做相应的规定。

商事账簿制度主要内容包括:商事账簿的种类、商事账簿的编制、保管。

商事账簿主要有三种:会计凭证、会计账簿和会计报表。其一,会计凭证,指记录商事主体营业活动及收支情况的凭证和证明。根据规定,商事主体在开展经营活动时的货币收付、款项结算、货物进出、财产增减等都必须由经办人取得或填制会计凭证,并以此作为结算的依据。其二,会计账簿,指商事主体的会计人员以会计凭证为依据,按照一定程序和方法制作的,具有固定格式而又相互联结的账页所组成的,用以连续、系统、全面记载商事主体各项经营活动的簿册。固定格式的簿册通常由主管部门统一印制而提供。其三,会计报表。会计报表,也叫会计表册,指根据会计账簿及其他会计资料,按照统一的格式、内容和方法编制的,以综合反映商事主体在一定时期内(通常是一个会计期间)的生产经营成果和财务状况的一种书面报告和表册。主要包括资产负债表、损益表、现金流量表、财务状况说明书以及利润分配表。

在我国现行法律法规中,有许多关于商事账簿编制要求的规定,如《会计法》第3条规定,各单位必须依法设置会计账簿,并保证其真实、完整;《公司法》《中外合资经营企业法实施条例》中都规定应当按照法律、行政法规的规定设置财务会计制度。编制商事账簿时,不仅应当确保商事账簿记载事项的真实性、完整性和及时性,而且应当缮写清楚,不留空白、不在行间插写、不进行修改或涂改。如果发生记账错漏进行改正时,应当使所删除之字仍然可读,且意义不明的简写及符号不能够使用。

商事账簿具有重要的法律效力和意义,因而各国法律均不同程度地规定了商事主体有保管商事账簿的义务。我国对商事账簿的保管也采取期限制,财政部和国家档案局 1984 年制定的《会计档案管理办法》,对会计档案的范围、立卷、归档、保管、借阅、交换、保存期限以及销毁,都做了规定。该管理办法规定,会计档案分为永久和定期两种,因账簿种类的不同而有所差别。永久会计档案如涉及外事的会计凭证、年度决算报表永久保存,各种账簿和凭证至少保存 10 年,月报、季报保存 3 ~ 5 年。在保管期限内,商事主体应当按照国家有关规定建立档案,妥善保管有关商事账簿,不得销毁、损坏和遗失。如果商事主体未尽妥善保管义务,将被追究严格的法律责任。造成严重后果的,还将追究有关人员的刑事责任。而且根据公司法规定,公司不仅应妥善保管商事账簿,而且还应按照法律或公司章程的要求及时向公司股东提供商事账簿。

5. 商事行为制度

商事行为是商主体以营利为目的的经营性行为。商事行为制度与商事主体制度是商法的核心制度,是构建商法体系的两大基石。这两项制度除了满足形式理性的需求,更是法律适用的基础,只有界定了商事行为,才能确定某种交易行为应适用民事规范还是商事规范。大陆法国家的商法典对商事行为均有系统、细致的规定,但在我国,既没有专门的商事基本法,更无商事行为的系统立法。

商事行为主要内容包括:商事债权行为、商事物权行为、商事交互行为、特殊商事行为等。

商事债权行为作为民事法律行为的特殊形态,表现为一种特殊形式的债权行为。债的关系首先表现为一种民事法律关系,因此,商事债权行为的构成要件以民事法律行为的构成要件为基础,同时适用商法的特殊规定,这些特殊的规定在法律效力上优先于民法的规定。在西方国家的商法典和商法学理论中,商事债权的特殊性主要表现在商事合同缔结过程中要约和承诺的特殊性上,具体涉及对意思表示之缄默和缄默之错误的特殊性规定等内容。

在商事活动中,涉及物权问题,可以适用民法中的有关规定。但是,对于一些特殊商事行为,在民法之外,商法中又有特殊的补充性规定,这些特殊规定对于商事行为具有规范性意义,由此,它们在一定程度上构成了商事物权与民事物权在法律上的差异。例如,商事流质预约的认可。但在商事活动中,由于商人自己能够计算其经济利益的得失,同时,也为保障商事交易的顺利进行,维护信用交易的公平,多数国家的商法都承认商事交易中的流质预约。又如,商事留置权,即在双方商事行为情况下,债权人为实现其债权,占有债务人的标的物,在其不履行义务时,变卖或对标的物折价以受偿其债权的权利。商事留置权起源于中世纪意大利商业城市的商业习惯,并在《德国商法典》中得到明文规定。

商事交互计算,是指把在一定期间内由商事交易所产生的债权债务进行一次性结算的特殊商事合同。它实际上是一种活期账务结算。它通过双方的约定,以结算结果和结算后所产生的余额的确定来实现债务了结。在这种债务了结方式中,借助于定期结算,交易双方当事人在商事业务往来中形成的债权和债务不断得以清算,从而避免了单方面独立的债权和债务的生效。

特殊商事行为是指在商事交易中具有个性、并受商法中的特别法规所调整的商事行为。特殊商事行为通常包括:商事运输、商事仓储、商事居间、商事行纪、商事期货、商事信托、商事票据、商事保险、海商等内容。

6. 商事代理制度

商事代理制度是指规范特定商事主体内部的经理、从事对外业务的雇员,以及独立于特定商事主体的代理商,以商事委托人之名义为法律上的交易行为,法律效果归属于该商事委托人的法律制度。

商事代理与民事代理之区分的最大原因在于其功能的巨大差异。商事代理的功能在于使团体或企业经营者参与法律交易,而民事意定代理的功能在于扩张个人经济活动空间。为了实现各自的功能,两种代理制度产生了结构性、内生性的差异:商事代理的代理人或被纳入企业经营者组织架构,成为其对外交易行为之窗口,或如代理商虽非从属于企业经营者的组织架构,但其本身就属于企业,具有组织性,而商事代理的组织性是为了高效完成商事委托人的经营活动。民事代理之扩张经济活动的代理人则不会呈现组织性等特点,因为个人经济活动均为简单的、短期的、非专业性的经济活动,凭借自然人个体就可以完成,因此,无须代理人呈现组织性、专业性、长期性、营利性等特点。因此,现代商业的专业化、复杂化、结构化势必会导致商事代理和民事代理二元分化。

商事代理制度的主要内容包括:职务代理以及代理商。

职务代理特指从属于特定商事主体的内部营业辅助人,经特定商事主体授予职务代理权,代理人在职权范围内以商事主体的名义实施法律行为,法律效果归属于商事主体。职务代理从法律关系结构上观察,实质上属于意定代理的范畴,对应我国《民法总则》之“委托代理”。但从商事功能的角度看,就可以将其与团体无关的一般意定代理区分开来,纳入商事代理的范畴,成为商事代理的下位概念。传统大陆法系国家并没有“职务代理”的概念,一般直接对经理权、代办权进行规定,但我国将两者合并提炼出上位概念“职务代理”,并在《民法总则》第 170 条中予以规定。职务代理根据代理权范围的大小,可分为经理与业务代表(代办),他们均符合职务代理的构成要件。但,就代理权的范围而言,经理具备从事商事主体经营营业所需的一切法律行为的概括代理权限;业务代表(代办)通常仅有某类营业事项或者特定营业事项的概括代理权限。

代理商是指受特定商事主体的长期委托,并为他们的利益负责进行媒介或者以特定商事主体的名义签订买卖、租赁或者提供服务等交易合同的独立的商事主体。代理商为特定的商事主体辅助营业,与特定商事主体形成长期性关系,看起来像商事主体的构成部分,但代理商绝对不从属于特定的商事主体,自身为独立的商事主体。另外,代理商必须为特定商事主体代理或中介。

7. 商事营业制度

商事营业包含主观上的营业和客观上的营业两种含义。主观意义上的营业指营业活动,即以营利为目的而进行的连续的、有计划的、同种类的活动(行为)。客观意义上的营业指营业财产,即供进行营业活动之用的有组织的一切财产以及在营业活动中形成的各种有价值的事实关系的总体,因此,又称为作为组织的营业。营业财产包括积极财产(资产)和消极财产(负债),如各种不动产、动产、无体财产、债权等。所谓"事实关系"则包括专有技术(Know-How)、信誉、顾客关系、销售渠道、地理位置、创业年代等。客观意义的营业可以作为转让、租赁的客体,所谓营业转让中的营业即指此意。

商事营业制度内容主要包括两个方面。第一个方面的内容与主观意义上的营业有关,包括营业能力、营业所等内容。第二个方面的内容与客观意义上的营业有关,包括营业转让、营业租赁及委托经营等内容。

商事营业制度的核心是营业转让制度。营业转让是指将客观意义上的营业保持其整体性,从一个主体转到另一个主体。与单纯的财产的转让不同,营业转让还涉及商号的转让、转让人的竞业禁止、受让人继续使用商号的责任等内容。

营业转让可以是全部转让,也可以是部分转让。例如,某一分店的营业转让即为部分转让,但营业的部分转让与各个财产的转让有所不同。作为部分转让的营业仍然是一个为了实现一定营业目的而组织化的、有机一体的机能性财产,且与营业全部转让的法律效果是完全相似的,从而区别与各个财产的转让。

营业财产与营业活动结合起来具有比构成营业财产的各个财产价值总和更大的价值。营业一旦解体就会失去这种价值。因此,不使已有的营业解体,保持其组织的整体性,在经济上是有效益的。营业转让制度的必要就在于此。如果分别处分营业的财产,往往会导致企业解体,如果将营业作为一个有机的组织体进行转移,则生产、制造、销售等营业活动可以很容易地继续下去,企业的商誉等营业的附加价值也能够得到维持,转让人可以获取包括整体性财产的价值以及商誉等无形资产的价值,受让人则既可以免去新设企业的麻烦,又可以无须经历长期的经营积累而坐享原营业积淀的无形资产,而且实现快速扩张的目的。

8. 商事公示与信用制度

商事信用是商事主体在经营活动中所具有的经济能力的一种表征。债务履行能力就是经济能力中最常见的一种。在民商法的框架下,信用更多地表现为一种财产利益。对于商事主体而言,信用往往多以财产为基础,财务状态、经济状态成为衡量商事主体信用的主要因素,甚至于商事信用也成为一种无形财产,商事信用越高也意味着越多交易机会,最终通过交易转化为真实的财产利益。商事公示是建立商事信用体系的基础,商事信用只有经过征信、评估、公示才能产生法律效果,从而促进公平竞争、降低交易成本、提升交易效率。

商事公示与信用制度主要包括:商事公示的方式、内容、效力,商事信用的征集、评价,商事信用权等内容。

商事信用的征集与评估的法律主体——征信机构，是指对企业、个人或者金融产品的信用状况、偿债能力、信誉给出判断的机构。[①] 征信机构是联结有关信用征信活动各方之间关系的中间节点，其所必需的信用信息来自各类经济组织、公权力机构以及媒体等，形成的信用产品也为社会经济生活服务。因而，征信机构是一种社会中介组织。征信机构享有征信权，即依法采集信用信息的权利。此征信权源于债权人的知情权，但征信机构不是以债权人的名义而是以自己名义从事征信活动，开展业务过程中享有独立于债权人的征信权。征信活动涉及广泛的信息，一一验证信息实属困难，但征信机构应尽合理地注意义务以确保信息的真实性。

商事信用评估是指由独立、专业的第三方对商事主体的基本信息、财务指标、非财务指标进行收集、整理、加工得出该商事主体的偿债能力、还本付息能力等信用信息的综合评估。一般商事主体的信用评估分为四步：首次信用评估、信用评估调整、评级重估和评级抽检。首次信用评估是指商事主体第一次将信用信息资料递交给征信机构，征信机构通过定性分析和定量分析的方法对商事主体进行首次评估，其中包括五个环节：①企业信息调研，通过收集、整理商事主体的基本信息，将财务经营信息进行定性分析，而管理人员信息、行业内竞争情况和企业发展前景等信息作定量分析。②信息录入，将商事主体的资本资料和财务指标录入评估模型中用于定量分析。③模型初评，系统自动将录入的信息进行计算，得出评估结果。④评价建议，根据系统输出的评价结果和建议，结合定性分析的结果综合考核，提出对商事主体的评级建议。⑤评级审核，征信机构的审查人员对评级材料及评级建议进行分析和审核，并对商事主体的评级提出独立建议。评级适时调整，若在评级有效期内，征信机构根据检查、监测、预警等信息，预见商事主体的实际信用风险发生重大不利变化，则应发起对商事主体信用等级的适时调整。评级重估，商事主体的信用评级到达有效期后，原评级自动失效，征信机构应将商事主体的最新评级资料录入评估系统，发起信用状况的重新评估。评级抽检，征信机构的监管部门对商事主体的信用评估结果进行抽查，抽查内容包括信息的准确性和评估结果的真实性。

9. 商事争议解决制度

商事争议解决制度是指发生商事争议的当事人通过审判司法机关或者借助社会力量消除争议的制度。

商事争议解决的理念与民事争议解决不同。以“公平”为例，由于很多民事案件当事人是自然人，所以民事审判在承认当事人的缔约能力存在差异的前提下，更强调对弱者的特殊保护，侧重于公平优先，以实现实质上的公平。而商事主体相对于自然人已高度职业化，法律在很多情形下推定其具有专业的判断能力和更高的注意义务。因而在商事审判更强调公平与效率二者并重，更侧重保护形式上的公平。商事争议解决应突出商事理念、强调商事思维，构建不同与民事争议解决的规则体系。

商事争议解决方式主要有诉讼、仲裁、调解、和解等方式。

---

① 陈潜、唐民皓：《信用·法律制度及运行实务》，法律出版社2005年版，第32页。

商事诉讼,指商事主体将有争议的商事权利和义务事项,提交司法审判机构,由其按审判程序作出裁决的制度。商事诉讼体现出与和解、调解和仲裁不同的特征:其一,商事诉讼具有公权性,由法院代表国家行使审判权解决商事争议;其二,商事诉讼具有强制性,这表现在案件的受理时和裁判的执行时,不需要对方的同意;其三,商事诉讼具有严格程序。

商事仲裁,是指发生商事争议的双方当事人,根据其在争议发生前或争议发生后所达成的仲裁协议,自愿将该争议提交中立的第三方仲裁机构进行裁决,仲裁机构依据仲裁规则解决争议的方式。其中仲裁协议是指双方当事人自愿将他们之间发生或者可能发生的争议提交仲裁机构予以解决的书面协议,是双方当事人所表达的采用仲裁方式解决纠纷意愿的法律文书。仲裁规则是指进行仲裁程序所应遵循和适用的规范。

商事调解,是指以争议当事人的自愿为前提,在中立的第三方的主持下,促使双方达成调解协议以解决商事争议的过程。调解可以由当事人指定调解员,也可以提请调解机构指定调解员。作为主持调解的第三方中立机构,调解机构一般都指定有自己的调解规则,提交调节机构的争议一般应按照调解程序进行调解。调解成功的,在一般情况下,双方签订和结束或和解协议,视为双方建立了一种新的合同关系,双方应自觉去履行。如有一方反悔或不履行,另一方可按照违约对待,再寻找新的途径去解决。

商事和解是指商事主体双方自行协商,就商事活动中涉及的实体权利进行处分并达成协议,从而解决争议的活动。这种活动是商事争议各方之间"争议—谈判—争议解决"的过程,和解的发起和最终结果的作出都是由双方当事人自行磋商解决。

(二)商事单行法

我国商事制度体系结构,除商事一般法外,商事单行法亦是其重要组成部分。为实现商事主体类型的多元化,我国已制定了《公司法》《合伙企业法》《个人独资企业法》等;为满足最常见的商事主体类型——公司筹集资金的需要以及民事主体的投资需求,已制定了《证券法》;为了满足金融市场对于多元化金融工具的需求,调整信托关系,规范信托行为,保护信托当事人的合法权益,促进信托事业的健康发展,制定了《信托法》;为调整商事交易中涉及的票据结算则制定了《票据法》;商事主体在经营过程中,因经营不善出现不能清偿到期债务,并且资产不足以清偿全部债务或者明显缺乏清偿能力的情形,为保护此情形下债权人和债务人的合法权益,已制定了《破产法》;商事交易、经营存在巨大风险,为了分散交易风险,制定了《保险法》;国际间的商品交易在我国也形成庞大的规模,为了调整海上运输关系、船舶关系,维护当事人各方的合法权益,促进海上运输和经济贸易的发展,制定了《海商法》。这些商事单行法之间具备一定的内在逻辑联系,与一般商事制度成为一个具有完备的规范体系。同时,我国商事法律制度体系也并非是完全封闭的,具有一定的开放性,随着时代的发展,逐渐有新的商事法律规范加入,当前诸如《期货法》《电子商务法》等法律也属于商事法律制度的新成员。

1. 公司法

公司法是指调整法律规定的各种公司的组织、设立、变更、解散与清算,以及公司活动过程中的包括股东权利义务等公司对内对外关系的法律规范的总称。

公司法的性质:①公司法属于私法。虽然公司法包含了公法性质的内容,但由于公司法主要调整的是个人或私法人之间的关系,调整方法主要为民商事权利义务的设定和民商事责任的追究,因此其就本性而言属于私法。②公司法属于私法中的商事法。公司本身是一种营利性的社团法人,不管其具体经营活动是从事生产制造,还是商品流通、资金融通,其目的都是为了营利。这种经营活动正是商法所调整的内容,公司是商事关系中最普通、最主要的商业组织。③公司法属于商事法中的商事主体法。公司是一种由多数人组成的团体,因而对其实行法律调整的公司法即具有主体法或组织法的性质。公司法作为主体法或组织法,首先,它确认了公司的法律地位,赋予其法人资格。其次,公司法对公司从产生到消灭整个过程的各种法律关系和活动都作了具体、详尽的规定。

中国为了规范公司的组织和行为,保护公司、股东和债权人的合法权益,维护社会经济秩序,促进社会主义市场经济的发展,制定《公司法》。1993 年 12 月 29 日第八届全国人民代表大会常务委员会第五次会议通过《公司法》。之后,分别于 1999 年 12 月 25 日、2004 年 8 月 28 日、2013 年 12 月 28 日进行了三次修订。2013 年 12 月 28 日中华人民共和国主席令第八号公布的《公司法》共 13 章 218 条,包括总则,有限责任公司的设立和组织机构,有限责任公司的股权转让,股份有限公司的设立和组织机构,股份有限公司的股份发行和转让,公司董事、监事、高级管理人员的资格和义务,公司债券,公司财务、会计,公司合并、分立、增资、减资,公司解散和清算,外国公司的分支机构,法律责任,附则。

主要内容:①公司的组织过程相关的制度。公司作为法律上的实体,这种法律实体以组织体的形式存在。但这种组织体是本质上是虚无的,只有以法律的形式予以确认,才能与现实社会产生联结。因此,公司关于组织形态的从生到死,都必须通过法律予以形式上的确认,由此形成公司的组织过程相关的一系列制度。这些制度主要包括:公司设立、公司登记、公司章程、公司组织变更、公司终止等制度。②公司金融与财务制度。公司一刻也离不开资金。资金之于公司犹如血液之于人体,人体缺乏血液,生命不能存活,公司没有资金,将无法经营。因此,围绕公司筹集资金、使用资金以及资金所形成的财务结构等规则构成了公司金融与财务制度。具体可细分为:公司资本制度、公司债制度以及公司财务会计制度。③公司治理制度。公司作为法律实体,其内部和外部都联结各类利益相关者,而这些利益相关者之间的利益平衡就是公司治理的目标。从制度构成的角度,广义的公司治理制度包括内部治理与外部治理。内部治理,是关于公司内部组织机构的制度安排,在我国由股东会、董事会、监事会构成。这些组织机构之间分权制衡机制构成了公司内部治理。外部治理是公司的投资者通过外部市场对管理层进行监管,以确保投资者收益的非正式制度。

2. 证券法

证券法广义上是指为一切与证券相关的法律规范的总称。狭义是指调整证券发行、交易和证券监管过程中发生的各种社会关系的法律规范的总称。

证券法的性质:①证券法是私法体系的组成部分,属于商法的特别法。证券法律关系是商事法律关系的一部分。证券法的许多原则和制度根源于商法,如公平、诚实信用原则、外观原则和证券欺诈赔偿责任等。②证券法也像其他商事特别法一样具有公法性。大量的证券监管构成了证券法的主要内容。行政执法是证券法实施的重要和主要途径。因此,大量证券法规划呈现出公法色彩。

中国为规范证券发行和交易行为,保护投资者的合法权益,维护社会经济秩序和社会公共利益而制定了《证券法》。1998 年 12 月 29 日第九届全国人民代表大会常务委员会第六次会议通过,2004 年 8 月 28 日、2005 年 10 月 27 日、2013 年 6 月 29 日、2014 年 8 月 31 日分别对此法进行了四次修订。共 12 章 240 条,包括总则、证券发行、证券交易、上市公司的收购、证券交易所、证券公司、证券登记结算机构、证券服务机构、证券业协会、证券监督管理机构、法律责任、附则。

主要内容:①证券发行制度。公开发行证券,必须符合法律、行政法规规定的条件,并依法报经国务院证券监督管理机构或者国务院授权的部门核准;未经依法核准,任何单位和个人不得公开发行证券。发行人申请公开发行股票、可转换为股票的公司债券,依法采取承销方式的,或者公开发行法律、行政法规规定实行保荐制度的其他证券的,应当聘请具有保荐资格的机构担任保荐人。发行人向不特定对象发行的证券,法律、行政法规规定应当由证券公司承销的,发行人应当同证券公司签订承销协议。证券承销业务采取代销或者包销方式。②证券交易制度。证券交易当事人依法买卖的证券,必须是依法发行并交付的证券。非依法发行的证券,不得买卖。申请证券上市交易,应当向证券交易所提出申请,由证券交易所依法审核同意,并由双方签订上市协议。发行人、上市公司依法披露的信息,必须真实、准确、完整,不得有虚假记载、误导性陈述或者重大遗漏。禁止欺诈客户、内幕交易和操纵证券市场的行为。③上市公司收购制度。投资者可以采取要约收购、协议收购及其他合法方式收购上市公司。④证券交易所制度。证券交易所是为证券集中交易提供场所和设施,组织和监督证券交易,实行自律管理的法人。⑤证券公司制度。设立证券公司,必须经国务院证券监督管理机构审查批准。未经国务院证券监督管理机构批准,任何单位和个人不得经营证券业务。⑥证券登记结算机构、证券服务机构、证券监督管理机构制度。证券登记结算机构是为证券交易提供集中登记、存管与结算服务,不以营利为目的的法人。设立证券登记结算机构必须经国务院证券监督管理机构批准。投资咨询机构、财务顾问机构、资信评级机构、资产评估机构、会计师事务所从事证券服务业务,必须经国务院证券监督管理机构和有关主管部门批准。证券业协会是证券业的自律性组织,是社会团体法人。证券公司应当加入证券业协会。国务院证券监督管理机构依法对证券市场实行监督管理,维护证券市场秩序,保障其合法运行。

3. 票据法

票据法是指调整各种票据关系以及其他与票据关系有关的法律规范总称,有广义与狭义之分。广义票据法是指涉及调整各种票据关系的法律规范,既有专门的票据法律、法规,也有其他法律、法规中有关票据的法律规范。广义票据法又可分为公票据法和私票据法，刑法和诉讼法等有关票据的规定，属于公票据法；民法、破产法等私法中有关票据的规定以及狭义上的票据法本身，属于私票据法。狭义票据法是指专门调整票据关系的法律规范，是规定票据的种类、形式和内容，明确票据当事人之间的权利义务关系，调整因票据所产生的各种法律关系的规范总和。

票据法的性质：①票据法是商法特别法。票据法是从商法中有关票据的内容发展而来的特别法，在解决票据争议中优先适用票据法的规定，《最高法院关于审理票据纠纷案件若干问题的规定》第63条规定，人民法院审理票据纠纷案件，适用票据法的规定，票据法没有规定的，适用其他的法律法规。②票据法具有强行性。票据必须记载的事项的内容和形式均由法律直接规定，不因当事人的意愿而作变更，少有当事人可以任意选择的机会。③票据法有技术法的成分。票据法的规定多数是出自商业交易活动的经验总结的需要，反映交易安全和方便可靠，与世界各国的票据法所强调的规定基本上保持了一致性。④票据法有国际统一性的成分。票据的产生就是从国际贸易开始的，随着国际贸易的发展，不同国家的票据法正逐步向统一靠拢，日内瓦统一汇票、本票法和日内瓦统一支票法已成为国际上通用程度最高的一种法律。

1995年5月10日第八届全国人民代表大会常务委员会第十三次会议制定并通过了《票据法》，自1996年1月1日起施行。2004年8月28日十届全国人大常委会十一次会议对改法进行了修订。修订后的《票据法》共7章110条，包括：第一章规定了票据的一般原则；第二章为汇票，规定额汇票的出票、背书、承兑、保证、追索等票据行为的具体规则；第三章为本票；第四章为支票，同时，这两章规定，本票、支票适用汇票的规定；第五章是涉外票据的法律适用，确定了涉外票据的不同票据行为所应当适用的法律；第六章是法律责任，规定了票据活动中不同违法行为的民事责任、刑事责任、行政责任；第七章是附则，规定了票据法上的期限的计算、中国人民银行在票据管理方面的权限等。

主要内容：①票据行为制度。出票、背书、承兑、保证、付款、追索等行为，在同一票据上有多种票据行为存在时，各种票据行为依据各自在票据上所记载的文义内容独立发生效力，一个行为无效，不影响其他行为的效力。②票据权利行使程序制度。包括：提示承兑、提示付款、行使追索权三大程序。提示承兑是指持票人向付款人出示汇票，并要求付款人承诺付款的行为。定日付款或出票后定期付款的汇票持票人，要行使票据权利时，须在汇票到期日前向付款人提示承兑，见票后定期付款的汇票，持票人应当自出票日起1个月内向付款人提示承兑。提示付款是指持票人在法定期限内向付款人请求付款，其中支票自出票日起10日内向付款人提示付款；本票自出票日起2个月内向付款人提示付款；银行汇票，自出票日起1个月内向付款人提示付款；定日付款、出票后定期付款或者见票后定期付款的商业汇票，自到期日起10日内向承兑人提示付款。行使追索权是指票据到期被拒绝付款的，持票人可以对背书人、出票人以及票据的其他债务人行使追索权；在票据到期日前，如有汇票被拒绝承兑的，承兑人或者付款人死亡、逃匿的，承兑人或者付款人有被依法宣告破产、及因违法被责令终止业务活动的情形的，持票人也可以行使追索权。③票据抗辩及票据救济制度。票据抗辩是指票据债务人根据票据法的规定,对票据债权人拒绝付款或者暂时不付款的行为。票据救济包括挂失支付、公示催告、票据保全三大子制度。挂失止付是指持票人丢失票据后,依照票据法的规定的程序通知票据上记载的付款人停止支付的行为。票据丧失,失票人可以及时通知付款人挂失止付,但是未记载付款人或者无法确定付款人及其代理付款人的票据挂失除外。公示催告是指人民法院根据票据权利人的申请,以向社会公示的方法,将丧失的票据周知各界,催促不明利害关系的有关当事人在一定的期间向法院申报票据权利。票据保全是指人民法院在审理、执行票据纠纷案件时,经当事人申请并提供担保,可以依法采取保全措施或者执行措施,可以申请保全的情形包括当事人不履行约定的义务,持票人恶意取得的票据,应付对价而未付对价的持票人持有的票据,记载有“不得转让”字样而用于贴现的票据,记载有“不得转让”字样而用于质押的票据,收款人或者被背书人用于质押的,法律或者司法解释规定有其他情形的票据。

4. 保险法

保险法广义是指一切以保险关系为调整对象的法律规范的总称,包括保险业法、保险合同法、保险特别法,有的学者认为还包括社会保险法。狭义仅指保险业法和保险合同法。

保险法的性质:①保险法是技术性显著的商法特别法。保险法中的很多原则及制度就是以数理计算为基础构筑起来的一种技术结构。如保险法中的补偿原则、保险费不可分原则等,均体现了不可忽视的技术性。②保险法具有很强的社会性。保险是集合多数社会成员,共同分担少数成员因遭遇危险所受经济损失,最终保障社会成员生活安定和社会经济生活的稳定的一种社会制度。因此,一方面,保险法特别关注对保险参加人的利益的保护,以定型条款限制保险合同,防止保险人凭借强大的经济实力损害处于弱者地位相对方的利益;另一方面,保险法严格限制保险人的主体资格及破产,并确立保险利益,确保保险的社会稳定功能的发挥。③保险法具有强制性。一方面,保险法对于保险合同及合同条款的效力问题规定了一些强制性的规定,如投保人对保险标的不具有保险利益的,保险合同无效;保险人在订立合同时未向投保人明确说明的保险人免责条款无效。另一方面,保险法对保证金、未到期责任准备金的提取、保险资金的运用、保险公司的接管等确立了强制性规范。

中国为规范保险活动,保护保险活动当事人的合法权益,加强对保险业的监督管理,维护社会经济秩序和社会公共利益,促进保险事业的健康发展而制定了《保险法》。1995 年 6 月 30 日第八届全国人民代表大会常务委员会第十四次会议通过,2002 年 10 月 28 日第九届全国人民代表大会常务委员会第三十次会议修正,2009 年 2 月 28 日第十一届全国人民代表大会常务委员会第七次会议修订,2014 年 8 月 31 日第十二届全国人民代表大会常务委员会第十次会议修正,2015 年 4 月 24 日第十二届全国人民代表大会常务委员会第十四次会议修正。共 8 章 185 条,包括总则、保险合同、保险公司、保险经营规则、保险业的监督管理、保险代理人和保险经纪人、法律责任和附则等。

主要内容有:①保险合同制度。保险合同是指投保人支付规定的保险费,保险人对于承保标的因保险事故所造成的损失,在保险金额范围内承担补偿责任,或者在合同约定期限届满时,承担给付保险金义务的协议。保险合同制度包括保险合同成立、生效、主要内容、履行、变更、解除和终止等一系列的制度。②保险业制度。保险业制度是以商业保险的经营者为规范的对象,它是关于保险业的组织以及对保险企业进行监督管理的法律规范。通常包括保险组织法、保险经营法、保险监管法以及保险中介人法等。③保险特别制度。它是规范某一特定保险关系的法律规范,如海商法中的海上保险规定。

5. 信托法

信托法,是作为规范信托关系而存在的法律。信托的基本法律关系为:财产所有权人,即委托人将其财产所有权移转予受托人,约定该受托人应为受益人(委托人自身或他人)的利益或为特定的目的,管理或处分该财产的关系。

信托法的性质:①信托法本质上是商法。信托法调整信托关系的特征在于信托当事人之间存在的信义关系,而这种信义关系属于商事关系,因此,信托法是商法的组成部分。②信托法是一种财产管理制度。在现代的商业实践中,信托最主要的功能已经从财产转移向财产管理发生转变。受托人接受委托人的财产转让,以受益人的利益最大化为目标管理信托财产。信托法的诸多规范都是以平衡信托财产的管理的效率性与安全性为对象,在此意义上信托法是一种财产管理制度。③信托法有一定商事组织法的特性。信托财产独立性以及信托有自己独有信托目的,这些特质使信托具有一定商事组织的特性,由此,信托法在一定程度上也具有一些商事组织的特性。

中国为了调整信托关系,规范信托行为,保护信托当事人的合法权益,促进信托事业的健康发展,制定《信托法》。《信托法》已由中华人民共和国第九届全国人民代表大会常务委员会第二十一次会议于 2001 年 4 月 28 日通过,自 2001 年 10 月 1 日起施行。该法共 7 章 74 条,包括总则、信托的设立、信托的财产、信托当事人、委托人、受托人、受益人、信托的变更与终止、公益信托、附则。

主要内容:①信托设立、变更和终止的制度。信托的设立是信托关系的开始,是指依照法律的规定,在信托当事人之间形成有效的信托关系。如何创设一项在法律上有效的信托,信托生效相关的制度。信托的变更,是指信托有效设立后,当出现约定或者法定的变更事由时,信托当事人依法对信托文件所规定的事项进行的改变和调整。依据信托变更对信托事项所进行的改变和调整,不会影响信托关系的存续,不会导致信托关系的终止,信托变更所产生的法律后果,只是及于变更事项本身,信托应按照变更后的要求进行管理。[①] 信托终止,是指因出现法定或者约定的事由而使信托关系归于消灭。②信托财产制度。信托财产是受托人因承诺而取得的财产以及受托人因该财产的管理运用、处分或者其他情形而取得的财产。"信托财产的独立性""信托财产的范围""信托财产的公示"等一系列的信托财产制度。③信托当事人制度。信托当事

① 周小明:《信托制度:法理与实务》,中国法制出版社 2013 年版,第 306 页。

人包含信托委托人、信托受托人和信托受益人。信托法关于信托当事人的权利和义务所形成的制度。

6. 破产法

破产法是指在债务人达到破产界限(丧失清偿能力)时,经债权人或债务人申请,在法院主持下进行破产和解、破产重整或破产清算的法律规范的总称。传统的破产法仅指对债务人进行破产清算的法律,但现代破产法除破产清算制度外,还包括以挽救债务人为主要目的的重整、和解制度。破产法的意义是多方面的:对债权人来说,通过破产程序,可以使他们的偿债请求得到有序、公平的实现,避免在缺乏公平清偿程序的情况下可能受到的损害;对债务人来说,既可以起到淘汰落后的效果,也可以通过和解、重整而达到起死回生的目的;对社会来说,不仅可以维护正常的债务清偿秩序,促进社会安定,而且可以通过优胜劣汰机制,实现资源的优化配置,促进经济发展。

破产法的性质:①破产法属于商法,兼具私法性与公法性。破产法的产生是为了实现债务清偿之目的而设立的总括性债务清理程序,其性质理应属于解决商事关系的商法,具有私法性。但随着社会的进步与发展,现代各国的破产立法政策和立法宗旨经历了以债权人为本位到关注债权人与债务人利益的平衡,再到以社会为本位维护社会整体利益的变化,国家通过司法权力适当介入破产案件已为法律所确认,这意味着破产法也具有一定的公法属性。②破产法是债务清偿法和企业法的结合。首先,破产法是债务清偿法。破产就是在债务人无力清偿到期债务时,依法在债务人现有财产的范围内,实现多数债权人之间的公平清偿。因此,破产法的首要任务是在债务人无力偿债的特殊情况下建立债务清偿的公平秩序。其次,破产法又是企业法。一般说来,破产法可以淘汰技术落后或者经营不善的企业,同时通过清算变价和分配使破产企业的财产转移到能够更有效利用这些资源的企业手里,从而实现产业结构和资源配置的优化。所以,从企业法的角度讲,破产法既是一种企业优胜劣汰的机制,也是一种企业解困复兴的机制。③破产法是程序法与实体法的结合。首先,破产法主要是程序法。因为破产程序要解决的不是民商事权利的争议,而是既定民商事权利的实现,所以从债务清偿的角度讲,破产程序具有执行程序的属性,是全体债权人集体受偿的总括性执行程序。其次,破产法也包括实体法规范。破产法中实体性规范是指特殊实体规范,这些特殊实体规范主要有关于破产原因、破产财产、破产债权、破产无效行为、破产撤销权、破产取回权、破产抵销权、别除权、破产费用、共益债务、破产免责、破产违法行为的法律责任等制度和规则。

中国为规范企业破产程序,公平清理债权债务,保护债权人和债务人的合法权益而制定了《破产法》。2006 年 8 月 27 日第十届全国人民代表大会常务委员会第二十三次会议通过,自 2007 年 6 月 1 日起施行。该法共 12 章 136 条,包括总则、申请和受理、管理人、债务人财产、破产费用和共益债务、债权申报、债权人会议、重整、和解、破产清算、法律责任及附则。

主要内容:①破产申请和受理制度。作为破产程序开始的形式要件,破产申请是指依法享有申请权的当事人请求法院宣告债务人破产的意思表示。破产案件的受理,又称立案,是指人民法院在收到破产案件申请后,认为申请符合法定条件而予以接受,并由此开始破产程序的司法行为。②破产财产管理制度。破产案件在法院受理后,首要目标在于实现债务人财产在全体债权人之间的公平清偿,因此,为解决如何界定破产财产的范围,如何在破产分配前保护、管理好破产财产等问题所制定的规则就是破产财产管理制度。③破产重整制度。重整是指在企业无力偿债的情况下,依照法律规定的程序,保护企业继续营业,实现债务调整和企业整理,使之摆脱困境,走向复兴的再建型债务清理制度。④破产和解制度。法院受理破产案件后,为了避免破产宣告或破产分配,由债务人提出和解申请及和解协议草案,债权人会议讨论通过并经法院许可的,解决债权人、债务人之间的债权债务问题的制度。⑤破产清算制度。破产程序的重要组成部分,债务人一旦被宣告破产,破产程序便进入了破产清算阶段。在清算阶段,需确定破产债权的范围、分配破产财产;在一定条件下,权利人可通过行使取回权、别除权和抵销权而不依破产程序进行受偿。在破产程序终结后,对没有清偿的债务,破产人将不再负清偿责任。

7. 海商法

海商法有广义和狭义之分。广义的海商法是以与海上运输和船舶有关的社会关系为调整对象的一切法律规范的总和。狭义的海商法则是调整海商运输关系和船舶关系中平等主体之间的横向民商关系的法律规范。

海商法的性质:①海商法属于私法。海商法所调整的是海上运输关系与船舶关系。这些关系均为平等主体之间的财产关系和经济关系,属于私法的范畴。②海商法是商事特别法。海商法具有较强的技术性和专业性,许多问题是商事一般法所没有涉及的。③海商法具有很强国际性。海商法的渊源除了国内立法外,还包括国际条约和国际惯例。在效力范围上,其效力可及于本国海域的外国船舶、外国海域的本国船舶及外国海域的外国船舶。

中国为了调整海上运输关系、船舶关系,维护当事人各方的合法权益,促进海上运输和经济贸易的发展,制定《海商法》。该法由中华人民共和国第七届全国人民代表大会常务委员会第二十八次会议于 1992 年 11 月 7 日通过,自 1993 年 7 月 1 日起施行。该法共 15 章 278 条,包括总则、船舶、船舶所有权、船舶抵押权、船舶优先权、船员、海上货物运输合同、海上旅客运输合同、船舶租用合同、海上拖航合同、船舶碰撞、海难救助、共同海损、海事赔偿责任限制、海上保险合同、时效、涉外关系的法律运用、附则。

主要内容:①船舶物权制度。船舶物权较之于一般物权,存在很多特殊性。因此,船舶物权制度围绕船舶物权的特殊性制定相应规范,包括:船舶所有权、船舶抵押权、船舶优先权以及船舶留置权。②海上货物运输合同制度。承运人与托运人订立的由承运人负责将托运人交运的货物经海路由一港运至另一港,并收取运费的特种合同制度。③海上旅客运输合同制度。承运人以合适运送旅客的船舶经海路将旅客及其行李从一港口运送至另一港口,由旅客支付价款的特种合同制度。④海上保险合同制度。保险人对与海上运输有关的保险标的遭受约定事故引起的损失和责任负责赔偿,而由被保险人向保险人支付保险费的保险特种合同制度。⑤船舶碰撞制度。明确船舶碰撞的概念和构成要件、船舶碰撞的损害赔偿原则、船舶碰撞损害赔偿范围,以及区分财产损害的赔偿原则与人身损害赔偿原则等船舶碰撞相关的制度规范。⑥海难救助制度。它是针对海上的特殊风险产生的。为了保护海上财产,鼓励对遇难船舶的救助,逐渐形成了救助难船可以获得救助报酬的法律制度。⑦共同海损制度。统一海上航程中,船舶、货物和其他财产遭遇共同危险,为了共同安全,有意地合理地采取措施所直接造成的特殊牺牲、支付的特殊费用的制度。⑧海事赔偿责任限制制度。当船舶在因航行事故或船长、船员的行为产生重大民事责任时,船舶所有人在自身无过错或不知情或未参与下的情况下,可将其承担的损害赔偿责任限制在法律规定的限度之内的制度。

8. 电子商务法

电子商务法是指主要调整平等主体之间通过电子行为设立、变更和消灭财产关系和人身关系的法律规范的总称;是政府调整、企业和个人以数据电文为交易手段,通过信息网络所产生的,因交易形式所引起的各种商事交易关系,以及与这种商事交易关系密切相关的社会关系、政府管理关系的法律规范的总称。

电子商务法的性质:①电子商务法属于商法,兼具私法性和公法性。电子商务本质上是传统交易手段的转变为个人以数据电文为交易手段。这种科技诱发的交易模式的转变,一方面未影响交易的本质,因此电子商务法规制和保护的对象仍属于商法调整对象,具有私法性;另一方面信息科技在创造电子商务的模式时,也产生了传统商法并未调整主体——电商平台以及其所产生的新型的法律关系,包括:电商平台与消费者之间、电商平台与电商企业之间、电商平台与平台开发者之间、电商平台与政府之间的法律关系。其中一些新型的法律关系有很强公共性,势必在法律规则上会呈现出公法性。②电子商务法是综合法型立法。既包含了“电子商务合同”等商事交易法的内容,又包含了“电子商务经营者”等商事主体法的内容,还包括电子商务促进示范功效的内容的商事促进法。因此,电子商务法是一部综合性立法。③电子商务法是程序法与实体法的结合。首先,电子商务法主要是实体法。其中电子商务合同、电商经营者等大部分内容都是实体法规范。其次,电子商务法是程序法。电子商务争议解决的规则为总括性的特殊争议解决程序。

中国为了保障电子商务活动中各方主体的合法权益,规范市场秩序,促进电子商务持续健康发展,制定《电子商务法》。2013 年 12 月 7 日,全国人大常委会在人民大会堂上召开了《电子商务法》第一次起草组的会议,正式启动了《电子商务法》的立法进程。2016 年 12 月,第十二届全国人大常委会第二十五次会议对电子商务立法进行常委会一审。2018 年 3 月 31 日第十三届全国人民代表大会常务委员会第五次会议通过,自 2019 年 1 月 1 日起施行。该法包括 7 章 78 条,包括:总则、电子商务经营者、一般规定、电子商务合同、电子商务争议解决、电子商务促进、法律责任以及附则。

主要内容:①电子商务主体制度。电子商务的主体是在电子商务法律关系中享有权利和承担义务的个人或者组织。其中以电商平台最为特殊,在电子商务的过程中直观地表现为电商平台与在线自然人用户之间发生的联系。而电商平台作为电子商务企业虚拟经营的场所,其本身难以依据传统的法律进行规范。因此,根据电商平台特殊性所制定规范群是电子商务主体制度的核心规范。②电子合同制度。电子合同以数据电文的形式存在,其订立是通过互联网订立的,其整个订立过程是自动化,通过合同双方以点击“同意”按键等方式自动作出要约或者承诺的意思表示,整个订立过程中一般也不会必须经“签字”或者“盖章”才能成立,因此,“功能等同”的形式操作方式或者电子签名视为合意的意思表示。围绕电子合同的形式、订立过程、成立和生效等方面的特殊性形成的一系列规范是电子合同制度。③电子支付制度。实现电子商务的交易便捷性的核心技术之一就是电子支付,具体是指单位、个人直接或授权他人通过电子终端发出支付指令,实现货币支付与资金转移的行为。电子支付法律关系的内容比较复杂,主要涉及电子支付付款人、电子支付收款人、银行以及认证机构四方主体之间的法律关系,这些法律关系至少包括:付款人与收款人之间买卖合同关系,付款人、收款人与银行之间的金融服务合同关系,认证机构与用户之间的认证服务合同关系。为了规范这些特殊的法律关系制定了电子支付制度。④电子商务争议解决制度。电子商务争议解决除了传统争议解决方式,可以在线解决机制,具体是指替代性纠纷解决机制,最为常见的是ODR(Automated ODR Venues)模式。自助式ODR模式在解决争议时不需要仲裁员或调解员的参与,这种模式往往是通过一种计算机程序自动地处理争议。

9. 期货法

期货法是指调整因期货品种的设立、交易、期货市场的监管等行为而产生的各种社会关系的法律规范的总称。

中国期货法也有长久的历史渊源。1921年3月,中国北洋政府颁布了《物品交易条例》,对期货交易作了相关法律规定。并在上海、北平等地设立了不少期货交易所。1929年,国民政府正式颁布《交易法则》,又于1930年颁布了《交易所法实施细则》,确定了期货交易的合法地位。全国解放后,期货市场被取消,期货法也销声匿迹。改革开放后,国家有关部门成立了期货市场研究工作小组。1990年7月国务院46号文件正式批准了八部委联合署名的《关于试办郑州粮食批发市场的报告》,标志着新中国第一个期货市场的诞生。与此同时,国家工商管理局、外汇管理局和人民银行颁布了一系列对期货市场进行规范的规章和文件,特别是国务院证券委员会和证监会对期货市场行使监督管理职能后,颁布了大量的规章。2007年3月6日,国务院发布实施《期货交易管理条例》,对期货交易所、期货公司、期货交易基本规则、期货业协会、监督管理、法律责任进行了相应的规定。2013年,中国《十二届全国人大常委会立法规划》将期货法列为立法项目之一,由全国人大财经委员会负责组织草案起草。目前,中国期货法的立法工作正在进行之中。

期货法涉及的主要内容:①期货市场主体制度。期货市场主体具有很强的特殊性,这些主体主要包括:期货交易所、期货投资者、期货经纪商、期货结算机构。期货交易所是为期货交易提供场所、设施、相关服务和交易规则的机构。期货投机者是指运用一定资金通过期货交易以期获取投资收益的投资者。期货经纪商是指依法设立的以自己的名义代理客户进行期货交易并收取一定了续费的中介组织。期货结算机构是负责交易所期货交易的统一结算、保证金管理和结算风险控制的机构。为了规范或者保护这些期货市场主体,所制定的规范制度就是期货市场主体制度。②期货交易制度。期货交易制度是期货交易中所产生的特殊规范制度,主要包括:期货保证金制度、当日无负债结算制度、持仓限额和大户持仓报告制度、涨跌停板制度和熔断机制、强行平仓制度和强制减仓制度、期货交割制度、套期保值制度、期货结算制度。③期货保证金制度。期货交易者按照规定交纳的资金或者提交的价值稳定、流动性强的标准仓单、国债等有价证券,用于结算和保证履约的制度。④当日无负债结算制度。为防止某些投资者出现交易保证金不足、进而无法保证履约的情形,需要按交易日对投资者的交易保证金进行计算。当日结算后交易保证金不足的投资者,在规定的时限内要么追加资金,要么自行平仓,以达到规定的保证金要求,否则将会被强行平仓的制度。⑤持仓限额和大户持仓报告制度。持仓限额制度是指期货交易所对期货交易者的持仓量规定的最高数额的制度。大仓报告制度是指会员或者客户持仓达到期货交易所规定的持仓报告标准的,会员或者客户应当向期货交易所报告其资金、持仓等情况的制度。⑥涨跌停板制度和熔断机制。涨跌停板制度,是指期货合约在一个交易日中的成交价格不能高于或低于以该合约上一交易日结算价为基准的某一涨跌幅度,超过该范围的报价将视为无效,不能成交的制度。熔断机制,又称作断路器,指对某一合约在达到涨跌停板之前,设置一个或多个熔断阈值(阈值一般分为价格阈值和交易量阈值),使合约买卖报价在一段时间内暂停交易(熔而断)或者只能在这一价格范围内交易(熔而不断)或者的机制,它与涨跌停板均是限制价格变动的限制机制,熔断机制可以认为是涨跌停板的过渡,熔断机制是交易中风险控制制度。⑦强行平仓制度和强制减仓制度。强行平仓制度,是指交易所按有关规定对会员、投资者持仓实行强行平仓的一种强制性风险控制措施。强制减仓制度是指交易所将当日以涨跌停板价格申报的未成交平仓报单,以当日涨跌停板价格与该合约净持仓盈利客户按照持仓比例自动撮合成交的制度。⑧期货交割制度,是指买卖双方在期货合约到期时对各自持有的未平仓合约履行实物交割的行为的一种风险控制机制。⑨套期保值制度,是指投资者为了减少现货市场的损益来补偿现货市场的损益,使现货得到保值的制度。⑩期货结算制度,是指根据期货交易结果和交易所有关规定对会员保证金、盈亏、手续费、交割货款及其他有关款项进行计算、划拨的业务活动的制度。

第二章　境外的商事制度及其改革发展

一、当代主要国家及地区的商法体系

商法体系在不同法系间差异巨大。在大陆法系国家,商法作为一个实体法部门,有较为完整的理论体系以及特定的调整对象。而在英美法系国家和地区,虽然其商事法规不像大陆法系国家和地区那样统一,但是其强大的判例法体系为商事司法提供了巨大的活力。我国目前经济体制改革如火如荼之际,迫切需要借鉴两大法系优良的商事法制经验。为此,笔者对三十余个国家的商法体系进行了考察,并予以归纳总结。

(一)大陆法系商法体系

1. 民商合一的商法体系

民商合一体例下的商法体系可以归结为以下3种立法模式:一是独立成编式,即在民法典体系之内制定商法一般制度,将其独立成编,与民法总则、物权法、债权法、侵权责任法、亲属法等并列;二是独立成章式,即在民法典的民法总则中独立设章,统一规定商法一般制度的内容;三是分解融合式,即将商法一般制度的内容全部分解,设定具体条款融入民法典各个章节之中。按照上述三种模式,笔者对包括意大利、荷兰、瑞士、俄罗斯、匈牙利、泰国、波兰、巴西、中国台湾地区、澳门特别行政区、加拿大魁北克地区11个国家或地区的商法体系进行了分析和归类。

其一,独立成编式。这种立法形式,采用的国家数量较多,如意大利、荷兰、巴西等。意大利在其民法典第五编“劳动”中纳入除商行为制度外的大部分商事制度,同时,将具体商行为如商事契约、商事代理制度安置于第四编“债”下第三章“各类契约”中。荷兰民法典没有规定抽象一般的商人概念,而是在其第三编“法人”中具体规定了协会、股份公司、有限公司、基金会、合作社等具体法人主体,舍弃了抽象的商主体的概念。具体的商事契约被规定在第七编“具体合同”中,也未规定一般意义上的商行为制度。巴西的立法形式与荷兰类似,在其民法典第二编“企业法”中规定了企业主、合伙、公司。其中企业主的规定类似于“狭义的商人”的概念,商事契约也被放置于分则第一编“债”的第六章“各种类型的合同”中。

其二,分解融合式。采用分解融合式商事立法模式的国家主要有:瑞士、俄罗斯、泰国、匈牙利。瑞士在民法典之外尚有债法,其实质类似传统民法典的债法编,从这个意义上来说,瑞士采用的是民商合一之体例。瑞士债法将除抽象商行为外的商法制度,基本都纳入其中。形式上来说债编吸收了商法,因此为分解融合式。俄罗斯、泰国以及匈牙利的民法典的分解融合式，都是以债编为主对商法进行吸收，大同小异。

其三，商事单行特别法式。采用商事单行特别法式的主要国家和地区有：中国台湾地区、加拿大魁北克地区、波兰等。商事单行特别法式指民法典仅仅对商事契约进行吸纳，其他如：商事登记、商业账簿、公司、合伙等商事主体制度均以商事单行特别法的形式存在。以台湾地区为例，在中国台湾地区“民法”之外，还有“公司法”“商业登记法”“商业会计法”“公司名称及业务预查审核准则”等商事特别法。

2. 民商分立的商法体系

民商分立的体例，以法国为端绪。此后，为多个国家所效仿，其中德国和日本均有其独到之处。欧洲国家商法典的立法体例，有主观主义和客观主义的分野，主观主义以德国为代表，而客观主义以法国为魁首。客观主义商法的特征在于其以商行为概念为核心，以商行为作为其调整对象，凡符合商行为概念者，无论何人均适用商法之规定，并不强调商主体制度。《法国商法典》就是以商行为来定义商人，其第 L121 -1 条规定：“实施商行为并以其为经常性职业的人是商人。”该规定的原因在于，法国大革命的平等理念认为，并不是只有商人才适用商法，不应当针对特定阶级创造特定规范。而现行《德国商法典》则是主观主义商法，所谓主观主义，即是以商人概念为前提，并在此基础上推导出商行为。《德国商法典》废止了德国旧商法的绝对商行为或者客观商行为的概念，以商人为核心制定整部商法典。第一编“商人身份”中第一章就规定了各种商人，第四编商行为之概念也是建立在商人概念之上，其第 343 条规定：“商行为是指属于经营商人的营业的一切行为”。《德国商法典》认为商法的适用以商人身份为前提，商法是关于商人的特别私法。

除了以上两个国家，采用客观主义商法的国家有：法国、日本、韩国等；而采用主观主义商法的国家和地区有：德国、西班牙、葡萄牙、中国澳门地区等。采用主观主义商法和采用客观主义商法的国家数量大致相同，并未出现一边倒的态势。

（二）英美法系商法体系

1. 英美法系商法体系的历史源流

当代英美法系商法体系起源于英国商法，而英国商法是中世纪盛行于欧洲的商人法与英国传统判例法相结合的产物。中世纪的商人穿梭于贸易聚集地买卖货物，他们之间的争议由专门的地方法院来处理，法院的法官和陪审团都由商人团体组成，并且适用“商人法”，而非普通法规则。中世纪的“商人法”即是英国现代商法的前身，主要表现为商业原则、商事业务规则、商事习惯等形式，它的效力来源于寻求商事行为规范的商人们对其内源性的认可与维护。不仅如此，普通法院也对商事专门法院的审判给予了确认，不但对“商人法”给予司法上的重视，而且还将商业习惯中的证据作为事实问题予以考虑。到了近代，由于资本主义国家初期盛行贸易保护主义，欧洲地区的国家纷纷制定了自己的商法，以保护本国的贸易利益。那时在英国，其传统商法被纳入了普通法体系中，制定法内容逐渐减少，而判例法和习惯法逐渐增多。但是随后，因为国际商事规则的迅速发展和世界各国商法的日益协调，英国商法不得不对传统的判例法格局进行重大革新，开始重新增加商事制定法。

2. 英美法系商法的体系

英美法系商法是现代商法中与大陆法系商法相对应的另一个商法体系，它包括英国、美国、澳大利亚、加拿大、印度、新西兰、南非、新加坡、中国香港特区等国家和地区的商法。在英美法系国家，也有许多以商法命名的教科书和专著，但是，对其商法的范围和概念的界定，英美法系商法学者们并未达成一致看法。英国法学家米特霍夫认为，商法是指对商事交易具有特殊意义的法律的总称，它包括商事契约、合伙、公司、代理、票据、银行、保险、运输、仓储、商事买卖、破产、专利、商标、商事惯例，以及商事交易中留置、抵押等商事权利。英国法学家沃克则认为，商法是一个相当不确定的一般性术语，它用来指与商事相关的各种法律，如公司、合同、代理、买卖、流通证券以及破产等。英国的商法内容与大陆法系的商法内容存在高度的重合。相较于英国商法，美国的商法更让人难以琢磨。美国法长期以来极不统一，相对独立的各州立法和司法彼此之间也存在着很大的差异，在表象上难以形成规律性的特征。从狭义上看美国成文商法就是特指《美国统一商法典》，[①]从广义上看，则是指那些与商人相关的法律。至于商人，按照《美国统一商法典》的解释，是指具有商业专门知识和技能的人。可见，美国和英国就商法的概念并没有达成共识，在其他英美法系国家，如加拿大、澳大利亚、新西兰、印度等，对商法的概念认知也很不统一。但英美法系仍有显著的商法体系，即以判例法为核心，再辅助以商事单行法或者示范法。

判例法在英美商法体系的核心地位是毋庸置疑的，但是商事制定法在商法渊源中也扮演着举重若轻的角色。然而，英美法系商事制定法并没有全面地和系统地对商事法律领域中的各种问题作出广泛的规定，仅仅涉及其中一部分问题。即归纳了现行判例法中的一部分规则，它的目的在于使法官执行判例法时更为简便，法官可以从相互冲突的判例中更为迅速找到正确的法律原则。由此可见，包括《美国统一商法典》在内的英美法系国家的各种制定法本身来源于判例法，又服务于判例法。英美商法中判例法和制定法之间的循环关系，形成了一种法律进展中的特殊方法或者技术，即从一个一般原则出发到尽可能公正的判例法的产生，再到更多的立法定义或者法律规则。英美法的一大特色就是，法官对法律规范享有较大的解释权。即只有当法规的条款十分明确时，立法者才可以阻止法官对商事制定法作出任意的解释，否则法官就可以凭先例或者原则来重新解释已制定的商事法律规范。

表 1 所列是英美法系中主要的商事成文法：

---

① 《美国统一商法典》是美国统一州法委员会（NCCUSL）和美国法学会（ALI）联合组织制定的一部示范法，于 1952 年对外正式公布，其创设的目的是调和美国境内的州际贸易。它既不是联邦法（federal law），也不是某一个州的州法（state law），只是民间组织发布的法规，并不具有强制力。各州可自愿将其纳入各自的法律系统中。故其与大陆法系由立法机关颁行的商法典截然不同。——编者注

表1 英美法系中的商事成文法

国家地区	商事组织法	商事行为法	其他商事法
美国	《美国标准公司法》、各州公司法	《美国统一商法典》、《代理法》、各州商法典	各州各自规定,情况均有所不同
英国	2006年《英国公司法》	《1993年商务代表规则》《1979年房地产代理人法》《1889年商代理人法》《1971年代理权力法》《1889年代理人法》《1889年代销商法》《代理商法》《消费者信用合同法》	《1985年商业名称法》《1985年营业名称法》
澳大利亚	《澳洲公司法》《澳洲小型家庭企业法》	1974年《贸易习惯法》、1987年《公平贸易法》、1988年《受挫合同法》	《商业名称登记法》
新西兰	《新西兰公司法》	《新西兰贸易法》《信贷合同和消费金融法》《公平交易法》	
印度	《印度公司法》	《印度合同法》《印度货物买卖法》	
新加坡	《新加坡公司法》	《新加坡代理法》	《新加坡会计法》《新加坡企业名称登记条例》
中国香港	《香港公司条例》《合伙条例》《有限责任合伙条例》《合作社条例》	《业务转让条例》《代理商条例》《货物售卖条例》	《香港商业登记条例》

英美法系国家和地区的商事成文法较少,但是商事登记制度、商事代理制度在大部分英美法系国家均有成文法,而商号制度、商事账簿制度多融合于公司法。因此,其实质意义上的商法与大陆法系在概念上虽有不同,但是在功能上并无大异。

二、国外商事制度的改革和发展

商事制度是规制市场主体和商事活动的法律规范的总和,商事制度的改革和发展既包括法律规范具体内容的变化,也包括法律规范结构体系的变化。

从规范内容上来看。从21世纪初的安然事件到2008年开始的金融危机,全球资本市场爆发了一系列的危机,反映了政府监管、市场规范、企业诚信等方面存在的严重问题。传统"守夜人"角色的政府定位无法保障一个公平、有序的营商环境,对此各国政府在公司法、证券法、保险法等诸多商事法律制度上做出了相应的改变。如美国2010年颁布的《多德—弗兰克法案》强化了对金融市场的监管,欧盟推进了公司报告和企业法定审计制度的施行。但是监管的目的并非是监管,而是为了促进经济的活跃和发展,净化和便利营商环境。各国在加强管制的同时,也在设立一系列的激励机构,颁布一系列的促进措施。如早在1953年美国政府就出台了小企业法,并据此成立了小企业管理局(Small Business Administration,SBA),其主要职责就是为小企业的创业、融资、经营提供咨询和服务。SBA 于 2012 年升为内阁级,更加凸显了促进创业的政策倾向。根据世界银行发布的《2017 年营商环境报告:人人机会平等》的报告,可以看出减少企业负担、为企业发展提供配套服务以及保障企业的权益是改善营商环境,增强投资创业吸引力的关键要素。总而言之,各国目前主要从两个方面来进行商事制度的改革,一方面是减少营商难度,宽松营商环境,配套营商服务,促进创业吸收投资;另一方面是净化营商环境,强调事后事中的监督,对企业的会计制度和信息透明作出了更多的要求。同时在一定程度上区分了企业的类型和规模,对小企业和对社会影响较小的企业减少管制和负担,而对大企业和一些对社会有重大影响的企业,更强调监管和要求承担相应的社会责任。

从商事制度的法律结构体系来看,传统的大陆法系国家自 20 世纪以来普遍存在解法典化(de-codification)的趋势。各国商法典逾百年不变,而新制度基本通过在商法典外另立单行法的方式规定,与此同时对应的商法典条文则自动失效。在这种趋势下,商法典往往仅留存少数法条尚能适用。但 21 世纪以来,一股再法典化(re-codification)的趋势逆势而生,如法国颁布了新的《商法典》,阿根廷颁布了《民商法典》等。即便有的国家没有对商法典进行整体性的重构,也对商法典的部分内容做出了调整,如德国在 1998 年对商人界定、日本在 2016 年至今对商法典海商和运输部分进行了修订,其中德国的修订已经生效,日本的修订尚在进行之中。至少在这个层面上看,两国仍有保留商法典的意愿。[①]

(一)德国的商事制度发展

德国的商事制度集中规定在《德国商法典》(Handelsgesetzbuch,HGB)之中,《德国商法典》源远流长,起源于 1861 年《普通德意志商法典》(Allgemeines Deutsches Handelsgesetzbuch,ADHGB)。由于当时的德国尚未统一,民法典因学界对其制定方式意见不一而迟迟不能出台,因此《普通德意志商法典》中除了一般的商法内容外还包含了大量的属于民法的规定。如在第 52－53 条规定了代理,在第 324－336 条规定了履行,第 337－359 条规定了买卖合同等。[②] 在此基础之上,1897 年 4 月 7 日《德国商法典》被德意志帝国议会通过,并于 1900 年 1 月 1 日与《德国民法典》一同生效,一直沿用至今。经过一百多年的发展,《德国商法典》在许多方面都发生了变化,有很多条款由于过时而被废除,也有新的规定被纳入其中。主要表现在:从 1937 年开始关于股份公司的规定就从商法典中独立出来,直到 1965 年《德国股份公司法》的颁布而完全独立;[③]1953 年《商法典》第 84 条以下的规定被修改,新法考虑到了对基于委托人的长期委托而产生的代理商的保护;1989 年根据欧共体的指令对代理商法进行了修改;1986 年商事账簿的规定从第一编第四章扩展成了第三编;1998 年商人和商号法的规

---

① 参见王建文:《德国商法法典化、去法典化与现代化:历史脉络与启示》,载《法学杂志》2008 年第 5 期。

② Oetker, Hartmut, in: Canaris, Claus-Wilhelm/Habersack, Mathias/Schäfer, Carsten (Hrsg.) Staub HGB, Bd. 1, 5. Aufl., 2009, Rz. 6.

③ 范健:《德国商法的历史命运》,载《南京大学法律评论》2002 年第 18 期。

定被进行了重构。① 1998年之前的商法典将商人分为"必然商人"和"注册商人",前者是只要从事旧商法典第1条第2款规定的九项特定行为的人,包括有价证券的购置和专卖、银行和兑换业务、仓储业务等,无论其是否登记都算作商人;后者是只有在取得商事登记之后,并以商人身份进行经营活动的才能算作商人。而1998年的改革则采用了概括性的表述,将任何进行营业经营的人都看作法律上的商人,商事登记并不创设主体而是起到公示的作用。②

最新的关于《德国商法典》的革新来自2009年颁布的《德国会计现代化法案》(Bilanzrechtsmodernisierungsgesetz,BilMoG)。该法案针对商法典的商事账簿部分进行了诸多修改,其目的主要是为中小企业提供相较于国际财务报告准则(IFRS)更为节约成本和简便的会计法。同时《欧盟会计指令2013/34/EU》也通过《会计指令实施法案》(Bilanzrichtlinie-Umsetzungsgesetz,BilRUG)转变成为了德国的国家法律,该规定要求非合资企业或有限责任合伙企业的公司履行编制和公开年度财务报告的义务。③

(二)日本的商事制度发展

日本的商事法律制度是从明治维新之后,通过学习西方的法律制度,逐步建立起来的。1890年日本颁布了商法典,即所谓的"旧商法典",但是由于起草仓促、不符合国情,颁布不久就遭到各地商会的反对,因而被延期施行。1893年,以伊藤博文为首的法典调查委员会成立,开始重新起草商法典。1899年,国会通过了新商法典,即明治商法典。该法典适用至今,成为日本商事制度的基石。但由于商法典存在因体系性、稳定性所带来的滞后于实践需要、难以容纳新内容的缺陷,日本从20世纪上半叶开始,就通过在商法典之外制定单行法的方式增添新的商事制度。如1938年日本颁布了《有限公司法》,以补充商法典公司法内容的不足。到了21世纪,日本还通过对既有单行法再进行整合的方式,来系统化商事法规。如2005年《日本公司法典》的出台,其目的就在于整合公司法律规范。④ 此外由于互助保险的兴起,传统以商人和商行为为核心的商法无法规制这种参与者皆为非商人的保险,随着2008年新《日本保险法》的颁布,《商法典》第二编第十章因而废止。日本商法的解法典化已经成为大势所趋,随着2009年以来《日本民法典》的修订,许多原先存在于商法典总则部分的条文将被纳入民法典中。商法典的去留已经成为日本学界争论的焦点,主要观点有:(1)"传统保守主义"观点。即保留商法典,以为未来新增的商行为提供居留之所。(2)"创新扩张主义"观点。即革新原有的"商行为"和"商人"的概念体系,参照法国新《商法典》创造新的"商事活动"概念,将竞争法和破产法纳入商法典之中。(3)"消极机会主义"观点。该观点认为尽管商

---

① 参见[德]C. W. 卡纳里斯:《德国商法》,杨继译,法律出版社2006年版,第25~26页。

② 同上书,第45页。

③ 参见中国国际贸易促进委员会:《"走出去"企业对德国投资合作最新指南》2015年9月5日发布,载http://www.ccpit.org/Contents/Channel_4128/2015/0925/627757/content_627757.htm,最后访问日期:2018年7月26日。

④ 参见李超:《日本公司法的历史变革(1898—2005)》,载《沈阳大学学报》(社会科学版)2014年第6期。

法典已经没有必要,但是现阶段应当保持现状,维持现有体系不变,等待法律的进一步发展。(4)最激进的观点是"积极摧毁主义",即废止现有的商法典,而将剩余的条款安置在单行法中。日本学界的主流观点持"消极机会主义"观点,也就是静观法律发展之变,伺机进行相应调整。[①]

1. 日本公司法的发展

2005年出台的《日本公司法典》是日本公司法现代化的重要成果,其一方面起到了整合零散的公司法规范的效果,另一方面对公司法规范进行通俗化,并建立一些新的制度。改革内容主要包括:其一,资本制度的改革。新公司法典彻底废除了最低注册资本额的制度,并且一定程度上缓和了这种资本制,向授权资本制靠近。其二,修改了股东代表诉讼制度。新公司法典规定,如果原告因为股份交换、转移和合并而成为作为全资子公司的本公司的母公司股东时,并不会因为本公司股东身份的丧失而丧失原告资格。另外,当股东请求公司起诉时,若公司拒绝提起诉讼,需对拒绝的原因做出说明。并且为了防止滥诉,法典规定如果股东是为了获取不正当利益而进行代表诉讼,则丧失提起诉讼的权利。[②] 其三,增设新的内部治理模式。新公司法典颁布之前的日本公司内部既存在外部董事的监督,也存在监事会的监督,职能的重合给公司带来了很大的负担。因此新公司法典引进了"监查委员会"制度,即采取"监查委员会"治理结构的公司内部须设置监查委员会、董事会和会计监查人,公司可以选择采用该治理模式。监查委员会由董事构成,其中外部董事须过半数。其享有对董事业务执行的调查权、公司代表诉讼权、意见陈述权、违法行为停止请求权等。其四,增强了外部董事的独立性。新法扩张强化了外部董事的任职的禁止条件,即外部董事不得是本公司或其子公司的使用人,[③]并且上任前10年间未担任过本公司及其子公司使用人。倘若其担任过则至少要求目前不得是本公司及其母子公司、兄弟公司的使用人及其亲属。其五,引进多重股东代表诉讼制度,即母公司的股东可以通过股东代表诉讼制度直接监督子公司乃至孙公司等的公司管理层。这样不仅能够在事前对违法行为产生威慑效果,降低子公司管理层的代理成本,还可以在事后及时对受害股东进行救济。[④]

2. 日本证券法的发展

日本的证券制度,也有很大的变化。1998年,日本对金融体系实行了"金融大爆炸"式的改革,对证券交易所规则进行了大幅度修改。其中涉及证券交易所的变化主要有以下几点:第一,除了在证券交易所进行集中交易之外,还可以在证券业协会开设的股票店头市场[⑤]进行交易;第二,废除了证券交易所的集中交易义务,在完善场外交

---

① See Tomotaka Fujita, "'De-codification' of the Commercial Code in Japan", available at: http://www.gcoe.j.u-tokyo.ac.jp/pdf/GCOESOFTLAW-2012-5.pdf, accessed 19 June 2018.

② 参见孙震洲:《外国公司法的最新发展及对中国公司法的启示》,山西财经大学2009年硕士学位论文。

③ 日本法上指董事、经理、财务等高级管理人员。

④ 参见李秀文:《日本公司法对我国公司立法的启示》,载《福州大学学报》(哲学社会科学版)2015年第6期。

⑤ 店头市场(Over-The-Counter Market;OTC),亦称"柜台市场""场外市场",系指在证券交易所之外的某一固定场所,供未上市的证券或不足以成交批量的证券进行交易的市场。——编者注

易的同时制定了场外交易的定价规则；第三，证券公司引进电子交易系统，确认交易所外设立电子交易系统业务的合法地位，确定电子交易系统中的定价规则；第四，放宽了对证券交易所业务的严格限制，允许一个交易所运营多个证券交易市场；第五，完善证券交易所的设立规则，允许不同证券交易所的合并。这些制度的修改，增强了证券市场的活力，也有助于增强证券公司之间的竞争，实现优胜劣汰。在2000年的《证券交易法》修改之后，日本的证券交易所的组织形式由单一的会员制变为会员制和股份有限公司并行的双轨制，这样的变化更增强了证券市场的活力。除此之外，在2007年，日本内阁中的经济财政咨询会发布报告，提出设立可以交易证券、金融期货和现货商品的"综合交易所"的构想。在2009年，日本通过修改《金融商品交易法》和《金融期货交易法》，规定金融商品交易所可以设立商品期货市场或者将从事商品期货交易的公司子公司化，金融商品交易所的持股公司可以将从事商品期货交易的公司子公司化，同样商品交易所也可以开设金融商品交易所。在证券市场的监管方面，日本同样也进行了很深入的改革。1998年，日本政府调整了监管的组织形式，专门的证券监管组织从大藏省中独立出来，成立金融监督厅。其在2000年更名为金融厅，并下设专门负责证券违规事件调查的证券交易监事委员会，从而提高了政府监管的专业性和独立性。

（三）法国的商事制度发展

法国是传统的民商分立国家，其于1807年颁布的《商法典》可以算是世界上第一部真正意义上的独立商法典。该法典开民商分立一派之先河，确立了以商事行为与商事组织为主要调整对象的商法体系。但是随着时代的发展，老旧的商法典早已不能满足商业活动的需要。因此，在此后的近两百年内，法国商事立法出现了"解法典化"的趋势，这并非直接取消了商法典，而是通过在法典外制定单行法并同时废止相应商法典条文的方式，逐渐架空商法典。如1966年颁布的商事公司法，实际上就取代了《商法典》原第三编的全部内容。不仅如此，欧洲一体化过程中，欧共体法或欧盟法的一致性要求也造成了商法的内部分化。自1968年欧委会发布关于保护股东和第三人的指令以来，仅仅在公司法领域就颁布或准备颁布多达27个指令和6个规则。① 到2000年重新编纂《商法典》前，1807年《商法典》原有的648个条文中仅有150多个仍然适用。② 出于实践的需要以及法典化的传统，从1993年开始，法国政府开始了"再法典化"的进程，最终于2009年颁布了现行的法国《商法典》。这部新《商法典》采用了和旧《商法典》不同的立法技术，后者是一个以商行为和商人为核心的严谨系统，而前者则是一个开放体系，仅仅是把特定领域内的既存法条予以汇编。③ 新商法典包括了9卷，具体框架如下：

---

① 参见Pascal Clement：《在商法典二百周年协会研讨会的发言》，载商法典二百周年协会：《1807—2007：商法典二百周年纪念研讨会文集》。转引自尚尤、孙涛、吕文杰：《法国商法典二百周年纪文》，载《经济法学评论》2012年刊，第305~336页。

② 参见罗结珍：《法国商法典》，北京大学出版社2015年版，第7~8页。

③ 参见尚尤、孙涛、吕文杰：《法国商法典二百周年纪文》，载《经济法学评论》2012年刊，第305~336页。

第一卷　商事总则

第一编，商行为；第二编，商人；第三编，经纪人、代理商、运输商、商业代理人和独立销售商；第四编，商业资产。

第二卷　商业公司和经济利益集团

第一编，初步规定；第二编，不同商业公司的特别规定；第三编，不同商业公司的共同规定；第四编，刑法规定；第五编，经济利益集团。

第三卷　某些销售形式和排他性条款

第一编，清盘、摊售、削价销售和工厂仓库销售；第二编，公开拍卖；第三编，排他性条款。

第四卷　价格自由和竞争自由

第一编，一般规定；第二编，反竞争行为；第三编，经济聚合；第四编，透明度、限制竞争的行为和其他被禁止的行为；第五编，调查权；第六编，竞争委员会；第七编，不同的规定。

第五卷　商业票据和担保

第一编，商业票据；第二编，担保。

第六卷　企业困境

第一编，企业困境的预防；第二编，保护；第三编，司法接管；第四编，司法清算；第五编，责任与惩罚；第六编，程序的一般规定；第七编，适用于摩泽尔省、下莱茵省和上莱茵省的特别例外规定；第八编，有限责任个人企业主的特别规定。

第七卷　商事裁判和商业组织

第一编，工商业公会系统；第二编，商事法庭；第三编，特别商事裁判；第四编，商事法庭的书记室；第五编，商业整治；第六编，国家利益市场和商业展示。

第八卷　某些被规制的职业

第一编，司法管理人、司法代理人和企业诊断专家；第二编，会计监察员。

第九卷　适用于海外的规定（内容略）①

新《商法典》在结构上采总分模式，总则部分规定了商行为、商人、商事代理人等②和商业资产四编，去除了一些不具有总则属性的内容（如票据），在一定程度上具有公因式的功能。此外在法典过度技术上，新《商法典》通过在法国官方网站上公布于不同时间生效的版本，以保护法律适用者的预期。这样在法律已经被制定出来之后，其生效日期还未到，法律适用者就有足够的时间来准备和调整。面对不断变动的商业活动，法典就具有了动态的适应能力。

在新《商法典》中，商行为的规范功能被继续保留下来，仍然作为商人身份取得的重要标准，也是判断案件是否由商事法院受理的标准。但是伴随着商人法向企业法变化的过程，商行为的类型越来越丰富，商人内容也相比更为丰富，在第一卷第二编“商

① 聂卫峰：《法典化与〈法国商法典〉的最新发展》，载《国家检察官学院学报》2013 年第 3 期。

② 包括商事代理人、代理商、运输商和经纪人。

人”有多达九章的内容。此外新《商法典》相较于旧《商法典》，增添了公法、经济法甚至社会法的内容，体现了现代商业活动的社会性和复杂性。

在新商法典之外，法国还于2001年5月15日在公司法领域颁布了《新经济规制法》，在2002年制定《关于NRE法律涉及公司事项的实施条例》，又于2003年出台了《经济创新法》和《金融安全法》部分修改了《新经济规制法》的相关内容。NER相关法律对商法典的部分内容做出了进一步的修订。改革的内容主要体现在两个方面：一方面是在公司治理方面通过股东代表诉讼的放宽，创新鉴定证书制度，严格对公众公司的会计、审计监督，以及规制控制股东等措施完善公司的治理机制，保护小股东的利益；另一方面是通过一系列宽松的法律规定废除有限责任公司设立门槛，简化公司设立程序，为股东创造更加灵便的参与公司事务决策的机会。这两个方面的改革都有助于鼓励和促进投资，增加公司运作的透明度和投资人的信心，从而提高公司的经营效率。①

（四）美国的商事制度发展

美国的商事制度发展主要由国会法案推动，全面调整包括公司制度、税制、证券制度在内的一系列商事及金融制度。近年来涉及商事制度改革的法案都是在既有制度存在不足的情况下，所进行的具有针对性的政策调整。其中既有监管的力度的加强，也有监管力度的降低，但不管是管控还是放松，制度的科学性和适宜性都在不断完善。

1.《美国统一商法典》

在《美国统一商法典》（Uniform Commercial Code，UCC）颁布之前，法典一直是大陆法系国家的专属，英美法系国家以判例和少量的单行法构建起法律的大厦，然而1952年UCC的诞生，打破了这个既有的传统。1942年统一州法委员会和美国法学会联手委任卡尔·卢埃林为UCC的首席起草人开始制定该法，卢埃林作为一位实用主义的法学家，通过UCC极大改变了美国过去形式主义、机械主义的规范。首先，UCC从诸多的判例中提炼、升华普通法的原则并将其成文化，既尊重了传统又增加了法律的确定性；其次，UCC将普通法的法律原则和衡平原则作为补充，以避免制定法的封闭、僵化，力图让法典成为一个具有包容性的体系；最后，UCC通过在规范中增加兜底条款和对商事习惯的尊重等方式为规范适用未来商业的发展预留了空间，使法典更为灵活。例如英美合同法传统上要求合同必须有要约和承诺，但是实践中很多情况很难区分承诺方和要约方，所以UCC的第2-204条就规定了：“买卖合同可以以任何足以表明协议的方式订立（包括双方承认合同存在的行为）订立。”此外UCC在第九编将各种担保方式进行整合统一，避免了过去普通法上纷繁复杂的担保方式所造成了僵化。如传统上必须使用正确的担保名称，将“质押”写成“抵押”就可能造成合同无效，因此UCC使用“担保权益”（Security Interest）这一概念替代了过去不同的担保方式，并且要求法官综合考虑交易的实质判断交易是否是担保交易。不仅如此，UCC还冲破了英美法根深蒂固的对价（Consideration）制度，创设了确定的要约和修改合同不需

---

① 参见郭富青：《当今世界性公司法现代化改革：竞争·趋同·融合》，载《比较法学》2008年第5期。

要对价等与现代商业习惯相符的制度，促进了商业交易的繁荣发展。[①] 第1－107条规定："因所宣称的违约产生的请求权或者权利，可以由受损方签署并交付的其权属全部或者部分放弃而不需对价的支持。"第5－105条规定："信用证的签发、修改、转让、撤销、通知和保兑，都不要求具有相应的对价。"诸如此类的规定提高的交易的稳定性，有利益交易的达成。

2.《萨班斯—奥克斯利法案》

2002年在以安然公司为代表的一系列公司丑闻的压力下，美国布什总统在同年7月30日签署了《萨班斯—奥克斯利法案》(*Sarbanes-Oxley Act*)。该法案主要是从会计审计角度强化公司信息准确可靠的披露，以保护投资者的利益和市场的透明稳定。具体内容包括：

其一，成立独立的公众公司会计监察委员会。公众公司会计监察委员会(PCAOB)负责监管执行公众公司审计的会计师事务所及注册会计师，拥有注册、检查、调查和处罚的权限，保持独立运作，自主制定预算和进行人员管理，不作为美国政府的部门或机构，仅由SEC实施监督。成员组成上PCAOB由5名专职委员组成，由美国证券交易委员会(SEC)与美国财政部长和联邦储备委员会主席商议任命，任期5年。工作权限上PCAOB可以制定或采纳有关会计师职业团体建议的审计与相关鉴证准则、质量控制准则以及职业道德准则等。其还有权调查、处罚和制裁违反该法案、相关证券法规以及专业准则的会计师事务所和个人。不过，PCAOB的处罚程序要受SEC监督，SEC可以加重、减轻其做出的处罚，也可以修改或取消其处罚决定。登记管理上，执行或参与公众公司审计的会计师事务所须向PCAOB注册登记。此外，审计美国公司(包括审计美国公司的国外子公司)的外国会计师事务所也必须向PCAOB登记。[②]

其二，加大公司的财务报告责任。选择和监督会计师事务所，以及决定向会计师事务所的付费标准，都应当由公司的审计委员会负责。公司首席执行官(CEO)和财务总监(CFO)对向SEC呈报的财务报告要确保符合证券交易法，以及能够公允地反映所有重大方面的财务状况和经营成果。若SEC因公司公布的定期报告有重大违规，而命令公司提交财会重述，则CEO或CFO在违规报告发表之后的12月内所获得的一切业绩报酬(包括奖金、认股选择权)和买卖股票的收益都必须返还公司。

其三，禁止公司向CEO和CFO提供贷款。一切公众公司不得直接或者通过其子公司向董事或者经理提供贷款，从而完全堵塞了原来CEO、CFO从公司向自己输送利益的渠道。[③]

3.《多德—弗兰克法案》

金融危机爆发后，奥巴马于2010年签署生效了《多德—弗兰克法案》(*Dodd-*

---

① 参见蔡红、吴兴光：《美国〈统一商法典〉创新、成就及对中国的启示》，载《国际经贸探索》2014年第2期。

② 参见《萨班斯法案》，载 www. easyfinance. com. cn/Finance/html/Feature/Sarbanes-Oxley. htm，最后访问日期：2018年1月31日。

③ 参见郭富青：《当今世界性公司法现代化改革：竞争·趋同·融合》，载《比较法学》2008年第5期。

Frank Wall Street Reform and Consumer Protection Act)。该法案的核心理念主要体现在两个方面:一是改变超级金融机构“大而不倒”的局面,有效防范系统性风险。二是保护金融市场中的弱势群体,避免金融消费者受到欺诈。

其一,对监管机构和监管功能进行重组,以防范系统性风险。为此法案改革了现有的“多重多头”监管的体系。首先,是在联邦层面,增加设立了金融稳定监管委员会、消费者金融保护局和联邦保险办公室等机构来强化顶层监管;其次,法案赋予美联储除中央银行职能和银行业监管职能外的,监管大型综合金融保险集团的权力。

其二,新设消费者保护局,增强对消费者的保护。法案设立了消费者金融保护局(CFPA),将其置于美联储体系下,对提供信用卡、抵押贷款等金融产品及服务的金融机构实施监管,并对金融产品的风险进行测试和防范,以保证消费者在使用住房按揭、信用卡和其他金融产品时,得到清晰、准确和完整的信息,从而杜绝一些信用卡机构和房贷公司的隐性费用、掠夺性条款和欺诈等不公平行为,切实保护消费者利益。①

其三,强化对具有系统重要性的大型金融机构的监管,以解决“大而不倒”的问题。法案建立起了新的系统风险监管框架,将所有这类机构纳入美联储的监管之下,实行更为严格的资本充实标准,以避免其自身风险对金融系统稳定性的威胁。不仅如此,法案还确立了限制大型金融机构的自营交易业务的沃尔克规则(Volcker rule)。

其四,对证券化及场外衍生品金融市场进行规范和约束。该法案加强了对证券化(ABS)市场、场外交易(OTC)市场以及具有系统重要性的支付、清算和结算体系的全面监管。

其五,填补对对冲基金、私募基金、信用评级公司等监管的空白。法案消灭了衍生品、对冲基金、私募股权基金、信用评级机构等领域的监管空白,限制金融机构持有大量脱离实体经济的复杂金融产品。

其六,严格银行资本金监管和业务监管,控制潜在经营风险。法案对银行实行更严格的资本充足规定,将根据银行的规模和风险设定新的资本金要求。法案还确定了美联储在资本监管中的地位,要求美联储对“资本严重不足”进行定义,并设定审慎监督和管理的临界值。只要美联储确定某家金融控股公司资本严重不足,即可强令该公司破产。

4.《乔布斯法案》

除了加强监管,2014 年美国国会还通过了《乔布斯法案》(*Jumpstart Our Business Startups Act*,JOBS),在后金融危机时代力图通过促进中小企业融资带领经济复苏。JOBS 法案大大简化了新兴成长公司(Emerging Growth Company,EGC)的注册程序,对于其信息披露的要求也大大减少。因为尽管信息披露制度是保障公众知情权、确保市场真实有序的必要条件,然而信息披露尤其是信息首次披露需要大量的准备和分析,这对于力量还很薄弱的新设公司是一笔巨大的开支,会对其初始的发展产生很大阻碍。

---

① 参见王光宇:《金融监管变革对银行业经营与发展的影响》,载《银行家》2011 年第 4 期。

此外JOBS法案的最大创新之处在于对众筹融资的认可。众筹是一种向群众募资,以支持发起的个人或组织的行为,其由发起人、跟投人、平台构成,具有低门槛、多样性、依靠大众力量、注重创意等特征。JOBS法案的Title Ⅲ修订了美国《证券法》第4(6)条款的规定,认可了一定条件的众筹,并豁免其注册。法案规定符合以下条件的众筹可以豁免其注册:①在12个月以内,发行人通过各种方式(包括众筹方式)所筹集的金额累计不超过100万美元。②发行人通过各种方式(包括众筹方式)卖给任何个人投资者的累计证券金额,不超过以下限额:如果该个人投资者的年收入或其净资产少于10万美元,则限额为2000美元或者年收入或净资产5%中孰高者;如果其年收入或其净资产中达到或超过10万美元的,则限额为该年收入或净资产的10%,但不得超过10万美元。③众筹交易必须通过规定的中介进行。[①] 该法案还通过定义集资门户(Funding Portal)这样一个全新的网上小额融资交易中介,将投资者扩展到认可投资者以外的群体,从而有助于拓宽融资渠道,促进初创企业的资本形成。

(五)欧盟的商事制度发展

20世纪30年代以来公司的所有与经营分离(Separation of Ownership and Management)的现象促进了公司治理问题的研究。欧美学术界主要关注以下三个方面的问题:一是公司的内部治理架构及权力配置模式,比如,美国的单层制模式与德国以全能银行和雇员共同决模式的对比分析为支柱的双层制,以及对不同模式产生路径的研究和预测未来趋同趋势的论证。二是公司的外部治理,考察产品、劳动力、资本市场等外部因素对公司内部治理的影响,特别是控制权的变化对公司治理的影响。三是连接内外部治理的中介因素,例如,披露和审计。公司信息,包括来自公司内部的公司财务方面的信息,经过审计师的审核对外发布,其影响延伸至公司的外部,同时接受了公司内部信息的各种来自于外部市场的力量反过来又会对发布信息的公司产生影响。[②] 所以,欧盟在商事制度上就致力于对这三个方面进行改革。为此2003年5月21日欧盟通过了"欧盟公司法的现代化与公司治理的优化行动计划",行动计划涉及公司治理改革诸多方面的规定。其中的核心内容就是公司治理结构的优化,包括提高企业透明度、强化股东权利、强化管理层的义务与责任等多项具体制度和措施。该计划又分为短期和中期行动计划,其中前者主要包括公司治理事项的公开、确立提高股东间交流与决策效率的统一法律框架规则、在单层制[③]公司中强化独立董事职权以及在双层制公司中强化监事会职权、确立公司管理层薪酬法律规制体系等。而中期计划则涉及机构投资者投资及表决策略的公开,赋予所有上市公司单层制或双层制治理模式的选择权,以及通过公司特别审计的改善进一步强化公司管理层的责任等。[④] 除了该计划之外,欧盟还通过一系列的指令对相关制度进行调整,如2003年的"特定法律形式公

---

① 参见余涛:《美国JOBS法案之评析》,载《金融法苑》2014年第4期。

② 参见丁丁:《欧盟统一的法定审计制度:挑战与改革》,载《河北法学》2007年第12期。

③ 单层制即"董事长—董事会"模式,在该模式下不设监事会。双层制即"经理会—监事会"模式,经理会在监事会的授权和监督下行使权利。——编者注

④ 参见王彦明:《欧盟最新公司治理改革论要》,载《当代法学》2009年第5期。

司公开义务指令"、2005年的"欧盟关于非执行董事、监事的职权以及在公司管理和监督机构中设立专业委员会的建议"等。下文将对近年来欧盟在法定审计和公司报告制度上的发展进行详述。

1. 欧盟的法定审计制度

欧盟对公司有法定审计的要求。法定审计是一项法律要求的关于财务记录的检查。法定审计所扮演的角色是确认公司或其他公共实体的财务状况。审计为利益相关人如投资者和股东提供关于公司账簿准确性的意见。它通过改善财务声明的整体信用以促成市场的有序运行。目前的审计规则是于2014年4月批准的,其目的在于通过增强审计员的独立性和他们针对审计公司管理的职业怀疑(professional skepticism)来改善欧盟的法定审计。就公共利益实体而言(Public Interest Entities, PIEs),审计员会例行轮换,并且不允许为其审计客户提供确定的非审计服务。PIEs包括上市公司、信贷机构,保险公司或者其他为欧洲国家所指定的具有公共影响力的公司。这些规范可以帮助促进审计市场的多样化和提高投资者对公司财务信息的信任度,反过来又会改善跨境投资的条件和欧盟的经济发展。①

目前的规则包括:(1)指令2014/56/EU,该指令设立了所有法定审计的框架,强化了对审计行业的公众监管,改善了欧盟主管当局间的合作。(2)条例No. 537/2014,这项条例具体说明了对公共利益实体法定审计的特别要求,例如,上市公司、银行和保险公司。在2016年欧盟还设立了欧洲审计监督机构委员会(CEAOB),旨在改善欧盟国家间审计部门的合作。CEAOB目的在于通过促进监管的一体来推进欧盟审计法律的适用。

2. 欧盟的公司报告制度

欧盟境内的公司有公司报告义务,公司在欧盟运营需要为了透明目的,在报告中公开财务状况以及其如何运营的信息。这些报告包括财务报告、非财务报告、上市公司的透明度要求、公开的国别报告。

一是财务报告。所有的有限责任公司都必须准备财务报表,以监督其营业的健康并且提供真实公正的对于其财务状况的看法。欧盟已经推行了规范促进会计标准在全球水平的趋同,以确保欧盟范围内财务报告的持续可比性。在欧盟法律法规之下,上市公司(其证券在受管制市场中交易的)必须提供合并财务报表,依照IFRS(International Financial Reporting Standards)标准。② 对于其他公司只需要提供非IFRS财务报表。欧盟境内的有限责任公司,无论规模大小,都必须提供一年一度的财务报表,然后将其向相关国家的工商登记部门备案。集团公司还需要提供合并财务报表。财务报表必须至少包括资产负债表,损益账户和对报表特定数量的注释。大中型公司还必

---

① 参见欧盟委员会官网:https://ec. europa. eu/info/business-economy-euro/company-reporting-and-auditing/company-reporting_en,最后访问日期:2017年6月24日。

② 条例No. 1606/2002条要求所有的上市公司依据一套国际标准提供合并财务报表,即IFRS(International Financial Reporting Standards),它过去被称为IAS(International Accounting Standards)。IFRS提供了一套被超过100个国家使用的一般的会计语言,这让公司会计账目能够在国际层面上理解和比较。——编者注

须公开其管理报告。

这项公司必须遵循的准备财务报表的规定由2013/34/EU指令设立,也就是广为人知的"会计指令"。该指令的目的在于统一不同国家间的要求,这些要求包括:(1)年度和合并财务报表的提交及内容;(2)管理报告的提交和内容;(3)公司准备其财务报表的衡量标准;(4)财务报表的审计;(5)财务报表的公开;(6)所有以上要求的管理责任。

该会计指令也减少了小公司的行政层面的压力。它允许中小型公司提供简化报告,以及为微型公司(雇员在10人以下的公司)提供一种极简的方案。

二是非财务报告。欧盟法律要求大型公司披露其运营和处理社会和环境挑战的特定信息。这可以帮助投资者、消费者、政策制定者和其他利益相关者去评估大型公司的非财务表现,并鼓励这些公司以负责任的态度运营公司。指令2014/95/EU规定了大型公司非财务披露和信息多样性的规范,这直接修正了会计指令2013/34/EU,公司需自2018年起在其年报中包含非财务报表。不过欧盟对非财务报告的规范仅仅适用于雇员超过500人的大型公共利益公司。这大略涵盖了欧盟范围内的6000家大型公司和集团,包括:上市公司、银行、保险公司、其他由国家政府设立的公共利益实体等。指令2014/95/EU要求大型公司必须公布有关其政策执行效果的报告,包括环境保护、社会责任和雇员待遇、对人权的尊重、反腐败贿赂、公司董事会的多元化(包括年龄、性别、教育和职业背景)和公司还必须陈述在这些领域所面临的挑战以及他们已经采取的处理危机的政策和政策实施的效果。报告的范围除了涵盖自己控制公司,还包括了整个供应链上的公司。

三是对上市公司的透明规定。公众公司的透明对资本市场的有序运转是至关重要的。投资者需要获取关于其所投资公司的商业表现和公司资产的可靠和及时的信息。欧盟对于被许可在管制市场中交易的证券发行者设立了特别报告规则。透明度指令(2004/109/EC)要求欧盟境内管制市场中的证券发行者必须保证其活动透明,需要定期以平等的有利于所有投资者的方式在欧洲境内公布特定信息。这些信息包括:年度和半年度财务报告、投票权的主要变化、可能影响证券价格的临时内部信息。

四是公开的国别报告(Public country-by-country reporting)。欧盟要求采掘和伐木业公司报告其向政府的付款,目的在于提升跨国的税收透明。国别报告不同于常规的财务报告,公司必须向每一个其有营业的国家报告具体信息,而不是仅仅提供一套全球层面的一般信息。会计指令和透明度指令中的这些特殊规范要求采矿业和林业公司依据该体系报告他们在世界范围内支付的税收、专利费以及分红。

在欧盟规范之下,从事石油、天然气、采矿或伐木业的上市以及大型非上市公司有特别报告义务。他们必须按照国别,报告所有的付款信息。如果付款的原因来自某个特别项目,他们还必须就该项目进行报告。公司必须就下列类型的付款信息进行报告:生产权、收入或生产或利润的税收、专利费、分红、署名或发明或生产的奖金、许可费或出租费或入场费或其他许可或特许权的报酬、基础设施完善的报偿。该规范旨在改善全球的政府通过采掘及伐木业获得付款的透明度,还会帮助资源富裕国家的居民保持对其政府关于自然资源开发问责的权利。

（六）新加坡的商事制度发展

新加坡的企业登记、监管以及相关法律规范的制定修改都由新加坡会计与企业管理局（ACRA）进行管理。新加坡公司法自从1967年颁布以来，已经经历了多次修正以确保其公司规范体系充满活力并有能力支持新加坡作为一个国际商业投资中心的发展。

新加坡财政部和ACRA于2016年10月26日和12月27日发动了两轮公众征求意见推动公司法的修正。这次修正案旨在修正公司法和有限责任合伙法，以减轻监管压力，减少从商的难度，增强商业实体的透明度。还通过修正会计法来清晰化现有条款。主要内容包括：其一，减轻税务执行成本和行政负担。私营公司不需要在特殊监管下举行年度股东大会（AGMs），对年度股东大会和年度回报（annual returns）的制作要求简化，不再强制要求使用公章（common seal）。其二，使商业实体的所有权和控制权更加透明。所有公司和有限合伙企业无例外的被要求获取并保留受益所有权（beneficial ownership）①信息。其三，增强新加坡作为商业枢纽的竞争力。引进一项向内迁册制度（inward re-domiciliation regime），②允许外国公司转移其注册地到新加坡境内。③

（七）阿根廷的商事制度发展

阿根廷的伟大法学家韦利·沙斯斐德（Vélez Sarsfield）于1859年帮助制定了布宜诺斯艾利斯省的商法典，该法典又于1862年被采纳成为全阿根廷的《一般商法典》。该法典的内容不仅有商法内容，还包含了债法等民法内容。1871年《阿根廷民法典》颁布，从而在阿根廷形成了民商分立的格局。1889年，不包含民法内容的新商法典颁布，该法典确立了商法作为民法特别法的地位，其在序题第一条和正文第207条都规定了商法典的适用应当参照民法典的规定。从法典的体例结构来看，该商法典没有规定债和合同的一般规定，而这些规定都被规定在了民法典中。这种商法典和民法典分立的方式，既不排斥民商事法律之间的密切联系，也为需要商事特别规定在商法典中的确立提供了条件。如第17条对商事惯例作为法律渊源的承认，第623条规定了复利制度等。

阿根廷立法者并不满足于此，秉承着民商合一的理念，自20世纪20年代开始，阿根廷法学界就开始了一系列的推动民商合一的工作。④ 到了2011年，在世界解法典化的趋势下，阿根廷反其道行之，开始了再法典化的立法进程。当年的191/11号政府令，组建了由最高法院院长担任主席、由学术界专家为成员的编委会。经过议会反复

① 受益所有权是针对受益所有人而言的，那些无论是通过直接或间接的方式，最终拥对公司控制权或具有控制能力的个人或实体，即为受益所有权人。——编者注

② 所谓迁册，就是一个公司在某一特定法域的注册可以转移到另外一个法域。通过迁册，公司可以选择在更有吸引力的法域营业。——编者注

③ 参见新加坡会计与企业管理局官网：https://www.acra.gov.sg/CA_2017/，最后访问日期：2017年6月25日。

④ 如1940年在布宜诺斯艾利斯召开的第一届全国商法会议通过了推动编纂民商合一债法典的动议；1961年全国民法会议提议建立民商合一的债法编，将其安置在民法典之中。——编者注

讨论和听取公众意见,《阿根廷民商法典》2014 年 10 月 7 日最终由政府颁布,并于 2016 年 1 月 1 日起生效。新法典纳入了原来属于商法领域的供应(suministro)、代办、专营专卖、银行合同等内容,通过“民法的商法化”改变商事习惯“事实存在”的属性,令合同法类型国家化。① 此外法典在第三编单设“消费合同”一章,将部分《消费法典》的内容呈现,法典对欺凌行为、消费合同特别样式、远程订立合同等做了保护消费者的安排。商事合同和民事合同的界限从而打破,法典不再据民商区分合同,而是根据立约主体磋商能力的不同来进行区分。但是就企业法的内容而言,法典并未采用巴西民法典的立法模式,将企业法作为独立一编,而是在私法人一节做了一些原则性的规定。这种立法模式既完成了债法领域的民商合一,又保持了商法核心企业法的独立性,值得我国立法者借鉴。

(八)商事制度的发展趋势

从以上各国的商事制度改革中可以发现,进入后金融危机时代后,政府不再是通过简单的监管力度的松紧来调控市场,而是通过针对性的监管措施,以及多样化的事前到事中事后监管的转变来净化营商环境。随着经济复苏压力的加大,促进创业和激发新的经济增长点日益重要。在各国市场融合的趋势下,通过改善营商环境,提高本国市场的吸引力和竞争力成为吸引投资促进经济发展的关键。另外,企业承担社会责任的观念逐渐为大众所接受,各国政府也对此作出了积极的回应,如设立有关机构和规范来推动和监督企业承担社会责任。

从商事制度的体系结构变化来看,当前大陆法系各国发展的主流,仍然是通过在商法典之外制定商事单行法并同时废止商法典对应条文,以弥补商法典陈旧、僵化带来的不能适应商业发展的问题。但是 21 世纪以来,“再法典化”的趋势得到发展,最为突出的就是《法国商法典》的重修。我们可以将这些趋势总结如下:

1. 行政成本减少,营商环境便利

在一国开办企业并进行经营活动必然处于该国政府的管控之下,但是如果行政程序过于冗杂、相关费用太过高昂,以及市场进入门槛过高,将会影响经营的开办和壮大。对此在 2015 ~ 2016 年度,全球 137 个经济体实施了 283 项商业监管改革,包括了税收、企业准入等方面的内容,改革数量比 2014 ~ 2015 年度增长了 20% 以上。自 2006 年以来,《营商环境报告》记录了全球方位内多达 2848 项监管改革。② 我国政府也对此作出相应的政策调整,如近期强调的“放管服”的改革,就是改变政府定位,便利营商环境的举措。但是政府定位的转变仍不尽彻底,有关机关并没有完全将服务作为第一要务,把监管当作提供服务的一种方式。无论从美国的小企业管理局、证券交易委员会还是新加坡的会计与企业管理局的角色定位来看,为投资者或经营者提供指导和帮助都是其根本的目标,而监管则是保障其权益的手段和必然要求。总而言之,未来的发展方向即是从“监管本位”向“服务本位”发展。

---

① 徐涤宇:《解法典后的再法典化:阿根廷民商法典启示录》,载《比较法研究》2018 年第 1 期。

② 参见:《衡量商业法规》,载世界银行官网:http://chinese.doingbusiness.org/reforms,最后访问日期:2017 年 7 月 19 日。

2. 经营信息透明度提高，市场信用制度完善

在一个透明的、相互信任的市场进行经营，一方面可以减少信息不对称所导致的决策失误，另一方面可以减少为避免欺诈风险和信息收集所付出的费用。欧盟的公司报告制度和法定审计制度，都是促进市场透明，保障市场信用的重要监管方式。虽然法定审计和公司报告制度也会产生较高的行政成本，需要一整套的规范、机构、人员的配备。但是在一个信息公开透明、会计报告真实可靠的市场中，企业和消费者自身所耗费的成本就可以大大减少。总体来看，以集中的方式来为企业经营提供公开信息，相较于企业和消费者独立进行信息收集和风险防范更加高效，是保障经营、改善市场环境、减少营商成本的有效途径。当然信息公开的同时会产生对个人隐私权的威胁，这就需要规范制定者划分公开事项的类别，如设立必须公开事项、选择公开事项，以及允许信息公开义务人在一定条件下豁免公开义务。

3. 促进创业和小企业的发展

各国监管服务更加具有针对性，尤其是针对小企业，不仅在一些程序上简化和降低要求，还制定了许多扶植政策。如美国推出的 SBA 小企业创新研究计划（Small Business Innovation Research Program，SBIR）和小企业技术转移计划（Small Business Technology Transfer Program，STTR），就是针对科技型中小微企业技术创新市场化支持不足等问题，设立一系列政府公共财政专项资金。中小企业可通过 SBA 的帮助获得政府的补贴和一些咨询服务。此外，在政府采购方面，美国法律还规定了对小企业的特殊保护。联邦政府采购合同份额的 23% 必须给予小企业，并要求大企业将获得的政府采购合同份额的 20% 转包给小企业。对退伍及伤残老兵经营的中小企业还有特殊优待，1999 年颁布的《退伍老兵中小企业发展法》规定，每年政府采购总额的 3% 以上应该和这类中小企业签订。① 此外 2015 年美国众议院还颁布了《小企业登记简化法案》，简化了小企业在发行新证券时的登记手续。②

4. 强调企业承担社会责任，建立相应的监管服务机构和规范

各国对企业社会责任（CSR）的推动主要是软性的方式，如倡导、奖励或者建立第三方机构来促进企业承担社会责任。美国中小企业管理局有推动企业承担社会责任的倡议，③指引小企业参与到 CSR 项目中去。新加坡也设立了工商总会基金会（SBF Foundation）来推动企业更加积极的从事慈善活动和承担社会责任。④ 但除了软性的方式，各国也制定了一些强制性的规范来对企业承担社会责任的行为进行约束。如欧

① 驻美国经济商务参赞处：《美国扶植中小企业发展的做法》，载 http://us. mofcom. gov. cn/article/ztdy/201312/20131200416095. shtml，最后访问日期：2017 年 7 月 19 日。

② 参见 Small Company Simple Registration Act of 2015，114th Congress Report 1st Session，House of Representative，report pp. 114 - 201。

③ 参见 SBA 官网：https://www. sba. gov/blogs/corporate-social-responsibility-what-your-small-business-needs-know? leavingSBA = http://www. business4better. org/csr-survey-results/Business4Better_Survey_Report. pdf，最后访问日期：2017 年 7 月 19 日。

④ 参见 SBF Foundation 官网：http://www. sbffoundation. org. sg/about-us/who-we-are，最后访问日期：2017 年 7 月 19 日。

盟法律要求大型公司以非财务报告的行使披露其运营和处理社会和环境挑战的特定信息；美国证券交易委员会也在规则 S-K 和 S-X 中要求企业在制定公开报告时，纳入针对环境变化的内容，包括企业的经营活动可能对环境产生的消极和积极的影响。[①]此外，企业的社会责任还以作为一种原则，在法院的裁判中起到解释法律法规的作用。如美国在人权医疗委员会诉美国证监会"Medical Committee for Human Rights v. SEC (D. C. Cir 1970)"案中，法院确定了股东可以对涉及人权在内的企业社会责任的经营事项行使提案权，[②]就是通过企业需要承担社会责任的原则，来对既有法规进行解释。

5. "解法典化"和"再法典化"的并存

世界上有商法典的国家多在一百多年前就已经制定了商法典，如德国在 1897 年、日本在 1890 年，法国更是早在 1807 年就已经颁布了商法典。德国、法国的商法典的内容多来自本国商事交易习惯，然而一两百年过去了，商事活动的环境、习惯、内容早已天翻地覆，法典化带来稳定性的同时，也带来了极大的僵化，使商法典难以容纳新的商事活动类型和商事交易规则。20 世纪中叶以来，各国都通过在商法典之外制定单行法的方式适应商业的发展，直到现在各国还是多通过这种方式制定新的商事规范。然而也有国家采用另一种方式，如法国完全推翻了原来的商法典体系，采取宽松的汇编形式的法典结构制定了新商法典。此外阿根廷则也不再采用过去民法典和商法典分立的模式，而是通过颁布《阿根廷民商法典》，进行商事立法的革新。这种"解法典化"和"再法典化"并存的商事立法趋势正是商业活动不断发展更新的具体表现，无论各国是逐渐放弃法典还是重新恢复法典，都是根据本国的法律体系和立法现状对商业活动要求作出的回应。

---

① Sarah A. Altschuller et al. , *Corporate Social Responsibility*, 93 Corporate Practice Series Portfolio (BNA), p. 39.

② SEC 的 14A 规章 14a－8 条例的(i)(7)项规定了对于涉及企业的日常经营的事项不得行使提案权。而该案确立了一个原则，即对涉及企业社会责任的日常经营，股东仍得行使提案权。——编者注

第三章　中国商事法律制度的发展与改革

从20世纪70年代末开始，中国商法已经走过了40年的历程。无论对于一个国家法律的历史，还是对于一个具体法律制度的历史，40年都难说很长，甚至可以说是相当短暂，但对于中国商法来说，这却是成就辉煌、精彩纷呈的40年，在短短的40年间，中国商法从形成、发展到成熟，经历了一个法律部门和法律制度演变的全部过程。现今的中国商法已经成为中国社会主义法律体系重要的组成部分，成为充满生机活力、日趋成熟完备的法律领域，成为与中国市场经济相伴前行的推动者和守护者，成为世界现代先进商法制度的代表者和商法制度国际化的引领者。

近年来，随着我国经济发展进入新常态，我国经济进入转型发展的关键时期，要想转变传统的发展模式，关键要转变传统的发展理念，转变传统的政府职能，理顺政府与市场的关系。商事制度改革，既是党中央、国务院在全面深化改革阶段作出的重要战略部署，也是加快转变政府职能、释放市场潜力的重要举措。对于优化营商环境、发挥市场在资源配置中的决定性作用、完善市场经济法治结构都具有极为深远的影响。在我国法治改革的新时期，如何进一步深化商事制度改革，构建商事制度的总体思路，都需要从加强市场经济法律制度设计和完善商事立法的层面进行统筹规划。

一、中国商事法律制度的阶段性发展

如果不切断历史，中国商法可以追溯到1904年清末法律改革制定的《钦定大清商律》。《钦定大清商律》作为强国富民之利器的横空出世，开始了中国商法的艰难之旅。有人认为过去100年的中国社会成为各主要法律体系的试验场。[①] 中国商法经历了清末、中华民国、中华人民共和国3个历史时期，百感沧桑，往事并不如烟。100年前，中国被动打开国门的同时，也拉开了中国商法的序幕，1978年改革开放也成就了中国商法再次从复兴走向繁荣。

改革开放前的30年，中国商法处于失语状态。改革开放后的40年，既是中国经济体制改革不断深入的40年，也是中国商法从无到有，从稀缺到繁荣的40年。回顾中国商法40年的发展轨迹，参照经济体制改革的重大历史坐标，大致可以把中国商法的发展划分为3个阶段：第一个阶段自20世纪70年代末至90年代初，为中国商法的恢复期；第二个阶段自1993年《公司法》的制定至2005年左右，为中国商法的发展期；第三个阶段自2005年《公司法》修订至今，为中国商法的完善期。

---

① 张谷：《商法，这只寄居蟹》，载《清华法治论稿》第6辑。

（一）1979 年至 1993 年：中国商法的恢复期

1978 年十一届三中全会的春风，融化了中国民商法领域的思想坚冰。十一届三中全会提出了民主建设的制度化、法律化，确立了对外开放的政策。1979 年沿海经济特区开始建立，其作为改革开放的窗口吸引外来投资，中国封闭式计划经济体制被打破。1984 年提出建立有计划的商品经济。国有企业改革开始启动，从放权让利到承包经营再到两权分离，改革的尝试逐渐涉及产权制度。十三届四中全会以后，我国在总体上实行了计划经济与市场调节相结合的经济体制和运行机制。

这一时期由于商法理论准备的空白，商事立法多依附于国家政策而显现出较强的应对性。为固定对外开放、引进外资的政策，涉外商事立法先行一步，于 1979 年颁布《中外合资经营企业法》，1986 年颁布《外资企业法》，1988 年颁布《中外合作经营企业法》。国有企业改革的启动也推动了以所有制为标准的商事主体法的制定。1988 年颁布《全民所有制工业企业法》《私营企业暂行条例》，1990 年颁布《乡村集体所有制企业条例》，1991 年颁布《城镇集体所有制企业条例》。《民法通则》颁布后，确立了法人制度，1988 年颁布《企业法人登记管理条例》。同时，1986 年颁布《破产法（试行）》，为全民所有制企业建立了退出机制。

对外开放和对内搞活的政策导向在整个 20 世纪 80 年代和 90 年代初的商事立法中起到了决定性的推动作用。但该时期的商事法律政策性有余、法理性不足，针对性有余、体系化不足。同时，外资企业法和内资企业法并存、以所有制标准确立商事主体制度虽具有当时历史条件下的合理性，但并非中国商事立法最终的科学设计。

（二）1993 年至 2005 年：中国商法的发展期

1992 年党的十四大明确确定经济体制改革目标为社会主义市场经济。至此，社会主义市场经济体制在我国成为自觉、主动的历史进程，结束了计划和市场谁主沉浮之争。国有企业改革进一步深入。1993 年十四届三中全会提出要进一步转换国有企业经营机制，建立产权清晰、权责明确、政企分开、管理科学的现代企业制度。与此同时，中国积极加入世界贸易组织，并于 2001 年正式成为组织成员。

市场经济的发展亟须商事立法的规范。自 20 世纪 90 年代以来，商事立法驶入高速行驶的快车道。现代企业制度的建立直接推动了 1993 年《公司法》的颁布。1995 年颁布《保险法》《票据法》，1998 年颁布《证券法》，1999 年颁布《期货交易管理暂行条例》，2001 年颁布《信托法》，2003 年颁布《证券投资基金法》。围绕《公司法》，1994 年颁布《公司登记管理条例》，1996 年颁布《公司注册资本登记管理暂行规定》。为鼓励个人投资，1997 年颁布《合伙企业法》，1999 年颁布《个人独资企业法》。随着企业改制的深入，最高人民法院在 2002 年公布《关于审理与企业改制相关的民事纠纷案件若干问题的规定》。此外，最高人民法院还就审理破产案件、期货纠纷、证券市场虚假陈述民事赔偿案件出台了特别规定。①

① 2002 年最高人民法院颁布《关于审理企业破产案件若干问题的规定》。2003 年最高人民法院颁布《关于审理期货纠纷案件若干问题的规定》《关于证券市场因虚假陈述引发的民事赔偿案件的若干规定》。

1993年至2005年的商事立法繁荣得益于市场经济的发展。商事主体法打破了先前以所有制标准划分的立法模式,通过《公司法》基本建立了以责任形式和资本构成为区分标准的商事主体制度。商事行为法也伴随资本市场改革和金融体制改革而颁布,我国商法体系的基本框架在此阶段已经基本构建形成。"在我国这一商事法律体系的创制时期,无论商事立法抑或商法学的研究,确实均得到前所未有的飞速发展,商事立法的速度与规模,商法学研究的深度与广度,均是前一'过渡期'所无法比拟的。"①

(三)2005年至今:中国商法的完善期

2003年十六届三中全会决定进一步完善社会主义市场经济体制,改革资本市场、金融市场。市场经济体制改革继续向纵深方向发展。而在改革开放初期制定的《公司法》《证券法》《破产法》《保险法》,由于制定时尚受很多旧有观念的束缚,制度设计也倾向保守,经过十几年的实施,日益暴露出与市场经济实践的不和和冲突,需要及时进行调整、修订和完善。由此,这一时期的商事立法更为注重在总结实践经验、借鉴国外立法成果基础上,对商法制度进行体系化和深度化的完善。与先前强调"有法可依"相比,更加注重法律自身的质量以及各个法律部门之间的协调性。最高人民法院也更加注重总结司法审判实践中的问题,及时弥补立法中的漏洞。

最令人瞩目、对中国整个商法制度发展产生深远影响的当属公司法的两次修订和深度改革。2005年10月公司法修订的内容主要集中公司法的两大支柱制度上,即资本制度和公司治理。在这部公司法实施八年后的2013年,全国人大对公司法又进行了一次新的修订,这次修订集中于资本制度,是在2005年资本制度改革基础上的又一次突破。两次公司法修订都是在理论突破的基础上,科学总结公司法多年的实践经验,借鉴了各国公司法改革的最新成果,努力寻求制度创新,并形成和体现出反映时代要求的鲜明立法目标和价值取向。经由这两次重要的修订和改革,中国公司法实现了制度的日趋成熟和完善。

与《公司法》的修订联动,另一重要的商法部门——《证券法》也于2005年10月同步进行了一次全面的修订。这次修订着眼于证券市场的长期发展,对原有法律规则进行了大量的调整和改进,其中主要是通过灵活性的立法条款去除阻碍证券市场发展的法律障碍、完善和细化证券活动的行为规则、完善和强化了信息披露的义务和法律责任、加强了投资者保护和证券监管等。这一法律的修订和颁行实现了资本市场的多维度制度创新和严格化监管,推动了股权分置改革等资本市场深层次问题的解决,有效地保障了资本市场的跨越式发展。《保险法》的修订更为频繁,从2009年到2015年,全国人大常委会对《保险法》进行了四次修订,其内容涉及包括拓宽保险公司业务范围和保险资金运用渠道、完善保险市场主体管理制度、完善保险合同法律规范,切实保护被保险人合法利益、强化保险监管手段,完善监管相关法律程序等。多次修订的指导思想和原则也十分清楚,就是要简政放权、转变政府职能,优化保险市场监管,对保

---

① 赵磊、谢晶:《改革开放以来商法学研究回顾、现状与展望》,载《华东政法大学学报》2017年第2期。

险业放开前端管制，加强事中事后监管，把握保险业的发展趋势，为保险业的改革创新预留法律空间。

《企业破产法》的制定和颁布是这一时期商法发展的又一重大事件。此前，虽由1986年的《企业破产法》（试行）和《民事诉讼法》规定的破产还债程序确立中国破产制度的基本架构和规则，但这一试行中的法律制度确是相当地简陋和粗糙。使中国破产制度得以成熟和完善的正是2006年制定颁行的《企业破产法》，该法借鉴国外先进破产法律制度，充分体现了中国特色，尤其是适应了中国加入WTO的要求。相比原有的破产制度，该法一方面创设了破产管理人制度、企业重整制度等新的破产制度，对原有破产制度做了广泛、系统的整合和完善，包括破产原因、债权人会议、破产财产、破产债权、逃费债务的预防、破产和解、债务清偿顺序等；另一方面，根据我国特殊国情，对破产企业职工权益保护、国有企业破产等重大问题作出了特别规定。

这一时期，2006年颁布了《合伙企业法》，这使中国所有类型的商事主体都有了单独的法律加以规制，并首次创制了有限合伙和特殊的有限合伙形式，至此，中国商事主体的立法体系也已经基本完备。

与商事立法紧密跟进的是商事司法和司法解释，商法实施的重要方面是司法适用，由于商事立法的原则性和概括性，其无法完全满足司法实践中解决商事纠纷的需求，"在这种情况下，法律解释就成为完善商法的重要措施"，"商事解释是制定和修改法律之外的另一种规则创制方法"，"与法律修改相比，商事法律解释的意义并不逊色，其应当成为商法建设的重要领域"。[①] 因此，为了准确理解和适用商法规范，统一司法裁判的尺度和标准，最高人民法院从2006年起，几乎在每一个商事法律，包括《公司法》《破产法》《保险法》《票据法》《证券法》等制定或修订后，都进行相应的司法解释，并且根据轻重缓急，对每一法律所涉问题阶段性地分别出台系列性的司法解释。这些司法解释既是司法实践经验的总结，也是对我国商法制度的进一步细化和发展。

大量调整商事关系的行政法规和行政规章是商法的又一重要渊源，也是商法不断丰富和走向成熟的突出表现。在我国各法律部门中，难有其他部门法像商法一样有如此多的行政法规和规章。每一商事单行法，基本上都有相应的行政执法或监管机关，如《公司法的主要执法机关是工商管理局和证券会》《保险法的主要执法机关是保监会》《票据法的主要执法机关是银监会》。由此，在每一商事单行法颁布后，国务院和有关行政机关都会为实施该法配套出台一系列的行政法规或规章，如2013年公司法修订后，国家工商总局即跟随出台了新的《公司登记管理条例》《公司注册资本登记管理规定》等，2005年10月证券法修订后，中国证监会即先后出台了《上市公司证券发行管理办法》《首次公开发行股票并上市管理办法》《证券发行与承销管理办法》《上市公司股东大会规则》等，中国保监会出台的《保险公司管理规定》《保险专业代理机构监管规定》《再保险业务管理规定》等。就中国商法规范的构成而言，商事单行法确立的只是各商事法律的基本制度和架构，而具体的行为规范和操作性规则是通过大量

---

① 梁鹏：《依法治国语境下的商法建设》，载《山东青年政治学院学报》2015年第4期。

的各种行政规章予以规定。以商事单行法为基本框架、以行政法规为细致内容和施行规范、以司法解释为裁判规范，正是中国商法特有的法律结构和规范构成，由此形成了各商法领域较为完备、缜密、科学的制度体系。

二、中国商法的发展轨迹和发展规律

（一）追随和服务市场经济发展是中国商法的初心和使命

社会主义市场经济本质上是法治经济，“市场有效发挥作用的前提是必须具备合理而完善的法律制度，从而将社会经济活动中各个主体的权利、义务都纳入法律的调整范围，并通过明确的规范和严整的秩序切实保障市场经济的正常运行”。① 市场经济形成和运行是商法存在的基础，没有中国的市场经济就没有中国的商法。商法作为市场经济的法，直接反映着市场经济的要求，商法中的商事主体制度规范的是市场关系中生产者和经营者的组织形式和内外法律关系，商法中的商事行为规则调整的是市场交易行为和与此相关并为之服务的其他经营行为。追随和服务市场经济发展，确立市场主体地位，规范市场活动，协调市场主体的利益冲突，保护市场主体的合法权益，是中国商法与生俱来的初心和使命。改革开放40年来，我国法律对市场经济的调整或市场经济法治化的重要途径是通过商事立法和商事法治实现的。我国市场经济每一步的重大发展和突破，都需要借助商法制度的设计，无不表现为商事法律制度相应的发展和突破。“我国民商事立法的一个基本特点是，立法始终是伴随着改革开放不断深化的进程而展开，与改革开放之间呈现出‘相伴而行’的关系。”②“三十多年来，中国改革开放不断深化，经济体制由计划经济向社会主义特色市场经济逐步发展。在这一过程中，市场活力逐步被激发，阻碍商品交易的制度逐步被消除；这一过程中，调整商品交易的法律制度逐步确立、完善。”③

我国商事主体制度的演进最生动地展示了我国市场经济逐渐形成和走向成熟的历程。在20世纪70年代末之前，我国的经济体制属于高度统一的计划经济，经济活动的主体主要是国营企业和集体企业，这种不以营利为目的的企业组织也难以定性为法律上的商事主体。70年代末80年代初起始的改革开放，孕育和造就了中国的市场经济，也催生了新型的市场主体，首先国家允许和促进个体经济的发展，个体工商户成为商事主体，国务院于1987年颁布了《城乡个体工商业管理暂行条例》。随着改革开放的深入，市场经济呼唤非公有制私营企业的加入，独资企业、合伙企业、有限责任公司、股份有限公司等传统企业形态在销声匿迹二十余年后得以重生并在新的市场环境下如雨后春笋般迅猛发展，中国的商事主体立法紧密跟进，1988年颁布的《私营企业条例》将这三种企业形式作为私营企业加以规定。此后，又分别对三种企业单独立法，先后于1993年颁布了《公司法》，于1998年颁布了《独资企业法》，于1999年颁布

---

① 赵万一、赵吟：《论商法在中国社会主义市场经济法律体系中的地位和作用》，载《现代法学》2012年第4期。

② 柳经纬：《民商事法律体系化及其路径选择》，载《河南财经政法大学学报》2014年第6期。

③ 赵磊、谢晶：《改革开放以来商法学研究回顾、现状与展望》，载《华东政法大学学报》2017年第2期。

了《合伙企业法》。与此同时,由社会主义公有制的基本经济制度所决定,全民所有制企业、集体企业依然保持其在中国市场经济中的特殊地位,商事立法尊重现实,相应地,先后制定了《全民所有制企业条例》、《集体企业条例》和《全民所有制企业法》。由此,伴随中国市场经济体制的逐渐形成,中国商事主体制度的基本格局也由此确立。

我国商事单行法的陆续颁布则直接地反映了市场经济的不断深入、成熟和阶段性发展的成就。市场经济的基本构成是市场主体与市场行为。市场主体的存在是市场经济运行的基本条件,由此决定了我国的商事立法首先起始于市场主体的立法。从20世纪70年代末开始,最早的商事立法是1979年制定的《中外合资经营企业法》,改革开放初期,为吸收外资,我国确定了中外合资经营企业的组织形式,这是最早的商事主体,也是适应市场经济对外开放需要最早的商事立法。此后,80年代末90年代初的商事立法也都主要集中在商事主体上,它们分别是1986年的《外资企业法》、1988年的《中外合作经营企业法》和《全民所有制工业企业法》、1990年的《乡村集体所有制企业条例》和1991年的《城镇集体所有制企业条例》。在市场经济活动中,海上运输是最为古老的商事活动,也是最为传统的商事关系,因而我国在商事主体立法之后,最先颁布的商事行为法是1992年的《海商法》。票据是市场交易中最为典型的支付手段,保险既是市场经济赖以进行的重要保障,也是一种特殊的交易行为,票据和保险行为都是十分传统的商事行为,是国际通行的成熟法律制度,因此90年代中期即1995年,我国因应市场经济活动的需要,较早地同时颁布了《票据法》和《保险法》两部基本的商事单行法。而另外两部重要的商事单行法,即《破产法》和《证券法》则较晚制定,虽然破产制度也是一个古老的法律制度,但在我国社会主义市场经济条件下,能否实行企业的破产,如何解决企业破产与劳动者保护和社会稳定之间的冲突,是一个历经反复研讨、多年论争,最终达成共识的重大法律抉择,围绕破产制度取舍发生的激烈争辩,本身即反映出中国市场经济发展进入纵深阶段之后所面临的社会冲突,而《破产法》的最终颁行则表明中国社会对市场机制的理性认知和中国市场经济的日臻成熟。《证券法》的颁布更是中国市场经济进入更高阶段的标志。证券发行和交易是特殊的市场行为,证券市场具有特别的融资功能、投资功能和资源配置功能,它是发达市场经济的重要组成部分。改革开放初期的中国,根本没有证券交易和证券市场,而只是到中国市场经济发展到20世纪90年代中期,证券市场才应运而生,中国的第一部《证券法》也于1998年随之颁布。

商法追随中国市场经济发展,40年如影相随,亦步亦趋,“从商法的规范内容设定和体系结构调整来看,在商法形成与经济体制变动的关联性上,商法建设具有明显的体制跟从性,即经济体制的基本理念、主体结构和运作机制一旦发生改变,其体制变动力随即传导到商法建构过程中……”①“尤其是1992年中共十四大确立了市场经济体制的改革目标之后,商事立法之活跃构成了当代中国私法进程的一道亮丽的风景,并对当代中国私法的发展做出了巨大贡献。”“在由计划经济体制向市场经济体制转轨

---

① 陈甦:《商法机制中政府与市场的功能定位》,载《中国法学》2014年第5期。

的过程中，中国商法与其近代西方‘前辈’一样，同样扮演着‘开拓者和急先锋’的角色，其对当代中国私法发展所做出的贡献并不逊色于民事立法，其重要性不应被忽视或者低估”。①

（二）改革与创新是商法四十年发展的永恒主题

中国市场经济的高速发展和经济体制、市场机制的不断改革和创新直接驱动着商法制度的变革和创新。中国商法的40年，也是商法制度不断改革创新的40年，甚至可以说，40年来，中国商法始终处于改革模式，中国商事法律制度的改革永远都在路上。

首先，中国商法的创新性表现为商法体系结构鲜明的开放性和扩充性。与许多其他法律部门不同，中国商法并未形成一个固定的、封闭性的所谓完整体系和结构，相反，它的体系是开放性的，它的结构是动态变化的，是根据市场经济发展需要不断调整和扩充的。这一特点恰好使中国商法“体现出与市场经济运行的高度契合。正是商法的价值理性和技术理性使商法在保持相对稳定性的基础上，具有适时而变、不断创新的品质，从而使商法成为市场经济中最为活跃的法律”。② 按照传统的体系和结构，商法所涉法律领域主要是公司法、票据法、保险法、破产法和海商法。然而，40年来，新的商事关系层出不穷，新的商法领域也在不断形成，中国商法的体系早已超越了传统商法的范围，包括证券法、投资基金法、信托法、期货法等先后成为商法体系的组成部分。随着新的业态和产业的不断创新和发展，新型商事关系不断孕育产生，新的商法领域也在逐渐形成，如正在蓬勃发展的电子商务关系及正在制定的电子商务法。

其次，中国商法的创新性也表现在商法体系内各商法领域法律制度和规范的不断突破和更新。40年来，各商事单行法在首次颁布后，根据其所调整的商事关系的变化和对法律制度的需求，多次、不断地进行修改，包括全局性的修订和部分条款的修正，这些修改本身不仅是法律条款的文字改变，许多更是重大法律制度的突破和创新，是对某些法律规范的重新设计。其中，修改最为频繁的是《公司法》和《保险法》。《公司法》于1993年首次颁布后，分别于1999年、2004年进行了两次修正、于2005年和2013年进行了两次修订。《保险法》于1995年颁布后，分别于2002年、2014年和2015年进行了三次修正，于2009年进行了修订。《证券法》也是改革和创新较为突出的法律领域，其于1998年颁布后，2004年修正一次和2005年修订一次，最新的立法修订从2014年开始，已经进行了四五年，此次修订力度甚大，涉及证券市场一些基本制度，尤其是证券发行制度的重大变革，只是由于2014年证券市场发生的剧烈动荡，导致此次《证券法》修订至今尚未完成。“商法调整市场经济中最活跃、最易变动的社会关系，决定了商法时时与时而变，与时俱进”，“在过去的三十多年间，为顺应社会经济快速发展与变化的法律需求，我国以单行法形式先后颁行四十余部商法规范，不仅对于推动我国市场经济的飞速发展作用巨大，而且能够随着社会经济的快速变化而及

① 柳经纬：《当代中国私法进程中的商事立法》，载《暨南学报》2012年第11期。

② 赵万一、赵吟：《论商法在中国社会主义市场经济法律体系中的地位和作用》，载《现代法学》2012年第4期。

时地修改增订,体现了极强的适应性、应变能力和强大的生命力。"[①]在所有商事单行法中,修改较少的是《票据法》、《企业破产法》和《海商法》。《票据法》1995 年颁布后,2004 年修正一次,《企业破产法》和《海商法》自颁布后,则尚未进行修订和修正。

各商事单行法修改的差异直接反映了不同领域商事关系的活跃程度及其与法律制度的连带互动,与票据和海商关系的高度稳定和法律规则的高度成熟不同,公司、证券无疑是几十年来中国市场经济最为活跃、充满生机活力的领域,市场体制机制改革的持续深入助推商事关系的日新月异,需要法律应对的现实问题也千变万化,由此必然驱动着公司和证券法律制度与时俱进的创新完善。虽然《公司法》从 1993 年颁布至今不过二十余年,但却经历了前后四次连续的修订和修正。20 世纪 90 年代前期制定的《公司法》本来已属较新的立法,但在快速变化的中国市场经济面前,其总是经常显露出与丰富实践的冲突和脱节,尤其是进入 21 世纪新的时期的时候,公司法的滞后更为明显,由此,《公司法》于 2005 年进行了一次全局性的改革和修订,对公司资本制度和公司治理制度作了根本性的突破和创新。而在时隔仅 8 年之后,基于工商登记便利化改革的动机,于 2013 年再次修订公司法,对公司资本制度进行了进一步的改革和设计。两次修订的中国《公司法》确有很多令人鼓舞和钦佩的突破和创新,它反映了立法者尊重中国现实、顺应国际趋势、敢于突破和创新的立法智慧和魄力。而在所有的突破和创新中,最为根本和重要的则是立法理念和指导思想的突破和创新,是立法目标和价值选择上的重新认识和调整。这种突破最主要是以下两点:一是改变将公司法作为"治乱的法"、"管理的法"和"国企改革的法"等的片面认识,将其作为对所有公司法律关系进行调整的市场主体的法,重视和强调的公司法重要的目标之一应是鼓励投资,推动公司设立,促进资本市场发展和繁荣。改变了原公司法强调规范、限制和管理,而忽略支持、鼓励和引导的明显倾向,从限制投资转向对各种投资主体投资行为的鼓励、对各种投资资源的充分利用、对各种投资形式和投资渠道的开拓。二是给公司以更大的自治空间,对公司法的强制性与任意性规范以合理界定。公司法改革的一个重要的共识就是注意和强调公司法规范的任意性,减少其强制性规范的范围。从片面、过度的控制和管理转向对企业经营自治的尊重、对运营效率的追求和对市场机制的有效运用。历经多次修订的中国公司法,堪称 21 世纪最为先进的公司法,在公司法律制度的国际竞争中,无疑属于最优、最佳的制度之一。

(三)主体法、行为法和监管法的融合是中国商事法律的基本构成

在整个法律体系中,每个部门法基本上都有其自身的规范结构或制度构成,中国商法 40 年的发展不仅确立了内容丰富的商法制度,而且形成了自己特有的主体法、行为法和监管法融为一体的制度构成。

首先,商事法规范是主体法规范。商事法规范有的侧重于商事主体关系的调整,是谓商事主体法或组织法。其主要内容是确认了商事主体的法律地位,规定其从产生到消灭、整个过程的各种法律关系和活动,包括设立、变更和解散、名称、住所、经营业

---

① 李建伟:《制定商法通则的缘起及其立法价值的再认识》,载《社会科学战线》2015 年第 12 期。

务、章程、权利能力和行为能力、财产结构和组织结构、成员的权利义务与责任、管理机构的组成及其职权、会计事务、盈余和财产分配等。中国商法最主要的部分是主体法规范,独资企业法、合伙企业法、公司法基本属于商事主体法,破产法实质是关于商事主体破产解散的程序性规范,究其性质亦可归属商事主体法。保险法中关于保险组织、证券法中关于证券经营机构、信托法中关于信托机构的规定在性质上也属于主体法规范。

其次,行为法也是商法的重要规范。有的商事法规范侧重于商事活动的调整,是谓商事活动法或行为法。其直接调整具体的经营行为或商业活动,这种经营行为不是发生在某一组织或团体内部,而是发生在不同组织或个人之间,合同法(包括买卖法)、代理法是最典型的行为法,在商法的几个主要单行法中,票据法是最典型的行为法规范。在其他商事单行法中,也有大量的行为法规范,如证券法中关于发行行为、交易行为的规定、保险法中关于保险经营行为的规定、银行法中关于信贷、结算行为的规定、信托法中关于信托经营行为的规定等,都属于行为法规范。需要指出的是,商事单行法所规定的商事行为,并非一般的交易行为或合同行为,而是与特定主体的性质和组织特点密切联系,属于该特定主体特有的行为内容。实际上,商事主体的行为分为两类:一类是普通的商业活动,这种活动一般商业组织都可以进行,如制造、承揽、运输、买卖等,在我国民商合一的基本立法体例之下,此类活动基本是由一般民事立法加以调整。另一类则是与特定商事主体的组织特点直接相关的活动,如公司发行股票、债券的活动、保险机构的保险经营活动、证券机构和交易者的证券发行和交易活动、银行的存贷业务活动等。这类活动通常是由单行商事法与主体规范一并予以特别规定。

最后,监管法也是某些商事法的构成要素。在大陆法国家的传统商法中,并无或少有商事监管的法律规范,但在中国单行商事法的立法中,基于国家对特定商事领域经营活动管理的需要,在主要调整商事主体关系和商事行为的同时,通常也对商事监管的问题一并作出较为完整的规定,其中包括监管机关、监管内容、监管程序、监管责任等,从而形成了中国商事法特有的构成部分。如保险法中关于保险市场监管的规定,证券法中关于证券市场监管的规定、银行法中关于银行业监管的规定等。对于这一部分法律规范的性质,在学术上是存在不同的解读,有的认为其属于行政法或经济法的规范,只是规定在商事单行法之中。① 但从商法角度观察,它也属于商法规范,与普通行政法和经济法规范不同,它是对特定商事主体和商事行为进行特别监管的法律规范,具有调整特定商事关系的针对性和特殊性,构成该领域整个法律制度体系不可分割的组成部分。"现代商法强制性规范最大的特征是所谓的'商法公法化'","私人强制机制的失灵不断严重,因此国家开始作为国家利益和社会利益的维护者,对商业发展进行监督管理。""监督性商法强制性规范是现代商法的显著特征,显现了国家意志在商法规范中的新作用",②"在商法范畴,其实不乏旨在实现宏观调控的法律规

① 童列春、白莉莉:《商法的现代嬗变与误读》,载《武汉理工大学学报》(社会科学版)2005 年第 18 期。

② 姜燕:《商法强制性规范中的自由与强制》,载《社会科学战线》2016 年第 8 期。

范。”[①]商法中特定监管规范与其他主体规范和行为规范的融合、这种三位一体或诸法合体的结构恰好成为中国商事单行法的典型构成，成为商法不同于其他许多法律部门的鲜明特点。可以清楚地看到，中国商事单行法并非严格依照传统法律部门的分工和性质制定，而是按照特定商事领域法律调整的需要构建，易言之，商事单行法就是特定商事领域的法，规定和调整该领域的特定法律制度都属该商事法的范围。

在商法的基本体系中，不同商事单行法呈现出不同的规范构成。公司法主要表现出主体法的属性，票据法、海商法主要表现出行为法的属性。破产法既可定性为商事主体破产解散阶段的主体法规范，也可定性为关于破产解散与清算的特殊行为规范。保险法、证券法、信托法、期货法、运输法和银行法则表现出主体法、行为法与监管法三类规范融为一体的典型构成。正在制定的电子商务法草案也表现出主体法、行为法、监管法三位一体的典型制度构成。作为主体法，它规定了主体的市场准入和退出条件及程序，确保电子商务参与者的身份合法。作为行为法，它规定了电子商务参与者在各个交易环节中的权利义务关系，确保电子商务参与者的行为适当。作为监管法，它也规定了电子商务市场的监管模式和监管制度，确保监管行为有法可依、为促进电子商务发展提供政策支持。依循此一立法模型，未来面向任何特定商事领域的单行立法都可能呈现这样的规范结构。由此可见，无论传统商事立法的制度构成怎样，无论对现行商法规范的性质作如何的解读，都不能否定中国商事法客观上已经形成了自己特有的规范构成，这是基于对特定法律关系进行综合调整顺势而为的制度设计，也是超越传统法律性质区隔和部门樊篱而进行的立法安排，也许这恰是中国特色法律体系中商法所具有的中国特色。

（四）对境外商法的兼收并蓄和国际化是中国商法发展的重要路径

在所有法律部门中，商法公认是国际性较为突出的法律部门。商法的国际性由客观的原因铸就：其一，商法以调整商事关系为对象，而不同国家的商事关系具有普遍的共性，商法不能不反映和尊重商事关系的客观规律和要求。其二，商事关系本身也具有一定的国际性，许多商业活动都跨越国籍，各国经济日益紧密联系，并趋向世界经济体系的形成。为此世界各国在本国商事立法方面都注意坚持一般的科学原理并保持与其他国家商事法的协调和衔接。“商法的国际性趋同结果，是商法历史发展所致，也是国家努力的方向”，“从商法的发展历程来看，商法经历了‘国际法—国内法—国际法’的发展循环，世界商法目前正处于再次国际化的阶段。”[②]商法的国际性在中世纪商法中就已经有所体现，尽管其地域主要限于欧洲各国，伯尔曼曾说：“11 世纪晚期以后，商法上的各种权利和义务在地方适用中变得更加统一、更加普遍，而较少差异、也较少歧视。这在某种程度上是由于那个时期的许多商业活动都具有世界性或国际性。”[③]20 世纪以来，随着全球化的发展，几乎每个国家都在参与国际的分工与合作，商

---

① 陈甦：《商法机制中政府与市场的功能定位》，载《中国法学》2014 年第 5 期。

② 范健：《民法典编纂背景下商事立法体系与商法通则立法研究》，载《中国法律评论》2017 年第 1 期总第 13 期。

③ ［美］哈罗德·J. 伯尔曼：《法律与革命》，贺卫方等译，中国大百科全书出版社 1993 年版，第 416 页。

法的国际化程度日益提高。大量有关商事活动的公约得以订立,如1930年《统一汇票本票法公约》、1946年《统一国际货物买卖公约》、1990年《国际贸易术语解释通则》及欧盟制定的《欧洲公司法》等。受上述公约的影响,各国在制定本国商法时往往对其加以吸收。同时,一国商法的成功制度也会迅速为各国借鉴,导致各国商法的日益趋同化,由此又进一步促进了商法的国际性。

中国商法的40年也是借鉴和吸收境外商法先例和经验的40年,是国际化程度不断提升的40年。中国商法国际化的进程表明,中国在商事法律制度的发展方面,不仅是极富探索精神的创新者,也是先进商法理念制度十分理性的识别者和最虔诚的追随者和效仿者。应该承认,改革开放前的中国,在长期计划经济的土壤上,几乎不存现代商法制度生长的条件,新中国成立初期,残存的部分商法规范也随着私营企业的消灭而消失殆尽,改革开放后的商法制度几乎是在一穷二白的基础上建立。如果说,中国其他法律制度的建立主要是对原有法律制度的恢复重建和对自身实践经验的总结,那么中国商法制度的建立更主要的是倚重对境外现成制度的借鉴和引进。由大陆法的传统所决定,中国商法、尤其是改革开放前期的中国商法最主要的参照对象无疑是欧洲大陆法国家和日本的商事立法,但某些商事立法以及改革开放后期商事立法的发展则更多地受到美国等英美法国家的影响。改革开放后最早制定(1979年)的《商事主体法》《中外合资经营企业法》以及后来出台的《中外合作经营企业法》和《外资企业法》就是以德国有限公司法和欧洲国家的外资法为蓝本制定的。中国第一部《公司法》从基本概念到体系结构再到具体规范基本上是经由台湾地区"公司法"的途径、仿效以日本和德国为代表的欧陆公司法制定。《票据法》《海商法》《企业破产法》也大致如此。但《证券法》和《信托法》则主要借鉴和参考以美国为代表的英美商法制度制定,其原因显而易见,美国和英国有世界最为发达的证券市场和最为丰富完善的证券法律规范,信托法律制度更是英美法的创制和专长。

中国商法对境外商法的借鉴和追随,不只是发生在商事单行法的初创阶段,也贯穿在商法不断修订完善的过程之中。实际上,制度的改革和创新一直是各国商法发展的基本趋势,近几十年的全球化浪潮加剧了世界各国在贸易、投资、技术等方面的国际竞争,这种竞争进一步反映在市场规则上,则形成了各国营商环境尤其是商事法律制度的竞争,竞争的方向就是看谁的制度最佳、谁的规则最优,谁能为投资者和经营者提供最好的营商法律环境。一直坚持改革开放的中国顺势而为,自觉和不自觉地融入了商事法律制度的国际竞争,密切关注和跟踪各国商事法律的最新发展,深入分析和比较各国制度变革的优劣得失,吸收和采纳各国商事立法和理论发展的最新成果,就成为中国商法进取完善的不竭动力。2005年《公司法》修订对公司制度进行的重大改革和突破除个别制度属于中国自有的制度创新之外,大都是受境外公司法改革的启发和驱动,其中包括对一人公司的承认、法人格否认制度的建立、公司最低资本额的大幅降低、公司股份的合法回购、累积投票制的实行、异议股东股份收买请求权的规定、公司僵局时的司法解散请求权、股东代表诉讼、独立董事制度、职工监事的设置等。2005年《证券法》修订中证券发行上市保荐制度、证券投资者保护基金制度、上市公司董事、监事、高管人员的诚信义务等制度的改革更是直接导源于美国证券法的变化。

可以不无骄傲的评价，中国商法对境外制度的吸收和借鉴充分地展现了中国商事立法开明、谦逊的心态、宽阔、远大的视野和坦荡、包容的胸怀。这种兼收并蓄不受大陆法还是英美法的限制，不分西方发达国家还是发展中国家，即使韩国、新加坡这样小国的商法制度，也是我们研究借鉴的对象，只要其制度先进，只要其适合中国国情，都可以拿来我用。令人欣慰的是，在法律制度的引进上，中国并未出现在其他领域曾有过的坐井观天和夜郎自大，并未发生对境外制度和理念的盲目排斥和否定。相反，如同技术引进一样，现代商法制度像先进技术一样被广泛地、甚至整体性地引进、消化。当然，中国对境外商法制度的引进绝非盲目地照抄或照搬，不是囫囵吞枣，而是对其功能效果进行理性分析后根据中国国情进行的科学取舍，因而也最大限度地避免了制度引进和移植中的水土不服和排异反应。作为市场经济制度的后来者，中国商法没有太多的传统束缚和历史包袱，反而获得了博采众家之长的后发优势。中国既有商法制度与各国先进商法规则的融合互补使其成为现代先进商法制度的代表者和商法制度国际化的引领者。

商事法律制度的国际竞争，密切关注和跟踪各国商事法律的最新发展，深入分析和比较各国制度变革的优劣得失，吸收和采纳各国商事立法和理论发展的最新成果，就成为中国商法进取完善的不竭动力。2005 年《公司法》修订对公司制度进行的重大改革和突破除个别制度属于中国自有的制度创新之外，大都是受境外公司法改革的启发和驱动，其中包括对一人公司的承认、法人格否认制度的建立、公司最低资本额的大幅降低、公司股份的合法回购、累积投票制的实行、异议股东股份收买请求权的规定、公司僵局时的司法解散请求权、股东代表诉讼、独立董事制度、职工监事的设置等。2005 年《证券法》修订中证券发行上市保荐制度、证券投资者保护基金制度、上市公司董事、监事、高管人员的诚信义务等制度的改革更是直接导源于美国和其他国家证券法的最新发展。

三、近年来中国商事制度的改革与具体内容

2013 年，党的十八届二中和三中全会决定对工商登记制度进行改革，实行注册资本认缴登记制，拉开了全国范围内商事制度改革的序幕。5 年来，在国务院和李克强总理的亲自部署下，商事制度改革持续推进、不断深化，取得了显著的实效，在经济社会发展全局中发挥了重要作用。

2013 年 2 月 28 日，十八届二中全会决定改革工商登记制度，放宽工商登记条件，加强对市场主体、市场活动监督管理。10 月 25 日，国务院审议通过了《注册资本登记制度改革方案》，确立了商事制度改革总体设计。11 月 12 日，十八届三中全会要求推进工商注册制度便利化，改革市场监管体系，实行统一的市场监管。12 月 28 日，十二届人大六次会议审议修改了《公司法》，明确将公司注册资本实缴登记制改为认缴登记制，取消公司注册资本最低限额制度，为推进商事制度改革提供了法律依据。2014 年 2 月 19 日，国务院决定修改《公司登记管理条例》《企业法人登记管理条例》等 8 部

行政法规、废止2部行政法规，确保改革依法推进。3月1日，工商登记制度改革在全国范围启动，正式拉开了改革的序幕。之后，国务院相继出台了《国务院关于取消和调整一批行政审批项目等事项的决定》（国发〔2014〕27号）、国务院印发《关于取消和调整一批行政审批项目等事项的决定》（国发〔2015〕11号）、《国务院关于"先照后证"改革后加强事中事后监管的意见》（国发〔2015〕62号）等文件。改"先证后照"为"先照后证"的改革思路，说明了商事登记并非行政许可。符合一般经营者条件的商主体，可以直接向工商部门申请登记注册，获得商主体资格，并由其核发营业执照，获得一般经营资格，有关特殊经营资格则须经相关部门前置或后置的行政许可才能获取。

商事制度改革主要体现为"放管服"三个方面。

首先，在放宽市场准入上。一是推进工商注册便利化。从2014年3月到2017年8月，国家工商总局先后出台了注册资本改革、企业住所改革、企业名称改革、全程电子化和电子营业执照改革，有效降低了创业创新的制度性成本。二是实施证照合一改革。2015年10月1日，全国范围实施了企业工商营业执照、组织机构代码证和税务登记证"三证合一、一照一码"登记制度改革。2016年10月1日，在"三证合一"的基础上，又实施了企业"五证合一、一照一码"改革。12月1日，实施个体工商户营业执照和税务登记证的"两证整合"。2017年10月1日，全国范围内开始实施"多证合一"改革。三是推行先照后证改革。2014年1月以来，已将全部226项工商登记前置审批事项中的87%先后分四批改为后置或取消。四是完善企业退出机制。2017年3月1日，全国范围实施企业简易注销登记改革，推动市场准入和退出全程便利化。

其次，在强化事中事后监管上。2014年6月，国务院下发了《关于促进市场公平竞争维护市场正常秩序的意见》，要求坚持放管并重，实行宽进严管，完善市场监管体系。2015年10月，国务院下发了《关于"先照后证"改革后加强事中事后监管的意见》，明确了"谁审批、谁监管，谁主管、谁监管"的市场监管原则，初步构建了事中事后监管新模式。2017年1月，国务院发布《"十三五"市场监管规划》，提出了市场监管的新理念，确立了六项监管原则，为市场监管工作描绘了宏伟蓝图。2017年8月，国务院公布《无证无照经营查处办法》，调整了监管查处范围，明确了监管部门职责。

经过几年的探索，以信用监管为核心的新型监管机制初步形成，包括四个方面：一是建立企业信息公示制度。2014年10月1日，《企业信息公示暂行条例》正式施行，确立了企业信息公示制度，强化了信用在市场监管中的作用。8月19日，国家工商总局发布企业公示信息抽查、企业经营异常名录管理、个体工商户年度报告等5部规章，2015年12月30日又制发了严重违法失信企业名单管理办法，夯实了对企业"严管"的制度基础。2015年6月30日，全国第一次企业年报工作完成，2013年和2014年度企业年报公示率为87.6%和85.1%，实现了从年检到年报的转变。2015年度和2016年企业年报公示率分别为88.3%和90.45%。二是全面推行"双随机、一公开"监管。2016年9月，国家工商总局制发文件，推进监管方式改革创新，要求全国工商和市场监管部门全面实施"双随机、一公开"监管。三是建成"全国一张网"。2014年3月1日，全国企业信用信息公示系统上线运行。2016年12月22日，国家企业信用信息公示系统启动,“全国一张网”正式开通。四是推动信息共享与协同监管。2015 年 9 月,国家工商总局协调 37 个中央部门就信息共享和协同监管达成一致意见。2016 年 8 月,国务院批复同意将政府涉企信息统一归集到“全国一张网”并对外公示。

最后,在优化服务上。一是扶持小微企业发展。2014 年 10 月,国务院发布《关于扶持小微企业健康发展的意见》,从资金、财税、信息等方面加大扶持力度。2015 年 12 月,国家工商总局牵头建设的小微企业名录系统全部功能上线。2017 年 3 月,小微企业名录升级改版,实现对小微企业的集中查询和扶持信息的集中公示。5 月 8 日,国家工商总局就助力小型微型企业发展发布意见,促进小微企业进得来、留得住、经营好。二是加强市场环境建设。2013 年 12 月,国家工商总局提出营造宽松平等的准入环境、公平竞争的市场环境和安全放心的消费环境。三是发挥竞争政策作用。国家工商总局高度重视发挥竞争政策在维护市场机制、规范市场秩序、促进市场公平中的作用。根据总局的建议,有关竞争政策的内容多次写进了党中央、国务院的政策文件。

商事制度改革作为中国市场准入与监管史上的一次最重要的理念创新、制度创新和服务创新,正成为中国从整体上推动政府职能转变和行政体制改革的一大突破口。5 年来,全国工商和市场监管部门凝心聚力、攻坚克难,推动商事制度改革逐步深化,有效地改善了我国的营商环境,激发了市场活力,市场主体的数量显著增长。自 2014 年 3 月 1 日改革实施到 2015 年 2 月底的 1 年间,全国平均每天新登记企业超过 1 万户,改革前是 0.69 万户。2016 年是 1.49 万户,2017 年前 6 个月是每天新设企业 1.6 万户。同时,外商投资企业数量、注册资本以及投资总额增速在增加,表明我国吸引外资的能力在增强。不仅企业数量在增长,纳税企业的数量也在增多。世界银行《2016 年全球营商环境报告》中,中国的营商便利度排名,由改革前的第 96 位,上升到第 78 位。报告特别指出,中国在开办企业方面进行了重要改革,企业设立更加便利,营商环境持续向好。同时,商事制度改革优化了产业结构,与国家创业创新政策形成了叠加效应,在全社会形成新一轮投资创业热潮,促进了创业创新和就业增长,为经济持续繁荣发展提供了基础。

四、中国商事法律制度的现实问题与发展前景

在法律的层面,商事制度主要包括《公司法》《证券法》《票据法》等一系列商事单行法律法规和部门规章,目前我国实质意义上的商事制度体系建设已初具规模。然而,大量的商事单行法律法规之间缺乏必要的协调,未能统一于商事制度基本的原则之下,同时,现行商事制度不乏条例、办法等立法位阶较低的规范性文件,难以巩固现有商事制度改革的积极成果;目前的商事制度改革主要是围绕着商事登记制度进行局部的改革,缺乏完整性和整体性的制度设计,远未形成体系化、系统化的商事制度,商事信用制度、商事登记制度及商事监管制度等重大、核心的商事制度也尚未完善健全。具体而言,现行的商事制度改革主要存在以下几方面问题。

(一)商事立法体系科学性不足,缺乏统领性的商事通则

中国商法的范围和体系,是中国商法制度建构和发展中的一个基本问题。在此方

面，各国法律也有相当大的差异。大陆法国家的传统商法体系和范围主要包括《公司法》《海商法》《票据法》《保险法》《破产法》等几个部分。英美法系国家的商法体系和范围更为灵活和广泛，其内容涵盖合同法、代理法、合伙法、公司法、商买卖法、竞争法、票据法、担保法、保险法、知识产权法、破产法、仲裁法等法律部门。[①] 中国的商法体系基本上根据大陆法系国家的商法体系，再增加现代商法各领域的内容形成，除公司法（含独资企业与合伙企业法）、保险法、破产法、票据法、海商法几个部分外，先后增加了证券法、信托法、期货法、银行法等新的商法领域。

而冷静观察和理性分析中国商法的现状，可以看到中国商法存在的明显欠缺和不足。首先，商事法律制度自身体系化、科学化的不足。在形式理性上商法与民法差距甚大，体系化的程度也难望民法之项背。其次，商法规范的缺位和空白。对某些十分重要的商事关系和商事问题缺少相应的法律规制，如商事能力制度、营业与营业转让制度等。再次，商事立法的散乱、重复和冲突。由于各单行法多是由不同部门分别提出草案并在此基础上制定的，彼此之间缺少必要的协调和沟通，由此出现对相同法律问题重复立法和不同立法之间的相互冲突，如各部门和给地方出台的黑名单制度的规定。最后，商事立法层次错位，效力不足。作为调整商事关系的许多法律规范，本应由全国人大制定的法律予以调整，但却长期在行政法规、甚至是部门规章的立法层次低位运行。

基于民法与商法之间特殊的紧密关系和我国民法典编纂的立法决策，民法典编纂背景下应如何实现其与商事立法的协调？我们认为，我国既不能实行完全的民商合一体例，也不能采取传统的民商分立体例，民商立法体例的理性选择应该是有分有合、法典化与单行法并行的折中体例，也即制定一部统领性的商法通则。

商法与民法同为我国市场经济法律制度的重要组成部分，其二者是特殊的相互交叉关系，尤其是金融领域的商事法律发展出很多传统民法所没有的规范，商法对市场经济的作用尤为直接和突出。在我国目前的法律体系中，制度供给最为短缺和不足的正是商事法律制度，与民法相比，商事立法的缺陷极其明显。在民法典编纂之前，我国虽尚无统一的民法典，但至少还有一部统领整个民事法律的民法通则可以发挥民法总则的功能。而商法迄今为止，陆续颁布的都是各个单行商事法，“但总纲性商法规范极为欠缺，更无法形成合理的体系”，缺少一部类似民法通则、规定一般商事法律制度、统领整个商法领域立法的系统性法律文件，“商事部门法因总纲性商法规范的缺失而无法形成有效的商法理念与原则，从而未能在商法中形成有效的弥补成文法漏洞的法律机制”。[②] 整个商事立法处于完全的零散化、碎片化状态，与部门法应有的体系化、科学化的要求相距甚远。根据全国人大对我国法制建设和立法工作的总体判断，我国社会主义法律体系已经基本建成，这意味着我国法律体系中主要法律部门都已颁布了相应的法律，但并没有完全建成或齐备，尚有个别重要法律有待制定，其中应该当

---

① 参见董安生等编译：《英国商法》，法律出版社 1991 年版。

② 王建文：《中国现行商法体系的缺陷及其补救思路》，载《南京社会科学》2009 年第 3 期。

选的最突出的法律也许就是总纲性商事立法。对比大陆法传统的法典化体系构成，在刑法、民法、行政法、诉讼法等几大并立的部门法中，也只有商法部门缺少统领性的一般立法。由此，为贯彻落实《中共中央关于全面推进依法治国若干重大问题的决定》，为实现民法典的立法初衷和主要目的，为加强市场经济法律制度建设而编纂的民法典，不能不对商事立法给予特别的重视和科学的布局与安排。

近些年来，商法学界就制定《商法通则》的问题进行过多方面的深入研究和交流，取得了许多共识，并形成了一些重要的研究成果。学界普遍认为，在我国抓紧制定一部一般性、统领性的《商法通则》，不仅是商事法律制度自身体系化、科学化的需要，更是健全和完善社会主义市场经济法律体系的迫切要求；不仅在理论和实践上十分必要，而且在立法技术上也完全可行。

由此，商法通则的制定已成我国民商法制发展的当务之需和之急，如果说民法典编纂对民事立法是锦上添花，那么商法通则的制定对商事立法就是雪中送炭。同时，我国民商立法体系最富创新的立法安排和突出特色之一恰是商法通则的制定。商法通则的制定将使商事立法的中国特色表现得更为突出和鲜明，它超越了百多年来西方国家民商合一与民商分立模式的两难选择，又填补了我国目前商事立法的空白和缺陷，与我国几十年来民商立法以解决问题为导向的指导思想和现实格局高度契合，并可有效实现国家立法体系的传承和基本稳定。

（二）商事制度改革未能确立商法的基本原则，缺乏统一的指导思想

法律原则是制定具体法律规范的依据，它确定了立法指导思想，体现了具体法律部门的所有法律规范之间应当具有统一的立法目标和价值取向，可以避免具体法律规范之间的矛盾，能够实现法律内部体系的和谐，保证法律规范功能的正常发挥。商法的基本原则高度概括了商法的目的与宗旨，决定商法的调整对象、特征、基本内容等，统领着商事立法、执法、司法和守法的全过程。

从本质而言，民法以调整人与人之间的关系为目的，以人为本是民法的核心价值，“自由、平等、尊严”等均为民法推崇的伦理价值观。而商法对社会关系的调整则落眼于财产关系，商法的独特之处在于其以鼓励商主体营利和维护市场秩序为己任。一方面，商事制度遵循“理性经济人”的人性假设，即市场主体基于自利原则充分考虑如何实现自身利益的最大化，并以此为基础设计具体的行为规范；另一方面，市场经济通过优胜劣汰实现社会资源的合理配置，竞争机制内嵌于市场经济，为避免盲目的自利行为所导致经济关系的破坏，应通过对商行为的监管将市场竞争规范于法律框架内。商法的独特性制度原则诸如“营商自由原则、公平竞争原则、便捷效率原则、交易安全原则、适度监管原则”为民法典无法直接表述，而散见于我国商事单行法、条例及政策性文件之中。

例如，2013 年《公司法》取消了法定注册资本最低额的限制，实行注册资本认缴登记制，进一步放宽市场准入，体现了营商自由的原则。2014 年以来，国务院推进商事登记制度改革，注重简政放权，缩减前置审批事项，分三次将 152 项工商登记前置审批事项调整或者明确为后置审批，取消了 19 项，仅保留 34 项工商登记前置审批。这些

改革措施本质上均致力于构建高效便捷的现代化市场经济，是便捷效率原则在商事制度改革中的反映。在内外资竞争的公平问题上，2016 年 10 月 1 日付诸实施的《全国人民代表大会常务委员会关于修改〈中华人民共和国外资企业法〉等四部法律的决定》，将不涉及国有规定实施准入特别管理措施的外商投资企业和台胞投资企业的设立和变更，由审批改为备案管理，彰显着国家对建设公平竞争市场环境的决心。交易安全原则、适度监管原则见于商事制度改革围绕"简政放权""宽进严管"的政策精神出台：《企业信息公示暂行条例》《企业经营异常名录管理暂行办法》等一系列政策措施中。

我国现行商事制度改革在一定程度上彰显着商法的基本原则。然而，由于我国现行改革局限于特定领域的局部改革，内生于实践活动的商法基本原则虽在改革过程中有一定体现，但未能得到法律层面的权威确认，商事制度的构建缺乏统一的商法基本价值与原则的指导。在商事制度构建中，由于利益和立场的不同，难免存在不同的意见和主张，有人主张对商事营业过度的放宽和自由，进而排斥必要的监管，也影响交易安全的实现；有人主张严格的监管和控制，就影响了营商环境的自由和效率。这样相互冲突的利益和主张在具体制度的构建中经常会遭遇，甚至产生尖锐的分歧，典型例证就是在《电子商务法》起草过程中学者对于是否应强制电子商务经营者进行工商登记中的不同乃至截然相反的意见。这些不同的认识体现了我国商事制度构建中缺少统一的目标追求和价值取向，而这正是商事法律制度基本原则应解决的问题。

应明确的是，商法基本原则作为商事制度立法的指导思想和追求的价值目标，应当在商事制度构建中予以正面的确认和体现。也只有明确确立现代商法的基本原则，才能有效地消除和化解制度构建中很多不同的分歧和争议，科学地规范和指导商事立法、执法、司法和守法的活动。但是，商法的基本原则要区别于商法的规则，要抽象于商法的实践以及一般的商事法律法规的制度，体现商法的性质与特征。

（三）重大、核心的商事制度有待构建和完善

在我国，在当前的商事制度改革中，各项具体制度的构建未能呈现正态分布，均衡发展，部分重大商事制度尚未全面、系统地建构，有的制度如商事信用制度尚在探索形成过程之中。商事制度改革中应正视该问题，改变过去改革局限于商事登记制度等特定领域，从宏观角度，长远性地体系化补充我国当前缺位的商事制度。我们认为，当前需要构建和完善的重大、核心商事制度主要包括五个大的方面：商主体制度、商事登记制度、企业名称和商号制度、商事信用制度和商事监管制度。

1. 商事主体制度

我国已有的各单行法对于商事主体制度在商事主体的类型，权利义务，其设立、变更及消灭等内容上做出了部分规定。但是，总体上看明显倾向强调规范、限制和管理，而忽略支持、鼓励和引导，法律规定则呈现出过度的刚性和强制性，而缺少应有的弹性和任意性。同时，对于最基本的商事主体的核心概念界定、商事主体的从商资格问题等未能作出规定。

商事主体应当具有以下特征：首先，须经依法登记。此为认定商主体的形式要件，

即只要依法经核准登记成立后，商事主体即具有从事经营活动的资格。其次，须以营利为目的。商事经营的一个重要特征就是以营利为目的，这是商事主体区别于一般民事主体的重要特征。再次，能以自己的名义经营。商事主体必须有自己的名称，能够以自己的名义直接从事商事活动，能够对自己的商行为直接承担责任。这是商主体的一项实质性认定标准。最后，能够独自享有权利并承担义务。此即商事主体应具有商事能力。商事能力包括商事权利能力和商事行为能力。

总体来看，现有规定中商事主体的类型有所局限，商事主体的内涵和外延不够清晰，对于一些特殊主体的经营资格问题法律未作出明确规定，如未经登记从事经营活动的商贩。强制登记下，过于强调市场法律监管，可以考虑在不同主体上法定登记与任意登记的搭配，强化当事人自治，调动创业热情，放宽投资限制，简化投资程序。

2. 商事登记制度

2013 年 2 月 28 日十八届二中全会决定改革工商登记制度，放宽工商登记条件，5 年来，国务院及其各部委相继出台了《注册资本登记制度改革方案》等数十部文件，按照深入推进“放管服”改革的部署要求，对商事主体从进入市场到退出市场的各个环节都进行了深入的改革，成果丰硕。包括推进工商注册便利化、实施证照合一改革、推行先照后证改革、完善企业退出机制等，修改了《公司登记管理条例》《企业法人登记管理条例》等 8 部条例、废止 2 部行政法规，确保商事登记制度改革依法推进，显著提升了大众创业的激情与市场经济的活力。

然而，伴随着改革成果丰收的喜悦，改革也进入了深水区与攻坚期。既有的改革成果未能全面回应所有的现实问题，仍存在深化的空间：第一，未明晰商事登记法律行为的效力。商事登记法律行为产生何种法律效果仍处于模糊、混沌的状态，阻碍了制度的有效运行。第二，尚未在全国范围内推广取消企业名称预先核准制度的试点经验。企业名称预先核准制度是否有继续存在的必要，其合理性需要重新审视。第三，尚未在全国范围内放宽住所条件。在商用土地、住宅市场上，我国呈现出供给不足的势态，既有改革未能有效回应商用土地、住所供应不足的迫切的社会需求，阻碍了高科技企业、创新型企业和电子商务的发展。第四，尚未在法律层面建立统一的商事登记法律制度。

建立统一的商事登记法律制度，有利于将既有的改革成果以法律的形式固定下来，还能够在法律层面构建统一市场准入机制，消除相关法规、规章之间的冲突，促进市场有效、公平竞争。因此，在现有改革成果的基础之上，仍有进一步深化商事登记制度改革的空间和必要。

3. 商业名称制度

总体上看，我国商业名称的现行立法现状是“重规制、轻保护”，对商业名称问题一直没有建立起真正的保护制度。同时，涉及“商号”“字号”“企业名称”等一系列的规范性法律文件都没有对商业名称做到系统界定，这种模糊性使商业名称法律问题处理的随意性很大，没有建立起商业名称保护真正的法律制度。在此基础上就出现了大量“商业名称之间”“商业名称与商标”“驰名商标”“老字号”等法律纠纷问题，尽管存在一些零碎、具体的处理规则，但始终未能形成统一的纠纷解决路径。因此，应该对商业名称作统一规定，既有利于法律适用，也可满足经济发展的需要。

商业名称制度的未来应从以下几方面进行发展：第一，完善商业名称及字号的法律保护规则，建立驰名字号的特殊保护机制。由于缺乏商业名称的专门立法，目前我国对商业名称的保护仅限于通过《商标法》《反不正当竞争法》迂回进行。因此未来应当建立商业名称制度的具体保护规则，特别是对驰名字号建立跨行业、跨地区特别保护，减少商业名称及字号侵权问题。第二，建立商业名称、字号与商标、域名等交叉检索系统将成为解决商业名称与知识产权等其他权利冲突的有效途径。通过交叉检索制度可以变现有的纠纷事后保护模式为事前审查机制，从源头解决权利冲突问题。

4. 商事信用制度

信用已成为影响资源配置的重要因素，商事信用更影响市场经济环境下生产力的发展。国家工商总局、国家税务总局、发改委以及国家统计局等相关部门近年来发布的《企业经营异常名录管理暂行办法》《纳税信用评价指标和评价方式（试行）》《关于我国物流信用体系建设的指导意见》《国家企业信用信息公示系统使用运行管理办法（试行）》等文件，从信用信息记录、信用评级、失信惩戒及守信激励等方面完善企业信用监管，强化信息公示，发挥信用的约束功能。但更值得正视的是商事信用制度构建与完善过程中存在的问题。

我国商事信用制度的特点，一是体现在信用建设的碎片化。多头监管，政出多门，各行政部门对商主体进行符合本部门利益和规范目的的信用活动，会产生对信用信息的采集标准不一、信用评价结果差异较大的问题，导致信用建设的碎片化。二是信用数据、指标科学性有待提升。不同部门要求企业提交信用信息的相关文件，但未对其信用信息的范围、信用信息的效力性进行明确界定，不同数据库之间的关联与信用共享也未能实现。三是未能构建系统的信用管理制度，缺乏统一的黑名单制度、统一的失信惩戒制度。

因此，应当建立统一的商事信用制度，明确商事信用制度的内容，明确商事信用制度包括征信、信用评价、失信惩戒和信用激励制度。

5. 商事监管制度

商法虽属私法，崇尚意思自治，但因其牵涉不特定市场主体的利益以及经济秩序的稳定，同时兼具公法性质。商事监管制度事关公民个人利益、社会利益与国家利益之间的平衡，如何寻求国家监管与市场自由之间合理的界限，既保障市场的充分自我调节，又不失国家有力的宏观调控，既承认市场的非自洽性、政府干预必要性，又强调警惕与控制政府权力的扩张，应是商事监管制度首先须解决的问题。

商事监管制度改革的总体要求是“宽进严管、放管结合”，降低商主体投资兴业的准入门槛，加强事中和事后监管。国家工商总局坚持市场化方向，会同有关部门制定了改革实施方案，并经国务院批准，已经推出了多个方面的重要改革措施。这些改革措施激发了亿万群众的创造力和市场经济的活力，政府在商事领域的职能和角色更多的由“严格监管”转向“适度监管”，为我国商事监管制度重塑与立法改革提供了历史契机。但是，目前的改革中并未明确商事监管的基本原则，具体监管制度的理念和定位也未能清晰和明确的表达，未来的改革应当确立适度监管的原则，再具体监管制度构建上,应当进一步统一监管认识、创新监管理念、优化监管方式。

商事监管制度需要采取科学的手段。“天下之治,有因有革,期于趋时适治”。而革弊,须从源头理会。商事制度改革应回归其本质,作为市场市场经济运行的原则、基本内容及基本操作方式在法律层面的制度落实,商事制度产生于市场经济,通过对市场运行规律的总结,服务于市场经济。因此,商事制度改革前提必须着眼于市场需求,充分运用科学的方法,改过去应急性、盲目性、局限于特定领域的制度设计,统筹全局,通过制定《商法通则》、确立商事基本价值与原则、提升商事立法位阶及重大商事制度补位等途径实现商事制度改革的科学化、系统化和制度化。

第四章　民法典的编纂与商事立法

一、商事立法在民法典编纂中的特殊地位

在整个法律体系中，民法与商法的关系最为特殊，是联系最为密切的两个法律部门。在学理上，不论是民商合一，还是民商分立，商法都被认为是民法的特别法。我国的民商事立法一直采取单行法的立法方式，既尚未制定完成统一的民法典，也未制定统一的商法典，对于我国现行立法体例是民商分立还是民商合一，实际上很难进行清晰归类和严格定性。民法与商法固有的紧密联系决定了商事立法在民法典立法中的特殊意义，民法典的立法在广泛和实质的意义上也包括商法的立法，民法典的体例布局和内容安排不能不统筹和协调与商事立法的关系。

商法与民法同为我国市场经济法律制度的重要组成部分，商法对市场经济的作用尤为突出。编纂民法典是《中共中央关于全面推进依法治国若干重大问题的决定》（以下简称《决定》）中所确定的立法任务，《决定》在加强重点领域立法的部分指出："加强市场法律制度建设，编纂民法典。"这表明，编纂民法典这一重大立法的主要出发点和目的是为了加强市场经济法律制度建设，完善社会主义市场经济法律制度体系。也即《决定》是把民法典定性为市场经济的基本法律，而非只是狭义的普通民事立法。就市场经济法律而言，与之联系最为直接和紧密的正是商事法律制度。加强市场经济法律制度建设，最重要的内容是要加强商事法律制度建设。

然而，在我国目前的法律体系中，最为短缺和不足的正是商事法律制度，与民法相比，商事立法的缺陷十分明显。尽管我国尚无统一的民法典，但至少还有一部统领整个民事法律的民法通则。而商法迄今为止，只有各个商事单行法，缺少一部类似民法通则、规定一般商事法律制度、统领整个商法领域立法的系统性法律文件，整个商事立法处于完全的零散化、碎片化状态，与部门法应有的体系化、科学化的要求相距甚远。根据全国人大对我国法制建设和立法工作的总结，我国社会主义法律体系已经基本建成，这意味着我国法律体系中主要的法律部门都已颁布了相应的法律，但并没有完全建成或齐备，尚有一些重要的法律有待制定，其中最突出的就包括商事的一般立法，在传统法典化的体系中，作为相对独立的部门法，只有商法等少数部门缺少统领性的一般立法。

由此，为贯彻落实《决定》，为实现民法典的立法初衷和主要目的，为加强市场经济法律制度建设而编纂民法典时，不能不对商事立法给予充分的重视和应有的安排。

二、民法典编纂与商事立法的总体布局

我国民法典的编纂正在进行之中,目前《民法总则》已经颁布实施,民法分则各编的立法正在全面推进。是制定一部囊括商法通则的民法典,还是单独制定商法通则,是民法典立法最为重要的立法抉择,这种抉择将直接决定民法典的体系结构和内容取舍,对此,在民法典编纂开始,学界和社会各方曾有过广泛的研讨,也有过各种主张和建议,从目前已经颁布的《民法总则》来看,并未包含和涉及商法通则的制度和规则,因此,商法通则的立法任务需要在民法典编纂的整个立法工作中予以专门的筹划和安排,应尽快就此形成明确的立法思路和工作部署。对此,本书认为:

首先,应明确肯定我国民商立法的基本体例既不是完全的民商合一,也不是完全的民商分立,而是有分有合、民法法典化和商法单行化的折中模式,也可以说是民商立法的第三种模式。所谓的分,就是民法典与商法分别立法、商法通则与各个商事单行法分别立法,不再制定一部无所不包的民法典和包罗所有商法规范的商法典。所谓的合,就是对某些领域将商法规范与民法规范融为一体,如商事合同与民事合同融于统一的《合同法》之中,商事信托与民事信托融入统一《信托法》之中。统一的民法典和单行的商事法共同构成民商立法的基本体例,它是一种既承认和尊重民商合一的基本理念,又坚持商法特性和独立性的新的立法体例,是一种跳出传统樊篱、摆脱法系束缚、不受框框限制、融大陆法与英美法于一体、博采各国立法体例之长的法律创制。这样的立法体例其实正是我国目前已经和将要形成的立法模式。

这样的民商立法安排既反映了民法典立法以解决问题为导向的指导思想,填补了商事立法的空白,又富有创新,超越了西方国家民商合一与民商分立的传统模式。同时也表现出鲜明的中国特色,与我国几十年来已经形成的民商立法的现实格局高度契合,保持了国家立法体系的传承和基本稳定。

其次,应对商法通则进行相对独立的立法,保持其完整的体系和全面的内容。与《民法总则》一样,应制定的商法通则实际上相当于商法典的总则,它也有其自身的制度体系和丰富的规范结构,我国立法规划都应尽可能地维持商法通则的合理体系结构和内容的完整,以充分地实现其立法目的。

需要说明的是,制定商法通则并非民法典编纂之外的立法任务,由民法与商法之间一般法与特别法的紧密联系所决定,广泛和实质意义上的民法典立法也应包括商法的立法。《决定》不仅确定编纂民法典,还指出要制定和完善加强社会主义市场经济法律制度建设等其他方面的法律法规,无论是从民法典角度还是从其他法律法规角度,都应该将商法通则纳入其中。我国立法机关此前虽无商法通则的立法规划,但民法典的编纂恰好可以将商法通则作为民法典的特别部分做出特别的立法安排。

三、商法通则立法的必要性

(一)市场经济法律体系完善的内在要求

《决定》指出"社会主义市场经济本质上是法治经济。使市场在资源配置中起决

定性作用和更好发挥政府作用,必须以保护产权、维护契约、统一市场、平等交换、公平竞争、有效监管为基本导向,完善社会主义市场经济法律制度”。《决定》强调了法治在社会主义市场经济建设中的基础性地位与决定性作用。在社会主义市场经济的发展过程中,由于与市场交易关系相伴而生并逐渐占据主导地位,商法作为规范市场交易关系的基本法,在庞大的社会主义市场经济法律体系中发挥着不可替代的作用。

1. 商法产生于市场经济的需求

商法规则是市场经济的原则、基本内容及基本操作方式在法律层面的制度落实,是商事实践与商事习惯的总结与升华。就商法的发展轨迹而言,商法是市场经济发展的必然产物。现代意义上的商法形成于欧洲中世纪,商业复兴,商人的社会影响力逐渐加强,得以根据自己的规则进行贸易活动,在商事交往中逐渐发展出商事习惯,并经反复适用形成商事习惯法。商法的发展历程表明,与其说商法是立法者的理论构造,不如说商法源于市场经济,是对市场运行规则的权威确认。

2. 商法调整与规范市场经济的发展

商法直接服务于市场经济,商法的发展促进市场经济的良性循环。一方面,市场经济以经济效益为导向,强调投入与产出之比,市场参与者的主要目的在于以最低的成本实现利益最大化,而商业谈判存在交易费用,为避免市场参与者在每一次商业贸易中重新就贸易规则进行谈判,商法对商事交往过程中所形成的规则进行确认,旨在降低谈判交易费用,提高商业贸易的效率。另一方面,市场经济以一种提高社会总体经济福利的方式配置市场资源,而市场经济效用的有效发挥则依赖于完善的配套法律制度,规范市场参与者的行为,明确各自的权利义务边界。商法作为与市场经济联系最为紧密的法律部门,其产生于市场经济,通过对市场运行规律的总结,服务于市场经济。

(二)商事法律基本价值与理念的深化与弘扬

就本质而言,民法以调整人与人之间的关系为目的,自然伦理精神是民法的核心,“自由、平等”是其追求的价值。而商法对社会关系的调整则落脚于财产关系,商业伦理中的“效率、安全”是其核心理念,商法的独特之处在于以鼓励营利和维护市场秩序为己任。

一方面,商事法律制度遵循“理性经济人”的人性假设,即市场主体基于自利原则首先考虑的是如何实现自身利益的最大化,并以此设计具体的行为规范,充分尊重商事主体的自由和利益。另一方面,市场经济通过优胜劣汰实现社会资源的合理配置,竞争是市场经济的一大表现,为避免盲目的自利行为导致经济秩序的破坏,商事法律贯彻“安全”的价值取向,通过对商事行为的调整将市场竞争规范于法律框架内。

“效率、安全”作为商事法律的基本价值是民法典无法全面表述,而散见于我国商事单行法之中的。制定商法通则,实现对商事基本价值的重述与整合,有利于优化商事法律制度对市场经济的调整,促进市场经济的发展。

(三)商事制度改革逐渐深入的自主驱动

随着商法制度不断发展、完善,制定商法通则是商法制度自身体系化、科学化的现实选择。正如马克斯·韦伯所说,形式理性是法所追求的最高层次的合理性,即逻辑形式的合理性,法律发展的最后阶段就是专业法学家在文献与形式逻辑培训的基础上进行的系统立法,正是这种专业性、逻辑性和系统性,使立法与司法的技术趋于合理。商法作为一个独立的法律部门,其本身应遵循形式理性的要求。制定商法通则,实现对商法基本概念、基本原则、基本制度的整合,协调商事单行法之间的冲突,是当下中国对商法形式理性的最佳回应。

首先,制定商法通则是建立一般商事法律制度、实现商法制度自身体系化的必然要求。就我国立法现状而言,《公司法》《证券法》《票据法》《保险法》《破产法》等主要商事部门法的立法任务业已完成,但如同一个人徒有四肢而缺乏大脑中枢一般,整个商事法律体系缺乏一部一般性的商事法律规范来统领。一般商事法律制度不同于商事单行法,它是关于商事主体和商事活动的一般法律规定,是适用于所有商事法律领域和所有商事活动的共同性法律规则。

其次,制定商法通则是协调和消除相关商事法律制度之间矛盾与冲突的重要途径。我国现已颁行的商事单行法如《证券法》《票据法》《破产法》《保险法》及部分商事条例与司法解释存在冲突,无法有效解决实践争议。而商法通则的立法定位既为商事法律规定提供统一的一般性规则,又实现了相关法律制度之间的有机协调。

再次,制定商法通则,可以合理提升商法规范应有的立法位阶,确保商事法律应有的法律效力和权威。民法与商法同属宪法之下的法律部门和基本法律制度,商事关系和民事关系具有同质性,都是市场经济关系在法律上的反映。民法调整平等主体间的财产关系与人身关系,商法则调整平等主体之间基于营利性活动所形成的商事关系。因此,商事法律制度也应以制定法律的形式来加以确立。然而,我国目前一些重要的商事基本制度,却多以行政法规、地方性法规甚至是部门规章的形式存在,对商事法律关系的调整产生障碍,商法通则的制定正是基于提升商法规范应有立法位阶的需求。

最后,通过制定商事通则可以肯定和固化商事制度改革的成果,实现商事制度改革的系统化设计和制度化建设。市场经济的发展,不仅需要调整每个商事领域商事关系的法律规则,还需要满足商事关系整体调整和各个商事领域商事关系个别调整的一致与协调。商法通则作为商法法律关系的一般性规定,统筹协调各商事单行法,彰显着商事法律制度的完整性与系统性,对商事制度改革起到深化、指导和引领的作用。

(四)营商环境法治化建设的关键环节

营商环境的重要内容是法治环境,建设法治化营商环境是完善现代市场体系的重要环节。商事法治环境是法治环境的主要表现,而系统、完备的商事法律制度则是商事法治环境的核心所在。加强商事立法将在以下方面对营商法治环境产生直接的重要作用:

(1)树立商事法治理念,营造商事法治文化,加快形成以商事主体为中心,以平等、自治、效率、安全、公平、和谐、诚信、创新、开放为价值导向,主要依靠法律和规则健康运行的营商环境。

(2)健全和完善商法规范,保持强制性规范与任意性规范的合理布局,尊重商事惯例和交易习俗，建设有法可依、有规可循、宽严适度的营商法律环境。建立商事规范的评估、修订和清理机制，保持商法制度与营商需求之间的适应性和协调性。

(3)简政放权，放松行政管制，强化当事人自治，正确处理营商自由与市场监管的关系，以最少和必要为原则，建立适度监管机制。依法监管营商秩序，提供营商公共服务，规范执法行为，减少执法随意性、不确定性和选择性执法。

(4)依法赋予不同商事主体平等从业资格和权利能力，鼓励投资行为，保护营商自由，尊重经营自主。实行营商活动实体条件和程序安排法定化，确立"法无明文禁止即可为"原则，统一市场准入和退出条件，禁止对营商活动设置法外障碍和施加法外负担，切实维护商事主体合法权益。

(5)培育和强化商事主体的权利意识、义务意识、责任意识、诚信意识和风险意识，创造守法营商、公平竞争、诚实信用和交易安全的法治环境和秩序。给予各种商事主体平等对待，消除对民营主体的不当限制和歧视。规范优惠政策，消除市场垄断，打破地区壁垒，禁止地方保护，净化营商环境。

高度重视商业诚信建设，实行公示公信原则，倡导商事主体自治和自律，培育契约精神，弘扬商业诚信和道德。完善社会征信体系，建立违法者和失信者黑名单制度，加强违法失信行为查处和惩戒力度，增大违法失信成本。树立法律风险意识，有效防控法律风险，建立多元化、高效便捷的商事纠纷解决机制，改革和完善商事诉讼和商事仲裁制度和规则。

(五)为"大众创业、万众创新"提供商事法律保障

立足于中国特色社会主义社会实践，商法通则的制定不仅能加强市场经济法律制度建设，而且还提供了"大众创业、万众创新"为制度保障。在第十二届全国人大第三次会议上，国务院总理李克强在作政府工作报告时，正式提出了经济发展的"双引擎"，一个是增加公共产品和服务供给，另一个是"大众创业、万众创新"。随后，在2015年6月16日，国务院出台了《国务院关于大力推进大众创业万众创新若干政策措施的意见》(以下简称《意见》)，指明了"大众创业，万众创新"政策的实施意义以及施行路径。其中，对于"大众创业，万众创新"的配套措施中提到了"深化商事制度改革"以及与之相关的其他内容，并对此做出了详细的解读，需要注意的是，"深化商事制度改革"不仅需要政策上的支持，更需要法律上的规范，在目前的政治和经济大环境下，商法通则的出台是具有重大意义的，这也是制定商法通则的历史机遇之一。但须注意的是，对于商事制度改革不能过于狭隘地理解为仅仅是商事单行法的改革，从商事法律制度体系化的角度考量，商事制度改革也包含商事基本制度建设，甚至，商法通则作为商事一般制度、指导单行法制定的一般原则，其更应是商事制度改革的重头戏。

具体而言，"深化商事制度改革"中的很多措施所对应的实际上是商法通则所应规范的内容：

表2　“深化商事制度改革”与商法通则相对应的内容

商事制度改革	商法通则
建立市场准入等负面清单，破除不合理的行业准入限制	商事主体、商事基本原则
支持各地结合实际放宽新注册企业场所登记条件限制，推动“一址多照”、集群注册等住所登记改革，为创业创新提供便利的工商登记服务	商事登记
建立和规范企业信用信息发布制度，制定严重违法企业名单管理办法，把创业主体信用与市场准入、享受优惠政策挂钩，完善以信用管理为基础的创业创新监管模式。依托企业信用信息公示系统建立小微企业名录，增强创业企业信息透明度	商事信用

从表2可以看出，商法通则中的商事主体、商事基本原则、商事登记、商事信用部分基本涵盖了《意见》中关于商事制度改革以及相关内容，其中，在商事制度改革中尤为重要的是商事主体的改革，如将注册资本实缴登记制改为认缴登记制，放宽注册资本登记条件，降低了创办企业的条件，使大众创业成为现实。但该改革主要体现在《公司法》上，从事商业的主体参加商事活动，不仅包括创办公司、成为公司股东，还包括创办合伙企业等其他商事活动，因此，真正要使“大众创业，万众创新”更加接地气、更具有可行性，则需要商法通则对商事活动进行更深层次的指导，使商事主体在遵循商法通则的一般规定的同时，积极创业、创新，让一切创造社会财富的源泉充分涌流。

必须指出的是，法律对市场经济的调整或市场经济的法治化相当重要的部分是通过商事立法和商事法治实现的。促进“大众创业，万众创新”，必须依靠商法通则所具有的法律效力，以商法通则本身所具有的稳定性、对商事领域一般制度提取公因式的规定，调整“大众创业，万众创新”中关于创业创新的商事法律关系，以此达到法律适用正确，维护社会主义市场经济秩序的有序运行的目标。“大众创业，万众创新”是社会主义市场经济环境下新的经济政策，其有效施行，需要商法通则等配套措施，而商法通则的出台也将有力地促进社会主义市场经济的快速稳定发展。

因此，商法通则不仅对于商法体系的完善，甚至对于市场经济的发展都是十分重要、不可或缺的。在民法典编纂以及“大众创业，万众创新”等有利的社会背景下，我国立法机关应抓住眼前的历史机遇，着力制定和推出商法通则。

（六）为“一带一路”倡议提供商事制度资源

习近平主席在出访中亚和东南亚国家期间，先后提出共建“丝绸之路经济带”和“21世纪海上丝绸之路”（以下简称“一带一路”）的重大倡议。“一带一路”是中国国家顶层战略，它既是中国扩大和深化对外开放的需要，也是加强和亚欧非及世界各国互利合作的需要。全国人大常委、法律委员会副主任、中国法学会党组成员、副会长张鸣起指出：“顺利实现‘一带一路’战略，必须走法治化道路。要更加注重‘一带一路’对外开放面临的新情况和新特点，将国际经济贸易规则的新发展与新内容吸收进相关的国内立法中，为各国法律协调和趋同奠定基础，减少将来可能的法律冲突或法律障碍，努力打造一个稳定、公平、透明、可预期的营商环境。”

中国作为“一带一路”战略的发起国，将责无旁贷地担起“一带一路”战略法治化资源的供给。在商事制度供给上，可借鉴和吸收“一带一路”沿线国家的经贸合作规则，结合中国实际，制定出一部具有共通性、国际性的商事法律制度。中国商事法律制度发展较晚，但发展质量高、速度快。适逢“一带一路”战略蓬勃发展，商法通则的立法，要抓住历史机遇、借助后发优势，吸收沿线国家经贸规则的优秀理念和制度，对接中国国内商事法律制度，为“一带一路”战略提供商事制度资源。

（七）中国商法国际化进程的必由之路

法律的趋同是指不同国家的法律随着社会发展的需要，在国际交往日益频繁的基础上，逐渐互相吸收、渗透，从而趋于接近甚至一致的现象。从商法的发展历程来看，历经了国际法—国内法—国际法的发展轨迹，随着经济全球化的进一步加深，商法目前正处于再次国际化的阶段。中国商法在调整国内商事活动的同时，以国际贸易为代表的纷繁复杂的跨国商业活动及与此相关的其他关系，对中国商法的国际化提出了更高的要求。

在国际商业合作和争端如此频繁的今天，需要在充分借鉴国际商事制度理念和规则的基础上，结合我国国情，总结出一套兼具民族性与国际性的商事法律规范，实现中国商法的国际化。商法通则的立法在借鉴和吸收商事国际条约和国际惯例的基础上，立足中国市场经济建设与商事立法的实践，是实现中国商事法律体系国际化的良好机遇。

四、商法通则立法的可行性

（一）制定商法通则的立法基础

作为商法通则主要组成部分的商事登记法，早已列入第九届和第十届全国人大常委会立法规划。虽然还没有出台，但列入立法规划两次，一方面体现出国家对商事登记法的重视，另一方面体现出商事登记法的立法环境是十分成熟的，其中包括立法的条件成熟、具有立法的可行性以及必要性。必须指出的是，商法通则由各个商事单行法的共同规则所组成，此时商事单行法如商事登记法又已具备成熟的立法条件，因此对各商事单行法“提取公因式”，制定商法通则也具有了坚实的立法基础。

然而，商事登记法仅仅是商法通则中的一部分，只反映了商事领域的登记问题，并没有覆盖商法通则所应规定的所有内容，商法通则的其余部分：如总则、商人、商行为、商号、营业转让等内容急需商法通则来统筹规定，具体来说，这些问题尚未被民法典所吸收和解决，也尚未有成熟的单行法出台，许多内容仍处于立法空白的状态，基于商法体系化和商法制度一般性的要求，把这些问题以及商法领域中的其他一般规律总结成一般制度，将之规定在商法通则中，这也是商法通则制定的历史机遇之一。

（二）制定商法通则的理论准备

党的十八大作出编纂民法典的立法决策之后，积极参与民法典编纂和推动商事立法研究，就成为中国法学会商法研究会（以下简称商法学研究会）的工作重心。我国立法机关全面启动民法典的编纂工作之后，中国法学会根据立法机关的部署安排，组织相关学科领域的专家学者开始了民法典的立法研究。民法典编纂的重要任务之一是统筹规划与其他相关法律部门的关系，特别是与商法部门的统筹与规划。

根据中国法学会民法典编纂研究项目领导小组的部署，商法学研究会就民法典立法中如何统筹商事立法和对《民法典专家建议稿》提出修改建议两项工作做了具体的分工安排，将不同专题的研究任务分别交由各个副会长和常务理事所在高校和研究机构分工承担，提出初步意见。此后又汇总各分工高校和单位的研究结果，就其中一些重要的问题进行了更进一步的研讨，并就这些问题达成了初步的共识和意见。最后形成了《关于民法典编纂中统筹规划商事立法的建议》，并于2015年6月底呈送给了中国法学会民法典编纂项目领导小组，为民法典的编纂贡献了商法学界的智慧和力量。

关于商法通则的立法研究已有十余年的积累。近年来，围绕民法典编纂和商事立法，商法学研究会组织了一系列的专题研讨和学术论坛，开展了广泛、深入的研究活动。其中，2015年在北京召开了“民法典编纂与商事立法研讨会”；2015年在郑州召开的年会，确定的唯一主题就是“商法的现代化与民法典的编纂”；2016年在北京召开的年会，再一次把“民法典编纂与商事立法的独立性研究”列为年会的第一个主题。2017年，吉林大学法学院和南京大学法学院也都分别主办了关于商法通则立法的专题研讨会。2017年的中国商法学年会也将商法通则的立法列为年会的主题之一。

商法学研究会对这一工作的重视和研究得到了中国法学会的充分肯定和支持。中国法学会副会长张文显提出，“在社会主义市场经济法律体系中，民法典与商法典是鸟之两翼、车之双轮的关系，商法学界应有强烈的意识，积极参与民法典编纂工作，推动商法通则等商事单独立法的进展”。[①] 2017年6月13日在商法学研究会工作汇报会上，张文显副会长又再次强调，“社会主义市场经济法律体系更多需要通过商法体现，应该举商法研究会全会之力争取早日向立法部门提交商法通则的建议稿，推动商法通则的立法工作”。[②]

商事立法与近年来我国商事制度的改革紧密联系，国家工商总局对商事立法和商法通则的立法研究也给予高度重视，2016年国家工商总局将商法通则立法研究列为总局研究课题，并由中国政法大学课题组具体承担，目前，该课题的研究基本完成，已经形成了商法通则的立法研究报告和立法建议稿及其立法理由书。

（三）制定商法通则的历史机遇

在中国，民法和商法的关系既不是典型的民商合一，也不是典型的民商分立，实际上民法与商法在不同领域呈现有分有合的态势。就现行法而言，现行民法领域主要为

---

① 参见张文显：《2015年中国商法学研究会年会致辞》，载法制网：http://www.legaldaily.com.cn/fxjy/content/2015-10/09/contont 6297355.htm，最后访问日期：2018年1月27日。

② 参见张文显：《2017年中国法学会商法学研究工作汇报会的发言》，载民主与法制网：http://www.mzyfz.com/cms/xuehuigongzuo/html/1535/2017-06-20/content-1275875.html，最后访问日期：2018年1月27日。

“《民法通则》+其他民事单行法”的模式，商法领域主要以商事单行法的模式呈现。商法通则的存在是否必要和具有正当性，以及商法通则与2017年3月出台的《民法总则》的关系，不仅关乎商法通则的立法形态及其内容组成，而且事关社会主义市场经济发展，但无可否认的是，商法通则的编纂是契合历史机遇的，有其历史上的必然性。

1.追本溯源

最早提出制定商法通则的是江平教授，他在《制定民法典的几点宏观思考》中阐述了对于商法通则的构想：依照民法通则的体例，“在民法典之外另立商法通则”。[①]后来，商法学界接过讨论与论证商法通则正当性及其内容的大旗，通过2004年召开的商法学年会关于“商事通则及其应用研究”的议题讨论、2007年商法学年会关于“和谐社会构建中的商法建设”的主题探究，形成了大量关于商法通则基本体例、专题内容、比较法上的经验总结等研究成果。在对于商法通则的研究态势呈现井喷之时，2011年前后商法学研究会组织专家起草了“《中华人民共和国商事通则（立法建议稿）》”[②]（以下简称《立法建议稿》）及其立法解释书，形成了摸索商法通则模式的第一次高潮。

该《立法建议稿》共10章，91条，包括总则、商人、商行为、商事登记、商号、营业转让、商业账簿、经理与其他商业雇员、代理商、附则的内容，涵盖了商事领域基本制度，聚集了众多商法学者的智慧结晶。甚至可以说，《立法建议稿》的面世意味着商法通则的内容已经基本成型，商法学者已经基本达成一致共识，商法通则是与民法通则不同的关于商事领域的总则性立法。

自2011年《立法建议稿》形成到2014年，其间对于商法通则的立法研究高潮慢慢平息下来，如细水长流般，不时涌现出学者对于商法通则的新的观点以及著作。到了2014年10月23日，明确提到了加强市场法律制度建设，编纂民法典，之后，民法学界掀起了民法典立法研究的热潮。在民法典编纂的大背景下以及商法通则的制定显露曙光之时，商法学者再次集中投入到商法通则的研究中，涌现出大量有关于制定以及如何制定商法通则的优秀研究成果，形成了商法通则立法研究的第二次高潮。

2.民法典编纂为商法通则的制定提供立法的契机

（1）商法通则单独立法具有现实可行性。虽然，商法通则仍未提上立法日程，但是对于商法通则的立法形态，总结持有民商合一以及民商分立等不同主张的学者的观点，可以分为四种立法模式：其一，独立成编式。在民法典体系内与《民法总则》、物权编、债权编等并列，独立成为一编。其二，独立成章式。在《民法总则》内，独立成章，统一规定商法通则内容。其三，分解融合式。把商法通则的内容拆解，分开融入《民法总则》的各个章节当中。其四，完全分立式。在民法典之外单独设立商法通则，并在民法典体系内有关民法与商法通则的联系与适用做相关的接口性的链接规定。

适逢此时，仔细探究《民法总则》的内容组成以及与商法通则四种立法模式的比较，成为商法通则制定的依据。

---

① 江平：《中国民法典制定的宏观思考》，载《政法论坛》1977年第3期。

② 《中华人民共和国商事通则（立法建议稿）》，载《商事法论集》2011年第1期。

第一,商法通则独立成编的模式并没有列入民法典编纂的立法计划中;第二,《民法总则》中并没有商法通则这一章的立法安排;第三,根据《民法总则》的具体内容,基本没有涉及商法通则的内容,商法通则中的内容并没有完全融入《民法总则》。

因此,在前三种立法模式皆没有实现的前提下,可以推导出第四种完全分立式的商法通则立法模式是比较可行的。再者,在民法与商法联系紧密的领域如合同、担保、信托等领域,虽然我国现行立法仍没有严格区分民事合同与商事合同、民事担保与商事担保、民事信托与商事信托,但是在这些领域中所体现的民法与商法固有的紧密联系,决定了商事立法在民法典制定中具有特殊地位和意义。在此意义上,民法典的编纂实际上涵盖着商事立法,民法典的体例布局和内容安排不能不统筹和协调与商事立法的关系。

(2)商法通则的制定适应市场经济的需要。经济基础决定上层建筑,而法律作为上层建筑的一种,理应为社会主义市场经济服务,而在市场法律制度建设中,不仅需要民法典的存在,同时也需要商法通则的出台,两者相辅相成,各自作用于民事领域与商事领域,才能为市场经济的发展保驾护航。

(3)民法典编纂为商法通则的制定奠定理论基础。由于商法通则理论基础比较薄弱,没有形成系统理论,导致了商法通则的制定一直处于酝酿的阶段。而在民法典编纂当中,不少学者虽然不是直接研究商法通则的相关理论,但其对于民法与商法的关系或对特定商法问题有了新的理解,对原有商法理论进行了不同程度的深化,夯实了制定商法通则的理论基础。

商法学研究会2017年年会的核心议题“民法典分则各编编纂与商事法律制度建设”,就是希望将民法典分则编纂与商事立法有机结合,为商事通则的制定打下坚实的基础。

因此,制定商法通则,既搭乘了民法典编纂的顺风车,也有利于与民法典并驾齐驱,为我国社会主义市场经济发展开启法律的绿色通道。这不仅有政策文件的支持,而且有理论基础的积淀。总而言之,民法典编纂为商法通则的制定提供了历史性机遇,商法通则的立法成为社会的期盼。

第二编　中国商事法律制度分论

第一章 商法的基本原则

商法的基本原则是指反映商法的本质，体现商法的基本精神和根本价值，对商事立法和司法起指导作用的原理和准则。由于商法是作为特别私法而存在的，因此，民法的基本原则如私权神圣原则、意思自治原则、诚实信用原则等都适用于商法。然而，商法所调整的商事关系又具有不同于民法所调整的一般民事关系的特征，因此，商法具有自己特有的原则。

对于商法具体有哪些基本原则，商法学界存在不同的观点。有的学者认为，只有营利性原则是商法的基本原则，交易安全、交易便捷、交易效率和商主体法定原则都是由营利性原则派生的。[①] 有的学者认为"商法的基本原则包括两项，即保障交易便捷原则和维护交易安全原则"。[②] 该观点的基础是认为商法以商行为作为调整对象。有的学者将商法的基本原则抽象概括为维护市场正常运行原则、提高商事交易效益原则与保障商事交易安全原则。而将商法基本原则归纳为四个原则的观点较多，例如，有学者将商法的基本原则总结为：强化商事组织原则、维持交易安全原则、促进交易便捷原则和维护公平交易原则。[③] 也有学者将商法的基本原则概括为市场准入严格法定原则、维护交易公平原则、保障交易简便、迅捷原则、保障交易安全原则。或者认为商法的基本原则包括从商自由原则、企业维持原则、商事交易便捷性原则、商事交易安全性原则。[④] 提出五个原则的学者也较为普遍，例如，有学者认为："商法的基本原则有五项，即商主体严格法定原则、维护交易公平原则、保障交易迅捷原则、保障交易确定性原则与维护交易安全原则。"有学者认为，"商法的基本原则包括市场准入严格法定原则、确认营利保护营利原则、促使交易迅捷原则、维护交易公平原则与保障交易安全原则"。[⑤] 有学者认为："商法的基本原则包括商主体法定原则、公平交易原则、交易简便迅捷原则、鼓励交易原则、交易明确原则。"[⑥]还有的学者认为商法的基本原则包括商事营业维持原则、商事营业利益兼顾原则、商事营业国家干预原则、商事主体类型严

---

① 参见宁金成：《"商法通则"的立法体系与基本原则》，载《中国商法年刊(2007)》，北京大学出版社 2008 年版，第 24 页。

② 赵中孚主编：《商法总论》(第 4 版)，中国人民大学出版社 2009 年版，第 22 页。

③ 参见覃有土主编：《商法学》，中国政法大学出版社 1999 年版，第 8 页；赵万一主编：《商法学》，法律出版社 2001 年版，第 32 页。

④ 参见张民安：《商法总则制度研究》，法律出版社 2007 年版，第 43 页。

⑤ 雷兴虎主编：《商法学教程》，中国政法大学出版社 1999 年版，第 19 页。

⑥ 范建主编：《商法》(第 2 版)，高等教育出版社、北京大学出版社 2002 年版，第 8 页。

格法定原则、商事交易迅捷安全原则。[①] 此外,还有学者将民法的诚信原则、公序良俗原则或社会责任原则等纳入商法的基本原则。

我们认为,商事立法以商事主体和商事行为为主要制度框架,因此商法的基本原则需要涵盖主体制度和行为制度,还包括与商事主体相关的商事登记、商业名称、商事营业等基本商法制度。民法的基本原则作为一般私法原则,当然可以在具体的商事法律关系中适用,如公平原则、诚实信用原则等,因此没有必要罗列作为特别私法的商法的基本原则。因此,商法的基本原则可以概括为七大原则,具体包括:商事主体法定原则、确认和保护营利原则、营业自由原则、商事交易便捷原则、商事交易安全原则、公平竞争原则、社会责任原则。

一、商事主体法定原则

商法是规范商事主体进行交易活动的基本法律。市场经济条件下,商事主体是最基本的活动单位,其组织的健全与否直接关系到市场交易基础是否稳固。为了保护交易安全、相对人的利益及市场秩序的稳定,商法通常以强制性规范对商事主体的类型、标准及设立作出具体的规定,以此达到控制其进入市场的目的。该原则的内容具体包括商事主体类型法定、内容法定和程序法定 3 个方面。

(一)商事主体类型法定

所谓商事主体类型法定,是指商法对于商事主体的类型作出明文规定,当事人只能在法定类型的范围内选择所要采用的类型,而不能任意创设法律中未规定的类型。这就意味着,当事人关于创设或者变更商事主体,仅具有在法定范围内自由选择的可能性,如果超出了法律规定的商事主体的类型,则不会得到法律的承认和市场准入。我国目前的立法实践中,商事主体的类型按照组织形式划分主要分为个体工商户、独资企业、合伙企业和公司等。

(二)商事主体内容法定

所谓商事主体内容法定,是指商法对各类主体的组织关系和财产关系在法律中予以明确规定,当事人不得擅自创设或者变更其组织关系和财产关系。在商法中,对不同的主体的财产关系和组织关系有不同的规定,当事人必须遵循。例如,有限责任公司、股份有限公司、合伙企业、独资企业等不同的商事主体,在组织关系和财产关系方面存在重大差异。之所以如此,是因为法律对它们作出了不同的规定,并且不允许其擅自变更,否则就可能造成主体形式的混乱,从而影响市场经济秩序。

(三)商事主体程序法定

所谓商事主体程序法定,是指设立、变更和终止商事主体,必须遵守商事法律规定的程序。商法对设立商事主体的程序有明确的规定,当事人欲设立商事主体,就必须严格按照法律规定的程序进行,否则,就无法达到其目的。例如,我国《公司法》规定的有限责任公司和股份有限公司的设立原则是严格准则设立主义和核准设立主义的

---

① 参见高在敏、王延川、程淑娟编著:《商法》,法律出版社 2006 年版,第 13 ~ 16 页。

结合,即设立一般的公司,符合法定条件的,原则上适用严格准则设立主义,直接办理登记注册手续;但对于涉及国家安全、公共利益和关系国计民生等特定的行业和项目,法律规定设立公司必须报经审批的,则应当履行审批手续。因此,要设立这两类公司,就必须按照公司法规定的程序进行,只有在登记完成之后,该公司才告成立,从而具备商事主体资格。此外,商事主体的变更和终止,也必须按照法律规定的程序予以变更或注销登记。

二、确认和保护营利原则

营利性是商事法律关系的本质属性。所谓营利,就是通过经营获取利润,以较少的经营投入获取较大的收益。营利是一切商事关系形成的基本动机和目的,是商事经营活动的出发点和归属点。没有营利,就没有商事关系,不能营利,商人也无法生存。当然,这种营利系指商事行为的主观目的是为了取得商业利益,至于客观上是否取得实际的盈利在所不问。商法调整具有营利性质的商事关系,商事主体从事交易活动的目的就是为了营利,取得利润,追求利润的最大化。商事关系只能发生在以营利为目的而进行的商事活动过程中,这是商事关系区别于其他社会关系,尤其是区别于普通民事关系的最重要的特点。商法作为调整具有营利性质的商事关系的法律,不仅在法律上确认商事主体的营利目的,也保护商事主体的营利行为和营利结果。因此,作为规范商事主体及其商事活动的商法始终都贯彻确认和保护营利的原则和价值取向。任何组织和个人不得侵犯商事主体依法经营取得的收益,这也是私法精神中所有权神圣不可侵犯原则在商法中的特殊体现。

商法中确认和保护营利原则的确立在历史上经历了一段艰辛的历程。希腊时代的亚里士多德将财富分为两种:由劳动所获得的自然财富和由商业所获得的人造财富。前者是为了家庭的延续作为生活目的存在的真正的财富,后者是为了追求财富而作为手段的伪善的财富。因此,他认为从事商业获利是将手段作为生活的目的,是一种本末倒置的行为,更是人类邪恶产生的原因。中世纪的经院学者主要沿着亚里士多德的理论思路来批驳商业。但由于无论是世俗君主还是教会都需要金钱的支持,比如中世纪的“十字军东征”迫使教会不得不求助于商人。商人得以在教、俗两大势力的夹缝中生存下来。中世纪后期,随着“利润中性说”观念的普及,连教会都开始积极地保护商人的营利活动及其利益,比如经院学者托马斯・阿奎那就曾为商业辩护。近代以来,尤其是自由主义资本主义时代,整个西方社会都在颂扬营利精神。当时社会的主流思想认为人类本性上的普遍动机,即自爱心,在适当的引导下,会通过追求自身利益所做出的努力来增进公共福利。英国经济学家亚当・斯密就认为,个人追求利润的活动在满足交易双方的同时,间接地促进了社会的繁荣。孟德斯鸠则指出:“当每个人自以为是奔向个人利益的时候,就是走向了公共的利益。”①19世纪前的自由贸易及后来法律上的私法自治原则就是在这种思潮下推动完成的。而且,正是对营利的追求

---

① [法]孟德斯鸠:《论法的精神》,张雁深译,商务印书馆1985年版,第25页。

导致了商法的出现。按照新制度经济学的观点,基于营利的交易活动本身会有交易成本的付出,为了杜绝因交易成本所带来的社会资源的浪费,商法制度才被设计出来,从而能够保障交易人的交易预期,进而降低交易成本。同时,理性的商事法律制度也可以起到遏制投机性营利活动的作用。

商法中,商事登记、商事主体、商事行为等制度都从各个方面体现了确认和保护营利的原则。这也体现了商法与民法的价值取向的差异,商法的规定往往在于维护个人或团体的营利,而民法的规定则偏重于保护一般社会公众的利益。正如张国键先生所言,“商法与民法,虽同为规定关于国民经济生活之法律,有其共同之原理,论其性质,两者颇不相同。盖商法所规定者,乃在于维护个人或团体之营利;民法所规定者,则偏重于保护一般社会公众之利益”。[①] 商事主体所有的商事行为莫不是以营利为目的,围绕着“营利”这个核心而进行。因此,商法必须贯彻确认和保护营利的原则,从而调动商事主体的积极性,一方面可以使商事主体获得利益,另一方面可以促进整个社会经济的进步与发展。

三、营业自由原则

营业自由原则是指商事主体在遵守法律法规的前提下,依照自己的意愿进行商事营业和商事活动的原则。除非法律和行政法规对人的商事资格作出限制,否则,任何人均享有按照自己的意愿自由从事商事经营活动的权利。现代市场经济国家大多奉行营业自由原则,且多在宪法中明确规定。营业自由包括开业自由、停业自由及交易自由等。我国《宪法》第 16 条和第 17 条规定国有企业和集体企业在法律规定的范围内享有经营自主权。

(一)营业自由原则的内容

营业自由原则的内容主要包括三个方面:首先,商事主体享有开业权。所谓开业权,是指商事主体只要符合法律所规定的开业条件,都可以通过办理公司、企业等营业形式取得商事主体资格。非基于法律、行政法规规定,商事登记机关不得拒绝为其办理开业登记等手续。其次,商事主体享有自主的经营权。在市场经济条件下,只要合乎法律规定,人人皆得从事商事行为,商事主体有权基于市场变化自由地使用、处分自己的财产。除非基于法律和行政法规规定,任何组织和个人不得干预商事主体自由经营权的正当行使。最后,商事主体享有投资自由和交易自由,有权自主选择投资和交易对象,自主决定投资和交易方式。

营业自由是宪法规定的公民自由和企业经营自主权的组成部分,是私法自治原则在商法中的体现,也是商法自产生以来就有的价值追求。商法作为私法的一部分,除了为安全考虑而作出一定的限制外,应当充分尊重商事主体的意思自治,从而使其充分地发挥主观能动性,以明智的决策设计自己利益的最佳实现方式,积极努力地谋求利润最大化,从而促进市场经济的发展和繁荣。在现代社会,各国商法均认可营业自

---

① 张国键:《商事法论》,台北,三民书局 1980 年版,第 23 页。

由原则,无论是个人还是组织都可按照自己的意愿从事商事经营活动。这对于调动商人的从商积极性、推动经济的繁荣、实现国家富强和人民幸福都具有重要的作用。

（二）营业自由原则的限制

营业自由不是绝对的,法律须对营业自由作出一定的限制,主要体现在对于营业活动本身的限制和营业方式的限制。营业活动本身的限制包括行业限制、营业许可限制和营业身份限制。

行业限制是指出于财政收入的原因及其他原因,某些行业由国家独占经营,完全不准私人(包括自然人和法人)经营。例如,我国《烟草专卖法》第 3 条规定,国家对烟草专卖品的生产、销售、进出口依法实行专卖管理,并实行烟草专卖许可证制度。有些营业则是完全禁止的,如毒品、淫秽物品、武器贩卖等。从事此类营业活动的行为在私法上是无效的,在公法上则会受到制裁。

营业许可限制是指对于有些营业,法律并未完全禁止,但应当事先经过审核或批准,取得许可后才能进行营业活动。例如,银行业、保险业、证券业、药品业等行业须取得经营许可证或业务许可证后方可从事营业,否则不得从事该类营业。

营业身份限制是指为严肃政纪,保证国家机关廉洁,各国一般禁止国家工作人员(公务员)、法官、检察官从事任何营业。我国《公务员法》《法官法》《检察官法》均有此类规定。此外,基于保护商事主体利益的目的,各国商法大多规定,营业让与人、董事、经理及合伙人均负有竞业禁止义务。此类营业行为本身并非无效,但产生损害赔偿责任。

此外,为了保护市场的正常秩序,使商事主体的营业自由得以实现,法律对于妨害营业自由的营业方式也给予一定的限制,这种限制主要表现为反不正当竞争和反垄断。

四、商事交易便捷原则

在市场经济条件下,交易频繁发生,行情瞬息万变,尤其在信息时代的今天更是如此。因此,商事交易必须尽可能的简便、快捷。交易的简便、快捷对商事主体而言,意味着交易时间的节约、成本的降低和资金利用率的提高,从而更有可能实现商事主体的营利目的。现代商业实践中,交易的速度或商品流转的速度,对商事主体具有至关重要的意义。上述要求在商法中的体现,就是促进交易简便快捷原则,这同时也是商法强调效率的典型表现。具体而言,商事交易便捷原则主要体现在以下几个层面。

（一）充分尊重当事人意思自治

促进交易便捷的一个最基本的方法就是贯彻意思自治原则,在商法中的集中体现就是商事契约自由,包括缔约自由、内容自由、解约自由、方式自由等方面。当事人对于交易的信息掌握越充分,意志越是自由,就越能够更好地发挥主观能动性,从而谋求利益的最大化。首先,充分尊重当事人的意思自治能够提高决策的效率,使市场经济条件下的当事人面对商业机遇,能迅速地做出决定;其次,尊重当事人的意思自治有利于商业交易程序的简化,避免过多的外在约束和条条框框,同时节省时间,降低交易成本,提高商事效率;最后,尊重当事人意思自治有利于商事主体选择最灵活的交易方式。因此,商事法律如公司法、票据法、保险法、海商法中规定了大量的任意性规范,由商事主体按照自己的意志决定有关事项。例如,公司章程中的任意记载事项、票据上的任意记载事项等,其宗旨皆在于促进商事交易的便捷。

(二)交易规则的定型化

交易规则的定型化是商法为促进交易便捷而体现的又一个特点,包括交易方式的定型化和交易客体的定型化。所谓交易方式定型化,是指商事法律中预先规定若干类型的典型交易方式,从而使商事交易的方式定型化。当然,并非所有的商事交易都是定型的,但实践中确实绝大部分的市场交易是采用定型的方式。这样可使市场上的任何主体在从事交易时均可获得同样的法律效果。例如,要求销售商对商品明码标价的规定、记名票据背书转让和无记名票据交付转让的规定等,都可以使商事交易更加便捷。所谓交易客体的定型化,是指商事法律对交易客体的商品化与证券化。对于有形商品,商法分门别类的规定了统一的规格或要求其使用特定的标志,使其商品化,确保交易可以迅速进行。对于无形的交易客体,诸如股票、债券、票据、保险单、运单、提单、仓单等,商法则通过使其证券化的方式,通过证券的流通实现无形商品的交易,从而大大简化了商事交易的程序。

(三)短期时效主义

所谓短期时效主义,是指商法对各类商事请求权规定的时效期间较一般民事请求权为短,从而可以推动商事交易纠纷的迅速解决,促进了交易的迅捷。例如,《票据法》规定票据请求权的时效分别为:持票人对票据的出票人和承兑人的权利,自票据到期日起 2 年;见票即付的汇票、本票,自出票之日起 2 年;持票人对支票出票人的权利,自出票之日起 6 个月;持票人对前手的追索权,自被拒绝承兑或被拒绝付款之日起 6 个月;持票人对前手的再追索权,自清偿日或被提起诉讼之日起 3 个月。此外,《保险法》和《海商法》中规定的时效也大多较短。商法上的短期时效,以牺牲债权人的时效利益为代价,促进了商事交易的便捷,体现了商法的价值取向。

五、商事交易安全原则

商事交易追求简便迅捷,以达到利益的最大化。然而,在市场经济条件下,随着交易手段的复杂,交易周期的加快,交易范围的扩大,各种风险因素日益增多,交易风险时刻存在,从而危及到交易安全。为了保证商事交易的顺利进行,提高商事主体从事交易的积极性,保障交易安全就成为商法的课题之一。因此,各国商法均把保护交易安全确立为商法的基本原则,通过一系列技术性规定达到保护交易安全的目的。该原则在商法中主要体现在以下几个方面。

(一)公示主义

所谓公示主义是指商法要求交易当事人对于涉及利害关系人利益的客观事实必须向公众显示,以便利害关系人了解。这一规定的目的是为了保护交易相对人或者不特定第三人的利益。在交易的过程中,交易当事人需要了解相对人的资信、权限等方面的信息以作出判断,但如果仅依靠自己的力量来取得,往往非常困难且费时费力,因此,商法中规定了有关公示的制度。例如:(1)公司登记的公示;(2)上市公司的信息披露;(3)公司发行债券的公告;(4)海商法中船舶登记的公告等。如果负有公示义务的商事主体没有履行该义务或者虚假公示,则应承担相应的法律责任。

（二）强制主义

强制主义又称干涉主义,是指国家通过公法手段对商事关系予以强制性规定。这一原则是商法公法化的体现,主要表现在以下三个方面:(1)通过公法性手段直接调控商事管理关系。如各国商法中关于商事登记、商业账簿、商业税收、反不正当竞争、反垄断等一系列规定,均体现了国家干预和宏观调控职能。(2)日益偏重于使用强制性规范对商事活动加以控制,如公司章程必须记载事项的规定、票据的要式性规定等。(3)在传统私法责任之外,形成了多种法律责任并存的法律调整机制。例如,违反票据法的规定,除了承担赔偿责任外,还可能导致行政责任和刑事责任。这些规定都体现了保护商事交易安全的宗旨。

（三）外观主义

外观主义是指以交易当事人行为的外观为准来认定商事交易行为的效果。对此,德国、法国学者称为“外观法理”,英美法中称为“禁反言”(Estoppel)。即商事行为的效果以商事主体行为的外观和所公示的信息为准,假如其外观所表现出来的情形与实际情形并不一致,而交易相对人又没有理由不相信这一外观的,出于保护善意相对人的信赖利益,以便促进正常交易的考量,商法上通常以外观为依据来认定交易双方的关系。外观表示与真实意思可能不一致,但依据外观主义,交易行为完成后,出于对交易安全保护的目的,原则上不得撤销。如果允许当事人在外观表示与真实意思不符时可撤销其交易行为,则显然不利于交易关系的稳固,从而危及交易安全。需要说明的是,尽管民法上也存在外观主义或称表示主义,但其仅作为个别的解决办法而存在,而商法则是在更广泛的范围内贯彻这一原则,为促进商事交易的安全提供保障。[①] 民法上的表见代理等制度,在商法中贯彻得更加彻底。在相对人信赖的合理性判断上,商事外观主义以商人的合理行为为模式,在被代理人的可归责性之要求上较民法更加宽松,从而使外观主义在商法领域中的适用性更强。[②] 此外,商法中关于不实登记的责任,字号借用人、表见经理人、表见代理董事的责任,票据法上对票据行为解释的外观原则、背书证明力等规定,都体现了外观主义的要求。

（四）严格责任主义

民法中的民事责任归属实行的是过错责任主义,而商法对于商事责任则采用严格责任主义。所谓严格责任主义,是指在商事交易中,不论债务人有无过错都应当对债权人负责。现代商事交易活动,一方面规模大且繁杂,另一方面又主要依靠少数负责人,如果适用过错责任原则,则可能危及交易安全,因此,各国商法均实行严格责任原

---

① 参见范健:《论我国商事立法的体系化——制定〈商法通则〉之理论思考》,载《清华法学》2008年第4期。

② 参见石旭雯:《商事外观主义的法律构成》,载《河北法学》2009年第5期。

则。例如,我国《公司法》中关于股份有限公司的发起人在公司不能成立时,对认股人已缴纳的股款,负返还股款并加算银行同期存款利息的连带责任的规定,《票据法》上汇票的出票人、承兑人、背书人及其他票据债务人对持票人均承担连带责任的规定等,就是严格责任主义的集中体现。

六、公平竞争原则

所谓公平竞争原则,是指应当在法律上保障商事主体平等参与市场竞争、公平进行商事活动的原则。商事主体应当遵循公平竞争的原则,不得以不正当的手段从事商事活动、损害他人的合法权益、扰乱市场秩序。国家应当保障市场的公平环境,对合法的商事主体和商事活动予以公平的保护,禁止歧视和不正当的竞争行为。公平竞争不仅是商事活动的基本精神,也是市场经济的基石。公平竞争原则作为民法中平等原则和公平原则在商法领域中的体现,是商事法律制度的基本原则之一。

(一)公平竞争原则的内容

首先,商事活动中各主体之间的法律地位是平等的。主体地位平等是实现公平竞争的前提,是市场经济客观规律在商法中的体现。离开了商事主体之间的地位平等,商事活动中的公平竞争、等价有偿将不可能实现。在我国社会主义市场经济的建设和发展过程中,商事主体地位平等的原则尤为重要。无论商事主体的性质是什么,无论是国有企业、集体企业还是私营企业,无论是个人还是组织,也无论规模大小、实力强弱、组织形态如何,在市场中的法律地位和法律资格一律平等,不允许有差别对待,也不允许任何一方主体将自己的意志强加给另一方。国家创造平等的竞争条件和环境,使各类商事主体享有同样的法律保护,拥有同样的法律救济途径。

其次,法律要保障各类商事主体参与商事活动的机会和起点是公平的。公平原则在学理上有形式公平和实质公平之分,相较于其他法律,商法和商事制度应侧重于保障商事活动的形式公平,"在一个以竞争机制为主要动力的社会中,法律应当追求的、而且也能够实现的恐怕只是起点的平等、过程的公平或程序的公平"。① 商事法律制度应当保障所有商事主体都有公平参与市场竞争的机会,提供公平的待遇和市场竞争机会,营造公开、公平、公正的市场环境。"不能给予某类特殊主体以特别优惠,使其在市场竞争中无理由地占有优势。"②

最后,禁止歧视行为和不正当竞争行为。反歧视原则既是宪法等公法的原则,也是现代私法和商事法律制度需要遵循和确认的原则。它既要求国家不得对商事主体实施不合理的不利待遇或提供不公平的条件,不能用歧视性的手段及措施限制市场竞争或将某类商事主体排除在竞争范围之外,也要求商事主体之间不得相互歧视,共同维护公平的市场环境。此外,商事主体不得垄断市场竞争,也不得以不正当的竞争手段从事商事活动和实施商事行为,不得损害其他商事主体的合法权益。国家应当防止

---

① 刘燕:《等价有偿原则的计算——三联重组郑百文的成本分析》,载《中外法学》2001 年第 3 期。

② 徐孟洲、孟雁北:《竞争法》(第 2 版),中国人民大学出版社 2014 年版,第 30 页。

并制裁不正当竞争行为和破坏公平竞争的行为。

(二)公平竞争原则的理论渊源

公平竞争原则首先来源于一般私法上的公平原则。在民法中,公平原则首先是进步和正义的道德观念在法律上的体现,对于正当化具体的法律规定以及弥补具体法律规定的不足极具意义。① 公平原则包括两层含义:“一是立法者和裁判者在民商事立法和司法的过程中应维持民商事主体之间的利益均衡;二是民商事主体应依据社会公认的公平观念从事民商事活动,以维持当事人之间的利益均衡。”②

公平竞争原则其次来源于私法上的民商事主体平等原则。在民法上,主体地位平等主要是指法律地位平等,用民法的术语表达,就是“权利能力一律平等”。权利能力是指取得权利的法律资格。权利能力平等既体现积极意义上的平等,即取得权利的资格平等,也表现在消极意义上,即当权利被侵害时要受到法律的平等保护。平等是自由的保障,在商事领域,平等竞争即是营商自由的保障,是商人自治的基础,自由和自治只有在地位平等的主体之间才有可能发生。平等也是公平原则的逻辑前提,离开了平等原则,公平也就成了无源之水、无本之木。没有了民商事主体之间的平等,实现市场竞争公平的价值追求无疑也是天方夜谭。

平等原则和公平原则最集中地反映了私法所调整社会关系的本质特征,是民商法区别于其他部门法的主要标志,也是市场经济条件下对私法关系当事人的法律要求。对商事活动而言,公平原则和平等原则主要体现在商事主体参与市场竞争的公平,在市场准入条件、市场活动资格、市场经营待遇上的公平和平等。在我国的特殊环境下,由于此前长期处于公权力强大或计划经济的环境下,平等原则和公平原则具有重要的现实意义,尤其是对保护非公有制经济的发展,促进民营企业成长壮大,使其与公有制经济平等发展,建设公平正义的法治化营商环境意义重大。二者衍生的公平竞争原则要求,参与民商事活动的当事人,无论是自然人还是法人,无论其所有制性质为何,无论其经济实力强弱,在法律上的地位一律平等,任何一方不得把自己的意志强加给另一方,法律对当事人提供平等的保护,确保其在市场经济环境中受到平等的待遇和条件。

七、社会责任原则

社会责任原则来源于企业社会责任或公司社会责任的理论,所谓企业社会责任或公司社会责任(Corporate Social Responsibility,CSR),肇始于20年代初的美国,最早是由谢尔顿(Oliver Sheldon)于1924年提出,现在已经发展成为涉及法学、经济学、管理学等多学科的重要概念。20世纪30年代,代表传统股东利益最大化的伯尔教授与代表公司社会责任的多德教授之间展开了一场著名的论战,以后者的胜利而告终。③ 一般认为,商事主体的社会责任是指公司、企业等商事主体不仅对其成员负有责任,而

---

① 参见关淑芳:《论公平原则》,载《杭州师范大学学报》2013年第3期。

② 王轶:《论民法诸项基本原则及其关系》,载《杭州师范大学学报》2013年第3期。

③ 参见刘俊海:《公司的社会责任》,法律出版社1999年版,第42页。

且应对成员之外的雇员、债权人、供应商、客户、社区以及公共利益负有责任。传统上讲，商事主体以营利性为本质特征，追求出资人的利益最大化，商事主体的社会责任则滥觞于对这一理念的修正和补充。

商事主体是以营利为目的的法律主体，实现自身利益最大化是其成立的主要目的。然而，随着市场经济的发展，各类商事主体的数量和规模不断膨胀，诸如公司这种商事主体已经成为社会经济的支配性力量，进而使其对社会各方面的利益能够产生实质性地影响。工业事故频繁，劳动者缺乏社会保障，环境污染严重等事件不仅仅意味着商事主体自身承担经营的风险，雇员、债权人、客户，甚至社区居民等利益相关方都可能在一定程度上承担风险。

商事主体应如何承担社会责任，法理上有多种学说，如"利益相关者"理论、"企业公民"理论、"企业契约"理论、"企业系统"理论等。[①] 但学术界多以"利益相关者"理论作为商事主体或营利性组织承担社会责任的理论基础。1983 年美国宾夕法尼亚州率先修改公司法引入利益相关者条款，允许公司经营者对更广泛的利益相关者负责，其后美国绝大多数州的公司法都引入了这一概念。利益相关者理论的核心观念是：商事主体不仅应追求企业经济效益的提升，而且还应致力于增进社会效益，组织和经营公司的终极目标应是社会的整体利益。这些利益涉及的主体除了股东外，就是利益相关者。但利益相关者是一个相当模糊的概念，涉及与公司利益有关的一切人，如劳动者、消费者、债权人、政府、社区、下一代等主体，或认为包括债权人、雇员、供应商、用户、消费者、当地住民以及政府代表等。[②] 我国实践中对公司的社会责任也做了类似的解释，如《深圳证券交易所上市公司社会责任指引》(2006 年)中，将上市公司的社会责任界定为"上市公司对国家和社会的全面发展、自然环境和资源，以及股东、债权人、职工、客户、消费者、供应商、社区等利益相关方所应承担的责任"。

比较法上，英美公司法将公司社会责任通过确定董事应对利益相关者承担义务的方式做了原则规定。如美国法律研究院颁行的《公司治理原则：分析与建议》第 2:01 (b)项的规定："即使公司营利和股东收益未得到提高，公司在进行其业务时：(1)有义务像自然人那样在法律规定的范围之内进行活动；(2)可以适当考虑那些可以被认定为与负责任的商业行为相关的道德因素；(3)可以将合理的资源用于公共福利、人道主义、教育和慈善目的。"[③]也有法律规范进一步明确了公司社会责任的内容，如英国 2006 年《公司法》第 172 条(1)款明确指出，公司董事须善意地为"全体股东利益"并促进公司的成功而行事，但它也要求董事兼顾其他利益相关者的利益，如考虑公司职工、供应商、顾客、社区及环境等利益。[④] 美国康涅狄格州《公司法》第 33 - 313(e)条规定，董事在决定何为公司最佳利益时应当考虑公司员工、顾客、债权人、供应商的利

---

① 参见李雪平：《企业社会责任国际标准的性质和效力——兼议 ISO6000 制定中的法律问题》，载《环球法律评论》2007 年第 4 期。

② 参见朱慈蕴：《公司的社会责任：游走于法律责任与道德准则之间》，载《中外法学》2008 年第 1 期。

③ 美国法律研究院：《公司治理原则：分析与建议》(上)，楼建波等译，法律出版社 2006 年版，第 64 页。

④ 参见葛伟军译注：《英国 2006 年公司法》(第 3 版)，法律出版社 2017 年版，第 143 ~ 146 页。

益和公司所在社区的利益。

此外,一些国际组织也颁行了一些社会责任标准,如社会责任国际组织(Social Accountability International,SAI)发布的"SA8000"(Social Accountability 8000,社会责任国际标准体系)。SA8000是针对工商企业管理的一项国际性标准,其性质类似现时盛行的ISO9000及ISO14000等,是一项国际认可的管理模式。SA8000标准适用于世界各地的所有公司,公司在符合条件时可申请认证并获得相应的证书。它是世界上第一个以改善工人工作条件和环境为目的的标准,其内容主要对企业的社会责任问题作出规定,能使劳工在多方面的权益获得保障。SA8000涉及的内容有:童工、强迫性劳工、健康与安全、组织工会的自由与集体谈判的权利、歧视、惩戒性措施、工作时间、工资、管理体系等。它的标准明确,如在工作时间方面,要求员工一周工作不超过48小时,并且每7天至少应有一天休假;每周加班时间不超过12小时,除非在特殊情况下及短期业务需要时不得要求加班;且应保证加班能获得额外津贴。可以说,SA8000是全球第一个关于社会责任的国际标准。作为全球最具权威的标准化组织,国际标准化组织(ISO)也感受到了企业社会责任运动的巨大影响。2010年11月,国际标准化组织(ISO)发布了社会责任的国际标准《社会责任指南标准》(ISO26000),成为迄今为止全球范围内最为全面和权威的社会责任国际标准,为各国的企业社会责任实践提供了一个框架性指南。

我国《公司法》第5条第1款规定了公司的社会责任:"公司从事经营活动,必须遵守法律、行政法规,遵守社会公德、商业道德,诚实守信,接受政府和社会公众的监督,承担社会责任。"《民法总则》第86条规定了营利性法人的社会责任:"营利法人从事经营活动,应当遵守商业道德,维护交易安全,接受政府和社会的监督,承担社会责任。"很多政府部门和相关组织也出台了关于公司社会责任的规范性文件,主要涉及国有企业和上市公司。如国务院国资委发布的《关于中央企业履行社会责任的指导意见》、商务部发布的《外商投资企业履行社会责任指导性意见》、上海证券交易所的《关于加强上市公司社会责任承担工作的通知》、深圳证券交易所的《上市公司社会责任指引》等。

因此,商事法律制度有必要在公司社会责任和营利性法人社会责任制度层面的基础上,进一步抽象出商事主体的社会责任,即不仅是公司和营利性的法人组织,商事合伙、商自然人等商事主体都需要承担相应的社会责任。虽然社会责任是一个宽泛的概念,法律不可能也没有必要对每一项社会责任都予以明确列举。但在商事立法中明确商事主体的社会责任无疑具有重要的意义:一方面有利于预防商事主体滥用市场地位和经济力量,鼓励公益捐赠、环保活动等各种形式的社会公益行为;另一方面也有利于保护利益相关者的合法权益。随着我国市场经济的发展,各类商事主体的规模和数量也与日俱增。但是,由于对营利的过度追求,违反法律法规、违背社会公德、商业道德的行为频频发生,由此导致公司债权人、消费者、职工的利益遭到侵害,有些行为也严重影响和破坏了社会、市场应有的正常秩序。因此,明确提出并肯定商事主体的社会责任,倡导其以各种形式维护社会公共利益,承担社会责任,具有重要的意义。

第二章　商事主体制度

商事主体制度，是商事法律制度的重要组成部分，是对商事主体的概念、成立条件、性质、商事能力、分类等问题加以规定形成的制度体系。商事主体制度是整个商事法律制度的重要基础，对商事关系的调整离不开对商事主体制度的研究。现代各国商法大都对商事主体作了系统性规定，但我国目前还没有统一的、系统的关于商事主体的专门立法。这导致在市场经济活动中，商主体与非商主体的界限模糊，商事主体的法律地位得不到明确的确认，商事主体的行为缺少全面的规制，其权益也得不到充分的保护，由此，需要对商事主体制度进行全面的研究，并建构完整系统的商事主体法律制度。

一、商事主体的概念

（一）商人与商事主体的概念

商事主体，即传统商法意义上的“商人”。欧洲 11 世纪中叶，随着城市的兴盛，越来越多的人从事商业，逐渐产生了商人这一特定的社会阶层。商人形成之初曾受到封建法律和寺院法的种种限制和歧视，严重损害了商人阶层的利益，制约了商业的自由发展，代表商人利益的商会以行业立法的形式自行规范商事活动，形成了中世纪的商人习惯法。早期的商人是指一个具有特殊身份和利益的社会阶层，在从事商事交易中享有特权，但这一概念并不具有确切的法律含义。19 世纪以后，随着商品经济的发展，商业职能与生产职能密切结合，社会普遍商化，商人不再是社会上的特定阶层，也不再存在所谓的商人特权，商人的特殊地位和利益已逐步消失。这时，各国商法基本都将商人作为一个法律概念固定下来。因此，在境外许多国家，“商人”这一概念，不仅是一个社会商事活动中的习惯用语，同时也是法律用语，许多国家的立法都明确有“商人”这一概念。但是，“商人”的概念带有旧时代的痕迹，对于我国这样商法不发达的国家，往往被人误解为仅指从事商业经营的自然人，基于此，将商法上权利和义务的归属者表述为“商事主体”，概念更为准确。

（二）国外“商事主体”的立法界定

境外各国商法在对商人概念作法律概括时，不太注重形式上的要件，比如是否须经登记，而是更加注重构成商人的实质性要素，例如，是否“应具有商事能力”“行为内容的营业性”等，总体来说，各国对商人这一概念可概括表述为凡是持续性地从事某种特定商行为，并将此行为作为其经营性营业的个人或组织，均可称为商人。但是，各国对商人的具体规定和认定标准还是有所区别的，大致将其分为三类。

1. 二要素制

此分类是以“从事商行为”和“行为的职业性”为标准进行的划分，主要以该两种要素进行商人认定的国家为德国、法国、意大利等国。

《德国商法典》第1条规定：“(1)本法典所称的商人，指经营商事营利事业的人。(2)商事营利事业指任何营利事业经营，但企业依照性质或者规模不需要以商人方式所设置的营业经营的，不在此限。”《法国商法典》第L121－1条规定：“实施商事行为并以其为经常性职业的人是商人。”《意大利民法典》第2082条规定：“以生产、交换或者提供服务为目的的，从事有组织的职业经济活动的人是企业主。”这些规定体现了商人认定的两个判断标准：一是行为标准，即商人必须是从事商行为的人，以商行为的营业性为必须；二是从事商行为必须有连续性，可理解为一种职业性，即偶尔从事一次商行为就不算商人。

2. 三要素制

此分类不但强调“商行为”和“职业性”两个要素，还增加了一个“商事能力”要素，以该三种要素进行商人认定的国家为日本、韩国、西班牙等国。

《日本商法典》第4条规定：“(1)本法中‘商人’，指以自己名义从事商行为并以此为业者。(2)利用店铺及其他类似设施销售物品并以此为业者或者不以实施商行为为业的经营矿业者，亦视为商人。”《韩国商法典》第4条：“(自然商人)商人，是指以自己的名义从事商行为的人。”《西班牙商法典》第1条：“本法典所指的商人是指：具有合法的经商能力，并惯常从事商业活动的个人。依本法典设立的工商业公司。”由此可见，在此认定标准中，对商人的认定，除行为和职业这两个要素外，还有主体这一要素，强调商人是“以自己的名义”从事商行为，换句话说，在商事法律关系中，商人还要有独自享有权利和承担义务的能力。

3. 四要素制

此分类对商人的认定，除上述三要素外，还强调“知识技能”这一要素，采用这一认定标准的主要为美国。

《美国统一商法典》第2－104条规定：“商人是指从事某类货物交易业务或因职业关系以其他方式表明其对交易所涉及的货物或作法具有专门知识或技能的人，也指雇佣因职业关系表明其具有此种专门知识或技能的代理人、经纪人或其他中介人的人。”由此可看出，“知识技能”是美国统一商法典认定商人的核心标准，这也是美国商法的特点之一。

(三)我国商法对“商事主体”的立法界定

中国在几千年的封建社会里，实行刑民不分的法律体系，没有专门的商法。新中国成立初期，废弃了国民政府时期的全部法律，没有公、私法的划分，导致中国在改革开放以前既没有实质意义上的商法，也没有形式意义上的商法。改革开放后，我国经济体制从“有计划的商品经济”过渡到“以计划经济为主，市场调节为辅”，并最终确定走“社会主义市场经济”道路，其间商事活动频繁增多，商事关系得到了进一步发展，商事法律制度得到了逐步完善，商法逐渐成为我国一个单独的法律部门。由于我国长期以来奉行民商合一的立法体制，到目前为止，我国没有一部专门规范商事法律关系的法律，因此商人的定义、商人的认定标准，包括种类繁杂的商主体类型，我国尚未对此进行明确的规定。商人认定标准的模糊是我国商事经济落后的重要反映，商主体和民事主体的混淆，不符合市场经济发展的要求。

目前，在我国大陆地区，除了《深圳经济特区商事条例》规定了商人的概念外，我国的法律、行政法规和大部分地方立法以及司法解释中，没有任何有关商事主体或商人的概念。“商事主体”“商人”至今基本上还是一个学理概念。与商主体有关的概念散见于相关的商事单行法中，主要有《公司法》《合伙企业法》《个人独资企业法》《个体工商户条例》《全民所有制工业企业法》《中外合资经营企业法》《中外合作经营企业法》《外资企业法》等规范性文件。各个法律规章都对不同的商主体作了不同的规定，并无一个系统的商主体概念，这种分散式的商主体概念所凸显出的弊端越来越明显。商主体概念的不明确，导致无法对一个组织或个体准确定义其是否为商主体，从而遵守相应法规，也对商主体的分类造成了极大阻碍。在法律中明确商事主体的概念，不仅是法律完整性的内在要求，而且对解决我国目前因为商主体不明确而产生的法律适用混乱的问题具有重要意义。

1999 年 6 月 30 日通过的《深圳经济特区商事条例》，作为我国商法制度的一大进步，对商事法律制度进行了比较全面的规定，其中第 5 条对商人和商行为都做了明确定义：“商人是经依法登记，以营利为目的、用自己的名义从事商行为且作为经常性职业的自然人、法人和其他经济组织。本条例所称商人，是指有限责任商人，包括各种有限责任公司及其分支机构、非公司企业法人及其分支机构；无限责任商人，包括非法人企业及其分支机构、合伙组织及其分支机构、个体工商户和其他经济组织。本条例所称的商行为，是指商人从事的生产经营、商品批发及零售、科技开发和为他人提供咨询及其他服务的行为。”该条例沿用了传统商法对商人的称谓，根据该条例，商人必须满足形式要件，既要进行商事登记，也要满足实质要件，即行为的营利性、行为的职业性以及必须要有商事能力。该条例与境外国家的法律理念有所不同，注重商事登记这一形式要件。不经过登记的，就不能以商人的身份从事商事经营，要想取得商主体资格，必须经过商事登记。这一理念把一些被客观条件所限制的小商贩等主体拒之门外，增加了市场的不稳定因素。

总而言之，商事主体虽然是商法的支柱之一，我国目前对于商事主体的概念还没有明确的法律规定，商事主体的概念存在交叉和混乱的情形。因此，借鉴国外立法经验以及结合我国实际，通过制定《商法通则》，明确我国商主体的判断标准，是一个亟须解决的问题。

(四)我国对“商事主体”的学理研究及本书观点

当前，理论界对于商主体的概念存在不同的主张：比如范健教授认为，商主体又称商事法律关系的主体，是指依照法律规定参与商事法律关系，能够以自己的名义从事商行为，享受权利和承担义务的人，包括个人和组织。施天涛教授认为，商事主体，又称商人，是指以自己名义实施商行为并能够独立享有和承担民事权利义务的人。另外,学界具有代表性的学说可以概括为以下几种:"(1)商事法律关系主体说。指依法参与商事法律关系,并能够以自己的名义从事商行为,享有权利并承担义务的个人或组织。(2)商行为主体说。指以自己的名义实施商行为并能够独立享有权利和承担义务的人。(3)标准说。指以一定的组织形式从事营业活动,拥有独立财产,经注册登记,并以自己的名义实施商业交易为职业的组织和个人。(4)企业说。商法就是企业法,商人就是指企业。(5)法定主体说。指具有商法上的资格或能力,能够以自己的名义从事营业性商行为,独立享有商法上的权利并承担商法上的义务的组织和个人。"①

本书认为,商主体最主要的本质属性是其营利性,显著特点是其行为的营业性以及主体资格的取得方式须为登记。那么借鉴各国立法经验并结合我国实际,商主体的定义为:商主体是指经依法登记,取得营业资格,能以自己的名义从事营利性活动,享有权利并承担义务的个人和组织。

二、商事主体的特征

特征是"一事物区别于他事物的特别显著的征象、标志,是一事物本质的外在表现,是事物可供识别的特殊的征象或标志"。② 我们可以通过对该事物是否符合应有的特征而将其与其他事物区别开来,以达到认识事物本质的目的。商事主体的本质是营利性。从营利性的本质我们可以得出以下三点特征:

(一)商事主体目的的营利性

营利性的价值追求是商法基本精神之所在,商法以保障营利作为其基本价值理念。营利性是商事主体内在的决定性,对外表现为商事主体的主观营利性。商事主体存在的主要目的是获取利润。商人从形成之日起就与追逐利润有着密切的关系。

商事主体具有的营利目的,是通过资本的增值来实现的,也就是我们通常所说的以钱生钱。因为资本能够产生大于自身价值的价值,即利润,这是资本具有增值性的集中表现,也是资本运动最根本的特征和资本经营的目的所在。需要注意的是,商事主体目的的营利性并不代表着商事主体一定能获得利润,这里仅强调的是主体主观意志的营利,而事实上是否获利在所不问。因为资本在其运动的过程中,总是会受到各种环境因素的影响而带来其价值增值的不确定性。所以有时会获取利润,有时则可能出现亏损,但这不影响对商事主体营利性的确定。

在获取利润有盈余的情况下,应当将盈余分配给投资人或成员。因为其投资人或成员投资目的的营利性是商事主体本身营利性的根源。对于商事主体而言,它所存在的价值就是使其成员的投资利益最大化,在商事主体为个人的情况下,商事主体的成员和商事主体合二为一,所获利润直接为该商个人所有。当商事主体为组织的情况时,若商事主体以组织的名义进行商事活动获得了超越个人的能力所能获得的利润

① 姬晨笛:《商事主体立法的比较研究》,载《知识经济》2014年第12期。

② 《辞海》,上海辞书出版社1999年版,第1653页。

时,这些利润最终会被分配给成员。尽管在商事组织运营期间,经营行为的利润经常会用于除分配成员以外的场合,比如用以增加组织体的资本,偿还组织体的债务;等等。但这些用途的目的是商事组织体自身存续和发展,最终还是分配于全体成员,体现为全体成员的剩余财产分配权。

(二)商事主体行为的营业性

营业就规范的需求而言,至少应包含两个方面的内容:"一是将营业作为商人的营利活动,又称为活动的营业;二是将营业作为实现一定的营利目的而运用的有机能的财产,又称为组织的营业,或直接称营业财产。"①在这里,本书取营业的第一种含义。商事主体的营利目的必须通过营利活动而实现,不因商事主体本身的存在而自然实现。而且这种营利活动还必须是有组织的活动。在商法中,这种营利性活动称为商行为。商行为是商事主体依据自己的意志,为追求资本增值而依法从事的经营行为。"商事主体为了达到营利的目的,就要去从事商行为,通常以营业的方式来进行,即以获取利益为目的连续、稳定地从事范围确定的经营活动。"②

学者论述商事主体时,多强调其营业的持续性或经常性。王保树教授将营业总结为以下三点:(1)行为人营利性活动的反复性;(2)行为人营利活动的不间断性;(3)行为人营利性活动的计划性。"作为商行为的营业活动不同于一般生活中的营利行为,它具有持续性或经常性的特点。这一点不论是在实现了现代化技术手段的股份有限公司,还是在阴暗角落中的作坊式工厂都是相同的。"③商行为是低买高卖、赚取差价的行为。若这种营利活动只是偶尔地发生了一次,那么他尽管构成了营利行为,即商行为,但却不构成营业。因为商事主体存在的目的即是为了获利,那么如果他打算获得更多,偶尔实施一两次这类行为显然是不够的。他必须不断地、反复地、持续地实施方能实现长期营利的目标。换言之,商事主体是以营利性活动为常业的。这虽然意味着一定时间上的延续,但是,我们并不能抽象地、绝对地硬性规定必须要有多少次的行为以及行为必须以何种频率发生,才能认定为持续性或经常性。这样的理解并不具有现实意义。

一般的民事主体也会有类似于商事主体的营利行为,但是否具有营业性成了二者进行区分的关键因素。如果民事主体以营利为目的,持续性地从事某类营利性活动,那么他便属于商事主体。商事主体是特殊的民事主体,在商人和商法产生之前社会中的主体均以民事主体的方式存在。随着商品经济的发展,商人才作为一个阶层从民事主体中剥离出来而独立存在,适应单独的法律规范。所以,商事主体,尤其是商个人,在社会活动中常戴有多重面具。当其在从事一般的民事活动如结婚、继承、偶尔的营利行为时,毫无疑问,他是民事主体。但当其以营利为目的,长期从事营利性活动时,他确定无疑地也是商事主体。因为商事主体现在已经褪去了原来特有的身份象征,现

---

① 王保树:《寻求规制营业的"根"与"本"》,载《中国法学会商法学研究会2007年年会参会论文集》第31页。

② 赵旭东:《商法学》,高等教育出版社2007年版,第30页。

③ 李惠阳:《商主体登记法律制度研究》,对外经济贸易大学出版社2009年版,第10页。

代意义上的商事主体并不是某些人的专利。虽然并非人人皆商,但只要符合商事主体的特征,我们即可断定其商事主体资格,由商法来规范。

(三)商事主体资格的产生以登记为要件

"商业登记是商法制度中的重要组成部分,商业登记最主要的内容是商事登记。"[①]那么,商事登记是否为商事主体成立之必要条件,各国立法不一。主要有成立要件主义和非成立要件主义两种。成立要件主义是指商事登记为商事主体成立之必要条件,未经登记不得成立商事主体。这也是20世纪下半叶各国商事登记立法的主流。当今世界,多数国家奉行成立要件主义。对符合商事主体本质的主体,国家强制要求其进行登记并赋予其商事主体资格。如果说营利性和营业性是对商事主体特征的实质判断,那么商事登记则是商事主体的形式判断。

国家要求商事主体进行强制登记的目的在于通过公示商事主体的重要信息,保障交易安全,提高交易效率,降低交易成本,为市场交易提供一个良好的交易环境和秩序。它不仅直接关系到每一个市场参与主体,而且也间接关系到非市场参与主体,它体现的不仅是个人利益,而且是一种公共利益。并且,商事登记有利于国家及时了解商事主体的设立和经营状态,实现对商事主体的经济管理和法律调整,建立健康有序的商事经营秩序。所以,商事主体的登记不仅对商事交易有重要的保障作用,而且对国家和政府来说,对商事主体的税收、卫生等经济管理意义更为突出。因此,我们也要将商事登记作为商事主体的一个显著特征。

三、商事主体的性质

(一)商事主体的性质

性质是指"一种事物区别于其他事物的根本属性"。[②] 商事主体的性质是商事主体的根本属性,是商事主体得以区别于其他主体的本质所在。

有关商事主体的根本属性,有观点认为,商事主体即为企业。这种观点将营利性规则和组织体规则作为商事主体的确认标准,认为在现代化大生产的今天,商事主体的内涵已经发生了变化,以自然人构成的商人阶层不复存在,不再作为社会经营活动的主要方式,取而代之的是具有组织体要素的企业,企业是市场经营活动的主要载体。范健教授将商事主体归结为企业,他认为"当代商事主体观念应当经历从商人到企业的变革,企业已经成为除了国家之外能让人们得到物质保障和推动社会进步的第三大力量"。[③] 通过企业来界定商事主体体现了对商事主体未来发展的展望,但从现阶段是否完全无视企业之外的其他主体作为商事主体存在的事实,值得思考。如果按照商事主体的本质属性是企业来说,个体工商户、农村承包经营户、小商贩并不属于商事主体,但这些主体却从事一些与企业所从事活动本质相同的经济活动。因此可看出,这

---

① 赵旭东:《商法学》,高等教育出版社2007年版,第30页。

② 中国社会科学院语言研究所词典编辑室编:《现代汉语词典》(修订本),商务印书馆1996年版,第1412页。

③ 范健:《商法基础理论专题研究》,高等教育出版社2005年版,第152页。

种观点对商事主体本质的定性是模糊的,只是从某个角度进行阐述,而未采用抽象的方法概括出商事主体的真正本质。因此,唯有界定了企业的本质属性,才能进一步确定商事主体的本质属性。

由此可以看出,商事主体的本质属性从根本上说是由商的本质所决定的,是商的本质在主体上的体现。以下将在经济学角度和法律意义上,通过对"商"的本质的分析来解释商事主体的本质。

1. 经济学角度"商"的本质

在经济学的角度,"商"的本质即为资本的营利活动。在古代,商最初的表现形式为物物交换,后来币制创立,商业渐渐发达,出现了以货币为媒介的财物交换,而且商品买卖活动不再是在生产者与消费者之间直接进行,而是第三人,即商人来进行,于是出现了以商人和商业为中介的商品交换形式。马克思指出:"商业,即通过买和卖来交换产品。"[①]这些解释正是对这一时期商业本质的概括。

到了近现代,社会化大生产与社会分工导致商品经济飞速发展,使人类生活由谋求基本生存条件向获取盈余利润,追求财富的增值方向发展,商逐步演变成一种以营利为目的的活动。这时的商品流通形式已由过去的货币为媒介转变成以商品为媒介,即商品变货币的形式,货币成为出发点和归宿。随着社会的发展,出现了许多新兴的资本方式,可供实现价值增值的不仅局限于货币资本,还扩展至其他如劳务资本、无形财产等。但不管资本形式如何变化,其宗旨永远不脱离"营利""增值"。这就是经济学上"商"的含义,也提示了现代市场经济中商的本质,即资本的营利活动。

2. 法律意义上"商"的本质

法律调整社会关系,因"商"而产生的社会关系,势必影响人们的生活并影响整个社会秩序,须为法律加以规范调整,于是产生了法律意义上的"商",即指从法律的角度对商所作的界定。我国商法学界学者对"商"的定义也并未脱离"营利性"这一本质属性。法律属于上层建筑,是对经济基础的反映。法律意义上对"商"的界定必然以经济关系中体现的"商"的本质为基础。

董安生教授认为"法律意义上的'商'或'商事',乃是指一切营利性活动和事业的总称"。[②] 赵中孚教授认为"凡属以营利为目的,从事媒介交易之行为,皆称之为商"。[③] 王保树教授明确指出"在近代经济的发展中,人们已将营利视为商的本质。这种行为不仅表现在买卖行为中,也发展到批发商、货物运送、仓库业、银行业、损害保险等,并且发展到与商业没有直接关系的人身保险、旅客运送、制造加工业、印刷业、出版业等"。[④] 综上可以看出,法律意义上的"商"也是以营利性为其基本立足点。

如上所述,商事主体的本质从根本上说是由商的本质所决定,是商的本质在主体上的体现。"商"的本质为盈利,而商事主体以从事商事行为为基本内容,必然也以盈

① 《马克思恩格斯全集》(第25卷),人民出版社1974年版,第364页。

② 董安生:《中国商法总论》,吉林人民出版社1994年版,第5~6页。

③ 赵中孚:《商法总论》,中国人民大学出版社1999年版,第2页。

④ 王保树:《中国商事法》(新编本),人民法院出版社2001年版,第6页。

利为其追求目标。从古至今,商人的逐利性表现得淋漓尽致。营利性是商事主体之所以能称其为"商"的根本,是商事主体的根本属性。对利润的追求永远是商人存在的主要意义,没有盈利,商人就无法生存。正是对利润的无限追求,才推动了商事活动的不断发达与繁荣,而商法也以保障盈利为其基本价值理念。

因此,商事主体的性质是营利性组织。

(二)商事主体与《民法总则》中营利性法人的关系

新颁布的《民法总则》,对法人的分类,采纳了营利法人与非营利法人的分类标准,这是对传统法人分类方式的承继和发展。法人的分类应以法人之间最具有法律意义的根本差异作为分类的根据。在我国的法人组织中,是否具有营利性无疑是最具有法律意义的根本差异。营利性与否决定了法人完全不同的权利能力和行为能力,由此也决定了法人在各种法律关系中的地位和基本的权利义务与责任,其中特别是在税法上的不同地位和义务。通过如上分析,商事主体的本质属性是营利性组织,那么这类组织与《民法总则》中规定的营利性法人之间的关系如何,是相互包含的关系还是什么,这些问题值得进一步探讨。

根据《民法总则》第76条的规定,营利法人是指以取得利润并分配给股东等出资人为目的成立的法人。营利法人的基本特征如下:

1. 营利法人主要从事经营活动

营利法人的首要特征是主要从事经营活动。经营活动是指民事主体以取得利润为目的而从事的经济活动,利润即为经营活动中收益与成本或投入之间的差额。由此可见,营利法人经营活动的宗旨就是以较少的投入获得较多的收益。

以活动内容作为区分标准,法人可分为三种类型,分别是主要从事经营活动的法人、附带从事经营行为的法人和完全不从事经营活动的法人。营利法人属于其中的主要从事营利活动的法人。根据这一标准可以将营利法人与附带从事和完全不从事经营活动的法人相区别。附带从事经营活动的法人包括科研机构和基金会等非营利法人,尽管他们会从事部分经营行为,如转让专利、进行商业投资等,但其主要活动内容仍是非经营性行为。完全不从事经营活动的法人包括部分社会服务机构、学术研究会等非营利法人,其活动形式为提供社区服务、开展理论交流等非经营活动。现实生活中,非营利法人主要是属于附带从事或者完全不从事经营活动的法人,但也有极少数的主要从事经营活动的非营利法人,如福利企业等。由此可见,该特征并不能根本区分营利法人和非营利法人。

2. 营利法人将利润分配给股东等出资人

营利法人的根本特征是将利润分配给股东等出资人,这是将非营利法人与营利法人区分开来的根本特征。这一特征是对主要从事经营活动和附带从事经营活动的法人的进一步分类。上述两种法人会在经营活动中获取利润,而根据是否会进行利润分配又可将其分为进行利润分配的法人和不进行利润分配的法人。营利法人是指进行利润分配的法人,如公司法人。对于营利法人自身而言,营利法人通过经营活动获取利润后,应当按照法律与章程的规定将该利润分配给出资人。对于出资人而言,其设立或是投资营利法人的根本目的亦在于获取利润。这就将营利法人与其他虽有利润但不进行利润分配的法人相区别。后者是指从事经营活动的非营利法人,他们的经营收益只能用作公益或者其他非营利目的而非进行分配。是否分配这一特征可将营利法人与非营利法人根本相区别。

同时,由于营利法人设立的根本目的是将利润分配给出资人,出资人对营利法人享有与其出资相应的份额。当营利法人因经营失败、营业期限届满等终止事由出现时,出资人应当按照份额享有对剩余财产的分配请求权。

不仅如此,对营利法人概念的界定,以下两个问题需要注意:

(1)盈利是指成立时以营利为目的,并不要求成立后营利结果的发生。由于《民法总则》将营利法人分为有限责任公司、股份有限公司和其他企业法人等种类。若出资人选择以上法定类别设立营利法人,即可推定其具有获取营利的目的,而至于营利目的是否实现,属于成立之后的经营效果,并不影响营利法人的性质。

(2)《民法总则》虽然将取得利润并分配给出资人作为营利法人的成立目的,但并不表示营利法人必须以此作为分配利润的规范基础。《民法总则》第76条规定本身并不能单独作为当事人主张权利的依据。营利法人如何进行利润分配应属于营利法人自身决策的范畴,现实中某些营利法人出于自身发展的考虑,取得利润不立即分配的情形非常常见。此条的规范意义在于界定营利法人的概念,为其后的法律适用奠定基础,不在于对营利法人的利润分配提出强制的法律要求。

由此可见,《民法总则》中所规定的营利性法人,其设立目的在于获得收益并将利润分配给投资者,这与商事主体的营利性特征是一致的,可以将其定性为商事主体。根据《民法总则》第76条对营利性法人的规定,营利法人包括有限责任公司、股份有限公司和其他企业法人等。因此,除了营利法人之外,还有一些不具有法人资格的特殊组织或者个人,他们也以营利为目的,并能够以自己的名义从事商事活动,比如合伙企业、个人独资企业、个体工商户等,他们也属于商事主体。因此,《民法总则》中规定的营利性法人是商事主体,但是商事主体并不限于营利性法人,还包括从事营利性活动的自然人或者非法人组织,二者在范围上并不完全等同。

四、商事主体的商事能力

(一)商事能力的概念

商事能力,又称商事主体资格,指商事主体独立从事商事活动,享有权利和承担义务的资格和能力,包括商事权利能力和行为能力。这是商事主体依法从事商事行为并承担法律上的权利义务的能力,它表明了商事主体在商法上的特殊资格和地位。商事权利能力是指商法所赋予的、商事主体能够参加商事法律关系,并在其中享有商事权利和承担商事义务的资格或能力。商事行为能力则指在法律规定的范围内,通过自己的行为或意志独立进行商事活动,并取得商事权利和承担商事义务的一种资格或能力。

商事主体既有商事权利能力,也有商事行为能力。不具有此种能力的个人和组织不能成为商事主体。商事能力是商事主体人格的具体内容,而商号则是商事主体人格的表现形式,商事主体以自己的名义从事商事行为就是以其商号从事商事行为。

由于商事主体本质上是民事主体进入商事领域的特殊表现,因而商事能力本质上是在民事能力的基础上由商法所赋予的商事主体从事商事行为的能力,是一种附加于民事能力之上的能力,表现了法律对行为人从事营利性营业活动所附加的特殊资格限制。商事能力以民事能力为基础,具备商事能力者一般应以具备民事能力为前提。例如,自然人从事商事活动,首先应具有民事权利能力和民事行为能力,限制民事行为能力和无民事行为能力的人也就不具有商事能力。商事能力作为特别权利能力和行为能力,具有不同于一般民事能力的特征:

1. 商事能力是权利能力与行为能力的统一

商事主体从事商事行为,要有承担行为结果的资格和能力,因而,它既要具备权利能力又须具备行为能力,商事能力包含范围相同的权利能力和行为能力,此与民事能力中有权利能力而没有行为能力的情形有别。

2. 商事能力的内容具有差异性

商事能力是一种特殊的权利能力和行为能力,这种特殊性是由商事主体的营业目的决定的,商事主体通常应依法在其登记的营业范围内从事经营活动,因此不同的商事主体因其登记的营业性质和范围不同而具有不同的商事能力。传统商法禁止和限制商事主体超出营业范围的越权经营行为,并否定越权行为的效力。但随着现代商法制度的发展,商事主体的营业范围日益宽泛,对其越权经营的认定日益宽松,只要不属需经特别许可的经营活动,一般都不作为越权行为而否定其效力。但某些从事特殊领域或特殊行业经营的商事能力依然受到法律的严格限制。此与法人组织权利能力的特点一致,而与自然人普遍具有相同民事权利能力的情形不同。

3. 商事能力以商业登记而确定

在我国,无论个体工商户还是企业,也无论是公司还是合伙企业、独资企业,均须按照工商登记管理的规定办理商事登记手续,未经登记不得从事经营活动。商事主体于设立登记时取得商事能力,其商事能力因营业性质或经营范围的变更登记而变更,因商事主体的注销登记而消灭。商事能力的这一特征,与民事能力有明显的区别,自然人的民事权利能力始于出生,终于死亡,其民事行为能力的取得则基于年龄的增长而取得,因精神疾病而丧失或受到限制。法人的民事能力,除了商法人(营利法人)和社会团体法人,并非依登记而确定。

(二)"无证无照经营"与商事能力

商事主体的商事能力由商法赋予,具体表现为商业登记所核定的经营范围。不同的商事主体因其登记的营业性质和范围不同而具有不同的商事能力,因此,商事能力根据商业登记而确定。

刚出台的《无证无照经营查处办法》第 2 条规定:"任何单位或者个人不得违反法律、法规、国务院决定的规定,从事无证无照经营。"第 3 条规定:"下列经营活动,不属于无证无照经营:在县级以上地方人民政府指定的场所和时间,销售农副产品、日常生活用品,或者个人利用自己的技能从事依法无须取得许可的便民劳务活动;依照法律、行政法规、国务院决定的规定,从事无须取得许可或者办理注册登记的经营活动。”由此规定可看出,要想取得商主体资格,获得商事能力,就要进行商事登记,取得证照,不得违反法律、法规、国务院决定的规定,从事无证无照经营。但是此办法最为重要的内容和突出的亮点是对无证无照经营行为做了合理的区分,明确地界定了某些不受查处的无证无照经营行为,这些特殊的经营行为不再要求经营者办理工商登记,虽然没有营业执照,但属于合法经营,不受查处。这种无须办理营业执照的经营行为包括两大类,一是销售行为,其销售的商品或物品限于农副产品和日常生活用品。由此,销售非日常生活所用工业产品的行为不属此类。二是服务行为,其特点是个人利用自己的技能从事便民劳务,同时此种劳务服务依照相关法律法规规定,无须取得特别许可。

然而,市场经济活动中,农副产品和日常生活用品的销售其实也是十分普遍的商事经营行为,以个人技能提供劳务服务也可以是很典型的商事经营行为,依照商法基本法律制度的要求,只有商事主体才具有从事商事经营行为的能力和资格,而要成为商事主体,则必须经过登记注册、取得营业执照。因此,并非所有销售农副产品和日常生活用品的经营行为以及个人劳务服务行为都无须登记注册,无须登记注册必须具备一个共同的特别条件或法律要件,这就是该办法所规定的“在县、市级地方人民政府指定的场所和时间”从事上述经营活动,只有这种在指定场地和指定时间内从事的销售行为和服务行为才是无须办理营业执照的经营行为。

该办法所规定的无须办理营业执照的经营行为最为典型的就是通常所称的在“早市”和“晚市”的经营行为。与普通商事经营行为不同,此种行为不是在固定的、专门的经营场所进行,而通常是在马路、住宅区等城乡公共活动空间进行,此种行为也不是全天候、不间断地连续经营,而是在早晨、晚上或周末等居民休闲的特定时间进行。该办法的重要内容是授权县、市级地方人民政府根据各地的具体需要、条件和情况来指定这种经营场地和特定时间。

该办法的这一规定既充分地反映了适当放宽市场管制、合理利用城乡公共空间、满足城乡居民日常生活便利和小额经营活动需求的改革方向和立法目的,也完全符合商事法律制度的基本原理和要求。

五、商事主体的类型和分类

商事主体,是经济活动的主体,也是商法规范的主要对象。科学、合理的商事主体类型划分标准以及建立在此基础上的商事主体类型划分理论体系,无论对商法学理论的发展还是对商事立法体系的完善都是必需的。商主体类型的界定可以解决何者可以经商的问题,这不仅有利于保护消费者,也有利于国家对市场经济的宏观调控,从而保障市场经济的稳定运行。可是,我国目前商法学理论对商事主体的类型划分不仅存在标准模糊的问题,而且知识、观念陈旧,没有反映出当代世界各国商事立法对商事主体类型划分的实际状况,同时也与我国经济管理活动中实际采纳的标准和体系严重脱节,从而对司法和执法实践活动贡献甚微。因此,在立法中,明确商事主体类型的划分,具有切实的实际意义。

(一)境外国家商主体分类状况

1. 法定商人、注册商人和任意商人

依照商事主体是否必须办理注册登记手续,分为法定商人、注册商人和任意商人,也有称为必然商人或免登记商人、应登记商人、自由登记商人。这是德国商法典规定的一种分类,具有鲜明的德国特色。

(1)法定商人,也称必然商人或免登记商人,指从事法定的特定商行为(也称绝对商行为)的商人。1900 年《德国商法典》第 1 条第 2 款规定了 9 种商事行为,包括货物和有价证券的购买和销售、承揽产品的制造或加工等,凡从事其中之一类商事经营活动者,都是商人,而无论是否进行了商业登记。此种商事主体资格的取得在于其从事法律规定的特定商事行为,而非登记行为,只要从事法律规定的商事行为即自动取得商人资格。

(2)注册商人,也称"应登记商人,指依法进行商业登记而取得商人资格,并在其核准的营业范围内从事商事行为(又称相对商行为)的商人。这类商人主要有三个特点:第一,企业的经营以营利性为目的,且所从事的是商法规定的特定经营活动或农林业务外的经营,主要是在手工业、服务业、贩卖业等行业。第二,这种企业需要建立较为完备的、有规则的具有商人特征的经营方式,这就使其区别于一般小规模的经营行为。第三,企业必须进行商事登记注册"。①

(3)任意商人,也称自由登记商人。指可以依法自主决定是否注册登记的商人。这种商人主要从事农业、林业及其从属产业,其经营者可以选择在商业登记簿注册而获得商人资格。它有登记的权利而无登记的义务,不注册而从事这些业务的经营,则不适用商法;如果选择注册而从事这些业务的经营,则作为商人而适用商法。

上述德国法这种分类方法虽然有很大影响,但长期以来颇受争议。1998 年修改后的《德国商法典》在立法上对这种分类方法有所变更,按照修改后的商法典,商人身份的确立仅取决于两个要素:一是企业必须是经营性的企业(而无论什么范围的经营);二是该企业在种类和范围上有以商人进行经营的需要。这样,每个经营性企业都被当作商人看待,除非其证明自己没有以商人方式活动的需要。

2. 大商人和小商人

这是依照商事主体的经营规模所作的划分。

(1)大商人,指具有一定经营规模,有固定的场所和相应的机构,依法设立的商人。它是相对于小商人的概念,只是为研究之方便,法律上并无"大商人"的用语。

(2)小商人,指资本规模很小,通常没有固定营业场所而依赖简单交易行为谋生的商人。采用这一概念的主要有德国、日本、意大利和我国台湾地区。但究竟如何界定小商人,各国的标准却不尽相同。有的以资金多少为标准,如日本将公司之外资本金额未满 2000 日元的商人称为小商人。有的则以经营规模和范围来确定,如在我国

---

① 赵中孚:《商法总论》,人民大学出版社 1999 年版,第 75 页。

台湾地区，小商人主要指沿街叫卖的行商者，在市场外设摊营业者，家庭农、林、渔、牧业者，家庭手工业者和其他小规模经营者。还有的以纳税义务为标准。小商人的权利与其他商人的权利并无甚区别，但在适用法律上有差别。《日本商法典》第 8 条规定："本法关于商业登记、商号及商业账簿的规定，不适用于小商人。"

3. 完全商人、拟制商人和表见商人或者固定商人、拟制商人

这是依照商事主体的认定原因为标准进行的划分。在德国法上分为完全商人、拟制商人和表见商人。

（1）完全商人，包括上述法定商人、注册商人和自由登记商人，也有人将这一概念等同于大商人。这类商人在经营活动中，按照法律规定被认定为商人，或者根据其营业的种类和范围依注册而成为商人，其完全适用商法的规定。

（2）拟制商人，根据《德国商法典》的规定，"如果企业已经在商事登记簿上登记注册并且正在从事经营活动，即使这种经营不属于固定商人所营事业之范围，该企业应被视为商人即拟制商人"。①

（3）表见商人，是指虽非完全商人，也未在商事登记簿上注册登记，但已经以商人的表象从事了商行为，而应被视为商人的人。这一概念并非立法上的分类，而是商法实践中为保护善意第三人，维护交易安全，根据德国民法典中的诚实信用原则和德国法理学中的法律表象理论而提出的。

在日本法上则分为固定商人和拟制商人。固定商人，指以营利为目的，依法组织完整的机构，有计划地、反复连续地从事一种或多种商事行为，在经营中全部法律行为适用商法的商人。《日本商法典》第 4 条第 1 款规定："本法所称商人，指以自己名义，以实施商行为为业者。"拟制商人，指虽经商事登记，但仅从事小商人的业务或不从事商事行为的人，法律将其视为商人。《日本商法典》第 4 条第 2 款规定："依店铺或其他类似设施，以出卖物品为业者，或经营矿业者，虽不以实施商行为为业，也视为商人。"

以上不同类型的对商事主体的分类，是基于不同标准、从不同角度进行的划分，不同国家的商法传统和理论也有不同的分类，一个商事主体，根据不同标准，常常可以划分不同的类型。

（二）我国商主体具体类型

在我国，商事主体的种类没有明确的法律规定，也没有形成统一的分类标准。

在学界，对于商主体的分类存在较大的争议，划分标准也不一。主流观点是将商主体划分为商法人、商个人、商合伙三种类型。通过对目前我国商法学理论以及经济管理活动中采用的商事主体类型划分标准的分析，基于立法的角度，本书将商事主体划分为商个人和商事组织两大类。

商个人即"商自然人，是指具有商事权利能力和商事行为能力，独立从事商事行

---

① 1900 年《德国商法典》第 5 条规定："商号如果已在商事登记簿上注册，依据使注册生效之商事登记簿，该商号经营之业务不能被认为不是商事，或金属与第 4 条规定之经营。"新商法典第 5 条改为："商号在商业登记簿中已经登记的，对于援用登记的人，不得主张以该商号所经营的营利事业非为营业。"体现了一样的立法用意。

为,依法享有商事法上的权利和承担商事法上的义务的自然人"。[①] 主要表现形式为个体工商户。

商事组织,是指"商事个人以外的按照法定构成要件和程序设立的参与商事法律关系,独立享有商事权利,承担商事义务和责任的社会组织"。[②] 商事组织是一个经营实体,与投资主体相对分离,以组织的名义而不是以投资主体的名义开展经营活动,作为一个相对独立的市场主体参与市场活动,一般拥有独立的财产和独立的组织机构。整个组织体形成一种结构性机制,能够实现正常的资本运营,达到资本增值的目的。主要表现形式为个人独资企业、公司、合伙企业等。

以下对几种商事主体的主要类型进行简要阐述。

1. 个体工商户

个体工商户是我国独特的概念,其他国家和地区均没有个体工商户的概念,大多规定于一人公司或者无限公司中。我国《个体工商户条例》第 2 条规定:"有经营能力的公民,依照本条例规定经工商行政管理部门登记,从事工商业经营的,为个体工商户。个体工商户可以个人经营,也可以家庭经营。"第 8 条规定:"申请登记为个体工商户,应当向经营场所所在地登记机关申请注册登记。申请人应当提交登记申请书、身份证明和经营场所证明。个体工商户登记事项包括经营者姓名和住所、组成形式、经营范围、经营场所。"第 9 条规定:"予以注册登记的,登记机关应当自登记之日起 10 日内发给营业执照。"由此可知,个体工商户由自然人或者其家庭成员设立;个体工商户从事的是工商业经营活动;自然人或家庭在经过登记后才取得个体工商户资格;个体工商户有固定的经营范围、经营场所;个体工商户应具备营业执照。

2. 公司

《公司法》第 2 条规定:"本法所称公司是指依照本法在中国境内设立的有限责任公司和股份有限公司。"第 3 条规定:"公司是企业法人,有独立的法人财产,享有法人财产权。公司以其全部财产对公司的债务承担责任。"可见,公司具有独立的法人地位。公司设立的目的本身就是为了营利,经过公司长期性、持续性的经营活动实现投资者对公司投入成本的增值,因此,公司毫无疑问属于商事主体。需要注意的是,公司的分支机构,比如分公司,虽然不具有企业法人地位,但是由于其以营利为目的,并长期以经营为业,所以其也属于商事主体。

(1)有限责任公司。有限责任公司,亦称有限公司,是指"由法律规定的一定人数的股东所组成,股东以其出资额为限对公司债务承担责任,公司以其全部资产对其债务承担责任的企业法人"。[③] 德国是有限公司的发源地,根据《德国商法典》的规定,有限公司属于形式商人,享有完全商人的资格。

有限责任公司兼具人合性和资合性的特点,导致有限责任公司有自身的优缺点。优点是:公司股东之间相互信任,通过对公司的管理来保护自身权利,有利于公司发

---

① 侯怀霞:《论个人独资企业的商事主体性质》,载《理论探索》2007 年第 1 期。

② 同上。

③ 赵旭东:《公司法学》(第 2 版),高等教育出版社 2006 年版,第 81 页。

展;缺点则恰恰是由于公司股东人数的受限,公司难以成为大型企业。

有限责任公司存在一种较为特殊的形式:一人公司。《公司法》第 58 条规定:“本法所称一人有限责任公司,是指只有一个自然人股东或者一个法人股东的有限责任公司。”《法国商事公司法》第 34 条规定:“当公司只有一人时,该人取名为‘一人股东’。一人股东行使本章条款赋予股东大会的权力。”①在我国,一人公司的股东可以是自然人,也可以是法人。但是,在大部分国家和地区要求一人公司的股东是自然人,例如,《澳门商法典》第 390 条规定:“任何自然人得设立有限公司,其公司资本以独一股构成,且在公司设立时仅以其为唯一之权利人。”②不管一人公司的股东是自然人还是法人,其突出特点都在于股东的唯一性,同时他具备公司的所有法律特征,毫无疑问属于商事主体。

(2)股份有限公司。股份有限公司,又简称为股份公司,是指“公司全部资本分为等额股份,股东以其所认购的股份对公司承担责任,公司以其全部资产对公司债务承担责任的企业法人”。③ 同有限责任公司一样,股份有限公司的股东责任具有有限性,公司具有独立的法人人格,属于以营利为目的并以经营活动为业的商事主体。

(3)国有独资公司。我国《公司法》第 65 条规定:“本法所称国有独资公司,是指国家单独出资、由国务院或者地方人民政府授权本级人民政府国有资产监督管理机构履行出资人职责的有限责任公司。”国有独资公司是国有企业改制过程中,适应我国国有资产投资的特殊情况下的公司,是现代企业制度创新的产物。

与普通的有限责任公司相比,国有公司在公司的监管制度、公司的组织制度等方面都存在着特殊性,并且,国有独资公司应特别适用于涉及广大民生的国家垄断经营的领域和行业,因此,在法律规制上也应该进行特别规定。比如:对于国有独资公司在新设或者改制时,应该采取不同于有限责任公司的登记制度,注册登记时的申请步骤以及提交的材料有特殊性,例如,《企业国有资本与财务管理暂行办法》第 7 条规定:“企业应当依照本办法向国有资产管理部门办理占有产权登记”;对于有的特殊经营范围要求前置许可;不仅仅适用《公司法》,还适用《企业国有资本与财务管理暂行办法》等。因此,要充分了解国有独资公司这个时代产物的特殊性,并合理进行特殊规范。

3. 合伙企业

合伙企业,名为企业,其设立目的是营利,并且通过合伙人的长期经营性活动实现其目的,毫无疑问属于商事主体。我国《合伙企业法》第 2 条规定:“本法所称合伙企业,是指自然人、法人和其他组织依照本法在中国境内设立的普通合伙企业和有限合伙企业。普通合伙企业由普通合伙人组成,合伙人对合伙企业债务承担无限连带责任。本法对普通合伙人承担责任的形式有特别规定的,从其规定。有限合伙企业由普

---

① 《法国商法典》,金邦贵译,中国法制出版社 2000 年版,第 103 页。

② 中国政法大学澳门研究中心和澳门政府法律翻译办公室编:《澳门商法典》,中国政法大学出版社 1999 年版,第 123 ~ 124 页。

③ 赵旭东:《公司法学》(第 2 版),高等教育出版社 2006 年版,第 84 页。

通合伙人和有限合伙人组成,普通合伙人对合伙企业债务承担无限连带责任,有限合伙人以其认缴的出资额为限对合伙企业债务承担责任。"《德国商法典》第105条规定:"一个合伙具有以共同商号经营一个商事营利事业的目的的,在合伙人中无人对合伙的债权人负有限责任时,该合伙为普通合伙。"[①]《德国商法典》第161条规定:"一个合伙具有以共同商号经营一项商事营利事业为目的的,在合伙人中的一人或者数个人对合伙债权人的责任限于一定的财产出资数额(有限合伙人),而合伙人中其他的责任不受限制的(普通合伙人),该合伙为一个有限合伙。"[②]普通合伙企业和有限合伙企业的最大区别就在于有限合伙人的出资义务、事务执行和责任承担上,有限合伙人对企业承担有限责任,不得以劳务出资,不参与事务执行等。在作为商事主体方面,二者登记上除了企业名称、合伙人人数要求外,本质上是没有区别的,都必须进行严格登记并且承担相应的纳税义务。

4. 外商投资企业

中国的外商投资企业,是指"依照中华人民共和国法律,在中国境内设立的、部分或者全部资金来自境外、外国投资者有相应的支配、控制权的企业或者公司,是国际私人资本对中国进行直接投资的方式"。[③]

"外商投资企业是我国特殊时期的特殊产物,是我国自1979年实施对外开放政策以来,为了实现整体投资环境的优化,在涉外税收优惠政策的作用下,引进外资工作的成果。"[④]改革开放以来,外商投资企业不断增多,并对我国经济社会发展起到了积极作用。但是,我们要认识到,它并非一个全新的特殊主体,实质上属于公司或者合伙企业,其特殊性只在于有外资的投入。我国之所以将其作为一类特殊主体进行规制,是市场的需求,为了引进外资,我国实施涉外税收优惠政策等,因此,外商投资企业才具有了自身独特的地位。随着市场的发展,在将来立法和实践中,应该慢慢将外商投资企业融入到公司或者合伙当中去,将《中外合资经营企业法》《中外合作经营企业法》《外资企业法》融入《公司法》中去,在未来不再将外商投资企业作为一类单独的商事主体。

目前,由于外资投入的特殊性,外商投资企业有单独的立法予以规范,只有中外合资企业法律明确规定为有限责任公司,其他两种外资企业符合中国法律关于法人条件的规定的,依法取得中国企业法人资格。依照现行外商投资企业法,我国的外商投资企业分为三种类型:(1)中外合资经营企业,简称合营企业,是指中国合营者与外国合营者依照《中外合资经营法》等有关法律的规定,在中国境内设立的共同投资、共同经营、按出资比例分享利润、承担风险与亏损的企业。(2)中外合作经营企业,简称合作企业,是指中国合营者和外国合营者按照《中外合作经营法》,在中国境内设立的、由合同确立双方权利和义务、并根据合同从事生产经营的企业。(3)外资企业是依照关

---

① 《德国商法典》,杜景林、卢谌译,法律出版社2010年版,第51页。

② 同上书,第68页。

③ 赵旭东:《公司法学》(第2版),高等教育出版社2006年版,第100页。

④ 乐为:《税收政策对跨国公司国际直接投资决策的影响》,光明日报出版社2008年版,第67~68页。

于外资的专门立法在中国境内设立的由外商投资的企业。

以上三种形式的外商投资企业依是否具备企业法人资格而有不同的形式。《中外合资经营企业法》第4条规定:"合营企业的形式为有限责任公司",因此中外合资经营企业属于公司法人,同时受公司法的规范。《中外合作经营法》第2条规定:"合作企业符合中国法律关于法人条件的规定的,依法取得中国法人资格。"因此,中外合作经营企业分为法人式和非法人式。对于非法人式企业,学界一般认为属于合伙企业,类似于《民法通则》中的合伙型联营。《外商企业法》第8条规定:"外资企业符合中国法律关于法人条件的规定的,依法取得中国法人资格。"同合作企业一样,外资企业分为法人式和非法人式。《外资企业法实施细则》第18条规定:"外资企业的组织形式为有限责任公司,经批准也可以为其他责任形式。"这表明,外资企业除了可以是有限责任公司外,还可以是股份有限公司、合伙企业、独资企业等。

5. 个人独资企业

个人独资企业,是由单独一人出资设立、由一人拥有和控制、并由一人承担无限责任的企业。《个人独资企业法》第2条规定:"本法所称个人独资企业,是指依照本法在中国境内设立,由一个自然人投资,财产为投资人个人所有,投资人以其个人财产对企业债务承担无限责任的经营实体。"个人独资企业作为一个经营实体,投资人以营利为目的,投入资金,进行长期的经营活动,而且,他同个体工商户一样,要进行登记,并取得营业执照,那么,他的商事主体地位毫无争议。

除了前述这些商事主体外,在我国还存在并不以企业名义出现但从事有偿性业务活动的组织体,如农民专业合作社、流动商贩等,需要进一步探讨是否纳入商事主体范围之内予以规范,下文详述。

六、商事主体制度的几个特别问题

(一)个体摊点与流动商贩的商事主体资格问题

根据我国现行法律规定,有经营能力的城镇待业人员、农村村民以及国家政策允许的其他人员,可以依法申请工商业经营,经核准登记后取得经营资格,成为个体工商户。个体工商户为个人从事营利活动,其行为特征均符合商主体的认定标准,自然应当属于商事主体,为商个人。但实践中,有的个体经营者没有独立的字号,没有固定的经营场所,也没有经过工商登记注册,那么这些小商贩是否应被视为商主体加以规范呢?

从私法角度来描述这些无固定经营场所的个体摊点、流动商贩的生存状态,即为"无照营业",因小商贩经营无须过多专业技术知识,也无须高层次的文化水平,门槛低,城市的失业人口、农村的剩余劳动力等人员迫于生活的压力,从事小商贩的经营无疑是一个最佳的就业选择,他们通常聚集在人口流量大之地,满足了当时当地居民的生活需求,便利了居民的日常,但是客观上也影响了城市的交通秩序、市容市貌,因此总能看到城管、工商执法等进行城市治理之时与小商贩的冲突,但究其原因,在于私法没有正面肯定小商贩的营业权,致使其遭到各种肆意侵害乃至非法取缔,这是城市治理思路与社会现实的失衡。小商贩的经营为社会弱势群体解决了就业，保障了社会的稳定，在城市经济生活中有其存在的必要性，是城市经济和市民生活中必不可少的重要一环，如果一味对其加以限制，剥夺他们谋生的权利，只会迫使他们转入地下经济活动，使其负面影响在制度的夹缝中更加明显，立法必须要顺应社会生活，这样才能更好地促进社会的发展，否则，法律将得不到人们的尊重，因此，将游走于法律边缘的小商贩合法化，肯定其商主体地位，是当务之急。

从商主体的认定标准角度来分析小商贩是否可被认定为商主体，主要进行以下分析：

小商贩作为自然人时，如签订合同处分自己的财产，而不以其为职业，这属于由民法来调整的民事行为，但当其以商事活动为职业，以营利为目的时，这种营利性活动就不再是单纯的民事行为，而是商事营业行为，在这种商事活动中，其身份由民法上的自然人转为商法上的商个人，具有区别于民法上自然人的民事能力的商事能力，并实现了商的本质——营利。小商贩具有除了必须进行商事登记外的所有商主体应符合的认定标准，那么对于登记来说，有的学者认为："相较其他商事主体，流动商贩自有资本、利润预期与登记成本相比极不理想，陡增的制度成本使其难担负累。"[①]诚如所言，流动商贩相比较其他商事主体，存在资本少、流动性强、经营内容不固定等特点。如果坚持与其他商事主体不加区分地要求同一登记，必将对就业能力不强、生活困顿的流动商贩形成极大冲击，甚至剥夺一部分人的谋生权利。所以，对于这类群体，商事登记的要求可以宽松一些，可对其豁免登记，这样更加顺应社会现实的发展。

基于此，刚出台的《无证无照经营管理办法》也做了相应规定，对流动商贩在马路、住宅区等城乡公共活动空间进行的，不是全天候、不间断地连续经营，而是在早晨、晚上或周末等居民休闲的特定时间进行的经营行为，可以允许豁免登记。

（二）农村承包经营户的商事主体资格问题

农村承包经营户，指农村集体经济组织的成员，在法律允许的范围内，按照农村承包合同的规定，使用集体所有的土地和其他生产资料独立从事商事经营活动的，由一人或多人组成的农户。

在学界，有不少人将农村承包经营户不视作商主体，这其实是一种误解。他们认为，农村承包经营户的经营体制是以户为单位的农民，通过与农村集体签订承包合同而获得承包土地，在承包土地上进行种植农业生产，对承包的土地享有占有、使用、收益的权利，这是一种可被民法所调整和规范的农业生产活动，与商事活动迥然不同，另外，在农村集体经济组织范围内，全国所有农民都是农村承包经营权的承包方，他们没有字号，其生产活动是家庭和生活的组成部分，不具备商主体的构成要素，因此农村承包经营户不属于商主体。

但是，不可忽略的一点是，农村承包经营户签订承包合同从事商品经营，并以商事交易为业，以营利为目的时，这种行为就不再是单纯意义上的民事行为而是一种商业

① 石少侠、李镇：《论个体工商户商事登记义务之豁免》，载《经济纵横》2012年第1期。

行为，在此种场合下，农村承包经营户的身份就从民法上的自然人转变为商事活动中的商主体，具有了区别于民事能力的商事能力，而对于农村承包经营户来说，由于它所处的农村社会关系相对简单，彼此之间较为熟悉，发生交易风险的可能性也不大，登记发挥的作用并不突出，可以考虑豁免其登记。因此，农村承包经营户在从事商事活动时，应将其视为商主体。

（三）合作社的商事主体资格问题

对于合作社是否属于商事主体，学者有不同观点。有学者认为，合作社不属于商事主体。设立合作社的主要目的不在于为社员营利，而在于为社员提供服务。真正意义上的合作社是市场竞争中弱势群体的联合，其存在的价值在于互助合作，实现自我服务，改善不利的环境，这是世界各国组建合作社的价值目标。正如梁漱溟所言："合作社之所由起，实在是经济压迫下弱者、散者的一个防卫与自救"。[①] 因此，合作社设立的最终目的不是营利，不属于商事主体。有学者认为，"合作社具有法人地位，并且属于非营利性法人，介于传统营利法人与公益法人之间的中间形态组织。"[②]"合作社以劳动者之间的互助和服务为己任，而不是以追求利润为己任，尤其是在流通领域的合作社，其服务性更为突出，其以为社员提供服务为最高原则，其承担更多的社会责任。但是，在等价有偿的市场经济条件下，合作社作为一种自主经营、自负盈亏的法人组织，对外强调营利性"。[③] 德国学者哈内尔曾指出，"它也要通过获得利润以调节内部的再分配、支付红利和筹集发展资金"。[④] 因此，合作社具有服务性和经营性的辩证关系，不能简单归入营利性社团法人，也不能将其划入公益性社团法人，应该为中间形态的特殊法人。有学者认为，"合作社属于特殊企业法人。合作社对外是独立的经济实体，追求利润最大化，这一点和以公司为代表的企业法人相同，但合作社对内是以实现自我服务为宗旨的互助性组织，这和典型的企业法人有着明显的区别，有自己的特殊性，因此合作社是与公司相并列的一类特殊的企业法人"。[⑤]

从应然角度来看，合作社应属于商事主体。以我国最主要的合作社主体——农民专业合作社为例，将其视为商事主体的理由主要有以下几个方面。"首先，它通过营利实现对社员的分红。在市场交易中，交易双方谈判权利悬殊导致利益落差过大时，利益过于受损的弱势群体，只有联合起来形成合力才能对抗强势群体的垄断，合作是其能利用的组织资源。"[⑥]"合作社是作为市场主体而存在的，通过合作实现与其他企业具备相同的竞争能力，获得比成员单独经营更高的利润。"[⑦]因此，不能因为合作社强调社员之间的互助关系，就否定其营利性。合作社必须通过长期的持续性经营活动

---

① 王菲菲：《论商主体的类型界定》，载《西部法学评论》2008 年第 4 期。

② 欧阳仁根、陈岷：《合作社主体法律制度研究》，人民出版社 2008 年版，第 41～44 页。

③ 屈茂辉：《合作社法律制度研究》，中国工商出版社 2007 年版，第 25～30 页。

④ 何光：《中国合作经济概观》，经济科学出版社 1998 年版，第 1 页。

⑤ 蔡润英：《农业合作社定义及其法律地位探析》，载《企业经济》2006 年第 3 期。

⑥ 唐宗焜：《合作社真谛》，知识产权出版社 2012 年版，第 99～100 页。

⑦ 徐西莹、王春平、冯春玲、李牧：《农民专业合作社营利能力分析》，载《经济研究导刊》2012 年第 12 期总第 158 期。

取得盈余,从而保证合作社实现资本的积累和增值,最后实现对社员的盈余分配。其次,它需要进行主体登记。根据《农民专业合作社登记管理条例》第 2 条规定:“农民专业合作社的设立、变更和注销,应当依照《中华人民共和国农民专业合作社法》和本条例的规定办理登记。”为了规范商事主体的行为,主体登记是不可或缺的。最后,它有营业执照,属于营业组织。根据《农民专业合作社登记管理条例》第 3 条规定:“农民专业合作社经登记机关依法登记,领取农民专业合作社法人营业执照,取得法人资格。未经依法登记,不得以农民专业合作社名义从事经营活动。”营业执照是商事主体的重要外观表现,拥有营业执照的主体能够作为商事主体在市场中从事经营性活动,并且以自己名义承担责任。因此,合作社具有典型的商事主体特征,应肯定其商主体地位。

(四)未成年人经商问题

未成年人在民法上被看做无行为能力人或限制行为能力人,他们在商法上是否具有商事能力,能否被视为商主体,对此问题,不同国家的法律规定是不同的,甚至不同国家在不同时期的规定都是不同的。比如,1807 年《法国商法典》规定,如果一个未成年人要从商,他们应当具备一定的条件,包括:他们不仅已经被解除监护人关系,不仅要满 18 周岁,并且还要取得其父、其母或者家事委员会的批准,要在商事登记机关登记该种批准行为。《韩国商法典》第 6 条规定:“(无行为能力人的营业及登记)未成年人或者限制行为能力人经法定代理人同意进行营业时,须进行登记。”第 7 条规定:“(无行为能力人与无限责任股东)未成年人或者限制行为能力人,经其法定代理人的同意成为公司的无限责任股东时,将其以股东资格作出的行为,视为有行为能力者的行为。”第 8 条规定:“(法定代理人的代理营业)法定代理人为未成年人或者限制行为能力人进行营业时,须进行登记。不得以对法定代理人的代理权的限制来对抗善意的第三人。”《日本商法典》第 5 条规定:“[未成年人登记]未成年人进行前条之营业时,必须办理登记。”第 6 条规定:“[监护人登记]监护人为被监护人从事第四条规定之营业时,必须办理登记。对监护人之代理权的限制,不能对抗善意第三人。”《西班牙商法典》第 4 条规定:“商个人须为成年人,并能自由支配其财产。”第 5 条规定:“未满 18 周岁的未成年人或其他非完全行为能力人应通过其父母或监护人从事商业活动。若监护人无能力从事商业活动或无法同时实施本行为,应依法指派一个或多个符合法定要求的经纪人,以便代行本行为。”

我国对未成年人经商问题的立法,只有在《深圳经济特区商事条例》中有所明确:“未满十六周岁的未成年人不得设立商人,不得从事商行为。未成年人以及其他不具有完全民事行为能力的人不得成为合伙人。”

作为商事主体的实质要件,需要能够在商事活动中独立承担责任和义务,而未成年人作为无民事行为能力人和限制民事行为能力人,其不能独立承担责任,其所签订的合同是无效或者效力待定的合同,其法定代理人可以主张撤销,这对交易相对人来说是一种风险与不公平,能够直接导致其实际利益的损失。同时,商事责任通常是以财产责任为主要方式,未成年人绝大多数没有独立的财产,势必导致权利义务的不对称,无法构建平等合理的交易制度和法律制度。再者,商事行为的特点决定了未成年人作为商事主体的不适合。商事行为具有高度的复杂性和灵活性,从事商行为的人要具备更多的智力因素,能够灵活的变通和应对瞬息万变的商机。随着社会生产力的发展,新兴的商业形式和规范不断涌现,商业活动比以往更需要丰富的知识和实践经验。未成年人的智力和心理水平远不能承受如此大的压力。因此,未满 18 周岁的未成年人,不具备商事能力,不得以自己的名义从事营业性活动,在立法中对未成年人的商事能力进行明确的限制是十分有必要的。

(五)国家公务人员经商问题

我国关于禁止公务员经商问题的规定,最早可以追溯到 1984 年《中央办公厅、国务院办公厅关于党政机关在职干部不要与群众合作办企业的通知》,该通知中规定了一切党政机关都不准经商办企业。但是随后,中央又解释党政机关和党政干部一律不准经商、办企业,是指党政机关和党政干部不准用公款、贷款以及各种形式的集资经商、办企业,为本单位或个人谋取利益。这显现出了当时中央从根本上没有限制干部经商兼职的行为。在 1992 年邓小平南方谈话之后,中央再一次放松了对公务员经商的限制。直到 2001 年,中央规定省、地级领导干部的配偶、子女,不准在该领导干部管辖的业务范围内个人从事可能与公共利益发生冲突的经商办企业活动。2005 年出台了《公务员法》,明确规定了公务员必须遵纪守法,不得从事、参与营利性活动,在企业或其他营利性组织中兼任职务。

禁止公务员从事营利性活动,基于以下几种原因:第一,为了保证公务员工作的高效率、高质量,做到全心全意为人民服务;第二,社会主义市场经济平稳有效的运行离不开公平、公正的竞争环境,该环境对国家的要求就是政企分开,如果允许公务员经商,必然存在公务员利用职务之便对某些资源暗箱调配的隐患,从而扰乱公平公正的市场秩序;第三,禁止公务员经商,可以减少腐败的发生。政府是代表人民行使公权力的,倘若允许公务员经商,这就代表着公权力进入了市场,人们不用进入官场就可以行贿,这会给贪污腐败创造出更多的空间和机会,因此,禁止公务员经商是必要的也是必需的。

但是,从 20 世纪 80 年代直至今日,关于公务员不得经商的通知规定一个接一个,并没有从根本上遏制公务员经商现象,究其根本,应该是源于立法的反复与规定的笼统。是否禁止某些具有特定身份的人从商不仅仅是政策问题,更应当是法律问题,应该在我国未来的商事立法中予以明确规定。为了保证国家公务员全身心地投入国家事务管理之中,保证国家公务人员全心全意为人民服务,保证商事活动在不受国家公务人员权力干扰,在公平、公开、公正的环境中展开,学术理论界对禁止国家公务人员从事商事活动、禁止将国家公务员视为商个人这一观点已经达成了共识,对公务员能否以投资者身份参与市场经济活动、能否以何种身份参与何种形式的市场经济活动,还有待进一步探讨。

首先,想要弄明白这个问题,应该分析一下禁止公务员从商的本质原因,究其根本,皆源于国家公务员的"公权力",这种权力的特殊性往往能在参与市场经济活动的过程中为自身带来极大的便利性,久而久之导致社会的不公。那么,我们就可以理解为:禁止公务员经商,是限制与公务员的“公权力”相关的经营行为,限制公务员在市场经济活动中的“经营管理权”。公务员在从事与此种“权力(利)”无关的行为时,应当将其视作民事主体,那么,民事主体就有行为的自由。

基于此种分析,对公务员的个人经商办企业行为,与他人合资、合股、合作、合伙经商办企业的行为,私自以承包、租赁、受聘等方式经商办企业的行为,均应绝对禁止。因在此几种情况下,公务员均有直接参与企业决策经营的权利。相应地,如果公务员不直接参与企业的经营管理,只是以出资人的身份参加市场经济活动,投资行为与公权力没有关联,并且公权力不会对其投资施加影响而从中获利,那么就不应该被全盘禁止。如作为有限合伙企业的有限合伙人,只享有分红而不参与公司的经营决策;如在二级交易市场公开买卖上市公司的股票等。

由于非上市公司的股份或者证券的价值直接与其持有者的经济利益相关,一旦公务员成为非上市公司的股东,很难保证其不参与公司的决策经营,很难保证其不动用自己的“公权力”为公司谋求发展机会,因此对于公务员能否购买非上市公司的股票这一问题,目前普遍认为应当明令禁止。但是,如果公务员作为非上市公司股份的继承人,是否应当被允许呢?国家公务员通过继承取得非上市公司的股份,符合《继承法》《公司法》的相关规定,但是不符合《公务员法》以及相关党纪的规定,因此,本书认为,公务员可以继承非上市公司股份所对应的财产权益,不能继承股东资格或者股东地位。但现实中,股东资格或股东地位又与股东财产权益密不可分,因此,对于公务员可否作为非上市公司股东,是一个相当复杂的问题,还需要结合我国当前的相关政策,做进一步的研究。

第三章　商事权利与商事义务

权利与义务作为私法最主要的一项内容,其核心地位不言而喻。就我国当前的立法状况而言,现有民事权利义务体系的建构相对完整,能有效地实现对权利义务主体的保护。相较之下,商事权利与商事义务(以下简称商事权利义务)内容在立法上不够详尽,有关权利义务类型及内容均未予以明确。商事权利义务的规定作为保障商事主体利益的重要手段,其相关内容需要得到立法的确认,在具体规定上,也需要厘清权利与义务之间的区别,从而形成相对独立的商事权利义务体系。

现有的商事权利义务内容散布于民法和商事单行法中,时代的发展又不断地产生新型权利义务,但是这些权利义务又不能为当前的权利义务体系所容纳,所以,对商事权利义务进行体系化立法显得尤为重要。民法中的商事财产权、商事单行法中的商事财产权以及商事人格权也为商事权利义务体系化提供了重要的立法基础。

可以通过分析比较当前世界其他国家和地区所采取的商事立法模式,并结合我国实际情况、商事权利义务体系的具体内容和未来民法典编纂中所需要解决的技术问题,寻找出一条适合我国对商事权利义务进行立法设计的路径。

一、商事权利与商事义务的概念界定

市场经济的飞速发展,繁荣了商品交易,关于商法的研究也日益繁荣,但其主要侧重于商主体和商行为的论述,鲜少论及商事权利与义务,这一点在许多的商法学教材中得以印证。但随着经济和贸易的全球化进程,各种新型的权利义务类型开始出现,这些权利义务具有不同于传统民事权利义务的特征,因此无法将其纳入当前的民事权利义务体系当中,这样一来这些权利义务在行使的过程中无法具有法律认可的正当效力,故应重视对商事权利义务的研究。要对商事权利义务的共同特征进行研究,抽象出其共同的上位概念。对于商事权利义务的概念,当前学界存在多种不同的观点,目前尚无定论。有学者认为其是"商事主体在追求商业利润过程中基于其营业属性专有的或虽非专有的但依附于经营业务而形成的各项权利与义务";也有学者认为是"商事主体从事生产、经营和服务活动的权利与义务";还有学者认为是"由商法所规范的,民事主体享有或行使的必然与商主体的一定营业行为相关联的私有权利与义务的集合"。

在对商事权利与义务的概念进行界定时,有这样几个因素是必须考虑的。其一,商事权利义务的主体,如上文所述,商事权利义务是商事主体所享有的权利与义务,因此,商事权利义务的主体是商事主体。商事主体是具有商事权利能力,持续地经常性从事某种商事经营行为的自然人、法人或其他组织，不包括偶尔从事商事交易行为的个人或者组织。《法国商法典》第1条规定："从事商活动并以其作为经常性职业者，为商人。"偶尔地从事市场交易，并不以之为业，只是生活习惯需要的一部分，这些均在民法的调整范围之内，没有必要纳入作为特别法的商法之中另行规定。当然，商事主体首先是一个民事主体，民事主体所享有的民事权利义务其都应具有，但一些具有人身专属性的权利，如生命健康权、婚姻权等权利类型除外。其二，商事权利义务的内容特指在商事行为中体现出来的权利义务，是商事主体在从事商事交易活动中体现出来的与营业行为相关的权利义务。对于有些学者认为的准商事权利，即在特征上具有物权或者债权的相关因素，但是却并非民事或者商事一方专有，而是一般的交易主体和自然人均可享有的权利，这些权利必须依附于商事主体的特定商事行为才可以产生，如股东权利等，在此也应属于商事权利的范畴。其三，商事权利义务体现的特殊性，即商事活动特有的、专有的，与商事活动特点密切相关的一系列特征，其有别于一般的民事权利义务。

综上所述，本书所认为的商事权利义务的概念是：商事主体在从事商事交易活动过程中所享有的与商事营业活动相关的权利与义务集合。

二、商事权利义务体系化构建的必要性与可行性

（一）商事权利义务体系化构建的必要性

进入21世纪，随着经济社会、科学技术的突飞猛进，商法学成为发展最快的法学科之一，商法学的基础理论建构与发展也取得了明显进步，商法学独立地位的确立以及商法学科的成熟，迫切需要商法基础理论的深化、成熟和创新。"任何一门科学成熟的标志，总是表现为将已经取得的理性知识的成果——概念、范畴、定律和原理系统化，构成一个科学的理论体系。"我国目前商法基础理论存在先天性不足且研究十分薄弱，而商事权利理论研究更是极其薄弱甚至缺失，这已经成为商法基础理论研究最为明显的弱点和缺陷。因此，我国商法基础理论研究的深化和成熟，迫切需要突破其既有的研究视野、研究方法和理论框架的局限和束缚，其应以构建和强化商事权利理论为着眼点，全力实现创新、突破。

如果说，商主体和商行为是商法的两大支柱的话，商事权利和义务就是联结商主体与商行为而存在的桥梁或纽带。但我们不可否认，商法学建设发展过程中理论体系的先天性缺陷也日益凸显，其中最为明显的缺陷就是至今没有引入商事权利义务研究范式，商事权利理论研究非常薄弱甚至缺失。我国商事立法中"没有'商事权利与商事义务'的专门术语"，[①]商事权利与义务的论文成果也非常少，几乎所有的商法学教材或专著，都缺乏对商事权利义务理论专门、系统、深入的研究，只有极个别的专著中涉及对商事权利义务理论的探讨，[②]而现有较少的研究成果也更多地集中在对个别商

---

① 吕来明：《论商事权利体系》，载徐学鹿主编：《商法研究》（第2辑），人民法院出版社2000年版，第61页。

② 参见陈淳：《商法原理重述》，法律出版社2010年版，第29～124页。

事权利义务类型零星的、分散的研究。也可以说,没有引入商事权利研究范式,商事权利理论研究极其薄弱甚至缺失,已经成了商法学研究中的问题之一,也是我国商法基础理论体系构建中不可忽视的突出议题。由此,这也会在一定程度上影响商法基础理论体系的成熟与商法学科独立地位的确立。

"科学是随着研究法所获得的成就而前进的。研究法每前进一步,我们就更提高一步,随之在我们面前开拓了一个充满着新鲜事物的、更辽阔的远景。因此,我们头等重要的任务乃是制定研究法。"商事权利义务的体系化研究,有助于推动商法基础理论研究的创新、突破,从而构建商事权利义务理论体系。

商事权利与义务理论体系构建,一方面有利于充实商法基础理论研究的内容,实现商法基础理论体系的创新,促进商法学研究的深化和成熟;另一方面有利于发挥其对商事立法和商事审判实践的指导作用。换言之,商事权利义务理论体系构建,不仅源自深化商法学研究的理论需求,更源自商事立法、商事审判实践的迫切需求和强烈呼唤。

1. 商事权利义务体系化构建,进一步凸显了商法的私法属性及私权本位原则

尽管民商法学界对于商法的私法属性予以一致认可,但对商法私法属性如何体现,商法如何贯彻私权本位原则等一些关键性、基本的问题,并没有给予应有的重视或者作出令人信服的回答。尽管有的商法学者已经正确认识到:"商法不但是私法,而且还是一种以权利为本位的法,商法的精髓是'权利',商法实质上也是一种'权利法'。"①并认为:"从最本质层次来说,商法是以权利为本位的法。权利是整个商法体系的核心。商法体系的许多组成部分都是由权利派生出来,并受权利的决定和影响,权利在商法体系中起关键性和主导性作用。"②这种认识是正确的、深刻的。但民商法学者对于该种认识却缺乏深入的展开和充分的论证。从一定程度上说,商法的私法属性和商法贯彻私权本位原则还停留在口头层面上或者抽象意义、抽象结论上。为了使商法的私法属性以及商法所贯彻的私权本位原则得以直接、具体的体现,并得到充分的论证,唯有引入商事权利义务体系化建设,从商事权利义务理论入手,高度重视和强化商事权利的体系化构建。

商事权利义务体系化的构建能够为商法之所以为私法,商法为何以及如何贯彻私权本位原则提供最有力、最有信服力的支撑。商法的私权本质聚焦于商事权利义务之上,商法的私权本位原则只能依靠商事权利义务得以体现和实现。缺乏商事权利义务的体系化研究,商法的私权属性、商法贯彻私权本位原则,都将无从谈起,或者只能成为一种抽象命题或者空洞结论。商主体、商行为、商事登记、商事账簿等制度和理论,更多地体现为商法的特征、特殊性和立法技术,并不能真正从本质上,从更深层次上体现商法的私法属性和商法的私权本位原则。

---

① 赵万一:《商法基本问题研究》,法律出版社2013年版,第53页。

② 同上。

2. 商事权利义务体系化构建，有利于确立我国科学的商事立法模式

民商法学者对于是否应该、能否确立商法独立法律部门地位，商法制度体系如何构建以及贯彻什么逻辑主线而构建，商法理论体系的基本范畴是什么以及如何构建等问题，始终在进行着不断的苦苦思索和探求，也由此产生了理论上的分歧和争论。尽管民商法学界对上述问题的探索取得了日益深入的进展，但理论界至今并没有明确地提出确立商法独立法律部门地位、构建商法制度体系、形成商法基础理论体系等所应遵循的内在要求。有的学者对商法独立性问题进行了专门的思考和论证，在分析了商法独立性含义的基础上，概括了商法独立性的基本要求在于独立的主体、独立的行为、独立的制度设计、独立的法律保障体系。[①] 尽管商法学者对商法独立性问题的探讨有一定根据和道理，但其论证并不全面、并不彻底、并没有抓住问题的关键点。而唯有商事权利与义务的体系化构建才能成为论证和确立商法独立地位，建设商法制度体系，形成商法基础理论体系的关键所在。

商事权利义务体系化的构建，突出商事权利义务的特殊性，划清商事权利义务与民事权利义务的界限，也许能够为确立民商立法模式提供更富有说服力的论证。我国商法学者目前更多地主张应制定《商法通则》，为此也进行了论证和理论设计。为了使制定《商法通则》的必要性及其方案设计更具有说服力，应从商事权利义务角度进行论证和设计。《商法通则》理论设计，不仅涉及对商主体、商行为、商事登记、商事账簿等商法已经取得共识的规定（这也正是我国民法典不宜规定或者与民法典内容不相协调的部分），而且更应该研究和重视在《商法通则》中是否应规定商事权利与义务？如何规定商事权利与义务？商事权利与义务在《商法通则》中如何定位？如何在立法规定上划清商事权利与民事权利的界限？如何在立法上处理好民法典与《商法通则》对民事权利义务、商事权利义务分别、恰当地规定？这些才是在制定民法典和《商法通则》中最为重要、而且是最难处理的问题，也是更应重点考虑和解决的关键性问题。而这些问题的有效解决，迫切需要得到商事权利义务理论的指导和支持。

3. 商事权利义务体系化构建，为司法审判提供依据，强化对商事权利义务的司法保护

一方面，商事权利义务体系化构建，有利于实现对商事审判实践的指导。商事审判实践具有不同于民事审判实践的独特性和规律性。“商事审判之所以应该区别于普通的民事审判，其原因既在于两者所依据的实体法在立法理念和立法技术上表现出明显的差异性，也在于两者在审判理念上具有明显的不同。”[②]但是，我国目前的“大民事审判”司法体制决定了商事审判无法实现独立化和专业化，商事审判的特殊性尚未被重视。为了确立商事审判的独立地位，充分发挥商事审判的独特功能，应该重视商事权利义务体系化建设，并以此进一步强化商事审判实践中商法思维的形成和运用。而在商事审判实践中，强化和贯彻商法思维运用最有效、最直接的方式就是接受体系

---

① 赵万一：《商法独立与独立的商法》，法律出版社 2013 年版，第 25～28 页。

② 樊涛、王延川：《商法总论》（第 2 版），知识产权出版社 2010 年版，第 213 页。

化的商事权利义务理论的指导。进而树立商事审判理念,确立和培养商事审判思维。“商法思维必须有别于民法思维,必须把效益、安全放到优先考虑的位置。”[①]对此,应以体系化的商事权利义务理论指导商事审判人员按照效益、安全优先原则对商事案件中各方当事人的商事权利、商事义务和商事责任加以判定,以实现商事审判实践的独特性和公正性。

另一方面,商事权利义务体系化构建,有利于强化对商事权利义务的司法保护。不清晰、不全面、不体系的商事权利义务立法模式,容易导致法官对商事权利义务的忽视,而将民事权利义务与商事权利义务相互混淆或者将商事权利义务误认为民事权利义务,这也难以实现对商事权利义务的充分保护。商事权利义务的体系化构建及其对司法实践的指导,有利于突出和强调商事权利义务的特殊性、独立性,引导法官对商事权利义务采用不同于民事权利义务的保护思维和方法,从而强化对商事权利义务的司法保护。

总之,商事权利义务的体系化构建,有利于更有效地面向和服务于商事审判实践,有利于增强法官对商事案件审理的商法思维的形成和运用,正确地指导商事审判实践,确保商事审判实践可以发挥促进和保护商事交易安全快捷的作用。

(二)商事权利义务体系化构建的可行性

首先,民事权利义务体系中对财产权利的设定和保护,与商法对于商事权利义务的设定和保护,其出发点和定位是不同的,不能简单将二者等同,商事权利义务有其独立性与特殊性。基于民法与商法对私权保护的基本目标和价值取向不同,民法的本质是人法,其基本目标和价值取向在于对人的私权的维护,而商法的本质是营利法,其基本目标和价值取向是保障商业利润的实现和财富的增长,保证营商自由。近代商法在商业实践和市场交易中不断被强化了,进入现代,商法和民法分别调整不同的社会关系,即市场交易关系由商法调整,家庭关系由民法调整。民法除了对家庭关系的调整外,其他主要制度表现为失灵状态。其次,民事权利义务体系无法完全涵盖商事权利义务的内容。确立商事权利和义务体系,可以借鉴民事权利义务的相关立法体例,但又必须结合当下商法特征与时代要求,既可以实现财富增长,又符合现代社会经营者与消费者分化的现实要求。

1. 民事权利义务成熟的立法模式为商事权利义务体系化构建提供了立法借鉴

体系化即是按照一定的标准将权利义务分类,由此形成一个相关联的整体。民法理论及民法典中对民事权利义务的规定已经形成了一个比较完整又相对固定的体系,民事权利分为人身权和财产权两大类型。人身权包括人格权和身份权,财产权包括物权、债权、知识产权及继承权中的财产权。传统的民事“私权”的种类很多,各种权利的性质千差万别,我们必须把各种不同性质的权利加以整理分类,使之成为一个比较系统完整的体系。在这个体系里不同的权利各得其所,各种权利的特点都能显示出来,这是建立民事权利体系的实益所在。在民法学中构建一个科学合理的民事权利体

① 赵万一:《商法基本问题研究》(第2版),法律出版社2013年版,第55页。

系对当前我国民法典的制定和民事司法实践以及法学研究和教育有着重大意义,无论主张在民法中应以权利为本或以义务为本,还是权利义务并重,毫无疑问,民事权利的类型是民法的核心,并决定民法典的成败优劣。

不仅确认和保护民事权利成了民事立法的核心,而且民事权利义务体系化研究得到了民法学者的应有重视。民事权利义务体系化研究得以广泛运用,民事权利义务理论在所有民法学教科书和专著中无一例外地都成了论述和探讨的核心内容。可以说,在民法学研究中,若没有民事权利义务的体系化研究与构建,民法理论体系是不可能存在和成立的。民事权利义务研究体系化的运用,民事权利义务理论的成熟,已成为民法学者理直气壮地确立民法学科的基础地位及构建科学民法基础理论体系的有力根据。也由此实现和突出了民事权利理论对民事立法实践与民事司法实践的指导作用。

尽管民法与商法都属于私法,但民法对民事权利义务的体系化研究,民事权利义务理论的高度重视及民事权利义务体系的成熟,与商法学对商事权利义务体系化研究的薄弱与商事权利义务体系构建的忽视,形成了非常鲜明的对比,两者存在十分明显的差距。在近 20 年的时间内,随着我国社会主义市场经济体制的确立和发展以及商事立法和商事审判实践的飞速发展,商法学影响日益扩大,其学科地位正在确立,商法的作用正日益得到承认和凸显。商事权利义务的立法模式可以在民事权利义务立法体例的基础上加以吸收借鉴并形成自己独特的体系。

2. 商事单行法中权利义务体现出的共性,为商事权利义务体系化理论构建奠定了立法基础

我国商法子部门或者单行商法中规定了具体商事权利类型,商法学者在对部门商法或者单行商法制度研究中也涉及具体商事权利类型。例如,《公司法》中的权利、《证券法》中的权利、《票据法》中的权利、《保险法》中的权利、《破产法》中的权利、《海商法》中的权利、《信托法》中的权利等。

目前,商法学者对这些具体商事权利义务的研究,只是采用在上述不同商法单行法或者部门商法中单个、分散的研究方法,而且这些处于零星的、分散状态的具体商事权利,混杂于商法单行法或者部门商法的具体制度体系之中,且其在商法单行法或者部门商法的制度体系中并不突出,没有居于核心地位,也没有形成比较系统、成熟的具体商事权利理论,没有按照构建商事权利类型体系的思路进行系统化的整理和归纳,但其中所表现出的权利与义务共性却显而易见。

为了构建商事权利义务体系,应以这些具体商事权利类型为基础,将其进行系统的整理和归纳,进而商事权利义务体现了商法制度体系的内容共性和共同规律,也体现了其特殊性。引入商事权利义务体系化,以体系化商事权利义务作为研究的切入点,能够指导民商法学者们寻找和确定存在于商法规范和商法制度体系中商事权利义务所具有的共性和共同规律,以商事权利义务作为揭开蒙在商法规范和商法制度体系上的"神秘面纱"的工具,使我们能够透过现象,挖掘到存在于商法规范和商法制度体系中的本质东西即商事权利义务。从而能够将商事权利确定为构建商法规范和商法

制度体系的基石。同时,商事权利义务研究着眼于商事权利变动、行使、限制、保护机制等规律性的研究,不仅能够划清商事权利义务与民事权利义务的界限,并且更加突出了商事权利义务的特殊性。

3. 商事权利义务贯穿商事制度始终,是整个商法制度体系的逻辑主线

商事权利义务是贯穿商法规范与商法制度体系的逻辑主线,商法规范和制度体系所包括的内容框架,如商法基本原则、商主体制度、商行为制度、商事登记制度、商事账簿制度以及商事单行法规范及其相关制度,都可以通过商事权利为逻辑主线而串联成为一个权利义务制度系统。无论是商法规范还是商法制度体系,尽管其规定的内容丰富多样,而不限于商事权利义务内容,但所有的商法规范和商法制度体系内容都是为了确认、行使、实现和保护商事权利义务,或者与商事权利义务密切相关。如商主体制度的内容之一在于揭示商主体取得、享有商事权利资格的条件;商行为制度揭示了商事权利的变动、行使机制等。"商行为就是资本性财产权的运营行为,其目的是财产权的增殖。商行为的营利性是通过商事权利的增殖功能实现的。"若"没有商事权利义务,商事行为好比无源之水,只有在商事权利义务概念确定之后,商事行为才能发挥应有的作用";①商事登记中的营业登记"是商主体取得营业权的要件";②商业账簿的意义之一在于"有利于明确商人权利、义务,从而也有利于保护商人的合法权益";③等等。商事权利义务贯穿于商法规范和制度体系的全部内容,而且广泛存在于商事单行法规范及其相关制度,如公司法、证券法、票据法、保险法、破产法、海商法、信托法等法律规范和制度中。即商事权利体现在全部商法规范和制度体系之中,甚至商法规范和制度体系都是为商事权利义务享有、行使、实现和保护服务的。

三、我国民商事权利义务立法现状梳理

就我国当前的立法状况而言,现有民事权利义务体系的建构相对完整,其民事权利义务内容覆盖面广,能有效地实现对权利义务主体进行保护。但目前我国的商事权利与义务立法并未形成体系化模式,因此有效地对民事权利义务的立法现状进行梳理,可以为商事权利和义务的体系化构建提供必要的思路。故本章将梳理一下目前民商事领域内的有关权利与义务的立法情况,为得出商事权利和义务的立法思路提供合理途径。

(一)《民法通则》中有关民事权利义务的立法梳理

现代法治的基本精神是"规范公权,保障私权"。正在制定的民法典就是一部全面保障私权的基本法,应当以确认与保障私权的基本规则为己任。《民法通则》专章规定"民事权利"的做法,系统、全面地确认了民事主体所享有的各项民事权利,构建了较为完整的民事权利体系,这有利于其更好地实现全面确认与保障私权的功能。

---

① 邢星:《论商事主体的商事权利》,载《广西社会科学》2006 年第 6 期。

② 范健、王建文:《商法的价值、源流及本体》,中国人民大学出版社 2007 年版,第 372 页。

③ 王保树:《商法总论》,清华大学出版社 2007 年版,第 211 页。

《民法通则》以专章的形式系统规定“民事权利”，被国内外誉为一部“民事权利的宣言书”“保障私权的基本法”。系统、完整地确认了民事主体所享有的各项民事权利，这能够很好地起到权利宣示的作用，从而更好地激励民事主体为权利而斗争。尤其是私权的设定也确定了公权行使的边界，因而也有利于更好地规范公权。改革开放初期，我国的立法进展很快，其中一个特点是“我国自20世纪80年代初以来的立法技术中，逐渐形成了一种模式：即在一些条款较多的法律中，将法律责任列为单独的一个章节……各个法律、法规中都有关于法律责任与法律制裁的规定。但有些基本法律，对形成我国迄今为止关于法律责任制度与法律制裁制度的框架具有关键作用，它们可以说是这一框架的支柱”。其中《民法通则》专章规定“民事责任”，是这一框架的支柱之一。

在类型的具体列举上，《民法通则》的第五章为“民事权利”，第六章为“民事责任”。其中第106条规定：“公民、法人违反合同或者不履行义务的，应当承担民事责任。”根据本条规定可知，没有民事义务就没有民事责任，这说明了民事义务在民法体系中的重要地位。《民法通则》奠定了我国“权利—义务—责任”体系的基础。

《物权法》第一编总则，其中第三章物权的保护中既有请求权的规定，也有责任的规定，包括第36条关于恢复原状的规定，第37条关于损害赔偿的规定等。

《合同法》总则第七章违约责任共计17个条文。分则各章分别对当事人的义务和责任作了具体规定。

《婚姻法》对夫妻关系、父母子女关系等家庭关系中的义务有具体规定，还规定了实施家庭暴力或虐待家庭成员的责任。

《继承法》主要是关于继承权的规定，也有关于义务的规定。

《侵权责任法》是一部独具中国特色的民事法律，它适用于对多种侵害人身权益和财产权益的侵害。

综上所述，我们将我国民法的体系称为“权利—义务—责任”体系。

（二）《民法总则》中有关民事权利义务的立法梳理

保护民事权利是民法的核心，也是民事立法的重要任务。《民法总则》继承了《民法通则》的做法，设专章规定民事权利的种类和内容。这一章旨在贯彻落实党中央关于实现公民权利保障法治化和完善产权保护制度的要求，凸显对民事权利的尊重，加强对民事权利的保护。作为宣誓性的要求，这也为民法各分编和民商事特别法律具体规定民事权利提供依据。

在人身权利方面，《民法总则》规定，自然人的人身自由、人格尊严受法律保护；自然人享有生命权、健康权、身体权、姓名权、肖像权、名誉权、荣誉权、隐私权、婚姻自主权等；在财产权利方面，草案规定，民事主体的财产权利受法律平等保护。民事主体依法享有物权、债权、继承权、股权和其他投资性权利，具体梳理见表1。

表 1　民事权利类型

《民法总则》	规定的民事权利类型
第 109 条	人身自由与人格尊严
第 110 条	生命权、身体权、健康权、姓名权等
第 111 条	个人信息受法律保护
第 112 条	婚姻、家庭等人身权利
第 113 条	财产权利
第 114 条	物权
第 118 条	债权
第 123 条	知识产权
第 124 条	继承权
第 125 条	投资性权利
第 126 条	其他民事权利和权益
第 127 条	数据、网络虚拟财产
第 128 条	特殊群体民事权利保护的特殊规定

（三）《中华人民共和国商事通则》（立法建议稿）[①]有关商事权利义务的规定

由商事通则课题组起草的《中华人民共和国商事通则》（立法建议稿）规定了多项商事权利和义务。商主体方面主要有商事人格权，其中包括商业名称权、商誉权、商业形象权等内容，商业名称权又具体包括商业名称专有权、商业名称转让权；商行为体现为报酬请求权和商事留置权；商事登记领域存在商事登记义务；营业转让方面分别表现为转让人移转营业的义务和营业受让人的支付价款的义务、竞业禁止业务；另还有商业账簿编制义务、经理权、经理人义务等规定，具体如表 2 所示。

表 2　商事权利与义务类型

章节	条款	具体权利类型
第二章　商主体	第 13 条	商事人格权
第二章　商主体	第 15 条	营业权的取得
第三章　商行为	第 20 条	报酬请求权
第三章　商行为	第 27 条	商事留置权
第四章　商事登记	第 30 条	商事登记义务
第五章　商号	第 46 条	商号的排他权

① 参见清华大学商法研究中心编：《商事法论集》，法律出版社 2011 年版，第 1～11 页。

续表

章节	条款	具体权利类型
第五章　商号	第 50 条	驰名字号的特殊保护
第五章　商号	第 51 条	商号的承继使用
第五章　商号	第 52 条	商号许可使用
第五章　商号	第 56 条	利害关系人的请求权
第六章　营业转让	第 59 条	转让人转移营业的义务
第六章　营业转让	第 60 条	受让人支付价款的义务
第六章　营业转让	第 61 条	竞业禁止
第七章　商业账簿	第 67 条	编制账簿的义务
第八章　经理与雇员	第 74 条	经理权
第八章　经理与雇员	第 78 条	业务代表
第八章　经理与雇员	第 80 条	营业员的代理权
第八章　经理与雇员	第 81 条	经理的义务
第八章　经理与雇员	第 85 条	代理商的权利
第八章　经理与雇员	第 86 条	代理商的义务
第八章　经理与雇员	第 87 条	与代理事务与关的知情权

四、商事权利义务体系化构建的基本思路

商事权利义务体系的构建，是在以商事权利义务类型体系化的基础上，还要遵循科学、可行的方法论，以使商事权利义务理论体系具有一定的逻辑基础和完善的体系结构。

（一）应着眼于对商事权利义务进行全面、系统地立法

首先，应以统一的商事权利义务概念为统率对商事权利展开全面、系统的研究。商事权利义务体系化的构建应以商事权利义务为核心，而商事权利与义务是由不同类型、处于不同层次的具体商事权利与商事义务抽象出的上位概念。“任一具体概念总是处于一定的概念体系之中，受到一定体系的制约和规定。”商事权利与义务的概念是在商事权利与义务的概念体系中对各种具体商事权利义务类型的抽象和概括，而各种具体的商事权利义务类型又是商事权利义务概念体系的组成部分和具体体现。在现有的商法基础理论研究中，对商事权利义务研究的零星化、分散化、个别化的状态，存在多方面的原因，其中缺乏统一商事权利义务概念是主要原因。统一商事权利义务的概念，有助于打破商事权利义务研究中的分割、封闭、狭窄的状态。商事权利义务体系化构建，应以商事权利义务概念为统领，全面、科学地归纳和概括商事权利义务的类型，并致力于对这些商事权利义务类型之间的共性内容和内在联系进行研究，强化对商事权利义务理论的系统性、整体性、全面性的研究，实现商事权利义务体系化构建对

商事权利义务类型体系的全覆盖。其次，应开拓商事权利义务理论探究视野，确立商事权利义务构建的全局性、系统性思维和方法论。我国商法基础理论研究中，商法学者的研究视野有时过于单一、狭窄，较多的商法学者往往更专注于对某一商法子部门制度和理论的探究，而极少对全部商法子部门制度和理论进行整体性、系统性、全面性构建，由此导致商法学者研究视野的"商法子部门化""过于专业化""狭窄化"等问题。即研究某一商法子部门的商法学者只限于对该商法部门制度和理论进行研究，而对其他商法子部门制度和理论研究极少涉及，甚至并不熟悉。商事权利义务理论构建，需要商法学者克服现有研究视野和方法论上的缺陷，确立商事权利义务理论研究的全局性、系统性思维。

（二）应实现商事权利义务的一致性、整体性和关联性

我国既有商法基础理论研究中，有的商法总论中缺乏专门的商事权利义务理论，此种情形下，不存在商法总论与商法分论中商事权利理论的联系性、一致性问题。有的商法总论中即使包含了商事权利义务，其内容也不够全面、系统、深入，特别是商法总论中商事权利理论与商法分论中的商事权利理论没有逻辑上的一致性、彼此的关联性。为此，商事权利义务体系化构建可参考和借鉴有的学者提出的关于商法基础理论构建的"分论决定总论""从下而上"等方法论。换言之，商事权利义务体系化构建，应采用"从具体到抽象"的方法论。

首先，商事权利义务体系化的构建，应从商法子部门中的具体商事权利义务入手，应以具体类型商事权利义务理论为基础，积极吸收具体商事权利义务类型理论的研究成果，探求具体商事权利义务类型的特点和规律，归纳具体类型商事权利义务的共性内容。其次，应从具体商事权利义务类型理论中进行抽象地概括，以形成基本商事权利义务理论。最后，通过进一步的抽象和归纳而形成商事权利义务的一般理论。采用该种方法构建商事权利义务理论，能够确保商法总论与商法分论中的商事权利义务理论具有逻辑上的一致性、相互之间的关联性和整体性，从而形成了相互贯通、相互一致、相互支撑、相互印证的商事权利义务理论。

（三）应强化并确立商事权利义务在商事立法体系中的重要地位

目前，商法基础理论并不厚实、并不严密、并不成熟、并不深刻。这与商事权利义务理论研究极其薄弱甚至缺失有着直接关系。其实，现有商法基础理论的各部分内容不仅都与商事权利义务有关，而且都应以商事权利义务为核心、为纽带。从本质上说，商法基础理论中的各部分内容都与商事权利义务有关、都应围绕商事权利义务而展开，都应以商事权利义务为制度存在和运行的前提，都应以确认和保护商事权利义务为目的。商事权利义务在商法制度体系中起着决定性、关键性、主导性、纽带性的作用。所以，商法基础理论中不仅应增加商事权利义务的基本理论范畴，而且应将商事权利义务作为逻辑主线将商法基础理论中的各部分内容联结起来，突出商事权利义务是商法基础理论的内在逻辑连结点。以商事权利义务为逻辑主线和基础范畴重构商法基础理论，能够使商主体、商行为、商事登记、商事账簿等理论从现有的单纯着眼于对商法特征、技术性的研究转变为本质性、普遍性、共性的研究，融入了商事权利义务

的角度和内容,不仅使商法基础理论研究深入到了商法的本质,而且奠定了商事权利义务作为商法基础理论的逻辑起点和逻辑主线的地位,确立了商法基础理论体系的内在联系点和主线。突出商法的私权本位原则、商法基础理论中的商事权利义务的核心地位,通过"商主体(商事权利主体)—商行为(商事权利的变动和行使或客体)—商事权利的类型及内容—商事权利的行使与限制—商事权利的保护与救济"的逻辑主线,使既有商法基础理论各部分内容具有了商事权利义务的内容,又能够以商事权利义务的视角得到更充分、更深刻的分析并以商事权利义务为纽带与核心,从而构成了具有紧密逻辑联系的商法基础理论体系。

(四)应借鉴民事权利义务立法体系,构建具有特殊性、独立性的商事权利义务体系

商法和民法毕竟是分属于不同的私法部门法,商事权利和民事权利毕竟产生于不同的私法关系且分属于不同的私权类型,两者必然存在区别性和差别性。由此,商事权利理论不应想当然地、不恰当地依附于民事权利理论,而应该深入、充分地研究商事权利理论的特殊性、独立性。商法调整对象、商法基本原则、商主体、商行为、商事权利的特殊性,决定了商事权利理论的特殊性、独立性。从实际情况看,民事权利理论尽管对商事权利理论具有一定的通用性、一致性,但民事权利理论并不完全适用于商事权利理论民事权利理论,并不能替代商事权利理论。如民事权利的划分理论、担保权理论等,不能完全适用于商事权利。对此,应在批判性地借鉴民事权利理论的基础上,形成一套特有的商事权利义务体系。

五、商事权利义务体系化构建的具体立法建议

"在私权关系中寻求具体私权模型,是对私权的解构也是对私权的架构。"①任何一种私权类型体系都可成为私权理论的构建基础。商事权利义务理论的构建与商事权利义务类型体系之间存在极为密切的关系。商事权利理论的构建必然以商事权利义务为核心内容,并围绕商事权利义务而展开和深化。

商事权利义务类型体系在一定程度上决定了商事权利义务理论体系框架。商事权利义务理论构建应以商事权利义务类型体系为逻辑基础。两者具有整体框架上的一致性。"商事权利义务必须通过'层次化来实现体系化',即商事权利义务体系应当是一种纵向的体系",②通过层次化而逐级逐层地形成商事权利义务—基本商事权利义务—具体商事权利义务的商事权利义务类型体系框架。即该种商事权利义务类型体系框架可分为三个层次:第一层次别为商事权利义务;第二层次为基本商事权利义务;第三层次为具体商事权利义务。

尽管从形成结果看,商事权利义务类型体系由商事权利义务—基本商事权利义务—具体商事权利义务构成,并呈现出一种"金字塔"型的类型体系结构,但就商事权利义务类型体系结构的形成方法而言,则应采用一种"从下而上"的方法。③ 即在商事

---

① 李建华、王琳琳:《构筑私权的类型体系》,载《当代法学》2012 年第 2 期。

② 孙健成、黎桦:《我国民商法部门内的权利互动现象》,载《武汉工程大学学报》2010 年第 6 期。

③ 具体参见陈淳:《商法原理重述》,法律出版社 2010 年版,第 391 页。

权利义务类型体系结构的构建中，应先从商法子部门中的最低层次、最低级别的具体商事权利义务类型入手，由此而形成基本商事权利义务，最后再由基本商事权利义务上升到统一商事权利义务。可见，按照“借着将抽象程度较低的概念涵摄于较高等之下，最后可以将大量的法律素材归结到少数‘最高’概念上”①的逻辑和方法而形成的商事权利义务类型体系，应是构建商事权利义务理论体系的逻辑基础。

我们认为，商事权利与商事义务应包括如下：

（一）商事权利的立法建议

1. 商业名称权

商业名称是商事主体在从事生产、经营、服务等营业活动中为了表明不同于他人特征而使用的专属名称。在商法的实践中，商业名称有两方面的意义：其一，商业名称是商事主体商业化、人格化的标志，具有可识别价值，可使商业名称主体与其他商事主体相区别；其二，商业名称可以维系和表彰商事主体的商业信誉，具有经济价值。商业名称须进行登记，商主体才享有对其商业名称的专有权，即商业名称权。商业名称权的专有性表明除商业名称权主体外，其他任何人不得干涉商事主体使用其名称字号的权利，在一定范围内也不得使用与已登记的商业名称相同或近似的名称。由商业名称的功能和特征所决定，商业名称权本质上是一种财产权。

商业名称与商誉存在一定联系，因为两者都与商事主体人身不可分离。商业名称作为商事主体的营业名称，代表着包括经营者、设备、商誉在内的所有营业，因此商业名称是商誉的载体，是一定商誉的象征，商事主体的良好声誉通常可以通过商业名称作为载体向社会传播。但是商业名称和商誉又有不同。

商业名称权的内容包括商业名称使用权、商业名称专用权与商业名称转让权、商业名称变更权、商业名称出借权四个方面。商业名称使用权是商事主体拥有的使用其商业名称不受他人干涉的权利；商业名称专用权是商事主体享有的排除他人使用其商业名称的权利，非经商业名称权人许可其他人不得使用与其商业名称相同或近似的文字作为其商业名称或作为商标、产品名称等加以使用。商业名称转让权是指商业名称权人有将自己的商业名称作为一项财产评估折价连同企业的经营业务转让给他人的权利。

2. 商事信用权

在当今全民急需“信用”的国度里，在全社会加强信用建设之际，商事立法是否纳入信用权成为学界关注的焦点。诚实信用原则作为民法的“帝王条款”，在当前急剧发展的社会背景下获得了前所未有的生命力。信用交易已经成为市场经济的主要交易方式，但由于我国对商事信用的法律保护程度有限，有关法律制度的缺失，引发了一系列社会问题。2015 年 6 月 13 日，由中国商法学研究会与中国政法大学民商经济法学院主办的“民法典编纂与商事立法研讨会”已就民法典编纂与商事立法的关系模式达成了基本共识。

---

① ［德］卡尔·拉伦茨：《法学方法论》，陈爱娥译，商务印书馆 2003 年版，第 105 页。

"信用权在民事权利体系中,是受到法律保护的资信利益,是一种与所有权、债权、知识产权与人身权相区别的无形财产权。"[①]由此看来,信用权是一种基本的民事权利,具有财产权和人格权的双重属性。2002年《民法典草案》第21条明确规定:"自然人和法人享有信用权。禁止用诋毁等方式侵害自然人和法人的信用。"信用作为市场主体的一种品格,是与人身紧密相连的商业性标志,是任何人进行民商事活动,享有权利和义务的基础,构建信用权对于民商法的信用体系来说至关重要。构建信用权,可以使自然人和法人等民商事主体充分享用自己在经济活动中可以维护的权利,通过法律责任的规定来进行直接的权利保护,为构建具有我国特色的商事信用法律体系和形成良好的社会信用环境提供基本法律保障。

3. 商事营业权

商主体从事商行为的最直接、最根本的目的在于实现营利。"商法整个制度的设计都是为了满足商事主体的营利性要求。"[②]"商主体身份之确定、商行为之界定、商事活动之目的以及商事立法与司法之原则,无不与营利有关。"[③]而营利目的只有通过商主体的营业行为才能达到,而营业行为则是实现营利目的最直接的、必不可少的手段。为了最大化地实现商主体的营利目的,应赋予商主体享有营业权。"商事关系具有多重性质和要求,营业则相应地表现为各种各样的营业手段、营业工具、营业体、交易制度。"[④]营业是对商主体从事的商行为的高度概括,或者说,营业贯穿于商行为或者商事活动的始终。相应地,营业权也是对商主体享有的可以实施各种商行为的高度概括。有学者认为:"商事立法,无论主观主义或客观主义的立法模式,无论是作为商法中关键性概念的商人或商行为,还是整个商法典体系,均是围绕营业这一概念进行架构的。"若按照此观点,营业概念具有更强、更大的涵盖性。总之,"营业作为商人和商行为的连接点,最终决定了不同类型商人或者商行为的行使主体之间的权利义务划分,即在整个商法体系中起到了比商人或商行为更为基础的概念的作用"基于营业概念在商主体、商行为制度等商法制度体系中的重要性、基础性和涵盖性,应将营业权确定为商事基本权利之一。营业权是商法赋予商主体享有的依法营业自由而不受非法干预、不受非法侵害的基本权利。"营业权是商事主体因营业而产生的权利。"营业权是商法赋予商主体的保障其享有的特有的基本权利,是商事权利特有的类型之一。营业权是实现和贯彻商法的强化私法自治原则、经营自由原则的基本权利。

商事主体享有营业安全快捷保障权。它是商法赋予商主体享有的保障其营业行为的简便、快捷并维护其营业行为交易安全的基本权利。它是实现和贯彻商法的保障交易简便、快捷原则和维护交易安全原则的基本权利。如交易简便权、短期时效权、定型化交易权等应属于营业受保障权范畴。基本商事权利类型,确定了商主体的法律地

---

① 徐隽:《民法典应从中国土壤中生长》,载《人民日报》2015年5月6日,第17版。

② 赵万一:《商法基本问题研究》(第2版),法律出版社2013年版。

③ 范健、王建文:《商法的价值、源流及本体》(第2版),中国人民大学出版社2007年版。

④ 童列春:《商法学基础理论构建——以商人身份化、行为制度化、财产功能化为基点》,法律出版社2008年版。

位，确保了商主体实施商行为的自由权，为商主体通过营业行为而实现营利目的并因此而获取收益，提供了商事权利保障。

4. 商业秘密权

商业秘密是经营者合法控制并采取保密措施的、具有一定的商业价值，不为其他商事主体或公众知悉的信息。包括技术信息、经营信息和管理信息等。作为商事权利意义上的商业秘密权仅指商事主体对其经营信息和管理信息作为商业秘密加以保护的权利。

商业秘密权是独立的商事权利，能够带给商事主体获取商业利润的机会。我国《反不正当竞争法》虽然没有明确“正面规范”商业秘密权，但立法者在该法的表述中实际上已经隐含了保护商业秘密权的态度。《反不正当竞争法》第 10 条第 3 款规定，“本条所称的商业秘密，是指不为公众所知悉、能为权利人带来经济利益、具有实用性并经权利人采取保密措施的技术信息和经营信息”。商事主体对其经营信息和管理信息所拥有的商业秘密权具有专有性，表现在权利人可以依法排除他人不正当的获取、披露和使用行为，从而使自己在市场中凭借控制的商业秘密而获取竞争优势，并最终带来实质性的经济利益。商业秘密权的核心内容是保密权，此外还包括禁止他人以不正当手段获取上述信息的权利。《反不正当竞争法》第 10 条禁止三种侵害商业秘密权的行为，它们是：第一，不正当获取。即以盗窃、利诱、胁迫或者其他不正当手段获取权利人的商业秘密，或者第三人明知或者应知他人的侵害商业秘密的行为，仍然获取商业秘密。第二，不正当披露。即披露以不正当手段获取的权利人的商业秘密，或者违反约定或者违反权利人有关保守商业秘密的要求，披露其所掌握的商业秘密，或者第三人明知或者应知侵害商业秘密的行为，仍然披露他人的商业秘密。第三，不正当使用。即使用人允许他人使用以不正当手段获取权利人的商业秘密，或者违反约定或者违反权利人有关保守商业秘密的要求，使用或者允许他人使用其所掌握的商业秘密。或第三人明知或者应知侵害商业秘密的行为，仍然使用他人的商业秘密。

5. 公平交易权

市场交易中商事主体的公平交易权首先表现为其地位的平等，无论是程序意义上的平等还是实体意义上的平等。公平交易权的功能在于，商事主体的商业机会因不公平交易行为而遭受损害时，予以事后补救或对侵害者进行制裁。在现代市场经济中，许多国家从不同的角度对商事主体的公平交易予以确认。我国对商事主体公平交易权的保护主要体现在《反不正当竞争法》中。《反不正当竞争法》立法的目的是“保障社会主义市场经济健康发展，鼓励和保护公平竞争，制止不正当竞争行为，保护经营者和消费者的合法权益”。在此立法目的指导下，对不正当竞争行为的定义、不正当竞争行为的具体表现包含在内对不正当竞争行为的检查监督，以及不正当竞争行为的法律责任作了明确规定，对商事主体的公平交易权的保护也包含其中。

（二）商事义务的立法建议

1. 合法经营义务

商事主体在生产经营过程中必须遵守法律法规，不得违反法律法规的强制性规定,是商事主体的合法经营义务。在人人追求法治的今天,这是商事主体的天经地义、与生俱来、如影随形、不可抛弃的义务。违背这一义务,必将承担相应的法律责任。

2. 诚信经营义务

商事主体的诚信经营义务,即要求商事主体在商事活动中以诚实、善意的态度从事商事经营,尊重他人利益,维持双方利益均衡,不得损人利己。此外,商事主体不得通过自己的商事活动损害第三人和社会公共利益,应在法律法规范围内以符合其社会经济目的的方式从事商事经营和行使自己的商事权利。这一义务在现行法上的依据是《民法通则》第4条中"民事活动应当遵循诚实信用的原则"的规定。

3. 正当竞争义务

正当竞争是价值规律发挥作用的体现,它可以降低成本、提高效率,促进全行业的素质提升。不正当竞争违反价值规律,打击了守法经营者的热情和信心,它会破坏市场秩序和行业发展。所以,反不正当竞争始终是市场秩序建设中的重要环节。

针对一般领域的不正当竞争现象,目前我国出台了以《反不正当竞争法》为首的系列法律法规进行规制。这些现有法律在整体上涵盖了各领域不正当竞争的共性问题,也在商事活动领域对不正当竞争行为进行规制,因此商事主体依法负有正当竞争的义务。

4. 依法纳税义务

依法纳税是宪法赋予每个公民的权利与义务,也是每个商事主体必须承担的义务。商事主体负有就其营业行为、营业收益,依照有关法律法规缴纳税款的义务。

税收是保证国家机器运转的经济基础和宏观调控的重要手段。社会主义税收"取之于民,用之于民",与人民的生活息息相关,税收工作的成效直接关系着小康社会的实现进程。经济是税收的根本,税收反作用于经济。依法诚信纳税与构建有序的经济活动秩序密切相关。与全面建设小康社会的目标互为统一,相互促进,必然要求税务部门依法治税,要求全体纳税人依法诚信纳税,以促进税收与经济的协调发展,保持税收收入持续稳定增长,为全面建设小康社会提供强大的财力保障。

依法诚信纳税从法律和道德两个方面来规范、约束税务机关以及纳税人的涉税行为,是"依法治国"和"以德治国"在税收工作中的集中反映,是"爱国守法、明礼诚信"在经济生活中的生动体现。深入开展依法诚信纳税的宣传,有利于税务部门坚持依法治税,正确处理严格执法与商事活动的关系,不断提高执法水平,增强服务意识,营造良好的税收环境;有利于增强广大纳税人依法诚信纳税的自觉性,在全社会形成"依法诚信经营"的社会氛围。

5. 接受监管义务

虽然国家赋予了商事主体实施商行为的一定自主权利和自由范围,但是商事主体也需要接受有关部门的监管,才能维系良好的市场秩序。

社会主义市场经济不断发展,商业监管模式日新月异的今天,老旧的监管模式已不适应新的生产力与生产关系发展需要。因此,在完善政府行政监管的同时,应当加快增强行业自律、企业自治的监管作用,逐步形成"多元共治"的格局。在监管的指导思想和原则上，如何在协调监管和为促进产业发展预留空间之中找到平衡点，还需要从国家立法层面上予以确认。在市场化改革的背景下，应当尽可能通过市场机制解决问题，必须运用监管手段时，应当采用对市场正常运行和发展影响最小的方式进行。促进发展，适度监管，防止公权力机关的过度干预，是发达资本主义国家所采取的已臻成熟的监管原则。这一举措可以为我国所借鉴，并在法律上予以确认。

6. 履行社会责任义务

我国《公司法》第 5 条规定："公司从事经营活动，必须遵守法律、行政法规，遵守社会公德、商业道德，诚实守信，接受政府和社会公众的监督，承担社会责任。"由此，承担社会责任被明确为公司的法定义务。

多数学者将公司的社会责任定义为：公司在谋取自身及其股东最大经济利益的同时，从促进国民经济和社会发展的目标出发，为其他利害关系人履行某方面的社会义务。由此，以公司治理为视角，将公司社会责任的内容划分为 3 个层次的顺位关系：第一，具有法律约束力的社会责任，例如消费者保护、劳动者保护、环境保护等法律责任，这种社会责任直接源于法律的强制性规定；第二，以软法的形式出现的社会责任，如各种示范性质的公司治理准则、行业标准与自律规范等；第三，企业自发承担的更高层次的社会责任，它主要体现为慈善责任等公益性质的责任。企业自发的社会责任，可能来自社会伦理责任的倡导，也可能源于企业自身的更高的目标追求，如改善企业的社会形象、树立企业文化并改善企业的商业信誉等。我国《公司法》第 5 条关于公司社会责任的规定，其内容是宽泛的，可以从上述三个方面予以理解。

商事主体是特殊的民事主体，与处于一般财产关系与人身关系中的民事主体有明显的区别。民法对民事主体的权利义务的制度设计固然适用于商事主体，但在赋予民事主体正常权利的同时，不应课之以过重的法律义务；而对商事主体，在其与民事主体处于同一法律关系中时，又应当被课以高于一般民事主体的义务（在混合交易行为中这种表现最为明显）。当然，权利与义务须对等，商事主体在承担较高的法律义务的同时，也享有一般民事主体所不能享有的利益。具体说来，商人要承担远远高于非商人的注意义务和更加严格的法律责任，但商人也拥有从事营业行为的权利。

第四章　商事登记制度

一、商事登记概念的界定

(一)商事登记法律术语的选择

商法学者通常采用商事登记的术语,行政法规和规范性文件采用“企业登记”的术语,也有学者称其为“商业登记”,还有称为工商登记或者市场主体登记的。[①] 以上三个术语虽然核心含义基本相同,但在外延和使用情况上仍具差异,每种表达都具有其特定的语境,但是从商事制度的角度看,商事登记的表述更为贴切。下文将简要分析三个术语的优劣,选出最恰当的术语。

对于“企业登记”的表述,本书认为其含义过于狭窄。在商事主体中,除了企业以外,尚有个体工商户、农村承包经营户、农民专业合作社等非企业商事主体,“企业”的表述难以在字面上全面涵盖所有商事主体。

对于“商事登记”和“商业登记”两种表述何者为佳,本书认为应采“商事登记”的表述。反对采“商事登记”术语的学者认为,“商业登记”的术语较之于“商事登记”更加准确,我国既无民法典,亦无商法典,采用“商事登记”的术语,缺乏商法典的合理依托。相反,采用“商业登记”的术语,可以避开学术争议,还可以适用多项登记法规并存的现状,还符合我国语言表达的习惯。[②] 然而,术语的选择不但要考察其是否符合语言表达的习惯,还要观察其在实践中实际的使用情况。在北大法宝中以“商事登记”为关键词,采用“全文、精确”搜索,搜得法律层级的文件 3 篇,行政法规层级的文件 10 篇,立法草案 7 篇。加之,全国人大在立法过程中采用了“商事登记”的表述;[③]国务院在晚近签发的文件中,采用了“商事登记”的表述;[④]中国民法学会提交的《民法总则(专家建议稿)》[⑤]亦采用了“商事登记”的表述。以上说明,不但是实务界,民商法学界也倾向于使用“商事登记”的表述。以相同的方式对“商业登记”进行检索,搜得法律层级的文件 0 篇,司法解释层级文件 3 篇,行政法规层级的文件 0 篇,立法草案 5 篇。“商业登记”的表述在实践中的使用可见寥寥。此外,商业在我国有时候特指商

---

① 邹海林、张辉:《商法基础理论研究的新发展》,中国社会科学出版社 2013 年版,第 100 页。

② 叶林:《商业登记法的基本问题》,载《扬州大学学报》(人文社会科学版)2011 年第 2 期。

③ 参见《全国人民代表大会财政经济委员会关于第十一届全国人民代表大会第一次会议主席团交付审议的代表提出的议案审议结果的报告》。

④ 参见国发〔2017〕23 号、国发〔2017〕6 号、国发〔2015〕55 号、国办发〔2015〕50 号等。

⑤ 参见《中华人民共和国民法典·民法总则》(专家建议稿),第 76 ~ 78 条。

业流通领域的经营活动,而商事是包含所有领域,以营利为目的的活动,其法律含义更为全面,跟整个商事制度较为吻合。

综上所述,“商事登记”的表述无论在立法、司法、行政中抑或是在民商法学界都具备相当的习惯基础。因此,本书沿袭实务界和理论界的普遍用法与传统,采用“商事登记”的表述。

(二)商事登记概念的界定

“商事登记”这个法律术语由“商事”和“登记”两个词语组成。现代商法上所称的商事是指营利性主体所从事的一切营利性营业活动和事业之总称。换言之,商事是对各种持续性营利行为之概括。[①] 登记是将某种事实记载于某个簿册之上的行为。《现代汉语词典》对登记的解释为:“把有关事项写在特备的表册上以备考察。”[②]在文义上,商事登记,即是指将各类营利性主体的持续性营利活动记载于某个簿册之上的行为。然而法律概念并非是单一的文义解释所能够涵盖的,其在不同制度环境下呈现着不同的法律效力,其内涵在不同国家和地区、不同历史时期呈现出多样化的特点,很难一言以蔽之。

在德国,商事登记是保存于基层法院的有关商法领域法律事实的公开名单,是法律事实的名单记录。[③] 在法国,商事登记被称为公司和商事登记,是公司登记和一般商事登记的总称,内容包括商自然人、商事公司、民事公司、具有工商业性质的公共机构的注册登记以及商事代表人的注册登记等。[④] 在日本,关于商事登记的含义有几种不同的表现形式。鸿常夫认为商事登记是指“通过公示商人的内容,对与商人相关的经济实体的利益进行调整的制度”。[⑤] 喜多了佑认为商事登记是“为促进企业商人的信用、强化保护作为交易相对方的公众的安全,而将企业内发生的与交易相关的重要事实进行公示,并明确企业自身独立存在的一项登记制度”。[⑥] 大隅健一郎认为商事登记是“在商业登记簿上进行的登记”。[⑦] 田中诚二认为商事登记是指“把商法规定的登记事项,依照法定程序登记于登记机关备置的商业登记簿”。[⑧] 大野实雄认为商事登记是“关于企业主体登记的制度,是对国家的义务,其目的在于保护履行了登记程序的当事人。其特征在于通过记录于国家备置的公共登记簿,使利害关系人能够自由地查阅,并有权申请复制该相关信息,从而使相关的企业组织得到确认及起到公示作用”。[⑨] 在我国台湾地区,商事登记者,系依“商业登记法”及“台湾地区商业登记法实

---

① 赵万一:《商法基本问题研究》,法律出版社2002年版,第46~47、84页。

② 中国社会科学院语言研究所词典编辑室:《现代汉语词典》,商务印书馆2005年版,第286页。

③ [德]C. W. 卡纳里斯:《德国商法》,杨继译,法律出版社2006年版,第70页。

④ 张民安:《法国商事登记制度研究》,载王保树:《商事法论集》(第11卷),法律出版社2006年版,第4页。

⑤ [日]鸿常夫:《商法总则》(全订第4版补正2版),弘文堂1995年版,第227页。

⑥ [日]喜多了佑:《商法》(店舗营业法上卷),法学书院1985年版,第99页。

⑦ [日]大隅健一郎:《商法》(新版),有斐阁1978年版,第254页。

⑧ [日]田中诚二:《商法总则详论》,劲草书房1976年版,第423页。

⑨ [日]大野实雄:《新版商法》(商法総则·会社法),成文堂1981年版,第77页。

施细则"所规定之程序,将商业主体应行登记事项,向营业所所在地主管机关所为之登记。[①]

在英美法系国家,法律并没有区分商人和非商人制度,没有区分商法和民法。因此,法律并没有建立类似于大陆法国家的商事登记制度,虽然这些国家的公司法也规定了公司的注册登记制度,但这种公司登记制度仅仅是一种特殊的商事登记制度,而非一般意义上的商事登记制度。[②]

在我国,现行立法并未对商事登记的概念进行明晰的界定。学界对此也是众说纷纭,大致有两类观点:

第一类是法律行为说。具有代表性的表述有:(1)商事登记是为取得、变更或终止商事主体资格,依照法律法规规定的程序,向主管机关提出申请,并由主管机关依法对申请事项审查、登记的一种法律行为和法律程序。[③] (2)商事登记是商事主体基于自由意志而请求商事登记机关对其主体身份予以确认、变更、注销,或依法定条件、程序注销该主体身份,并借助登记机关提供的信息平台予以公示的一种法律行为。[④] (3)商事登记又可称为商业登记,现代意义的商事登记,系指商事主体或商事主体之筹办人或负责人、代表人,为设立、变更或终止商事主体资格,依照商法典、专门的商事登记法或其他法律法规中的相关内容及程序,将法定登记事项向登记主管机关提出,进行审查核准,登载于登记簿并公之于众的行为。[⑤] (4)商事登记是指为了设立、变更或终止商事主体资格,依照商事登记法规以其实施细则规定的内容和程序,由当事人将登记事项向营业所所在地登记机关提出申请,经登记机关审查核准,将登记事项记载于商事登记簿的综合法律行为。[⑥] (5)商业登记是指依照商法典、商事登记法或其他特别法的规定,按照法定程序及实体要求,由当事人将应登记的事项,向登记主管机关申请登记于登记簿,以确立商事主体的对内对外关系,并公之于众的法律行为。[⑦]

第二类是法律制度说。法律制度说认为商事登记是取得商人资格的必要程序,具有代表性的表述有:(1)商事登记是指依商法典或商业登记法或其他特别法的规定,按法定程序及实体要求,由当事人将应登记的事项,向登记主管机关申请登记于登记簿,以确立商事主体的对内对外关系,并公之于众,取得商事资格的一项强制性商事登记制度。[⑧] (2)商业登记是指根据有关法律规定,依照法定的程序和要求,由当事人将应行登记之事项,向登记主管机关申请登记,登记主管机关将商事主体设立、变更、解

---

① 梁宇贤:《商事法论》,中国人民大学出版社2003年版,第31页。

② 参见张民安:《法国商事登记制度研究》,载王保树:《商事法论集》(第11卷),法律出版社2006年版,第4页。

③ 参见赵旭东:《商事登记的制度价值与法律功能》,载《中国工商管理研究》2013年第6期。

④ 参见赵万一、王兰:《私法领域下商事登记的重新解读》,载《河北法学》2000年第6期。

⑤ 参见朱慈蕴:《我国商事登记立法的改革与完善》,载《国家检察官学院学报》2004年第6期。

⑥ 参见范建、王建文:《商法基础理论专题研究》,高等教育出版社2005年版,第310页。

⑦ 参见樊涛、王延川:《商法总论》,知识产权出版社2006年版,第232页。

⑧ 参见周林彬、任先行:《比较商法导论》,北京大学出版社2000年版。

散等的事实记载于登记簿并予以公告的一种商事法律制度。[1] (3)商业登记,在我国又称工商登记,是指登记机关依照法定的程序和实体要求,对商事主体的设立、变更或解散的事实记载于登记簿册,并予以公示的法律制度。[2] (4)商业登记又称商事登记,是指由登记机关根据申请人的申请,依法核准、确认其商事主体资格或对商业上的重要事项进行记载的制度。[3]

借鉴境内外学者关于商事登记概念的表述与概括,可以发现,商事登记既是法律行为也是法定程序,还能产生商事主体设立、变更、注销的法律效果,三者缺一不可。商事登记从客观表现上看,主要是对商事主体设立、变更及注销等事项的记载。换言之,商事登记是将商事主体相关事项记载于有权机关的簿册,其目的在于达成商事主体资格和经营能力变化之结果,其作用在于设立、变更、注销商事主体。在法律原理上,商事登记既是一种法律行为,也是法律程序,还是一种法律制度,这三个概念彼此之间不但不冲突,而且是协调一致的。商事登记本身主要表现为当事人的一种行为;同时,登记也表现为按一定程序实施的行为;此外,依据一定程序而实施的法律行为在商事登记规范上构成一种法律制度。

因此,本书对商事登记作如下定义:商事登记是指商事主体的筹办人,旨在取得、变更或终止商事主体资格,依照法定的程序,向主管机关提出申请,并由主管机关依法对申请事项进行审查、登记的一种复合行为。

(三)商事登记的特征

1. 商事登记是申请人基于自主意思向登记管理机关申请登记的行为

申请人是否为商事登记,为何种内容的登记申请,是宪法赋予其的自由,是私法自治原则在商事登记领域中的体现,也是商法自产生以来就有的价值追求。具体而言,在是否为商事登记上,申请人有权依据自主意思,选择是否申请成立商事主体,从事市场经营活动。在商事主体类型的选择上,申请人有权依据自主意思向登记主管机关申请登记为个体工商户,也可以申请登记为合伙企业,还可以申请登记为公司等其他商事主体。在具体内容上,申请人有权依据自主意思选择注册资本的数额、股东或出资人人数、住所地、商事主体的名称、经营范围等。商法作为私法的一部分,除为交易安全考虑而作出一定的限制,应当充分尊重商事主体的意思自治,从而使其充分地发挥主观能动性,以明智的决策设计自己利益的实现方式,积极努力地谋求利润最大化,从而促进市场经济的发展和繁荣。

2. 商事登记是依照一定法定程序进行的行为

商事登记的申请人必须按照法定要求将法定事项向法定主管机关申请登记,其行为的内容与方式必须符合法律法规之规定。商事登记的对象和内容往往由商事登记法或者商事特别法以强制性规范的形式加以详细列明。商事登记申请的形式、内容、程序以及所需提交的文件等事项,在我国《公司法》《公司登记管理条例》《企业法人登

---

① 田东平、陈敦:《论商业登记的法律效力》,载《北京工商大学学报》(社会科学版)2002 年第 6 期。

② 柳经纬、刘永光:《商法总论》,厦门大学出版社 2004 年版,第 52 页。

③ 石慧荣:《商业登记的制度检讨与立法展望》,载《西南民族大学学报》(人文社科版)2008 年第 7 期。

记管理条例》《个人独资企业法》《合伙企业法》《城乡个体工商户暂行管理条例》等法律法规中已有明确规定,对以上规定,申请人及主管机关不得随意变动。商事登记的申请人必须依法定程序并采取法定格式提出申请,申请形式通常须为书面形式。

3. 商事登记是行政确认行为

商事登记的一方主体是国家行政机关,并在这一法律行为中代表国家行使公权力。商事登记中浓厚的私法性并不能掩盖其公法性质,同时,公法行为也承担着为私法行为服务的职能。商事登记的作用是确认权利,而非赋予权利,其主要是对申请人身份、能力和事实的确认。

我国目前商事主体登记实行的是准则主义,商事登记机关对申请人的申请仅进行形式审查,对符合法定条件和程序的申请人必须予以登记并无自由裁量权。虽然,我国2004年颁布实施的《行政许可法》第12条第5项规定:"企业或者其他组织的设立等,需要确定主体资格的事项。"将商事主体登记作为一种行政许可,但是从原理上或理论上分析,商事登记是一种行政确认行为。

4. 商事登记是复合行为

商事登记是指商事主体的申请人,为取得、变更或终止商事主体资格,依照法定的程序,向登记主管机关提出申请,并由主管机关依法对申请事项进行审查、登记的行为。在申请人的角度看,商事登记是其基于自主意思,向登记主管机关提出登记申请的行为;在登记主管机关的角度看,商事登记是其依照法律法规的规定,对申请人的申请进行审查,并予以登记的行为。因此,商事登记一方面是申请人申请登记的行为,另一方面是登记主管机关审查并予以登记的行为,属于复合行为。

二、中国商事登记制度的历史沿革

我国工商登记法律制度的基本框架形成于社会主义建设的初期。解放初期,国家财政困难,政府当时的首要任务就是大力恢复和发展经济。新中国成立后到社会主义改造基本完成,工商行政管理部门的主要任务是贯彻国家对资本主义工商业的利用、限制、改造的政策和对个体工商业进行教育和改造。在社会主义改造过程中,官僚资本被国有化,个体工商业纳入了各种形式的合作经济组织,戴上了"集体"的帽子,由各个行业归口部门统管。国务院财政经济委员会于1951年发布了《关于公营企业和公私合营企业应进行登记的指示》和《关于公营企业和公私合营企业登记的补充指示》。

随着社会主义改造的完成,企业经营逐步进入正常状态,1962年12月30日,国务院发布了《工商企业登记管理试行办法》,要求在1963年9月以前完成已开业的城乡工商企业的普查和登记。该办法下发后,登记管理机关对全国各类工商企业进行了一次全面普查、登记、发证工作,取得了显著效果。

"文化大革命"期间,经济建设处于混乱无序的状态,工商行政管理机构也陷于半瘫痪、瘫痪状态。1969年,工商行政管理机关从中央到地方,相继被撤并,其中多数被并入商业主管部门,少数被并入财政部门。"十年内乱"时期,企业登记管理工作处于停顿状态。主要表现为,第一,停止办理各类企业登记手续。“文化大革命”期间,企业登记管理工作秩序遭到冲击,已有企业随意更改店名,办厂办店,无须经过政府主管部门的批准,想开就开,想停就停,企业登记管理处于严重的无政府状态。第二,“文化大革命”期间,由于正常的企业登记管理工作无法开展,一些单位、街道组织乃至群众组织(如民兵连等),趁机进入经济管理领域,在很大程度上代替了企业登记管理职能。这些机构执行当时的“极左”政策,把人民内部矛盾当作敌我矛盾处理,打击扩大化,混淆政策界限,以阶级斗争为纲,使本就混乱不堪的经济秩序更加混乱。第三,受“左”的思想影响,经历了继续改造私营工业和个体工商业以及对个体工商业的调整、整顿和压缩的阶段。把个体经济当作“资本主义尾巴”看待,一再排挤、打击,不但堵塞了就业门路,而且给人们生活带来了很多不便。

1976 年 10 月,“四人帮”被粉碎,标志着中国进入了新的历史发展时期,全国出现了比较安定的政治局面。改革开放后的 1978—1985 年,我国相继出台了《关于开展工业企业普查登记的通知》《关于开展商业、饮食业、服务业、交通运输业全面登记工作的通知》《工业企业登记管理条例》《公司登记管理暂行规定》。这些法规的出台,使我国的商事登记制度逐渐从“文革”的后遗症中恢复过来,初步形成了系统性的登记制度。

1988 年我国制定出台了《企业法人登记管理条例》,同时废止了《工商企业登记管理条例》和《公司登记管理暂行规定》,将营业登记与法人登记统一规定在一部条例之中,影响深远。

1993 年的《公司法》、1997 年的《合伙企业法》、1999 年《个人独资企业法》相继颁布后,国务院和国家工商局先后发布了与上述商事主体法相适应的商事登记法规和规章:1994 年《公司登记管理条例》、1997 年《合伙企业登记管理办法》、2000 年《个人独资企业登记管理办法》。至此,与社会主义市场经济体制相适应的新的企业登记管理制度基本建立起来,登记管理工作基本完成了向新制度的转轨。

延续了 20 世纪末的立法思路,我国现行的商事登记制度采用的是“商事主体法 + 相应的登记法规”的模式。以商事主体法作为上位法依据,再辅以具体的登记法规作为实施方案,逻辑清晰、详略得当,为我国市场经济的发展注入了制度活力。2013 年 11 月 12 日党的十八届三中全会通过《中共中央关于全面深化改革若干重大问题的决定》,提出“建立公平开放透明的市场规则”,自此拉开了深化商事制度改革的序幕。国务院及其各部委相继出台了《注册资本登记制度改革方案》等数 10 部文件,按照深入推进“放管服”改革的部署要求,推进商事登记制度改革,成果丰硕。

总体而言,我国工商行政管理体系由原来的单一主体的登记转向一个就特定主体的分类登记;就全面事项的综合型的登记发展到就专项事务的登记;由先证后照的登记向先照后证的登记;由管制为核心的登记转向由信息公示为核心的登记。目前,我国登记管理制度主要由公司登记制度、合伙企业登记制度、个体工商户登记制度、外资企业登记制度等组成。

1. 公司登记管理

1985 年国家工商总局颁布了《公司登记管理暂行规定》,该规定是依据 1982 年颁布的《工商企业登记管理条例》,在公司法缺位情况下,对公司登记管理的阶段性规定。该规定第2条规定:“本规定所称公司是指依本规定程序设立,有独立财产,自主经营,自负盈亏,依法承担经济责任的从事生产经营或服务性业务的经济事业。”而后,我国第一部《公司法》于1993年颁布,在法律上确立的公司的主体地位,该法第3条规定:“公司是企业法人,有独立的法人财产,享有法人财产权。”同时,该法第6条规定:“设立公司,应当依法向公司登记机关申请设立登记。”随后,国务院于1994年颁布与之相配套的《公司登记管理条例》,就公司登记的程序和内容等具体事宜作出了规定。自此,我国形成了以《公司法》作为公司登记的上位法律依据,以《公司登记管理条例》作为具体实施方案的公司登记法律法规体系。

随着社会经济的发展,《公司法》《公司登记管理条例》经过数次修改。自1993年《公司法》颁布后至今,经历过大大小小的三次修改,分别是2004年、2005年与2013年。修改的一个总体趋势是不断降低了公司成立的门槛条件。值得一提的是2013年《公司法》修订,修订后的《公司法》全面实施公司资本认缴制度,极大地降低了公司成立的门槛,对支持创新创业、释放社会活力起着不可或缺的作用。与此同时,《公司登记管理条例》亦作了配套修改,分别是2005年、2014年、2016年修订。其修改的主要目的是为配合公司法的实施公司登记。

现行《公司法》关于公司登记的事项主要规定在第二章有限责任公司的设立和组织机构与第四章股份有限公司的设立与组织机构,这两章规定了当事人设立、变更、消灭公司及其相关事项均须向公司登记机关申请登记或变更登记。现行的《公司登记管理条例》则更为详细地规定了登记的内容和程序,其内容主要包括第一章总则,第二章登记管辖,第三章登记事项,第四章设立登记,第五章变更登记,第六章注销登记,第七章分公司的登记,第八章登记程序,第九章年度报告公示、证照和档案管理,第十章法律责任,第十一章附则。

2. 合伙企业登记管理

我国第一部《合伙企业法》于1997年颁布并实施,该法第2条规定:“本法所称合伙企业,是指依照本法在中国境内设立的由各合伙人订立合伙协议,共同出资、合伙经营、共享收益、共担风险,并对合伙企业债务承担无限连带责任的营利性组织。”同时,该法第15条规定:“申请合伙企业设立登记,应当向企业登记机关提交登记申请书、合伙协议书、合伙人身份证明等文件。”在这个阶段,合伙人须对合伙企业的债务承担无限连带责任。直至2006年《合伙企业法》修改后,才将有限合伙企业纳入了合伙企业的范畴。2006年《合伙企业法》第2条规定:“本法所称合伙企业,是指自然人、法人和其他组织依照本法在中国境内设立的普通合伙企业和有限合伙企业。”2007年修订后的《合伙企业登记管理管理办法》对普通合伙企业、有限合伙企业的设立登记、变更登记、注销登记作出了详细的规定,形成了较为完善的合伙企业登记法律法规体系。

《合伙企业法》自1997年颁布实施至今,为顺应社会发展的需要,在2007年经过一次修订,其修改的主要内容是增设了有限合伙企业,服务投融资商业实践。《合伙企业登记管理办法》亦作了相应的修订。2014年,国家再次修订2007年《合伙企业登记管理办法》,主要是对企业信息公示制度、电子营业执照等内容进行了规定。此外,为服务国家的对外开放投资战略,国务院于2009年颁布了《外国企业或者个人在中国境内设立合伙企业管理办法》,规定外国企业或个人可以再中国境内设立合伙企业,依照《合伙企业登记管理办法》办理设立登记。

现行的《合伙企业法》第9条规定设立合伙企业应当向企业登记机关申请登记。该法第二章普通合伙企业、第三章有限合伙企业分别规定了普通或有限合伙企业的登记条件。现行的《合伙企业登记管理办法》是合伙企业设立、变更、注销登记的具体实施方案和依据,其主要内容为:第一章总则,第二章设立登记,第三章变更登记,第四章注销登记,第五章分支机构登记,第六章公示和证照管理,第七章法律责任,第八章附则。

3. 个体工商户登记管理

1981年7月到1984年2月,国务院先后下发了由国家工商局起草或参与起草的《国务院关于城镇非农业个体经济若干政策性规定》《国务院关于城镇非农业个体经济若干政策性规定的补充规定》《国务院关于农村个体工商业的若干规定》,对全国城乡个体经济发展与管理的主要方面做出了政策性规定,建立起了改革开放初期发展个体经济的政策框架。1987年国务院颁布了《城乡个体工商户管理暂行条例》,系统性的规定了个体工商户设立、管理、监督等事项。该条例第2条规定:"有经营能力的城镇待业人员、农村村民以及国家政策允许的其他人员,可以申请从事个体工商业经营,依法经核准登记后为个体工商户。"《城乡个体工商户管理暂行条例》实施二十余年后,2011年,国务院在总结实践经营与理论研究的基础上,颁布了《个体工商户条例》,该条例成为了个体工商户成立、管理、监督的主要依据,《城乡个体工商户管理暂行条例》同时废止。2011年的《个体工商户条例》第2条规定:"有经营能力的公民,依照本条例规定经工商行政管理部门登记,从事工商业经营的,为个体工商户。"同年,国家工商行政管理总局颁布了《个体工商户登记管理办法》作为个体工商户登记管理的具体方案。

《个体工商户条例》自2011年颁布至今,经过2014年、2016年两次修改。2014年修订的主要内容是增设了电子营业执照、年报和信息公示的规定。2016年修订的内容是免去了个体工商登记的登记费用。同时,2011年年初次颁布的《个体工商户登记管理办法》在2014年进行了一次修订。2014年修订的主要内容是增设了电子营业执照、年报和信息公示的规定。

现行《个体工商户条例》第2条规定了成立个体工商户需向工商行政管理部门办理设立登记。《个体工商户登记管理办法》对具体登记的程序和内容作出了详细的规定:第一章总则,第二章登记事项,第三章登记申请,第四章受理、审查和决定,第五章监督管理,第六章登记管理信息公示、公开,第七章法律责任,第八章附则。

4. 特殊登记管理:外资企业登记管理

1981年国家工商局在企业登记司内设立外资处,同年4月,授予广东、福建两省工商局外商投资企业登记权。1986年10月国务院颁布了《关于鼓励外商投资的规定》。1987 年 12 月国务院办公厅转发了国家计委《指导吸收外商投资方向暂行规定》，明确了外资登记管理执行国家产业政策严把市场准入关的重要任务。1988 年国务院颁布的《企业法人登记管理条例》第 5 条规定"中外合资经营企业、中外合作经营企业、外资企业由国家工商行政管理局或者国家工商行政管理局授权的地方工商行政管理局核准登记注册"，外资授权登记管理制度正式形成。外资登记管理工作体系初步建立。

1979 年至 1988 年全国人大先后制定了《中外合资经营企业法》《外资企业法》《中外合作经营企业法》及其实施细则，国务院先后制定的《关于外国企业常驻代表机构的暂行规定》《关于外国企业常驻代表机构的登记管理办法》《企业法人登记管理条例》，为外商投资企业发展和登记管理工作奠定了法律基础，推进了外商投资企业立法工作，对我国公司制等现代企业制度的建立起到积极作用。

1986 年国家工商局发出《关于加强对外商投资企业监督管理工作的通知》，明确提出"随着外商投资企业的不断增加和经营活动的开展，监督管理工作将愈加繁重，这项工作势将放在更加突出和重要的地位"。1989 年颁布了《关于对外商投资企业违反登记管理法规的行为进行处罚的权限和程序的规定》，规范对外资监督管理中的行政处罚问题，开始了外资监督管理。

以 1993 年《公司法》为契机，工商行政管理局先后颁布了《关于外资登记管理适用公司登记管理法规有关问题的执行意见》《关于外商投资企业成为公司股东或发起人登记管理的若干规定》，与外经贸部共同发布了《外商投资企业投资者股权变更的若干规定》和《关于外商投资企业合并与分立的规定》。上述规定有效解决了已经成立经营多年的外商投资企业，需要进行合并、分立、股权变化和对外投资等现实问题；并对外商投资企业法与公司法的法律适用衔接进行了初步探索。

2002 年 1 月 1 日，国家工商局新成立的外商投资企业注册局正式对外办公，外资登记管理法律制度进一步完善。为贯彻落实 2003 年《行政许可法》精神，配合 2006 年新《公司法》实施，国家工商局联合有关部门下发了《关于外商投资的公司审批登记管理法律适用若干问题的执行意见》《外商投资企业解散注销登记管理有关问题的通知》，进一步明确了法律适用原则，理顺了审批登记流程，规范了外商投资企业解散清算注销程序，进一步提高了外资登记管理法规的统一适用性；联合有关部门下发了《关于加强外国企业常驻代表机构登记管理工作的通知》，推动了国务院《外国企业常驻代表机构登记管理条例》的出台，有效强化了对代表机构的登记监管；配合国务院 2009 年 8 月《外国企业或者个人在中国境内设立合伙企业管理办法》实施，及时制定下发《外商投资合伙企业登记管理规定》等 9 部配套实施的文件，建立了外商投资合伙企业登记管理各项工作制度，确保了新法规顺利实施。截至目前，由 8 部法律、30 多部行政法规、170 多部行政规章和规范性文件组成的外资登记管理法律法规框架已基本形成，为外资登记管理工作提供了明确的法律依据和坚实的制度保障。

三、境外商事登记制度的起源与发展

商事登记制度主要是随着近代公司制度的发展而出现的，英美法系和大陆法系国

家已经形成了各自不同的立法模式和法律观念。两大法系的差异也体现在商事登记的立法上，总体而言，英美法系以英国和美国为代表，他们在公司法、合伙法等单行法中对商事登记事项加以分别规定，并没有统一的商事登记立法；大陆法系国家以德国、法国、瑞士等为代表，他们在商法典或民法典中对商事登记制度加以统一规定，并辅以专门的商事登记单行法以保障对法典中的相关内容得到良好的贯彻实施。

境外商事登记制度最早形成于中世纪的商人法。中世纪商人法主要指公元11世纪至16世纪，在欧洲，特别是地中海沿岸和亚得里亚海沿岸、波罗的海和北海沿岸，由于商业的复兴，一些自治城邦中普遍发展起来的商人法。[①] 在中世纪，伴随商品经济的发展，形成了一个特殊的阶层——商人阶层，他们为保护自己的利益互相结盟，从而形成了固定的自治行会，并渐渐掌握了对商业活动的管辖权。根据当时商人行会的自治法，凡要取得商人资格和身份，不仅需要特定行业的商人行会事实上的认可和接纳，并且须将商人名称、营业执照、雇用学徒等事项登记在商人行会备置的行会成员名录簿中，这即是现代商事登记制度的雏形。

随着资本主义商品经济的发展，封建势力逐渐衰落，世俗国家纷纷成立，商业自治行会的势力由此受到猛烈冲击，行会监管商业活动的地位开始走向消亡。例如，法国曾于1791年通过明文规定取消一切行业专业特权，所有公民均可自由从事任何专业或职业。[②] 由此，以中世纪行会为主导的传统的商人登记制度逐渐被瓦解。与此同时，在经济领域另一重大变革正在酝酿和萌发，即公司这一当代最为重要的商事主体逐渐登上商品经济舞台，并成为经济活动的主导。

到了近代，在资本主义商品经济的发展促进了商事组织形式的多样化。有限合伙与公司等商事组织形式的出现将商业经营活动由个体主义推向了团体主义，特别是公司这种法人组织，将商业经营的风险承担方式由无限责任推向了有限责任，这是人类经济发展史上的一个创举。现代意义上的公司产生于16世纪西欧国家出现的以海外贸易和殖民活动为目的的贸易公司和之后出现的合股公司。15世纪末之后，新大陆的发现和新航线的开辟，刺激了远洋贸易的发展，在西欧各国重商主义政府的支持下，一批特许贸易公司纷纷出现，这些公司用向政府（或皇家）提供贷款或承担其他义务换取贸易垄断权，并采取股份制形式。在英国，从1553年至1680年，先后有49个远洋贸易公司成立，法国在1599年至1789年建立了七十多家这类公司。在这些特许公司中，最典型的有两个，一个就是英国于1601年特许成立的东印度贸易公司，另一个就是荷兰于1602年特许设立的荷兰东印度公司。其中，由于荷兰东印度公司最终获得了永久特许权，因此被认为最符合现代公司的基本特征从而被认作是最早的现代意义上的公司。[③] 特许公司虽然是现代公司的雏形，但其设立需要得到皇家特许状，建立特许公司带有垄断特权的特征，而不能任意设立，因此，此时并不存在一般意义上的商事登记。

---

① 参见郑远民：《现代商人法研究》，法律出版社2001年版，第147页。

② ［美］泰格·利维：《法律与资本主义的兴起》，学林出版社1996年版，第239页。

③ 张仁德、段文斌：《公司起源和发展的历史分析与现实结论》，载《南开经济研究》1999年第4期。

随着特许贸易公司的盛行,一般商人开始模仿特许贸易公司的组织形式,通过发行股票来吸引投资者,这样组建起来的公司被称为合股公司。这些合股公司虽未经特许但仍被广大投资者所接受。合股公司的广泛出现一方面推动了资本主义经济的发展,另一方面也产生了一定的负面效应,即加剧了股票投资泡沫,产生了大量欺诈行为,同时在股票投资领域这些公司的出现也对那些特许公司产生了威胁。1720 年,英国议会在当时股票投资狂潮愈演愈烈的背景下,通过了《取缔投机行为和诈骗团体法》,即《泡沫法》(*Bubble Act*),禁止没有特许状的企业发行股票,导致当时大量合股公司倒闭。但是,创立大型企业组织已经成为资本主义继续发展的必然需要,同时公司制的独特优势已经深入人心,这就推动了法律制度向允许合股公司存在,赋予公司设立自由,并进一步赋予合股公司以法人地位的方向变革。以英国为例,议会首先在 1825 年废除了《泡沫法》,不再禁止创办民间合股公司;1834 年,又授权君主向合股公司发放特许证书,使之具有通过政府官员进行代理诉讼的权利,这就在事实上接近于承认合股公司的法人地位;1844 年通过了公司法,规定建立公司不必事先获得特许,只要通过简单程序就可以获准登记;1856 年,英国议会正式确认了注册公司对债务只负有限的赔偿责任。与此同时,美国康涅狄格州早在 1837 年就颁布了第一部一般公司法,这项法律规定了标准的公司注册程序,此后,美国的其他各州也相继采纳了康涅狄格州的一般公司法。

虽然在世界范围内商事登记的起源与发展具有相当的共性,但是它们彼此之间仍存在差异。

在德国,商事登记制度起源于中世纪城邦国家的行会名册。中世纪的德意志地区被分裂为具有多个不同法律制度的邦国,其中,奥地利帝国和普鲁士王国是其中最大的两个。当时各邦国的商业行会均设有行会名册,虽然这些名册主要是为行会内部服务,但它们被视作商业登记簿的前身。1794 年,《普鲁士邦法》首次规定了公开的、每个人都可以查阅的登记簿,这更被视为当代商业登记簿法律制度之滥觞。1815 年反对拿破仑的战争结束以后,德国的法典运动拉开序幕,1856 年包括奥地利帝国在内的德意志联邦召开制定商法典的会议,并于 1869 年颁布了《普通德意志商法典》,商业登记首次被系统的纳入商法典,该法典第 12 条规定商业登记簿由商事法庭设置和管理。

1871 年普鲁士王国在德法战争中获胜,普鲁士国王威廉一世被加冕为德意志帝国皇帝,这标志着北德意志地区正是一个统一的主权国家。1897 年 5 月 10 日德意志帝国颁布了商法典,在新颁布的德意志帝国商法典中,商事登记改由地方法院管辖。

《德国商法典》自施行以来,曾经历 40 多次修改,每当《德国商法典》影响到商人概念的含义时就会对商事登记制度产生实质性影响。比如,1976 年农林业经营者商人性质条款的修改即是如此。1985 年,《德国商法典》就商事登记簿而进行了结构的调整。1998 年 6 月 22 日,德国颁布了《商法改革法》,对《德国商法典》中商人的概念进行了简化,取消了小商人的概念,同时也对《商号法》也进行了简化。这些改革更对德国的商事登记制度产生了深远的影响。

《德国商法典》在1998年之前将商人分成三类,这使商业登记具有不同效力。第一类是从事基本商事营业的经营者(《德国商法典》第1条第1款所列的九类营业),依据其营业活动自然地成为商人,而不论登记与否。商业登记仅是证明这种已存在的法律状况,即仅具有宣示效力。第二类是未从事《德国商法典》所列举的九类基本商事营业,但根据其营业种类和规模需要以商人方式进行营业者(《德国商法典》第2条),他们只有在商业登记簿上登记后才能取得商人资格,商业登记起到改变其原来法律地位的作用,其有创设效力。第三类是林场主和农场主,他们根据经营方式和规模需要采用商人方式设立经营(《德国商法典》第3条),这类主体可以通过商业登记取得商人资格,也就是说,商业登记不是其义务,而仅是一项选择。

长期以来,德国的商事登记由两个部分组成:一部分登记个体商人和合伙,另一部分登记公司。通常,登记时要求个体商人、合伙或公司提交申请,但有些登记仅由法院自行决定,例如破产登记。商人不仅在设立营业时,而且在营业地变更、开设分支机构、变更商号或业主,以及全权代理的设定和撤销等情况下均应进行登记。法院在准予登记前要就申请的准确性和合法性进行审查,所有的登记必须在《联邦司法部公报》上公布并同时至少在一份期刊上登载,通常是当地的报纸。任何人都可以查阅商业登记簿及各种附件,并可索要经核实的摘要。对负有登记义务而未进行登记者,法院有权实施强制罚款。这些内容在1998年修订《德国商法典》前就已经存在,并且在修改《德国商法典》时几乎全部得到了保留。

1998年德国在修订商法典时,保留了商业登记的原有基本理论,但对商人概念和商号作出了新规定,这使商业登记制度发生了较大变化。此外,修订后的《德国商法典》增设了有关登记自动化的规定。此次修订改变了过去对商人的三分法,使商人概念得到简化和统一。现在,经营营业的人,即商人,除非其依种类或规模无须以商人方式进行营业(新《德国商法典》第1条)①。这就是说无论自然人或法人,只要从事商事营业就是商人,登记虽是一项义务但不是取得商人资格的前提条件,登记程序大大得到简化。新《德国商法典》第2条还取消了小商人这一概念,小规模经营者皆可通过自愿登记取得商人资格,在取得商人资格后,可以通过申请注销登记而放弃商人资格。②

新《德国商法典》修订了第8a条款和第9条款,并增加了第9a条款,目的在于增设商业登记自动化的规定,从而提高商事登记的效率,并为商事登记信息的检索和互联网查询提供便利。其内容包括:①授权各州政府通过行政法规,将商业登记簿做成自动化文件进行管理;②对一项登记存入数据存储器的生效时间作出规定;③对以再现电子数据文件方式代替原件作出规定;④授予登记法院对特定事项的批准权;⑤授

---

① 新《德国商法典》第1条:本法典所称商人是指经营营业的人。营业指任何营利事业,但企业依种类或范围不要求以商人方式进行经营的,不在此列。

② 新《德国商法典》第2条:其营利事业依第1条第2项非为营业的企业,以该企业的商号已经登入商业登记簿为限,视为本法典所称的营业。企业主有权依关于商人商号的规定促成登记,但无此种义务。已经进行登记的,以不具备第1条第2项的条件为限,也可以根据企业主的申请注销商号。

予州司法行政机关相应的立法权;⑥对自动化程序的设置作出限制;⑦对调用商业登记数据及数据保护作出规定;⑧规定设置和使用自动化程序调用数据的费用。

从总体上看,德国商事登记制度不仅开大陆法系国家商事登记制度之先河,其与时俱进的不断调整和发展也使其能够保持持久的生命力,表现出《德国商法典》中商事登记制度的严谨性和开放性。除了在1998年所完成的上述商事登记制度改革以外,另有一些可能的制度改革也还在酝酿和试验中。例如,在德国,行会与法院就商业登记簿管辖权的争夺由来已久。尽管新《德国商法典》第8条依然规定管辖权属于法院,但实际上德国目前正就把登记簿管辖权移交给工商行会进行试点,这种情况的出现涉及历史、经济和制度效率等多重因素。在欧洲除瑞士的商业登记簿由行会负责外,其他国家均由法院或专门的国家机关管辖。德国国内主张法院管辖权的观点以此作为反驳根据,并进一步指出,与商事登记簿有关的纠纷解决和法律救济都离不开司法机关,行会管理商业登记簿的客观性和权威性也值得怀疑。

在法国,商事登记被称为公司和商事登记,是公司登记和一般商事登记的总称,在法国路易王朝时期,路易十四国王首次于1673年颁布了《法国商法》(又称《法国商事条例》)规定了商事公司的登记制度,《法国商事条例》首创了公司的核准主义设立制度,核准设立又称许可设立。该条例规定公司契约必须以书面形式做成,公司契约和股东的姓氏、身份、住所及其他作为表明公司责任关系的事项,都应当进行登记;并且规定登记公告应当在股东全体成员的住所及公司住所进行。而对于有限合伙公司,只有在股东全部为商人时才负有登记义务。《法国商事条例》对懈怠登记的行为规定了制裁措施。不公示股东姓氏的公司契约,在股东相互间不具有效力,而且公司对外缔结的所有契约(包括与债权人的契约)也均为无效,而且该无效不仅可以由第三人主张,而且也可以用于对第三人不利的场合。这就是说,公司如果不经登记机关的审查核准,其法律人格就不被承认。公司的存续期间也属于登记事项,因此公司存续期间届满后,若想继续营业,股东必须签署展期同意书,并进行登记。此外,如果有股东不能代表公司署名,该等事项亦必须登记,如未登记,则不得以此对抗第三人。

法国大革命后,在拿破仑统治时期,法国开始编撰商法典,其中第一编、第二编、第四编于1807年通过颁行。而第三编则到1838年才得以通过颁行。《法国商法典》共计648条,分为四编,内容分别为商事总则、海商、破产和商事法院。1807年的《法国商法典》基本上继承了1673年《法国商事条例》所规定的商事公司的登记制度,并在内容上有所改进。1807年《法国商法典》对于商事公司的设立仍然采取核准主义原则;对于应当登记的商事公司种类,明确追加了股份有限公司及股份合资公司,而且股东中含有非商人的公司也应当登记,从而扩大了登记的对象。《法国商法典》还规定,登记申请应该在公司契约做成后14日以内向商事法院提交,并在3个月内进行公告。公示内容,则与《法国商事条例》相同,仍为股东的姓氏、身份及住所、公司的名称、业务执行股东的名称、出资金额以及公司的存续期间。

自1900年开始,法国某些学说开始主张法国应采纳德国或者瑞士法律所规定的商事登记制度。到了1914年,法国立法研究学会开始着手深入研究商事登记制度,到了1918年，法国上莱茵河省、下莱茵河省侧和摩泽尔省开始采纳《德国商法典》关于商事登记的条款，并且开始提出补充、修改建议。[①] 1919年3月18日法国通过了《关于建立商事登记制度》，该法在1920年6月28日开始实施。

许多学者认为，法国1919年3月18日通过的《关于建立商事登记制度》仅仅是对德国商事登记制度的简单模仿，由于德法两国社会、经济、政治和法律环境的差异，该法在现实生活中几乎无法产生任何作用。这是因为，该法虽然规定了刑事责任，但却没有规定民事方面的制裁措施，商人不履行登记义务并不会产生实质性的法律后果。总之，《关于建立商事登记制度》所规定的商事登记制度，在实践中仅仅成为商人向登记机关所提供的各种信息的汇编，商人或者登记机关不对其准确性予以担保。

由于《关于建立商事登记制度》实施效果欠佳，1923年6月1日法国制定了新的商事登记立法，新法强制要求商事文件的登记事项必须记载法律规定的事项，旨在提高商事登记信息的规范性和准确性，以便于政府机关或第三人查阅、摘录或复制。

1934年法国通过立法，要求手工业者进行注册登记。1949年法国又通过立法规定了手工业者登记和商事登记的官方公告制度。

法国1953年8月9日行政规章对法国登记制度做出改革，改革内容包括在商事登记制度中引入有效的民事制裁措施，完善民事责任条款，并将商事登记制度置于商法典中，这就是新增的第47条至第70条。1953年8月9日的行政规章规定，所有法国商人和所有公司均应重新进行登记，而且规定，商事法院的书记官在进行商事登记时，应该审核申请人所提供信息的真实性和准确性。至此，法国的商事登记制度同德国的商事登记制度已经十分接近。

1953年以后，随着法国社会经济和法律制度的发展，法国又多次颁发行政规章或法律，修改或补充其商事登记制度。到了1984年，法国1984年3月30日颁布了新的行政规章，该行政规章对商事登记制度的内容进行了系统的修改和完善，并沿用至今。

在日本，明治维新以前，并不存在自生的商事登记制度。对日本而言，明治维新开始了日本政治、经济和法律西方化的进程，商事登记制度也正是在这一西方化进程中所舶来的。如同日本的整体法律制度主要借鉴德国法同时兼采其他国家的成功经验一样，日本的商事登记制度也是主要借鉴德国法同时兼采其他国家的成功经验。有人认为，一种比较贴切的说法是，日本商事登记制度实际上是德国法和法国法的结合体。[②] 日本采公司法和单行法相结合的模式，由公司法和商业登记法分别就不同商事主体的登记作出规定。

与欧洲的商事登记制度发源于中世纪的商人登记制度不同，日本商事登记制度的出现晚于公司制度。日本的公司制度始于幕府末期，而商事登记制度出现在40年以后。日本在明治初期从西方引入公司制度，但由于当时的公司主要为特许公司，而且数量很少，所以并未引入公司登记制度，国家仅仅要求公司履行一定的公示设立审批

① 张民安：《法国商事登记制度研究》，载《商事法论集》（第11卷），第20页。

② 李惠阳：《商事主体登记法律制度研究》，对外经济贸易大学出版社2009年版，第70页。

手续和公告义务，比如，明治5年11月所公布的《国立银行条例》要求设立国立银行必须取得大藏省的开业许可，而且要求对该许可状进行公告，公告期间至少为60天。在明治早期，民间商人也开始模仿西方国家设立公司，大阪府于明治19年4月对于当年2月制定的《合资结社营业取缔规则》进行了修改，追加规定在公司的名称中必须标明有限或无限的责任承担形式。

明治17年(1885年)，日本模仿德国和法国商法起草了商法草案，明治23年(1891年)以此为基础颁布了日本商法，这就是所谓的旧商法。旧《日本商法》第一编第二章第18条至第22条规定了商事登记的内容，其中第18条除了规定商事登记簿保存于当事人的营业所或住所所在地的裁判所，除规定登记事务由裁判所为之以外，还规定了登记的公告、登记簿的阅览、登记簿复制件的交付、受理登记的程序及登记的一般效力。关于公司，则就公司设立、股份公司设立及股份公司的章程变更等做了特别规定。一般认为这些关于商事主体登记的规定标志着日本商事登记制度的正式确立。

在第二次世界大战期间，日本政府出于节约纸张等方面的考虑，根据昭和17年《战时民事特别法》第3条规定，作为战时特例，登记事项的公告仅通过官方告示进行。而根据昭和20年修改的上述法令规定，登记事项不再进行公告，关于商事登记的效力，登记完成即视为商法所要求的登记与公告完成之时。

到20世纪60年代，日本对商事登记的立法体例进行了一次重大改革，将商事登记的主要内容从商法典中移出，并将其单独立法，这便是日本于昭和30年(1963年)7月9日制定的《商业登记法》。该法于1964年4月1日起实施，最新一次修订发生在平成23年(2011年)6月3日，修订后法律内容变化较大。现行《日本商事登记法》共分为四章，148条，其中第1～5条为总则、第6～13条为登记簿、第14～138条为登记手续、第139～148条为杂则。

一般而言，在英美法系国家和地区既没有统一的民法典，也没有统一的商法典。虽然在某些国家(地区)也存在商法、商人和商事的概念，但统一的商事立法毕竟不是主流的法律模式，而判例法才是英美法系国家(地区)商法的重要组成部分。而商法的成文法主要表现为按照不同商事组织形式形成而制定的分门别类的商事单行法，如公司法、合伙法等。

在英国，从17世纪开始，由于重商主义的盛行及海外殖民地的开拓，以皇家特许状为基础的从事海外贸易的公司崛起，它们排斥其他公司，从事垄断性经营。此类公司要经国王颁布特许令或国会颁布特别法批准方得成立。在特许贸易公司以外，民间商人以契约方式组建公司的风气也很盛行，许多公司发行股票，并且在一些公共活动场所形成了自发的、原始的股票交易市场。但在缺乏公司法律制度框架的前提下，民间自发的组建公司和股票买卖热潮的确蕴含着巨大的潜在商业风险和道德风险。英国1720年制定了《泡沫法》，规定不许滥设公司，公司采取特许设立主义原则，具有法人资格的公司必须经国会认可。[①] 这是英国商事登记制度的雏形。

---

① 赵旭东：《公司法学》，高等教育出版社2003年版，第95页。

1720年《泡沫法》的初衷是防止以公司的形式进行商业欺诈,这一法律的实施显然仅仅是为公司的设立制造了障碍,并非严格意义上的商事登记制度。时过境迁,1841年英国成立了一个为防止诈欺而对有关联合股份公司(Joint Stock Company)的法律状态进行调查的委员会,调查发现基于特许设立主义原则而组建的英国公司仍然存在商业欺诈的严重情况。于是,该委员会向立法机关建议要保护公众免受诈欺,奖励诚信经营。由此,1844年《英国公司法》首次引入了准则主义原则,把登记与公司法人格的赋予相联系,商事登记成为了公司成立的生效要件。现在,英国商事登记由行政机关负责,以公司登记为主。公司注册署全面负责上市公司、私人公司、无限公司等公司的注册登记。

美国在独立前属于英国殖民地,1775年爆发了反对英国殖民统治的独立运动。1776年7月4日,《独立宣言》发布,美国正式诞生,在这个时期,美国的商事登记由各州自主管辖,联邦政府只对州际贸易和国际贸易拥有管辖权。权力分散的联邦政体使得美国不大可能仿效欧洲老牌资本主义国家对组建公司实行特许设立主义原则,由此公司设立准则主义就顺理成章地在美国诞生。世界上最早的基于准则主义的股份公司法是1811年的美国纽约州《制造工业公司法》,该法规定,设立公司时,申请人应向州务长官提交章程。后来,这种设立公司的方式被美国其他各州所仿效,并且,其他各州在公司设立的基础上,增加了章程变更、合并、解散等事项向州务长官提交的要求。到1837年,康涅狄格州颁布了第一部一般公司法,这项法律规定了标准的公司登记程序。美国的公司设立的条件在各个州都不尽相同,但在美国律师协会制定和完善的《标准商事公司法》对各州的公司法的巨大的影响下,各州公司设立的实质条件和程序也逐渐趋于相似,大体上都具有以下流程:公司筹办人向州务卿提交注册文件,州政府审查批准后,由州务卿予以注册登记。注册登记的信息将备案于州务卿处同时上传到互联网,供社会公众查阅。

总之,英国和美国都没有发展出统一的商事登记法律,其与商事登记相关的法律法规都散落在相应的单行法中,与德国、法国、日本等大陆法系国家截然不同。

四、商事登记的性质

关于商事登记的法律性质,立法上并无明确的规定,学界亦众说纷纭,实践中也认识不一。

(一)商事登记性质的理论争议

学界关于商事登记的法律性质,主要存在三种观点:

第一种观点认为商事登记是公法行为,是国家利用公权力干预商事活动的行为,商事登记法律关系是登记申请人与登记主管机关之间的关系。主张该说的学者认为这种关系就是行政法律关系。[①] 还有学者认为这个关系受商事组织法调整,商事组织

① 参见范健:《商法》,高等教育出版社2002年版,第58页。

法以强制性规范为主，属于公法范畴。[①] 在该说内部，商事登记作为一种行政法律关系属于行政许可还是行政确认存在分歧，但主流意见逐渐趋向于后者。

第二种观点认为商事登记属私法行为，该说认为商事登记法属于商法，商法属于私法，所以其具有保护私权的天然倾向，因此，商事登记是一种私法行为。私人从商的权利缘起于天赋行商权，故而法律只是通过登记制度确认了商人的这种营业自由。[②]

第三种观点认为商事登记兼具公法与私法性质，其内容上主要为上述前两种观点的折中。[③] 该说认为，商事登记一方面是登记申请人的自由意思表述，另一方面还是行政机关行使公共管理职能的体现，具有双重的性质。

（二）商事登记性质的探讨

本书认为，第三种观点较为适宜。第一种观点未能涵盖商事登记之全貌。首先，其忽视了商事登记制度源起于民间的商业行会的历史渊源，忽视了商事登记最初是一种自发的民间商业秩序，直至"二战"以后，在贸易管制主义的影响下，国家权力才慢慢渗透其中；其次，第一种观点还忽视了商事登记的私法属性。法律主体是否参与登记，取决于其意思自治，国家无权强制其为登记申请，因此具有显著的私权属性。

第二种观点忽视了商事登记具有国家管制的功能，首先，申请人必须向国家机关申请登记，国家管制是逻辑之必然结果；其次，从登记的内容看，一些关乎最低限度经营条件的事项属必须登记事项，未登记的，国家机关不确认其商事主体资格；最后，商事登记还是国家机关对商事活动实施事前、事中、事后管控与产权界定、税收征缴的平台。

前两种观点都不当放大了商事登记在某一个侧面上的特征，选择性的忽视另外一种特质，都不能全面地描述商事登记的客观实质。在登记申请人的角度看，商事登记行为是登记申请人依据自主意思，向登记机关申请商事主体登记并获取相关资格和公示信息的法律行为；从登记机关的角度看，商事登记是行政机关基于法律法规赋予的公共管理职能，对登记申请人的申请事项依法进行审查并予以确认或不确认的具体行政行为。因此，商事登记在性质上兼具公法与私法的属性。登记错误的赔偿问题可以侧面印证商事登记具有公私双重属性的特征：若是民事主体虚假登记，造成第三人损失的，在司法实践中属于民事诉讼管辖，虚假登记人承担民事责任；若是登记机关错误登记造成第三人损失的，则属行政赔偿诉讼范畴，登记机关承担国家赔偿责任。综上所述，商事登记兼具公法与私法性质，具有双重属性。

---

① 参见徐学鹿：《商法总论》，人民法院出版社1999年版，第219～220页；赵中孚主编：《商法总论》，中国人民大学出版社1999年版，第151页。

② 参见蒋大兴：《公司法的展开与评判——方法、判例、制度》，法律出版社2001年版，第345页；樊涛、王延川：《商法总论》，知识产权出版社2006年版，第234～235页；朱慈蕴：《我国商事登记立法的改革与完善》，载《国家检察官学院学报》2004年第6期；王兰：《管制罅隙下的自治：商事登记制度发展与模式反思》，法律出版社2011年版，第25～27页。

③ 寇志兴主编：《商法学》，法律出版社1999年版，第64页；覃有土主编：《商法学》，中国政法大学出版社1999年版，第24页；冯翔：《商事登记效力研究》，法律出版社2014年版，第25～26页。

（三）商事登记公法性质的争议：行政许可抑或是行政确认

对于商事登记双重属性的认识，在私法属性部分，学界观点逐渐由分歧走向统一，即认为商事登记是申请人的法律行为。但是，对其公法性质的认识仍存在分歧。一种观点认为商事登记是行政机关的行政许可行为，另一种观点认为商事登记是行政机关的行政确认行为。

前一种观点的主要依据是2004年颁布实施的《行政许可法》第12条第5项规定："企业或者其他组织的设立等，需要确定主体资格的事项。"从条文可以看出，立法者似乎将商事登记中企业和其他组织的登记纳入了行政许可的范畴。

在2013年以前，绝大多数的经营事项都属特殊经营事项，需要通过行政审批才能获取。如此一来，导致了绝大多数商事主体需要获得相关经营范围的"许可证"才得向工商管理部门申领营业执照。这个现象被称为"先证后照"，即先取得行政许可证，再申领营业执照。加之，我国工商登记不区分主体登记和营业登记，《营业执照》兼具证明商事主体资格与经营资格的双重作用。因此，人们自然而然地就认为要想取得商事主体资格，从事营利性事业，就必须先取得经营范围行政许可，再为工商登记。由此，工商登记总是伴随着行政许可发生，二者之间建立了某种因果关系，进而不少人认为商事登记就是行政许可的一种，这是一个误区。

在立法和政策层面上，2013年3月14日第十二届全国人民代表大会第一次会议通过了《关于国务院机构改革和职能转变方案》（以下简称《方案》），该方案指出："对按照法律、行政法规和国务院决定需要取得前置许可的事项，除涉及国家安全、公民生命财产安全等外，不再实行先主管部门审批、再工商登记的制度，商事主体向工商部门申请登记，取得营业执照后即可从事一般生产经营活动；对从事需要许可的生产经营活动，持营业执照和有关材料向主管部门申请许可。将注册资本实缴登记制改为认缴登记制，并放宽工商登记其他条件。"此后，按照《方案》的精神，相继出台了《国务院关于取消和调整一批行政审批项目等事项的决定》（国发〔2014〕27号）、国务院印发《关于取消和调整一批行政审批项目等事项的决定》（国发〔2015〕11号）、《国务院关于"先照后证"改革后加强事中事后监管的意见》（国发〔2015〕62）号等文件。改"先证后照"为"先照后证"，消灭了《营业执照》总是后置于各类行政许可的现象，进一步印证了商事登记与行政许可并非同质。商事登记在公法上呈现出羁束行政行为的特征，即符合一般经营者条件的法律主体，可以直接向工商部门申请登记注册，获得商事主体资格，并由其核发营业执照，同时获得一般经营资格，工商部门并无自由裁量权。对于少量的特殊经营资格则须经相关行政机关前置或后置行政许可后获取，这类许可事项是特殊的商事登记，是为保护公共利益创设的例外。具体而言，除《国务院关于修改部分行政法规的决定》（国务院令第666号）以及《工商总局关于调整工商登记前置审批事项目录的通知》（工商企注字〔2016〕117号）中规定设立前置审批34项、后置审批134项外，其他经营事项，商事主体可以直接向工商部门申领营业执照，同时获取主体资格与一般经营资格。

事实上，登记机关登记的性质，需要在不同国家不同立法主义下讨论，在不同主义之下，登记行为的性质有所不同。在许可主义下，登记机关既负责登记又审查批准，此时，登记的性质应属于行政许可。登记主义从许可主义走向准则主义后，在准则主义情况下，登记机关只进行形式审查，对符合条件的都要予以登记，没有自由裁量权，此时，登记的性质应属于行政确认。

由此观之，除上述34项经营项目外，其他领域的商事登记采准则主义，即对符合一般商事主体资格条件的商事主体，工商部门以作出具体行政行为的方式确认其主体资格与一般经营资格，并颁发兼具证明上述两种资格的《营业执照》。因此，从性质上看，商事登记在公法上属于确认行为，是行政机关对商事主体资格和营业资格的确认。

五、商事登记的功能

商事登记是由两方实施但牵涉多方利益的法律行为，是一套保护商事主体与第三人间市场活动的自由、安全、效率为内在价值追求的法律制度。商事登记制度具有双重目标，既要保障私权又要实现公法控制，需要平衡国家、登记申请人、第三人等多方主体的利益诉求。商事登记的功能总的归纳起来有四个方面：一是赋予商事活动当事人以商事主体的身份和资格，肯定其法律地位；二是公示商事主体经营状况和能力，确立和维持其商业信誉；三是降低交易成本，增进交易安全，提高效率；四是便于国家对商事主体的管理，建立和维持商事经营秩序。

（一）赋予商事主体资格

商事主体理论认为，取得合法的商人身份是进入市场开始交易的前提和基础，但商事登记是否为商事主体成立之必要条件，各国立法不一。主要有成立要件主义和非成立要件主义两种。成立要件主义是指商事登记为商事主体成立之必要条件，未经登记不得成立商事主体。这是20世纪下半叶各国商事登记立法的主流。当今世界，多数国家奉行成立要件主义。对于符合商事主体条件的主体，国家强制要求其进行登记并赋予其商事主体资格。如果说营利性和营业性是对商事主体特征的实质判断，那么商事登记则是对商事主体的形势判断。

在成立要件主义之下，任何当事人要以商事主体身份进行营利性活动，必须经过专门的登记。虽然公民享有从商经营权是现代宪政和民权理论的一般主张，但这与强制商事登记制度并不矛盾，商事登记并不否定每个公民具有的从商能力和资格，只是基于商事营利行为的特殊性，依照法定的条件对当事人进行程序性的审查，只要符合商事主体的法定条件，都会取得商事主体的身份和资格。商事主体一经登记，即取得商事主体的法律地位，获得与其登记的主体类型相应的法律人格，获得营利性活动的权利能力和行为能力，可以依法进行各种经营活动。商事登记制度的首要价值正是对市场中各类主体进行“身份”和基本权利的确认，登记机关将商事主体的名称、住所、法定代表人、注册资本、企业类型、经营范围等事项记载于商事登记簿并予以公示，从而确认商事主体的成立、变更、终止,为商事主体进入市场交易提供合法的资格。①

在我国,只有商事主体享有进行营利性活动的权利能力和行为能力,因此,只有经过工商登记才可以开展经营性活动,法律禁止无照经营。近年来,对于小商贩是否适用强制登记,是否可以允许其不经登记而进行经营,存在不同的主张和见解。有的学者认为:"相较其他商事主体,流动商贩自有资本、利润预期与登记成本相比极不理想,陡增的制度成本使其难担负累。"某些地方在工商行政管理的改革中,也在尝试对小商贩的豁免登记。笔者认为,对此问题的判断和选择取决于商事登记本身的价值和功能。虽然由于长期以来我国登记制度存在条件过严、效力低下、成本较高等弊端,但不应由此而简单地排斥登记要件的采用。在我国目前小商小贩数量及规模甚大、小商贩与城管之间矛盾冲突日益尖锐的现实状况下,实行小商贩的工商登记,对于规范其经营行为,保护交易安全和第三人的合法权益,维护市场秩序,有其不可替代的作用。② 如果因此而增加公民从商的负担或成本,也是本应付出的最基本的成本,任何社会活动都不能没有任何负担或成本,相对于小商贩的营利性行为而言,这样的成本是完全必要和合理的。当然,由于小商贩的特殊性,尤其是相比较其他商事主体,小商贩资本少、流动性强、经营内容可能不固定,如果强求其与其他商事主体按同样的条件和要求进行登记,可能会对就业能力不强、生活困顿的流动商贩形成冲击,甚至影响一部分人自谋生计。对于这类群体,商事登记的要求应该放宽放松,登记程序应尽可能快捷和便利,登记费用尽可能降低。而对于农村承包经营户来说,由于他们所处的农村社会关系相对简单,彼此之间较为熟悉,发生交易风险的可能性不大,则可以考虑豁免登记。

(二)公示商事主体的商业信誉

商事主体进行登记之后才有可能实现信息公示、利益相关者的权益保护以及国家对市场的监督管理。进言之,我国商事登记制度与现代商事登记制度一致,都是在对市场中经营主体确认的基础上通过信息公示等手段实现市场各个主体利益均衡。

在古罗马时期,对商人的经营就有了公示的色彩。开设商店从事经营活动的人必须在其店堂内挂一块牌子,上面写明自己的经营项目、经营范围和经营情况,以表明自己的经营状态。③ 近现代以来,法律之所以要求商人承担商事登记的义务,其最重要的原因是商事登记制度具有公示的效力,商事主体可以通过登记将自己与营业有关的信息进行公布,交易相对方和社会公众通过查询登记簿得知该商事主体的基本状况,作出是否与商人交易的决定,以及与企业登记的代表人进行交易,公司的股东可以在公司具体种类得到登记之后获得有限责任的保护,善意第三人可以根据公示信息在法

---

① 商主体法定化,就是为了规范商主体,区分商主体与其他市场经济主体,以法律的形式将商主体的类型、取得和丧失主体资格的标准、程序等内容加以明确规定,以保障市场交易的迅捷和安全。商主体法定化是商法的一项基本原则,也为各国所普遍接受。郑在义:《论我国商主体的法定化》,载《国家检察官学院学报》2006 年第 14 卷第 3 期。

② 石少侠、李镇:《论个体工商户商事登记义务之豁免》,载《经济纵横》2012 年第 1 期。

③ 范健:《德国商法:传统框架与新规则》,法律出版社 2003 年版,第 224 页。

律的保护下大胆进行交易,行政部门也因此更加便利地实施市场管理。

可以说,商事主体登记法律制度主要就是一个公示商事主体信用状况的制度。这种信用公示不仅有利于商事主体自身营业信用的展示,而且更有利于减少交易风险。日本学者鸿常夫认为,商业登记是指通过公示商事主体的内容,对与商事主体相关的经济主体的利益进行调整的制度,商业登记这一公示制度,对商事主体而言,具有通过公示维持信用的效果,对与商事主体进行交易的相对人而言,则可以确切地了解到与该商事主体有关的营业事项,从而使其安心地与该商事主体进行交易。① 台湾学者张国键认为商事登记的目的之一为昭著商事主体的营业信用,保障商事主体的权益。②具体而言,商事主体的信用又表现在资本状况、责任方式、组织形式、资产状况、经营者的人格信用等多个方面。交易相对人通过对以上事项甚至更多的有关商事主体的信用状况进行了解和评价,从而确定交易风险的高低,进而作出是否与该商事主体交易的决定。

(三)降低交易成本,增进交易安全,提高交易效率

效率与安全是现代商事登记制度的两大核心价值追求,而效率价值更直接体现着登记制度对经济活动的应然促进作用,是以经济学的视角重新审视法律制度并对其加以完善。将效率问题引入法律领域源于亚当·斯密以来的经济学对法律的渗透,亦即对法律的经济分析(economic analysis of law)的运用。③ 法律经济分析的代表人物理查德·A. 波斯纳 1973 年在他的经典著作《法律的经济分析》中提出:"简明的经济学概念可以被用来讨论法律领域中非常特殊的问题,经济效率的概念可以解释法律制度的结构。"④虽然法律经济学的研究方法饱受争议,但是法律制度的效率价值已经日益成为理论界和实务界关注的重点,并逐步成为当代法律制度的基本价值目标之一。我国的商事登记制度直接为商事主体服务,促进经济发展和效率提升是其应有之意。

在现代商事交易中,很多交易是陌生人之间的交易。陌生人之间缺乏相互了解和信任,确保交易安全,交易者需要尽量多掌握交易相对人的情况。商事登记提供了交易相对人及社会公众低成本地了解商事主体情况的途径,成为交易相对人可以合理依赖的客观基础,即商事登记具有公信力。交易第三人通过商事登记的事项而不需要通过其他方式即可获得交易所需要的信息,这极大地降低了商事交易的成本。商事主体登记具有法律赋予的公信力,这有助于当事人对交易主体资格和能力信息的了解,以便预测特定交易的风险,从而减少商事交易中风险发生的频率,提高交易安全性。

商事登记制度可以促进社会经济运行效率是因为其具有公共物品的属性。公共

---

① [日]鸿常夫:《商法总则》(全订第 4 版补正 2 版),弘文堂 1995 年版,第 227 页。

② 张国键:《商事法论》,三民书局 1980 年版,第 85 页。

③ 这门新的学科在西方称谓也有所不同,有人称为"法律的经济分析",有人称为"法和经济学"(law and economic),还有人称为"经济分析法学"(jurisprudence of economic analysis),"法律经济学"(legal economic)等,我国学者在翻译和介绍这一学科时,也是称谓不一,主要有:"法律的经济分析""法律经济学""经济分析法学"等。王妍:《商事登记基础理论研究——以权力与权利为视角》,黑龙江大学 2010 年博士研究生学位论文,第 76 页。

④ [美]理查德·A. 波斯纳:《法律的经济分析》,蒋兆康译,中国大百科全书出版社 1997 年版,译者序言。

物品在经济学上是指那些能够同时供许多人享用，当增加一个人对它的分享，并不导致成本增长，即其供给成本并不随享用它的人数规模和地域范围的变化而变化的物品。公共物品有两个基本的特征，即非竞争性和非排他性。非竞争性是指一个商品在给定条件下，向一个额外消费者提供商品的边际成本为零；非排他性是指人们不能被排除在消费一种商品之外。① 公共物品概念的提出是因为由于非竞争性和非排他性的特征使私人不愿意或无力提供这种物品，因为这种物品的价格无法通过市场调节，这样公共物品市场调节失灵的问题就必须由国家来解决，即由国家提供必要的公共物品。商事登记信息具有公共物品的属性，因为除国家以外，任何私人组织都不可能向社会提供这种公共物品，国家以法律制度的形式向社会提供快捷、简便的商事信息登记和查询系统，使信息透明、公开，商事主体之间相互了解更加便利，减少交易中可能发生的摩擦、猜疑，从而在降低个人交易成本的同时为整个社会经济运行成本的降低奠定了基础。特别需要指出的是，我国的市场主体登记制度因为普及面广，涉及的利益相关方众多，可以产生网络外部性的效用，即每个用户从使用某产品中得到的效用，与用户的总数量有关。用户人数越多，每个用户得到的效用就越高，网络中每个人的价值与网络中其他人的数量成正比。这意味着商事登记信息享用的受众越多，越会带动市场中每个利益相关方总所得效用的平方级增长，社会效益的总量也会随之增长，并使交易成本快速下降。市场主体登记制度所具有的效率价值无疑是对社会主义市场经济制度合理性的最好诠释，监管者、商人、消费者等相关利益方都实现了在更低的制度成本下获取更高收益，从而促进社会福利的快速增长。

商事交易的效率主要通过两个方面来实现，即商事主体设立中的效率和商事交易过程中的效率。前者是指商事主体以较低的成本和最快的速度设立；后者主要是从交易第三人的角度来讲，指交易相对人在选择交易和交易过程中如何通过商事主体登记法律制度实现低成本地获取有关商事交易的信息。现代多数国家要求商事主体的设立进行强制登记，并规定了一定的登记程序，登记机关在规定的时间内依照法律的规定完成特定的事项。这就使当事人对商事主体的设立过程有一个明确的把握和合理的预期。这样可以防止登记机关的故意拖延而加大当事人在经济利益和时间上的支出。在商事交易方面，交易相对人可以通过登记的事项获取自己所需的交易信息，从而尽快做出能否交易的决定。这既符合商法的外观主义，也符合商法的效率原则。

（四）便于国家管理，建立和维持商事经营秩序

商事登记不仅直接关系到每个市场参与主体，也间接关系到非市场参与主体，它体现的不仅是个人利益，同时也涉及国家利益、公共利益和社会利益。来自登记制度的公示功能，保证了市场交易的微观安全，来自登记过程中的审查和准入制度，则侧重于国家对市场的全面监管与宏观经济安全。商事登记制度一方面肯定了商事经营者的主体身份和经营权利，为其实施商行为提供了制度性的基础保障；另一方面也为国

① 刘少荣：《法律的经济分析中使用经济学概念、范畴时应注意的几个问题》，载《法律科学》2004 年第 3 期。

家介入市场管理提供了具有效率和技术性的途径。事实上,国家市场监管功能的出现既是登记制度创立的初衷,也是经济发展的必然结果。“市场失灵”的固有缺陷需要国家以登记制度为依托,通过市场准入、信息披露、事后行政制裁,以及宏观调控等手段实现公权力对市场效率与安全的双重干预。“从摇篮到坟墓,我们的生活无不受政府活动的影响。”[①]最好的政府并不是古典自由主义所推崇的“守夜人”角色,也不是计划经济时代包揽一切、全面干预的政府,而应该是管理适当的政府,既承认市场的非自洽性、政府干预的必要性,又强调警惕与控制政府权力的扩张。就我国而言,“计划经济向市场经济的过渡,在法律上相伴着一个从权力到权利的结构分化过程。对于政府而言,市场经济意味着一个有限政府,政府权力要受到限制与约束,不能随意干扰市场的运行。相对于市场主体来说,市场经济是自主经济,市场的运作主要依靠相关主体对权利的自由运用。因此,市场经济有两个基本的法律要素:一个权力有限的政府和一个权利充分的市场”。[②] 一方面,市场经济中的政府以保护交易相对方的微观安全为己任,保障交易相对人交易安全的功能是依托市场主体登记的商人商业信息公共服务功能和市场准入及异动监控功能实现的。通过登记制度的信息公共服务功能,可以较好地解决市场信息短缺和不对称的问题;通过市场准入和异动监控功能,可以有效地控制市场主体设立的瑕疵,监控市场异动,防止欺诈行为。相比西方国家的立法,我国登记制度更强调市场准入和异动监控功能,市场主体登记法律体系多为行政法规、行政规章和地方性法规等经济管理型立法,第一位目标是控制市场准入和便于行政机关的归口领导。另一方面,保护交易相对方的微观安全是为了实现市场整体的安全稳定与国民经济的良好运行,这包括政府通过登记制度获取市场或产业中的各项统计信息,为宏观调控奠定基础。市场交易活动是商事主体的活动,一系列商事主体之间的商事交易构成了整个社会的经济秩序,商事主体的活动反映出整个社会的经济运行情况。国家通过对已登记的商事主体的数量和分布等的数据分析,有助于了解和掌握社会经济发展的总体状态和产业结构,调整和引导当事人的投资行为和投资方向,规范企业经营行为,防范和遏制欺诈或过度的投机行为,建立和维持健康有序的商事经营秩序。商事登记对于税收、产品质量与卫生安全监管等方面的行政管理更有着重要的功能和作用。对经营活动征收税款是社会经济管理的基本要求,而只有通过商事登记才能确定纳税义务人,并对其依法纳税实行有效的监管和征缴。产品质量和卫生安全,尤其是食品安全监管,同样需要借助于对生产者和经营者进行身份认定和市场准入来实现政府适度的行政干预,这也正是商事登记制度的另一项基本功能。

六、商事登记的效力

商事登记的效力是指商事登记事项在登记机关进行登记后所产生的法律效果。商事登记具有何种效力,是商事登记中最为基本也是最为复杂的基础问题。《德国商

---

① [美]约瑟夫·E.施蒂格利兹:《政府经济学》,曾强、何志雄等译,春秋出版社1988年版,第2页。

② 钱弘道:《法律的经济分析》,清华大学出版社2006年版,第63页。

法典》第15条搭建了德国商事登记的法律效力的基本框架，该条文一直以来都被学者们认为是整个商法典中最为复杂也最难理解的条文之一。在我国，对商事登记效力的表述与分析往往都语焉不详，给人一种说不清道不明之感，足见有关商事登记效力的理论分析极具难度与复杂性。一般认为，商事登记效力根据不同标准可以进行不同分类，常见的分类标准包括承受主体、登记性质以及效力内容。根据承受主体的不同，商事登记的效力可以分为对申请主体的效力、对第三人的效力以及对登记机关的效力。根据效力内容的不同，商事登记的效力可以分为创设效力、生效效力、公示力，其中公示力包括公信效力和对抗效力。[①] 根据登记性质的不同，商事登记的效力可以分为设立登记的效力、变更登记的效力以及注销登记的效力。[②] 商事登记不仅具有私法效力，还具有公法上的效力，比如决定司法行政管辖权、法律适用地等。在我国商法学者对商事登记效力的分类林林总总，未取得全面的共识。然而，我们认为，创设力、生效效力、公示力是商事登记最为核心、最为根本的法律效力。

商事登记的效力以创设力、生效效力、公示力为核心。商事登记的创设力，即创设新的法律关系的效力，是指商事登记是商事主体取得或者丧失商事主体资格的前提条件。商事登记的生效效力是指，特定的法律行为只有经商事登记后方可生效，否则不生效。商事登记的公示力分公信力与对抗力。商事登记的公信力，即指经过公示的登记事项有被推定为真实、合法、有效并为社会一般公众所信赖的效力。商事登记的对抗力是指经过公示的登记事项，可以推定为一般社会公众所知。公信力和对抗力是商事登记的产生的两个方面的公示效果。公信力旨在维护交易安全、保护善意第三人；对抗力旨在保护登记义务人的权利，使其不为登记事实所累。一般而言，几乎所有经过公示的登记都具有公信力和对抗力，而并非都具有创设力。经过公示的登记其对抗力亦有例外：当第三人确有正当理由而不知登记事项的，登记义务人仍然不能对抗该第三人，例如《德国商事法》第15条第2款规定："此项事实已经被登记和公告的，第三人必须承受此项事实的效力。对于在公告后15日内实施的法律行为，以第三人能证明其既不明知也不应知此项事实为限，不适用第1句之规定。"[③]再如，《日本公司法》第908条规定："第三人因正当事由不知该登记的不得对抗。"

商事登记除最主要的创设力、生效效力、公示力外，还具有一些其他的特殊的效力。特殊效力并非针对所有商事主体所为的商事登记都适用的效力，其是指针对特定人或者特定权利，登记产生的不具有广泛意义的效力。主要包括：①商号专用权的强化性效力，例如《日本商法典》第19～20条规定，商业名称一经登记，就会有极强的排他性。我国实行名称预先核准制度，商事主体设立后，核准登记的名称才具有商号名称的全部意义，才能得到更好的保护；②商事登记的补正效力。商事登记具有弥补股

① 依据效力内容对登记效力的分类，不同学者有不同认识，其他比较常见的分类还有一般效力与特殊效力；证明力、公信力及对抗力。

② 这是根据登记性质对登记效力分类的主要类型，但是依据境外商事法，还包括歇业登记的效力、解散登记的效力、清算完结登记的效力等。

③ 杜景林、卢谌：《德国商法典》，法律出版社2010年版，第15页。

份交易无效、取消等瑕疵的效力;[①]③商事登记的免责效力。例如,商法人完成登记后,在设立过程中发生的与设立活动相关的债权债务关系由商法人承受,创办人不再承担连带责任。再如,《日本商法典》第93条规定:"无限责任股东退股登记经过2年,即可免除其作为股东的责任。"

(一)商事登记的创设力

商事登记的创设力是指商事登记具有创设商事主体的效力。商事主体的筹办人根据自主意思,依照一定的法律程序向商事登记主管机关申请设立商事主体,并经商事登记主管机关审查、登记后,产生设立商事主体的效力,即一个崭新的能够以自己的名义享有权利并承担义务的法律主体诞生。

各国法律中关于商事登记的创设力的规定不尽相同,大致可以归纳为如下几种情形:

其一,商事登记是商法人获得法律人格的必要条件,未经登记及公告,商法人不能成立,其行为不能被视为商行为。但是,对于商个人和商合伙而言,商事登记仅仅具有宣告性,是其商人身份的法律认可;如果行为人未经登记而从事了商事经营活动,其不享有商人所享有的权利,但必须履行商人应履行的义务。德国、法国、瑞士的商法奉行这一原则。

其二,商事登记不是商事主体资格取得的必要条件,未经登记程序,行为人实施了商行为,同样可以享有商人的权利并履行商人的义务。商事登记的作用仅在于保护商号和商事主体的商标等其他与商事主体相关的特殊权利。荷兰等国家的商法奉行这一原则。

其三,商事登记是各类商事主体成立的必要要件,未经商事登记程序,行为人即使实施了商事经营活动,也不得享有商人的权利,同时也不必履行商人的义务,该行为可被认定为无效行为。

根据我国工商登记法律法规的规定,商事登记不仅是商法人取得法人资格的前提条件,也是非法人的商事主体取得商事经营资格的前提条件。根据国务院颁布的《无证无照经营查处办法》第2条规定:"任何单位或者个人不得违反法律、法规、国务院决定的规定,从事无证无照经营。"该办法在立法上否认了实质商人的存在,换言之,在我国,要想从事经营活动,必须进行商事登记,以商事主体的身份从事经营活动。

我国现行法律体系对商事主体采强制登记主义,商事登记具有创设效力。根据《企业法人登记管理条例》《公司登记管理条例》中关于主体登记的规定,企业法人需经商事登记主管机关登记并领取《企业法人营业执照》后方可设立。又如,《个人独资企业法》第13条之规定:"个人独资企业的营业执照签发日期,为个人独资企业成立日期。在领取个人独资企业营业执照前,投资人不得以个人独资企业名义从事经营活动。"再如,《合伙企业法》第11条之规定:"合伙企业的营业执照签发日期,为合伙企业成立日期。合伙企业领取营业执照前,合伙人不得以合伙企业名义从事合伙业

① 周林彬、任先行:《比较商法导论》,北京大学出版社2000年版,第243~245页。

务。”也就是说,在我国只有通过商事登记才能成为商事主体,商事主体经商事登记之时起成立,进而可以认为商事登记具有创设力。正是基于我国法律实践的情况,有学者指出:“如果商人资格的取得,只有经过登记注册,这样注册就被作为一种法律事实而加以认定,根据事实这一法律事实行为时起就认定某人具有商人的法律地位,不实施这一法律行为就不能取得商人资格,那么这种注册就具有创设效力。在所有国家的法律中,对股份公司和有限责任公司这种法定商业合伙的注册都具有创设力。”①还有学者指出:“商主体能够根据其设立的登记而依法成立,如果不进行设立登记,商主体便无法成立,也即无法取得经营资格,这种能把商主体建立起来的效力就叫创造性效力或创设性效力。”②

此外,商事登记具有创设商事主体的效力并不与商事登记在公法属性上属于一种行政确认行为相矛盾。商事登记创设商事主体是一种法律效果,是法律对一个全新主体的拟制。作为一种行政确认行为的商事登记是行政机关对申请人是否符合创设商事主体条件或资格的一种确认。当事人可以通过商事登记机关的行政确认,在公法上确认其符合成立商事主体的条件,从而依照法律的规定,创设相应的商事主体。换言之,如若当事人未能取得行政确认,哪怕其符合成立商事主体的一切条件,依照相应法律的规定,也不能创设相应的商事主体。因此,从商事登记公法属性的角度上看,商事登记机关的行政确认行为具有创设商事主体的效力。

(二)商事登记的生效效力

商事登记的生效效力是指登记行为是特定法律行为生效的必要条件。世界各国有关商事登记是否具有生效效力主要有两种立法模式,即登记生效主义与登记对抗主义。在登记生效主义的模式下,登记是相关法律行为生效的必要条件。在登记对抗主义的模式下,登记仅作为相关法律行为得以对抗第三人的要件。广义的商事登记生效效力包含了创设效力。我国现行法律明确规定了设立登记和注销登记构成商事主体成立和终止的必要条件。③ 狭义的商事登记生效效力是指除创设效力之外的登记产生的生效法律效力,我国现行法律对除创设和注销登记外的其他商事登记是否具有生效效力未作明确规定。

我国商事登记是否具有生效效力存在争议。从最高人民法院的有关司法解释看,除法律另有规定外,登记与否不影响法律关系在当事人之间的效力,比如《关于适用〈中华人民共和国合同法〉若干问题的解释(一)》第 9 条、④《关于审理商标民事纠纷案件适用法律若干问题的解释》第 19 条。⑤ 虽然上述司法解释对于解决特定争议案

① 周林彬、任先行:《比较商法导论》,北京大学出版社 2000 年版,第 245 页。

② 官欣荣主编:《商法原理》,中国检察出版社 2004 年版,第 122 页。

③ 如《公司法》第 7 条、《公司登记管理条例》第 45 条、《合伙企业法》第 11 条、《合伙企业登记管理条例》第 24 条、《个人独资企业法》第 13 条、《个人独资企业登记管理条例》第 21 条、《民法通则》第 26 条。

④ 该条规定:……法律、行政法规规定合同应当办理登记手续,但未规定登记后生效的,当事人未办理登记手续不影响合同的效力,合同标的物所有权及其他物权不能转移。

⑤ 该条规定:商标使用许可合同未经备案的,不影响该许可合同的效力,但当事人另有约定的除外。商标使用许可合同未在商标局备案的,不得对抗善意第三人。

件发挥了积极作用,但是适用范围有限,以至于理论界与实务界对登记是否具有生效效力未能形成统一认识。有的登记机关工作人员就认为商事登记具有生效效力;①有的学者也认为我国现行法律体系采纳了登记生效主义;②至于当事人以缺少工商登记为由抗辩法律关系的生效更是屡见不鲜。国家工商行政管理局也曾发文(工商企字〔2000〕第263号)规定"股东转让股权……经公司登记机关核准变更登记后,成为公司股东"。对登记生效效力统一规范的缺位不时在商事实践中引起争议。以有限责任公司股权变更登记为例,在制备有股东名称的有限责任公司,依照《公司法》第32条第3款之规定:"公司应当将股东的姓名或者名称向公司登记机关登记;登记事项发生变更的,应当办理变更登记。未经登记或者变更登记的,不得对抗第三人。"此时,股权变更登记仅具有对抗效力。然而,《公司法》并没有对股权变更登记是否具有生效效力作出回应。实践中在没有制备股东名册的有限责任公司,股权变更登记不但具有对抗效力,还具有生效效力,拟转让股权在完成变更登记后完成转让。此时,股权登记即具有生效效力,又具有对抗效力,引发诸多争论。

商事登记是否具有生效效力,该问题的探讨常常与物权登记领域的两种主义相联系,即登记生效主义与登记对抗主义。在物权领域中,在登记生效主义与登记对抗主义两种模式的选择中,考量的因素诸多。各国"端视宏观经济环境,社会需求与配合制度之健全性如何而则择决,殊难以一端而论优劣"。③ 法国和日本采取登记对抗主体,因为其物权变动采意思主义。德国在不动产变动领域采登记生效主义,因为其不动产物权变动需物权合意。物权登记效力的立法选择主要是基于对不同的物权变动模式的考量下,选出最能保护交易安全的模式。然而,考量商事登记是否应具有生效效力,并非出于同样的考量,其更多体现出一种管制的思想,并非像物权登记主义的选择一般,须从两种登记模式中择一而为。

商事登记生效效力与对抗效力并非非此即彼的关系。商事登记事项一经登记公示不一定具有生效效力,但一定具有对抗效力。例如,《德国商法典》第15条第1款规定:"应登入商业登记簿的事实尚未登记和公告期间,在其事务上应对此种事实进行登记的人,不得以此种事实对抗第三人,但此种事实为第三人所知的,不在此限。"④再如,《意大利民法典》第2193条⑤规定:"对于法律规定必须进行登记的企业行为,在未办理登记的情况下,不得以未进行登记的企业行为对抗第三人,能证明第三人知晓的情况除外。自完成登记之时起,第三人不得再以不知晓依法必须进行登记的事项为由提出异议。法律的特别规定不在此限。"与商事登记对抗效力不同,商事登记的生

---

① 如天津市工商局开发区分局的于建春在2004年第1期的《工商行政管理》上发文指出:我国现行登记管理法规规定企业变更登记事项,应当向原企业登记机关申请变更登记。应当申请登记而未办理登记的,对登记事项的变更是否发生法律效力并没有直接予以否定,但是根据法律一般原理及登记事项的法律性质,对未经登记的登记事项的变更应当不发生法律效力。

② 如武汉大学2005年博士毕业学位论文《公司登记法律制度研究》一文即持该种观点。

③ 谢在全:《民法物权论》(上),中国政法大学出版社2011年版,第59页。

④ 《德国商法典》,杜景林、卢谌译,法律出版社2010年版,第15页。

⑤ 《意大利民法典》,费安玲、丁枚译,中国政法大学出版社1997年版,第544页。

效效力体现一种国家对商事活动的管制,非经法律法规明确规定登记具生效效力,登记不应当具有生效效力。换言之,生效效力是商事登记的特殊效力,而对抗效力是商事登记的一般效力,特别效力与一般效力是可以并存的。例如,公司设立登记既具有生效效力,又具有对抗效力,即设立登记具有创设商事主体的效力,也具有推定第三人知晓公司已设立的效力。

(三)商事登记的公示力

1. 商事登记的公信力

商事登记公信力是指登记事项一经法定登记机关登记,便推定为真实,形成第三人与登记义务人之间的约束。换言之,即登记事项一经商事登记主管机关登记,便被推定为真实有效,即使登记事实与客观事实不符,善意第三人仍可向登记义务人主张登记事实,法律拟制相关的登记事实存乎于善意第三人与登记义务人之间。商事登记的公信力解决的是在应登记事项未登记或已登记事项登记错误时,保护善意第三人交易安全的问题。商事登记公信力的正当性基础源于商事外观主义与行政公定力。为维护交易安全,提高交易效率,各国商法普遍采取商事外观主义,公信力即是商事外观主义在商事登记领域的表现。商事登记事项由行政机关加以审查,使商事登记事实在大多数情况下与客观事实相符,增强了登记事实的可信度,为商事登记的公信力提供了行政法上的支持。此外,商事登记公信力还具有节约市场交易成本的功能。就这一功能,有学者指出“在现代商事交易中,很多交易是陌生人之间的交易。陌生人之间缺乏相互了解和信任,确保交易安全,交易者需要尽量多掌握交易相对人的情况。商事登记提供了交易相对人及社会公众低成本地了解商事主体情况的途径,成为交易相对人可以合理依赖的客观基础,即商事登记具有公信力”。①

境外国家和地区普遍承认商事登记具有公信力,但不同国家和地区的规定稍有差异。例如,《韩国商法》第 39 条规定:“因故意或者过失进行不符事实的事项的登记者,不得以此对抗善意的第三人。”《德国商法典》第 15 条规定:“在应登入商业登记簿的事实尚未登记和公告期间,在其事务上应对此种事实进行登记的人,不得以此种事实对抗对三人,但此种事实为第三人所知的,不在此限。”《日本商法典》第 14 条规定:“因故意或过失而登记不实事项者,不得以该事项的不实对抗善意第三人。”②

我国《物权法》第 24 条、第 106 条、第 129 条、第 158 条,《合同法》第 50 条以及《公司法》第 33 条等条文都直接或间接认可了登记的公信力。我国法律体系中对公信力的规定,整体上呈现出一种零散、分散、不成体系的特点,缺少一个统一性的规定。

(1)商事登记公信力的具体内容。商事登记公信力具有推定登记事实真实的效力。登记事项经登记义务人申请主管机关审查登记后,即形成一种商事外观。社会公众通过查阅商事登记账簿获取商事主体相关的信息,从而判断商事主体的资信状况,决定是否与之交易。为保护善意第三人的交易安全,维护登记主管机关的权威,法律

---

① 赵旭东:《商事登记的制度价值与法律功能》,载《中国工商管理研究》2013 年第 6 期。

② 《日本商法典》,王书江、殷建平译,中国法制出版社 2000 年版,第 4 页。

规定“所有在商事登记簿中登记的事项都推定为具有合法性和准确性”。[①] 将登记事实推定为客观事实的理由在于:第一,登记义务人对于登记事实与客观事实不符本身具有过错,其具有可非难性;第二,法律推定登记事实为客观事实,可以增加登记事实的可信度,促进信息有效交换,提高市场交易效率。

商事登记公信力具有保护善意第三人的效力。在市场交易中,交易安全永远是第一位的,没有了交易安全,就无法维系正常的市场交易秩序。登记事项一旦通过主管机关的登记公示,即使其与客观真实不符,法律也将保护因信赖该登记而与登记义务人进行交易的商事第三人。法律在充分衡量登记义务人与善意第三人之间的利益后,选择优先保护善意第三人的利益而牺牲登记义务人之利益。具体而言,登记事实与客观事实不一致存在两种情形,一是相关事实依法应登记而未登记,此时,若造成善意第三人损失的,由相关事项的登记义务人承担损害赔偿责任。二是相关事实依法应登记但登记错误,此时若造成善意第三人损失的,由造成登记错误之人承担损害赔偿责任,登记错误可能是登记义务人故意或过失提交了错误的登记材料造成的,也可能是登记主管机关登记差错造成的。

(2)商事登记公信力的理论基础。商事登记公信力的理论基础有两个,一是外观主义,二是行政公定力。外观主义由德国法学家莫瑞茨・维斯派彻提出,旨在保护善意第三人的信赖利益,与英美法系中的禁反言有异曲同工之妙。之所以在民商事法律中确立外观主义原则,是因为在现代社会中,信赖是社会秩序和社会交往的重要媒介,是维系市场经济正常运转的最主要因素。只有保护信赖,社会成员才能建立起稳定的预期,从而建立一个有序而稳定的社会秩序。因此,对信赖的保护是法秩序必然的要求。德国著名法学家拉伦茨指出:“只有当必不可少的信赖被保护时,人类才有可能在保障每个人各得其应得者的法律之下和平共处。全面绝对的不信赖,要么就导致全面的隔绝,要么就导致强者支配,质言之,导致与法状态适得反对的情况。因此,促成信赖并保护正当的信赖,即属于法秩序必须满足的最根本要求之一。”[②]商事登记公信力即是外观主义在商事登记法中的贯彻,是为了实现信赖保护的目的而构建的具体的制度效力。

商事登记之所以能产生公信力,还在于商事登记机关作为行政机关乃公权力之代表,其依法对登记申请人的申请事项进行登记,该登记行为属行政确认行为,该行为彰显了公权力对私权利的确认以及对私法事实的公示。[③] 行政公定力是指“具体行政行为一经成立,不论是否合法,即具有被推定为合法而要求所有机关、组织或个人表示遵旨的一种法律效力”。[④] 行政机关是宪法、法律授权的行使行政职权的国家机关,任何个人或组织对其行为都应予以尊重。行政机关基于其权威性,对相关登记事实作出行政确认,增强了其可信度。一方面,经行政机关的审查登记,相关登记事实本身的真实

① [德]罗伯特・霍恩等:《德国民商法导论》,楚建译,中国大百科全书出版社 1996 年版,第 246 页。

② [德]卡尔・拉伦茨:《法学方法论》,陈爱娥译,台北,五南图书出版股份有限公司 1996 年版,第 392 页。

③ 参见冯翔:《商事登记效力研究》,法律出版社 2014 年版,第 130 页。

④ 姜明安主编:《行政法与行政诉讼法》(第 3 版),北京大学出版社、高等教育出版社 2007 年版,第 240 页。

性、可靠性将有所提高;另一方面,由于行政机关权威地位,社会公共将对相关登记事实的真实性充分信任。换言之,由行政机关为登记事项的真实性背书,善意第三人有充分的理由相信登记事项即是客观真实。

(3)瑕疵登记的损害赔偿。瑕疵登记是指商事登记事实与客观事实不一致的情况。瑕疵登记主要分为以下几种情况。第一种是因登记义务人的故意为虚假登记或过失向登记机关提交了虚假的、不正确的材料,致使登记事实与客观真实不符。第二种是登记机关未尽合理审查义务使虚假事实登记于商事登记簿中,致使登记事实与客观真实不符。在这两类情况下,若给善意第三人造成损失的,应当由有过错的一方对该损失进行赔偿。

登记义务人虚假登记。此种情形下,对第三人造成损失的,应由登记义务人赔偿。例如,在不动产虚假登记民事赔偿中,登记义务人为虚假登记致使善意第三人遭受损失的,应由登记义务人赔偿。值得注意的是,登记义务人对善意第三人可能构成缔约过失,此时将发生虚假登记赔偿与缔约过失责任的竞合。善意第三人可自由选择向登记义务人主张商事登记中的瑕疵登记损害赔偿,也可以选择向登记义务人主张缔约过失损害赔偿。在缔约过失损害赔偿中,虚假登记本身起到证明登记义务人具有过失的效力。

登记机关错误登记。登记机关错误登记往往是由其工作人员在职务代理过程中产生的。对登记机关工作人员在履行职务过程中的故意或者疏忽造成的错误登记,对外应由登记机关对善意第三人的损失进行赔偿,对内由登记机关依据相关行政法律规范对相关责任人进行处分,情节严重的还应追究刑事责任。

(4)第三人的范围。我国实证法中关于第三人的范围并不一致,有的法律如《物权法》第 24 条、《合同法》第 50 条规定仅善意第三人可以主张登记的公信力,有的法律如《公司法》第 33 条第 3 款以及《深圳经济特区商事条例》第 20 条第 3 款则未限定第三人的主观善意。由此引发的争议是明知登记不正确的人是否可以援引登记的公信力对抗登记人或其他利害关系人。鉴于登记仅具有推定正确的效力以及登记公信力的基础在于第三人的正当信赖,因此应当明确规定仅善意第三人可以援引登记的公信力。

(5)我国现行法律体系中商事登记公信力规范构造之缺陷。我国现行法律体系中,仅有《物权法》第 24 条、第 106 条、第 129 条、第 158 条,《合同法》第 50 条以及《公司法》第 33 条等条文都直接或间接认可了商事登记的公信力,并无法律直接规定商事登记的公信力。我国法律体系中对公信力的规定具有以下缺陷:①现行法律对商事登记公信力的规定是零散、分散、不成体系的,缺少一个总则性的规定。②没有明确第三人范围,比如第三人明知登记事项不正确的,可否援引商事登记的公信力;行为时不知道登记事项的第三人,可否事后援引登记的公信力。③没有明确登记与公告的公信力优先问题。为了实现登记事项的充分公开,我国现行法规和规章规定了登记事项的公告制度,但是登记与公告内容不一致时,究竟以登记抑或公告为准,现行法律没有明确。

关于商事登记公信力的产生时间、登记与公告的关系、审查模式等问题，这些问题与商事登记对抗力的产生时间、登记与公告的关系、审查模式等问题具有共性，因此，本书将在商事登记对抗力部分一并阐述。

2. 商事登记的对抗力

(1)商事登记公信力与对抗力之辨。商事登记的公信力与对抗力是商事登记最为核心的两个法律效力，二者的特点十分类似，许多人谈及公信力与对抗力往往都是语焉不详，因此有必要明确辨析公信力与对抗力之异同。

前文已述，商事登记的公信力是指登记事项一经商事登记主管机关登记，便被推定为真实有效，即使登记事实与客观事实不符，善意第三人仍可向登记义务人主张登记事实，法律拟制相关的登记事实存乎于善意第三人与登记义务人之间。商事登记公信力的作用在于保护善意第三人交易安全，其正当性源于商事外观主义与行政公定力。简言之，商事登记公信力是善意第三人得向登记义务人主张的一种效力。而商事登记的对抗力则不同，能够主张商事登记对抗力的主体是登记义务人，而不是善意第三人。商事登记对抗力是指商事登记义务人得向第三人主张其已知晓商事登记簿上已登记之事实，并由法律推定第三人知晓登记事实并由其承担相应的交易风险和不利后果的法律效力。商事登记对抗力具有保护商事主体利益，控制其经营风险，公示其商业信誉的作用。例如，在商事主体通过在商事登记簿中明确其经营范围，限制董事、经理的代理权限，有效的降低股东与董事、经理之间的代理成本，同时降低交易风险。商事登记公信力与商事登记对抗力在主体方面的差异是显著的，前者是善意第三人得以主张的权利，后者是登记义务人得以主张的权利。但二者在内容、产生的时间等方面又具有共性，在内容上都表现为“谁得向谁主张登记事实”，即公信力是指第三人可以已经登记事实对抗登记义务人的效力；对抗力是指登记义务人可以就登记事实对抗第三人的效力。在产生时间上，二者皆随登记事实(或公告事实)同生同灭，但是二者在善意第三人的范围、登记与公告的关系等例外规范的设计上稍有差异。例如，《德国商法典》第15条第2款第1句规定了登记义务人行使对抗力的15日等待期，而公信力并无此规定。在登记被不正确的公告时，往往善意第三人有权依据公告之事实对抗登记义务人，而登记义务人却不能以公告之事实对抗善意第三人。例如，《德国商法典》第15条第3款规定：“对应登记的事实已经进行不正确公告的，第三人可以对在其事务上应对此种事实进行登记的人援用已经公告的事实，但第三人明知不正确的，不在此限。”[①]以及《欧共体第一号公司法指令》第3条第6项：“成员国应采取必要措施，防止公司公报上的公开的信息和登记簿或法院卷宗中的内容彼此不符。在不符的情况下，公报上公开的信息虽不得用来对抗第三人，但第三人却可以公报信息对抗公司，除非公司可以证明第三人知悉登记簿或法院卷宗中的内容。”[②]

可以说，登记义务人的对抗力与第三人的公信力是两个相对的权利。“如果说商

---

① 《德国商法典》，杜景林、卢谌译，法律出版社2010年版，第15页。

② 《欧盟公司法指令全译》，刘俊海译，法律出版社2000年版，第10页。

事登记的公信力是为了保护善意第三人的利益而设，则对抗效力便是为了保护登记申请人自身利益而设，二者共同彰显了商事登记效力在登记申请人利益和第三人利益上的平衡机制。”①

值得注意的是，我国实证法并不区分公信力与对抗力，这是公信力与对抗力极易混淆的一个主要原因。例如，《公司法》第 32 条第 3 款规定：“公司应当将股东的姓名或者名称向公司登记机关登记；登记事项发生变更的，应当办理变更登记。未经登记或者变更登记的，不得对抗第三人。”该条采用的是“不得对抗第三人”的消极的表述，意在说明的是商事登记具有公信力，在“未经登记或者变更登记的”情况下，即登记事实与客观真实不一致，第三人有权利向登记义务人主张登记事实。然而，在我国商事登记总则性规定缺失的情况下，该条的表述还包含一个隐含的应有之意，即“已经登记或者变更登记的”情况下，登记义务人有权向第三人主张其知悉登记事实，法律亦推定第三人知悉。因此，在我国实证法采取“不得对抗第三人”这样的表述下，其实同时规定了公信力与对抗力。“不得对抗第三人”这样的消极的规定在表面上虽然规定的是公信力，但其隐含了对抗力，即在相反的情况下，“可以对抗第三人”这样一种积极的规定。二者都采取了“对抗”这样一种术语，该术语的含义是“谁得向谁主张登记之事实”之意。因此，商事登记的公信力可以被称为是一种消极的对抗力，即“不得对抗第三人”；商事登记的对抗力可以被称为是一种积极的对抗力，即“可以对抗第三人”。二者在主体和“对抗的方向”上是不同的，但是在“对抗”本身中，是一致的或类似的，即“谁得向谁主张登记事实，由其承担登记事实与客观事实不一致的风险”。

（2）消极对抗力（公信力）与积极对抗力（对抗力）的内容。承前所述，由于公信力在立法上往往表述为“不得对抗第三人”，是以称为消极对抗力，而对抗力在立法上往往表述为“可以对抗第三人”，是以称为积极对抗力。二者在内容上是近乎一致的，但仍存在一些差别。商事主体的客观事实与商事登记事实之间的关系是解析公信力与对抗力的关键。二者有如下关系：①商事登记事实可以分为：a. 依法应登记事项，包括依法应登记且已登记的事项和依法应登记而未登记的事项；b. 瑕疵登记的事项；②商事主体的客观事实包括涉及该商事主体的一切信息，包括依法应登记的事项的客观存在，也包括依法不须登记的事项的客观存在；③若不存在登记瑕疵与依法应登记而未登记的情况，商事登记事实包含于客观事实之中；④若不存在登记瑕疵，却存在应登记而未登记事项，商事登记事实包含于客观事实之中，且就应登记而未登记部分镂空；⑤若不存在应登记而未登记事项，存在登记瑕疵，商事登记事实与客观事实是交叉关系；⑥若存在应登记而未登记事项，也存在登记瑕疵，商事登记事实与客观事实是交叉关系，且就应登记而未登记部分镂空，如下图所示。

第一，对于公信力来说，基于商事外观原理，其内容应当是“依法应登记 + 瑕疵登记 + 选择登记事项 - 应登记而未登”部分。

第二，对于对抗力来说，登记义务人对第三人的对抗力，是其得以期待第三人知晓

① 王兰：《管制罅隙下的自治：商事登记制度发展与模式反思》，法律出版社 2011 年版，第 183 页。

登记簿上的登记事实,保护其预期的权利。所以这种预期,并不包括依法应登记未登记部分与瑕疵登记部分,因为登记义务人知晓这个事实,却没能真实地呈现在登记簿上,对此负有过错,不应保护。因此,对抗力的内容应当是"依法应登记且已登记"部分,"瑕疵登记"与"依法应登记而未登记"部分不是其内容。见图:

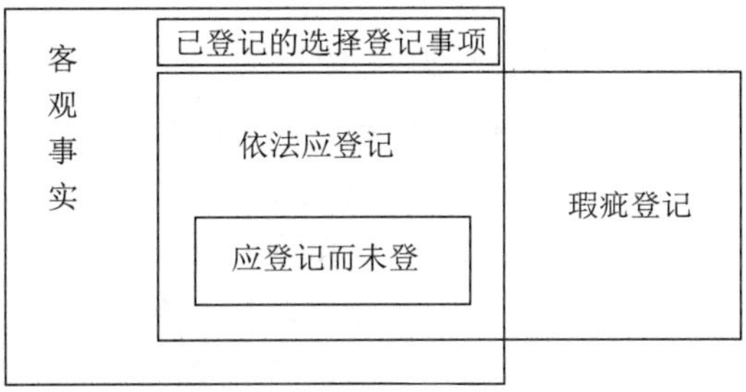

(3)商事登记对抗力与民事登记对抗力。商事登记对抗力,包括公信力与对抗力,其对抗的内容是第三人或登记义务人予以信赖和预期的外观法律事实。民事登记对抗力,往往体现在物权或类物权之间的顺序对抗,其理论基础是权利外观主义(在民法理论上称为是对罗马法确立的无权利主义的突破)。

中国民事登记对抗力,主要体现在《物权法》第 20 条第 1 款、第 24 条、第 129 条、第 158 条、第 188 条、第 189 条,分别是特殊物权设立的登记对抗、土地承包经营权转让的登记对抗、地役权的登记对抗、特殊动产抵押权的登记对抗、动产抵押的登记对抗以及预告登记。其与商事登记对抗力在对抗的对象、对抗的内容、法律后果上都有所不同,见表 3。

第一,对抗对象不同。商事登记对抗力包括第三人对登记义务人与登记义务人对第三人两种,中国民事登记对抗力只有已完成登记人对未完成登记人的对抗。

中国民法中有关第三人的范围大致包括侵权等完全无权利的人、继承人、连环交易中的前手或者后手、债权人,对于查封、扣押、申请执行人是否属于第三人的范围,立法存在缺位,理论上认为查封人亦具有第三人的地位,"以设定动产抵押权为例,仅凭债务人与抵押权人之间的合同就获得比其他债权人优先受偿的权利则明显不公平。因此,在这种情况下,未登记的物权变动不得对抗破产债权人、申请扣押、执行债权人始能合理"。[①] 民法中的登记对抗第三人问题十分复杂,也不是本书讨论的重点,是以按下不表。商事登记对抗力中第三人的范围,本文将在下文"第三人的范围"部分详细讨论。结论是对于消极对抗力(公信力),第三人须为具备主张登记利益的善意第三人;对于积极对抗力(对抗力),第三人范围为无正当理由的第三人。

第二,对抗的内容(效力)不同。商事登记对抗力中,公信力的内容表现为第三人以对登记法律事实的信赖,而得以向登记义务人主张登记事实(商事登记簿上的登记义务人的资产状况、财务状况、内部信息等)。在商事活动中,第三人基于对特定商事

---

① 郭志京:《也论中国物权法上的登记对抗主义》,载《比较法研究》2014 年第 3 期。

主体登记事实的信赖，评估其资信状况从而决定是否与其为交易。因此，公信力所体现的是第三人对登记义务人主张登记事实，并由其承担不利后果的权利。对抗力则体现为登记义务人可以主张第三人知悉已登记事项的权利，从而控制其经营风险。

中国民法中的登记对抗力，根据权利是否排他性可以分为两种：①不能共存的权利。在我国，不能共存的权利仅有所有权、建设用地使用权、宅基地使用权，[①]就实务而言，能够涉及对抗规则的多重买卖仅限汽车、船舶、航空器等准不动产所有权。此时登记对抗力的效力在于否定前手物权的变动，在依动产买卖规则取得所有权。登记对抗力的效力可以表述为"谁得以否定谁的物权变动（否定说）"，也可以表述为"谁得以善意取得权利（信赖善意保护说）"，事实上，若适用善意取得规则，也就没有登记对抗规制的适用余地，这也非本书重点，按下不表（抵押权的登记对抗规则在我国尤其的特殊与不协调）。二者实际效果是一致的，即"谁先排他性的取得权利"。②可以共存的权利。负担行为当然得以共存，对于处分行为而言，以动产抵押权设立为例，登记对抗规则主要解决的是"谁优先"的问题，即先登记的可以对抗未登记，是以先登记的抵押权优先于未登记的受偿。

此外，关于行政登记、司法登记问题，我国法律并未对此加以规定，存在立法上缺失。例如普通债权人的查封登记若先于动产抵押权的登记，查封登记是否可以对抗抵押权而优先于动产抵押权人受偿？

表 3　商事与民事对抗力

	商事登记对抗力	民事登记对抗力
对象	可主张登记利益的善意第三人（详细讨论见下文"第三人的范围"部分或登记义务人	权利对抗中，有合理对价的善意第三人
对抗内容	1. 公信对抗力：登记法律事实； 2. 登记法律事实与客观真实一致的部分	1. 不能共存的权利：排他性取得的顺序，如所有权； 2. 可以共存的权利：兼容性取得的排序：如抵押权； 3. 查封人等行政、司法强制措施的对抗力（立法未规定）
法律后果	未统一规定，有《企业信息公示暂行条例》规定"造成损失的，承担损害赔偿"	否定物权变动或优先顺位

（4）第三人的范围。积极对抗力（对抗力）保护的是商事主体的合理预期，控制其经营风险，公示其商业信誉的作用。商事登记账簿本身具有公示的功能，社会公众能够通过查阅商事登记簿的方式获取商事主体的相关信息，因此，积极对抗力中的第三人是市场中所有现实的或潜在的交易对象。

---

① 建设用地使用权、宅基地使用权虽然属于用益物权，但是在我国土地所有权主体事实上虚设的情况下，承担着建设用地"所有权"与宅基地"所有权"的功能，因此，同一物上无法存在两个上述物权。

(5)消极对抗力(公信力)与积极对抗力(对抗力)产生的时间。域外国家和地区对于商事登记公信力和对抗力的产生时间之规定并不相同,大致可以分为以下几种:

登记行为完成即产生对抗力。代表国家有意大利、日本、韩国、中国台湾地区。例如,《意大利民法典》第2193条规定"法律规定必须登记而未登记的企业行为,不得对抗第三人,但是能够证明第三人知道的除外。自完成登记之时起,第三人不得再以不知道依法必须进行登记的事项为由提出异议。法律有特别规定的,不再此限"。《韩国商法典》第37条规定"需登记的事项,若未经登记,则不得以此对抗善意第三人"。台湾地区"商业登记法"第19条、"公司法"第12条也是采纳的该种立法例。日本商事法律的立法例颇值关注,《日本商法典》第12条规定"要登记的事项除非经过登记和公告之外,不得以此对抗善意的第三人"。但是,该种规定并未执行。原因在于"二战"期间出于节约资源的目的,1945年日本修改战时民事特别法,规定商业登记作为特例不予公告,这种做法一直延续至今,是以日本商事登记效力产生的时间也可以被认为是在相关事项登记时。在日本商事法律实践中,登记完成即被视为已经登记和公告,时至今日也几乎没有人要求恢复公告制度。

登记完成尚不足以产生对抗力,必须将登记事项公告后方可产生对第三人的对抗力。例如,《第1号欧盟公司法指令》第3条第5款规定"公司只有在其文件和事项依照本条第4款公告后,才得以之对抗第三人,除非公司可以证明第三人明知这些文件和事项"。《德国商法典》第15条规定"在应登入商业登记簿的事实尚未登记和公告期间,在其事务上应对此种事实进行登记的人,不得以此种事实对抗第三人,但此种事实为第三人所知的,不在此限。已经对此种事实进行登记和公告的,第三人必须承受事实的效力"。《法国商事公司法》第4-1条、《瑞士债务法典》第932条也是采纳的该种立法例。

区分不同登记事项决定对抗力的产生始于登记还是公告。如《澳门商业登记法典》第9条第1款规定需登记之事实在登记后对第三人产生效力;但是依第68条规定,其第65条规定的事项仅于该事实公布之日后,方对第三人产生效力。

我国现行法同样规定了登记与公告,但是无论是《物权法》还是《公司法》以及最高人民法院的有关司法解释都采了上述第一类模式,即登记事项一经登记即产生相应的效力。对此,很多学者都表示批评,认为登记只是消极的公示手段,公示效果较差,而公告是积极的公示手段,具有较强的公示效力,因此登记效力应始于登记事项的公告之时起。该种观点看到了登记与公告在告知方式上的差异,但是忽略了登记与公告的另外一个重要区别,即第三人可以精准、方便地查询登记,却不会时时刻刻的关注公告,因为公告既不具有针对性,也不具有持续性。公告的公示效果并不一定强于登记的公示效果。商事登记的公告制度在1945年后一直沉寂于《日本商法典》中,并至今无人提起恢复该制度即是最好的例证。

反观登记对抗主义,相关事项一经登记就确定的发生相应的法律效力而无须公告,我国商事登记实践即采这种模式。实践中采取这种模式的理由在于:第一,我国没有商事公告的习惯,贸然引入公告程序难以达到相应的效果甚至会引起不必要的混乱;第二,我国商事登记涉及地域广、数量多、种类复杂,通过公告的方式进行需要巨额的成本;第三,登记与公告不一致,还会给市场活动带来不必要的纷争。公告作为信息匮乏时代的信息传播手段,在互联网时代已经显得没有那么必要了。借助互联网技术对登记事项的公示,社会公众可以直接通过互联网获取商事登记簿上的信息而无须通过公告获取。

(6)登记与公告不符的处理。在商事登记中,由于各种复杂的原因,登记的信息难免与公告的信息会产生出入,造成登记事实与公告事实不一致的情况。在这种情况下,是以登记事实为准还是以公告事实为准,域外各国、各地区立法并不一致,总体来说有以下两种:

第一种立法例以登记事实为准。如《日本商法典》第 11 条第 2 款规定"公告与登记不符者,视为未进行公告"。中国台湾地区"商业登记法"第 18 条第 2 款规定"公告与登记不符者,以登记为准"。

第二种立法例规定公告具有公信力但不具有对抗力。如《第 1 号欧盟公司法指令》第 3 条第 6 款规定"成员国应当采取必要措施防止公告信息与登记簿或文档记载的信息之间出现不一致。在出现不一致的情况下,公司不得以公告的信息对抗第三人;但是第三人可以以公告的信息对抗公司,除非公司证明该第三人知道保存于文档或者记入登记簿的文本"。《德国商法典》第 15 条第 3 款、《法国商事公司法》第 4 – 1 条第 2 款也是采纳的该种立法例。

第二种立法例既保障了正常商业交往所必需的交易安全,又督促登记义务人、登记机关为正确公告,是一种较好的做法。因为,在正常的市场交往活动中,善意第三人对于登记事实与公告事实不一致不具有任何控制力,其对登记事实与公告事实不一致也不具有任何可非难性,因此,不应使其承担登记事实与公告事实不一致的不利后果。反观原因之所在,登记事实与公告事实不一致是登记义务人与登记机关不小心谨慎造成的,其理应承担相应的不利后果。

七、商事登记的程序

从各国的商事登记制度来看,商事登记的程序一般为:申请、受理、审查、登记、发照、公告。商事登记的程序涉及具体登记和规则的设计。商事登记程序的设计越来越强调效率和成本,总体来看,各国商事登记的发展呈现出程序形式化和登记机关自由裁量的最小化的特点。

(一)申请

申请是指由商事主体创办人或商事主体提出的创设、变更商事主体或变更商事主体已登记的有关事项的行为。根据商事主体的不同,我国法律规定了不同的申请条件,申请时提交的文件和证件也各不相同。

一般而言,商事登记程序依申请人的申请启动。例如,《日本商法典》第 9 条规定:"本法规定的应登记事项,根据当事人的请求,登记于管辖其营业所在地的登记所备置的商业登记簿上。"《韩国商法典》第 34 条也规定:"依照本法必须进行登记的事项,根据当事人的申请,应在其营业场所所在地的管辖法院的商事登记簿上进行登记。"《德国商法典》第106条规定:"公司应当向其住所所在辖区的法院申报商业登记。"

商事登记的申请分为设立登记、变更登记和注销登记。设立登记的申请人应当是商事主体的创办者,具体的操作中可以由共同推选出来的代表办理相关事宜。设立之后商事主体申请的变更登记和注销登记,应当由商事主体的代表以商事主体的名义为之,登记产生的后果也应当由申请者承担。通说认为商事主体与具体事务执行人之间是委托代理关系,不少国家和地区的立法论皆采此说。例如,我国台湾地区"商事登记法"第7条规定:"商业登记之申请,由商业负责人向营业所所在地之主管机关为之;由代理人申请时,应附委托书。"《日本商事登记法》第16条规定:"除本法另有规定的情形外,申请等级时,当事人或其代理人应亲临登记所。关于官署嘱托登记,嘱托人及其代理人无须亲临登记所。"第18条规定:"代理人申请登记时,应于申请书附具证明其权限的书面文件。"

此外,在特定的情况下,其他利益相关者、法院和登记主管机关也可以通过司法裁判或者行政职权影响登记的内容和效力。如《日本商事登记法》第14条规定:"除法令另有规定的情形外,如无当事人的申请或者官署的嘱托,不得进行登记。"法国1984年的行政规章规定:受托法官可以依职权或者基于检察官或者所有利害关系人的请求,通过命令程序命令义务人办理登记。《德国商法典》第33条规定:"一旦法院宣告商人破产,法官可以主动做出商人破产的登记。"

我国商事登记立法只规定了商事主体及其创办者可以发起登记程序,导致对商事登记其他利害关系人的保护不足。在未来立法中,应当明确规定商事登记的其他利害关系人、司法机关和行政机关也可以提请某些商事事项的登记。这一点可以借鉴不动产登记制度,①以我国《物权法》第19条规定:"权利人、利害关系人认为不动产登记簿记载的事项错误的,可以申请更正登记。不动产登记簿记载的权利人书面同意更正或者有证据证明登记确有错误的,登记机构应当予以更正。"商事登记是关涉登记机关、登记义务人、第三人、其他利害关系人多方利益主体的法律制度,因此,不应当将其他利害关系人排除在商事登记申请人之外。

申请登记中另一方主体是登记机关,登记机关是指依法接受商事登记申请,并具体办理相关登记事宜的机构。各国关于主管机关的规定很不一致,主要包括法院、行政机关及其附属行政机构和商会。大多数国家和地区的商事登记主管机关为行政机关,比如日本,中国台湾地区、澳门地区、香港地区,澳大利亚,新西兰,新加坡,泰国,美国,英国,西班牙等国;韩国、德国、瑞士等国商法规定的商事登记机关是法院;在法国,公司和商事登记机关主要有两个,即地方商事登记机关(法院)和国家登记机关(行政机关);②《荷兰商事注册法》规定地方商会负责保管当地商事注册文件,③荷兰认为,

① 商事登记与不动产登记在制度的目的和功能上都存在重要的相似性,因而,较为成熟的不动产登记制度对于我国相对粗糙的商事登记而言,具有很强的借鉴意义。

② 张民安:《商法总则制度研究》,法律出版社2007年版,第441~443页。

③ 范健、王建文:《商法总论》,法律出版社2011年版,第248页。

商人不具有特殊性,商业登记仅为公众提供信息来源。① 在我国,由国家工商行政管理机关独立行使登记管理权,并实行分级管理。以上三种登记模式各有优劣。德国曾经考虑改法院登记为商会登记,即将商事登记簿的设置、管理转移给工商行会及手工业行会,②但未付诸实施。我国有学者认为,我国法律应当规定法院作为商事登记机关,③但未得到广泛的支持。商事登记主管模式的选择要考虑商事登记目的,与商事登记的私法性质抑或公法性质有关。在我国,商事登记应由行政机关主管,由公权力来保证商事登记的权威性和统一性。具体而言,由工商行政管理机关作为登记机关较为合适,工商行政管理机关历来是我国的商事登记机关,已经积累了大量的经验,由其主管商事登记,既方便权威,也便于服务和管理,这是法院、商会等组织难以企及。

(二)受理与审查

受理和审查是行政机关行使职权的行为,是登记法律关系具有公法属性的集中体现。在高效便捷的登记模式中,受理和审查在时空上的区分不是很明显,受理阶段也要进行初步的形式上的审查。

1. 受理

受理程序是登记机关对于申请人申请的回应。此阶段,登记机关要对申请人的资格进行核实,对于设立登记要核实申请人是否为创办者或其代表人,对于其他登记要核实申请人是否为商事主体或其代表人,对于他们的代理人要核实其委托书。在申请材料的要求上,在受理阶段,登记机关只审查其材料是否齐全,是否符合法定的形式进行审查,不符合条件的,登记机关对申请人应当尽一次性告知的义务,凡是符合受理条件的,主管机关都应当受理。

2. 审查模式:形式审查、实质审查与折中审查

审查是指受理登记申请的机关,在接到申请者所提交的申请之后,于法定期限内,对申请者所提交的申请内容,依法进行审查的活动。只有符合法定要求,登记主管机关才予以登记。商事登记机关之所以要对登记事项进行审查的目的在于两个方面:一方面是为了保证登记事项客观、真实、准确;另一方面是为了保证申请人的申请合乎法律要求。对商事登记事项进行审查既是商事登记机关的一项权力,又是一项义务。作为权力的审查是指商事登记机关依照法定的要求和程序对申请人的申请进行审慎的审查,作出予以登记或不予登记的决定。作为义务的审查,如果商事登记机关未尽审查义务,致使利害关系人遭受损失的,要予以赔偿。因此,商事登记机关无论是行使审查的权力,还是履行审查的义务都必须遵循相应的审查模式,以此来明确自身的权力范围,尽到应尽的审查义务。

商事登记机关不同,对商事登记审查的模式也会有所不同,从商事登记的历史发展来看,商事审查模式大致可分形式审查、实质审查、折中审查三种,具体内容如下:

---

① 周林彬、任先行:《比较商法导论》,北京大学出版社 2000 年版,第 239 页。

② [德]罗尔夫·施托贝尔:《商事登记簿与行会》,载《中德商法研究》,法律出版社 1999 年版,第 44 ~ 46 页。

③ 张民安:《商法总则制度研究》,法律出版社 2007 年版,第 441 ~ 443 页。

形式审查是指审查机关只对申请材料是否数量齐全、形式合法进行审查，不对登记事项的真伪进行调查核实。即使有疑问，商事登记机关也要进行登记，发生的争议由当事人通过诉讼解决。[①] 形式审查无疑是最为高效便捷的审查模式，一些经济水平发展较高，社会信用体系比较完备的国家常采用此种模式，如英国、美国、日本、瑞士、比利时等国家。形式审查因市场准入快、可操作性强、花费少、透明度高备受青睐。但是，由于形式审查不注重实质上的真实性，不利于市场秩序的维护、交易相对人的保护和社会公共利益的保障。采取形式主义的国家一般有配套的前置程序和事后规制，比如公证机关介调查、通过诉讼程序"揭开公司面纱"、追究刑事责任。[②] 在形式审查模式下，登记机关对信息的真实合法与否几乎不承担任何责任。

实质审查是指主管机关不仅在形式上，还要对申请材料的内容真实性、合法性、有效性予以审查。实质审查是对商事登记公信力的重要保障，也是对市场秩序、交易安全的有力维护。在德国，对一般商事主体只是采取形式审查的方式，对股份公司采取实质审查，[③]法国对公司的登记要求实质审查，对其他商人采形式审查的模式。[④] 实质审查的缺点也是不可避免的，实质审查不仅低效烦琐、成本大、操作难度大，而且增加登记机关的负担、现实中经常流于形式。法律明文规定的商事主体条件掩盖了许多以确保真实性为借口而衍生出来的众多的法外条件，使登记的透明度大打折扣，腐败亦可能发生。[⑤] 还有人认为，实质审查下的登记机关，其权力过大，缺乏服务意识，权责失衡，极容易催生腐败和不正当利益，背离"有限政府"的法治原则；主管机关内部文件过多，相关政策透明度差，不利于鼓励投资，阻碍投资的积极性等。现在几乎没有人支持纯粹的实质审查模式。

折中审查模式下，主管机关有实质审查的职权，但无实质审查的义务。也就是说，登记机关不是必须进行实质审查，对有疑问的重要事项可以进行实质审查，也可以不进行实质审查。折中审查的优点在于它能兼顾登记的效率与安全，相比于实质审查与形式审查，这种审查取二者之长，避二者之短，在管束与自由之间灵活自如，登记机关也能免受实质审查的负担和赔偿责任之累。但是，折中审查的缺点也比较明显，该模式下登记机关的自由裁量权很大，对何时采取实质审查没有明确的标准，只是依据登记机关的主观判断，因而存在登记机关进行不当干预的空间。

随着经济水平的发展，我国商事登记的审查模式经历了从实质审查向折中审查的转变。1988 年国家工商总局颁布的《企业法人登记管理条例》第 38 条规定："审查提交的文件、证件和填报的登记注册书的真实性、合法性、有效性，并核实有关登记事项和开办条件。"2000 年将该条修改为："审查提交的文件、证件和填报的登记注册书是否符合有关登记管理规定，并核实有关登记事项和开办条件。"一般认为，此时我国正

---

① 吴建斌：《现代日本商法研究》，人民出版社 2003 年版，第 123 页。

② 叶林、黎建飞主编：《商法学原理与案例教程》，中国人民大学出版社 2006 年版，第 135 页。

③ 任先行、周林彬：《比较商法导论》，北京大学出版社 2000 年版，第 242 页。

④ 张民安：《商法总则制度研究》，法律出版社 2007 年版，第 447 页。

⑤ 朱慈蕴：《我国商事登记立法的改革与完善》，载《中国检察官学院学报》2004 年第 6 期。

处于计划经济向市场经济转型并逐渐走向成熟的阶段,这个阶段的审查模式为实质审查,是对并不是十分成熟的市场经济加强管制的表现。

国家工商总局于2004年颁布的《企业登记程序规定》第3条规定:"企业登记机关依法对申请材料是否齐全、是否符合法定形式进行审查。根据法定条件和程序,需要对申请材料的实质内容进行核实的,依法进行核实。"第11条规定:"企业登记机关认为需要对申请材料的实质内容进行核实的,应当派两名以上工作人员,对申请材料予以核实。经核实后,提交'申请材料核实情况报告书',根据核实情况作出是否准予登记的决定。"这被认为是我国商事登记从实质审查模式向折中审查模式转变的开端。

随后,2005年的《公司登记管理条例》第2条规定:"申请办理公司登记,申请人应当对申请文件、材料的真实性负责。"该条强调了申请人对信息的最终保证责任,没有提及登记机关的责任,这正是形式审查模式的必然结果。2005年修订的《公司注册管理规定》第4条规定:"公司登记机关依据法律、行政法规和国家有关规定登记公司的注册资本及实收资本,对符合规定的,予以登记;对不符合规定的,不予登记。"该条运用了依据"有关规定"这样的表达,使我国的登记审查模式变的语焉不详。总体来说,我国商事登记审查模式是以形式审查为主,以实质审查为辅的一种折中模式。

(三)登记发照

登记机关在收到申请人的申请及相关的材料并予以审核之后,应在法定期限内将审核结果及时通知申请人。对具备法人条件的企业,核发企业法人营业执照;对不具备法人条件的个人,发营业执照;对外商投资企业设立的分支机构,核发中华人民共和国营业执照;外商投资企业设立的办事机构,核发外商投资企业办事机构注册证。

营业执照是登记机关对营利法人核准登记后,向其签发的资格证明文件。营业执照的格式由国家工商行政管理局统一规定,登记事项有名称、地址、负责人、资金数额、经济成分、经营范围、经营方式、从业人数、经营期限等。营业执照分正本和副本,二者具有相同的法律效力。《民法总则》第78条规定:"依法设立的营利法人,由登记机关发给营利法人营业执照。营业执照签发日期为营利法人的成立日期。"本条所称营业执照准确地说是企业法人营业执照,是签发给有法人资格的企业的营业执照,此类营业执照是证明其法人资格,而一般的营业执照,如签发给法人的分支机构或者非法人组织的营业执照,尽管也有证明主体资格之作用,但该主体资格并非法人资格。

营利法人经登记机关核准登记是其取得法人资格的实质法律要件,登记机关签发营业执照是其获得核准登记的法律形式,也是证明营利法人取得法人资格的外在标志。登记机关的核准登记和签发营业执照在内容、时间和效力上具有同一性,营业执照的签发日期是营利法人的成立日期。

营业执照具有双重性质,主体资格的凭证和经营资格的凭证。一方面,结合《民法总则》第59条"法人的民事权利能力和民事行为能力,从法人成立时产生"的规定和第77条、第78条关于营利法人经依法登记成立和登记机关签发营业执照的规定可知，营利法人经登记机关核准登记并向其签发营业执照时，才具有主体资格，可以营业执照对外证明其法人资格和民事权利能力、民事行为能力。比如，在诉讼活动中，营利法人需向法院提交营业执照以证明其主体资格。另一方面，营业执照可证明营利法人开展生产经营活动的资格。根据我国法律规定，营利法人的法人资格和经营资格是分离的，具有法人资格不一定有权开展特定的生产经营活动。比如，对于从事一般生产经营活动的营利法人，从核准登记、签发营业执照时起即同时具有法人资格和经营资格；对于实行后置审批的营利法人，其取得营业执照后可从事一般生产经营活动，从事需要许可的生产经营活动的，还需持营业执照和有关材料向主管部门申请许可。再如，被吊销营业执照的营利法人，虽然仍具有法人资格，但是不能从事经营活动。

（四）公示

核准予以登记的结果应当及时公示，公示包括消极的公示——登记备查与积极的公示——公告。公示的目的在于使社会公众获知相关情况，便于交易，也利于发挥社会监督，而且公示事项具有对抗第三人的法律效力，例如《德国商法典》第15条规定："在应登入商业登记簿的事实尚未登记和公告期间，在其事务上应对此种事实进行登记的人，不得以此种事实对抗第三人，但此种事实为第三人所知的，不在此限。"

登记信息属于社会资源，由登记机关依法登记于商事登记簿，供社会公众查阅。涉及商事主体商业秘密的事项由商事主体自主选择是否公开。各国商事立法均有关于登记公开的规定，比如在日本，商事登记公开的方法包括：登记簿的阅览，誊本和抄本的交付，登记所得证明以及登记总督的公告。① 公告的接受范围毕竟有限，必须有一种持续性地了解登记信息的方法，所以登记公开的方法除了登记公告以外，还应包括登记簿公开。但是实践中，当事人查询资料受到严格限制，需要满足多项条件。我国台湾地区"商事登记法"第25条规定："商业负责人或利害关系人，得叙明理由，向主管机关请求查阅或抄录登记簿及其附属文件。但显无必要者，主管机关得拒绝抄阅或限制其抄阅范围。"我国《公司登记管理条例》第56条规定："借阅、抄录、携带、复制公司注册信息材料的，应当按照规定的权限和程序办理。"而依照国家工商局制定的《企业登记档案资料查询办法》规定，查询人还需要交纳查询费和复制费。

相对于登记备查，公告是一种更加积极主动的公示制度，公告的具体方式一般通过专门设立的场所、报纸或者政府公告公开。一般应当选取最容易为人所知的方式进行公告，多种方式并存，既要有固定的公告方式以便于查询，又要有灵活多样的公告方式减少获取信息的障碍。公告的内容应当与登记事项一致，公告的内容应当完整全面，不应当作简化处理。所有的登记，包括设立登记、变更登记，都需要公告。另外，公告应当在法定期限内从速进行，迟来的公告没有公示意义。

大陆法系国家一般认为，登记的内容应当公开，但登记申请人却没有进行公示的

---

① 叶林、黎建飞主编：《商法学原理与案例教程》，中国人民大学出版社2006年版，第135页。

义务，如《德国商法典》第 10 条规定法院负责商事登记，而且公示的方式应当对所有商事主体统一适用。由登记机关或者由商事主体发布登记内容各有利弊。由商事主体发布公告能避免国家机关不当干预，使公权力在商事登记活动中各司其职，而主管机关发布的公告具有权威性，安全能够保证。

实践中，可能发生由于登记者虚假登记或者公告义务人的过错而导致的不实公告。对于登记者虚假登记而造成的公告错误，本质上是由于登记错误造成的，而依据登记对抗主义，错误登记事项不得对抗善意第三人，故而此种情形下公告的错误亦不能对抗善意第三人，由此引发的民事责任由虚假登记人承担。

对于公告义务人的过错导致的公告不实因公告义务人身份的不同而有差异。商事主体为公告义务人的，商事主体承担公告错误的责任。国家机关作为公告义务人且对公告错误有过错，由国家机关承担责任。唯有疑问的是，登记与公告不一致以何者为准，对此我国法律并未规定。我国台湾地区"商事登记法"第 18 条规定："已登记之事项，所在地主管机关应公告之。公告与登记不符者，以登记为准。"我国台湾地区以登记为准。《德国商法典》第 15 条认为："对应登记的事实已经进行不正确公告的，第三人可以对在其事务上应对此种事实进行登记的人援用已经公告的事实，但第三人明知不正确的，不在此限。"德国的公告义务人为国家机关，商事主体不得以公告差错对抗第三人，商事主体遭受的损失由国家机关予以赔偿。

关于信息公示的义务人，我国不同法律法规对公告义务人的规定不同。《企业法人登记管理条例》第 23 条、《企业法人登记管理条例实施细则》第 54 条规定了登记机关为公告的义务人；《公司法》第 95 条、第 217 条，《公司登记管理条例》第 48 条、第 64 条、第 67 条规定公司为登记义务人。国务院于 2014 年 7 月 23 日公布了《企业信息公示暂行条例》，以行政法规的方式统一了信息公示的义务人和相应的法律责任。企业信息公示制度的主要内容是：

（1）企业信息公示。根据条例，工商行政管理部门应当通过企业信用信息公示系统，公示其在履行职责过程中产生的企业信息。这些信息包括注册登记、备案信息，动产抵押登记信息，股权出质登记信息，行政处罚信息以及其他依法应当公示的信息。对这些企业信息，工商行政管理部门应当自产生之日起 20 个工作日内予以公示。其他政府部门应当公示的企业信息包括行政许可准予、变更、延续信息，行政处罚信息以及其他依法应当公示的信息。

（2）企业年度报告报送与公示。根据条例，企业应当于每年 1 月 1 日至 6 月 30 日，通过企业信用信息公示系统向工商行政管理部门报送上一年度年度报告，并向社会公示。当年设立登记的企业，自下一年起报送并公示年度报告。企业年度报告内容包括企业通讯地址、邮政编码、联系电话、电子邮箱等信息，企业开业、歇业、清算等存续状态信息，企业投资设立企业、购买股权信息等。年度报告需要覆盖的内容还包括企业从业人数、资产总额、负债总额、对外提供保证担保、所有者权益合计、营业总收入、主营业务收入、利润总额、净利润、纳税总额信息。这一类信息是否向社会公示由企业决定。

(3)企业公示信息随机摇号抽查。为了保证企业信息的真实、准确,条例规定,国务院工商行政管理部门和省、自治区、直辖市人民政府工商行政管理部门应当按照公平规范的要求,根据企业注册号等随机摇号,确定抽查的企业,组织对企业公示信息的情况进行检查。公民、法人或者其他组织发现企业公示的信息虚假的,可以向工商行政管理部门举报,接到举报的工商行政管理部门应当自接到举报材料之日起20个工作日内进行核查,予以处理,并将处理情况书面告知举报人。

(4)企业信息公示"黑名单"。针对未按规定期限公示年度报告或公示信息隐瞒弄虚作假等情形,条例规定,此类企业将由县级以上工商行政管理部门列入经营异常名录,并通过企业信用信息公示系统向社会公示。满3年未按规定履行公示义务的,由工商行政管理部门列入严重违法企业名单,并向社会公示。被列入严重违法企业名单的企业的法定代表人、负责人,3年内不得担任其他企业的法定代表人、负责人。

(5)信用约束与联动惩戒机制。条例明确,县级以上地方人民政府及其有关部门应当建立健全信用约束机制,在政府采购、工程招投标、国有土地出让、授予荣誉称号等工作中,将企业信息作为重要考量因素,对被列入经营异常名录或者严重违法企业名单的企业依法予以限制或者禁入。

(五)前置许可

商事登记的前置许可是指,申请人在向商事登记机关申请注册登记为商事主体之前,需先取得相关领域的营业资格的一种制度性安排。设置前置许可的目的在于保护公共利益,对关涉重大公共利益的营业活动实施严格的市场准入控制,将缺乏良好经营能力的商事主体阻隔在该经营领域之外。

在计划经济时代,所有市场活动都需要取得政府的批文方可进行,任何商事主体的成立都先取得政府批文。改革开放后,经济体制逐步由计划经济向市场经济转变。1980年,在全球性行政改革中各国政府逐渐放弃以往的事前管制的做法,开始更多地放松前置性规制,转而采取事中监管的做法。受此影响,我国于1988年提出转变政府职能,主要措施之一是行政审批制度改革,即减少行政审批的项目。但由于行政审批制度改革触及利益面广,关系复杂,一直以来未能取得理想的成效。1988年后至20世纪末的十余年间,在经济体制向市场经济转变的过程中,由于行政审批体制改革缓慢的原因,我国仍然对大量的经营领域实施前置许可。这种情况时至21世纪初,也未得到改善,这极大地限制了我国市场经济的发展。

2013年商事登记制度改革引来新一波高潮。2013年党的十八届二中和三中全会决定对工商登记制度进行改革,实行注册资本认缴登记制,拉开了全国范围内商事制度改革的序幕。2013年2月28日,十八届二中全会决定改革工商登记制度,放宽工商登记条件,加强对市场主体、市场活动监督管理。2013年3月14日第十二届全国人民代表大会第一次会议通过了《关于国务院机构改革和职能转变方案》,该方案指出:"对按照法律、行政法规和国务院决定需要取得前置许可的事项,除涉及国家安全、公民生命财产安全等外,不再实行先主管部门审批、再工商登记的制度,商事主体向工商部门申请登记,取得营业执照后即可从事一般生产经营活动;对从事需要许可的生产经营活动,持营业执照和有关材料向主管部门申请许可。将注册资本实缴登记制改为认缴登记制,并放宽工商登记其他条件。”同年 10 月 25 日,国务院审议通过了《注册资本登记制度改革方案》,确立了商事制度改革总体设计。11 月 12 日,十八届三中全会要求推进工商注册制度便利化,改革市场监管体系,实行统一的市场监管。12 月 28 日,十二届人大六次会议审议修改了《公司法》,明确将公司注册资本实缴登记制改为认缴登记制,取消公司注册资本最低限额制度,为推进商事制度改革提供了法治保障。2014 年 2 月 18 日,在《注册资本登记制度改革方案的推动下》。国务院决定修改《公司登记管理条例》《企业法人登记管理条例》等 8 部行政法规、废止 2 部行政法规,确保改革依法推进。此后,按照《关于国务院机构改革和职能转变方案》的精神,国务院相继出台了《国务院关于取消和调整一批行政审批项目等事项的决定》(国发〔2014〕27 号)、国务院印发《关于取消和调整一批行政审批项目等事项的决定》(国发〔2015〕11 号)、《国务院关于“先照后证”改革后加强事中事后监管的意见》(国发〔2015〕62)号等文件。改“先证后照”为“先照后证”,取消了大量的前置许可项目。仅对少量的关涉社会公共利益的行业和经营事项设置前置许可。具体而言,除《国务院关于修改部分行政法规的决定》(国务院令第 666 号)以及《工商总局关于调整工商登记前置审批事项目录的通知》(工商企注字〔2016〕117 号)中规定设立前置审批 34 项、后置审批 134 项外,其他经营事项,商事主体可以直接向工商部门申领营业执照,同时获取主体资格与一般经营资格。并且,前置许可项目的数量仍在进一步的减少。

(六)商事登记的持续监管

各国商法对商事登记的监管,主要是登记主管部门监管。登记主管机关的监管主要是通过法律明确规定登记主管机关对商事主体的登记事项负有监督管理的职责,对于商事主体违反登记法规的行为有权予以处罚。2013 年后,为配合商事登记制度改革,行政机关对商事主体的监管模式发生了巨大的变化,监管的重心由事前监管向事中、事后监管转变。2014 年 2 月 19 日,国家工商总局根据国务院出台的《注册资本登记制度改革方案》发出通知,将企业年度检验制度改为企业年度报告公示制度,自 2014 年 3 月 1 日起正式停止企业年度检验工作;改革个体工商户验照制度,建立符合个体工商户特点的年度报告制度;探索实施农民专业合作社年度报告制度。

在强化事中事后监管上:2014 年 6 月国务院出台了《关于促进市场公平竞争维护市场正常秩序的意见》,该意见要求坚持放管并重,实行宽进严管,完善市场监管体系。次年 10 月,国务院下发了《关于“先照后证”改革后加强事中事后监管的意见》,明确了“谁审批、谁监管,谁主管、谁监管”的市场监管原则,初步构建了事中事后监管新模式。2017 年 1 月,国务院发布《“十三五”市场监管规划》,提出了市场监管的新理念,确立了六项监管原则,为市场监管工作描绘了宏伟蓝图。

时至今日,我国初步形成了以信用监管为核心的新型监管模式,包括两个方面:

一是建立企业信息公示制度。2014 年 10 月 1 日,《企业信息公示暂行条例》正式施行,确立了企业信息公示制度,明确了信息公示义务人和相应法律责任。同年 8 月 19 日,国家工商总局发布《企业公示信息抽查暂行办法》《企业经营异常名录管理暂行办法》《个体工商户年度报告暂行办法》等 5 部规章,2015 年 12 月 30 日又制发了《严重违法失信企业名单管理暂行办法》,强化对失信企业的惩处力度。2015 年 6 月 30 日,全国第一次企业年报工作完成,2013 年和 2014 年度企业年报公示率为 87.6% 和 85.1%,实现了从年检到年报的转变。2015 年和 2016 年度企业年报公示率分别为 88.3% 和 90.45%。

二是全面推行"双随机、一公开"监管。2015 年 8 月发布的《国务院办公厅关于推广随机抽查规范事中事后监管的通知》,要求在全国全面推广"双随机、一公开"的监管模式。2016 年 9 月,国家工商总局制发文件,推进监管方式改革创新,要求全国工商和市场监管部门全面实施"双随机、一公开"监管。"双随机"是指"建立随机抽取检查对象、随机选派执法检查人员"。"一公开"是指"加快政府部门之间、上下之间监管信息的互联互通,依托全国企业信用信息公示系统,整合形成统一的市场监管信息平台,及时公开监管信息,形成监管合力"。2014 年 3 月 1 日,国家企业信用信息公示系统上线运行,逐步实现了政府部门之间的信息共享与协同监管。2015 年 9 月,国家工商总局协调 37 个中央部门就信息共享和协同监管达成一致意见。2016 年 8 月,国务院批复同意将政府涉企信息统一归集到国家企业信用信息公示系统并对外公示。

八、中国现行商事登记制度的主要问题与完善

(一)中国现行商事登记制度的主要问题

2005 年《公司法》修改以来,我国商事登记制度有过若干具体制度的修改。在公司登记中,首先,降低了公司注册资本的最低限额,将实缴资本制改为分期缴纳制;其次,放宽了对出资形式的要求,使"可以用货币估价并可以依法转让的非货币财产"都可出资方式;再次,在货币出资的最低额上,改过去的无形资产出资不得超过公司注册资本的 20% 为货币出资不得低于注册资本的 30%。最后,国家工商总局出台了《个体工商户分层分类登记管理办法》,通过将个体户的登记委托工商所登记,实行"一审一核"、当场办照等,简化了登记手续,节省了经营者成本。从 2003 年起至 2013 年,国务院在十年间共进行了六次行政审批事项改革,取消和调整行政审批事项共 2490 多项,其中就有对涉及企业登记的前置审批事项的必要性审查和调整。这个时期的商事登记制度的改革,主要表现为某些特定领域的具体制度的修改和调整,改革缺少深度和体系性。

2013 年 11 月 12 日党的十八大三中全会通过《中共中央关于全面深化改革若干重大问题的决定》,提出“建立公平开放透明的市场规则”,自此拉开了深化商事制度改革的序幕。国务院及其部委相继出台了《注册资本登记制度改革方案》等数十部文件,按照深入推进“放管服”改革的部署要求,推进商事制度改革,成果丰硕。本书对商事制度改革的情况作了一个全面的梳理,具体的内容反映在表 4 中。

表 4 商事制度改革

项目	登记制度相关的主要内容	政策文件	发布时间
总体依据	建立公平开放透明的市场规则。①实行统一的市场准入制度,在制定负面清单基础上,各类市场主体可依法平等进入清单之外领域。②探索对外商投资实行准入前国民待遇加负面清单的管理模式。③推进工商注册制度便利化,削减资质认定项目,由先证后照改为先照后证,把注册资本实缴登记制逐步改为认缴登记制。④推进国内贸易流通体制改革,建设法治化营商环境	《中共中央关于全面深化改革若干重大问题的决定》	2013 年 11 月 12 日
注册资本登记改革	①实行注册资本认缴登记制:放宽注册资本登记条件、公司实收资本不再作为工商登记事项。②改革年度检验验照制度:企业年度检验改为年报公示;建立个体户特点的年报制度。③简化住所(经营场所)登记手续:有[合法使用证明]即可予以登记。④推行电子营业执照和全程电子化登记管理	《注册资本登记制度改革方案》(国发〔2014〕7 号)	2014 年 2 月 7 日
审批改革	目前 28 项前置审批、30 项变更和注销审批。至此,本届政府已将全部 226 项工商登记前置审批事项中的 87% 改为后置审批或取消。(2017 年 4 月 26 日国务院常务会议)	《工商总局关于调整工商登记前置审批事项目录的通知》(工商企注字〔2017〕77 号)	2017 年 5 月 16 日
多证合一	①[五证合一、一照一码]:企业、农民专业合作社工商营业执照、组织机构代码证、税务登记证、社会保险登记证、统计登记证。②[两证整合]:个体工商户工商营业执照、税务登记证	①《国务院办公厅关于加快推进“多证合一”改革的指导意见》(国办发〔2017〕41 号);②[个体户两证整合]工商个字〔2016〕167 号;③[五证合一、一照一码]国办发〔2016〕53 号;④工商企注字〔2016〕150 号;⑤[三证合一]国办发〔2015〕50 号;⑥工商企注字〔2015〕121 号	①2017 年 5 月 5 日;②2016 年 8 月 29 日;③2016 年 6 月 30 日;④2016 年 7 月 28 日;⑤2015 年 6 月 23 日;⑥2015 年 8 月 7 日

续表

项目	登记制度相关的主要内容	政策文件	发布时间
证照分离地方试点改革	试点 3 年。①[取消审批]。对市场竞争机制能够有效调节,行业组织或中介机构能够有效实现行业自律管理的事项,取消行政审批,实行行业自律管理,允许企业直接开展相关经营活动。②[取消审批,改为备案]。政府为及时、准确地获得相关信息,更好地开展行业引导、制定产业政策和维护公共利益,对行政许可事项实行备案管理。③[简化审批,实行告知承诺制]。对暂时不能取消审批,但通过事中事后监管能够纠正不符合审批条件的行为且不会产生严重后果的行政许可事项,实行告知承诺制。④[提高审批的透明度和可预期性]。对暂时不能取消审批,也不适合采取告知承诺制的行政许可事项,简化办事流程,公开办事程序。⑤对涉及公共安全等特定活动,加强市场准入管理	《关于上海市开展"证照分离"改革试点总体方案的批复》	2015 年 12 月 29 日
企业简易注销	让真正有退出需求、债务关系清晰的企业快捷便利退出市场	《工商总局关于全面推进企业简易注销登记改革的指导意见》(工商企注字〔2016〕253 号)	2016 年 12 月 26 日
电子营业执照	利用电子营业执照无介质、防篡改的特性,发挥电子营业执照身份验证、网上亮照等功能。实现电子营业执照在政府部门间的共享互用,做到"一个部门发照、所有部门流转",避免企业反复提交纸质证明文件或网上重复录入信息	《工商总局关于全面推进企业电子营业执照工作的意见》(工商企注字〔2017〕47 号)	2017 年 4 月 11 日
住所放开地方试点改革	①自主申报,具有合法使用证明即予以登记。②[一址多照]:允许同一地址登记为 2 个以上企业的住所。③[一照多址]:无须前置审批的企业在同一县(市、区)域内设立分支机构的,免于分支机构登记,在营业执照上加注既可以。④[住用商]:应当征得利害关系人书面同意。对于从事电子商务、无实体店铺的网络交易服务、咨询策划、工业设计、股权投资、商务秘书、咨询代理等无污染、无安全隐患行业的市场主体,应允许将住宅作为住所(经营场所)进行登记。⑤简化手续	国家层面的尚未出台,部分地方已出台:《浙江省放宽企业住所(经营场所)登记条件的规定》(浙政办发〔2014〕83 号)、《江苏省关于进一步放宽企业住所登记条件的指导意见》	2014 年 8 月 4 日

续表

项目	登记制度相关的主要内容	政策文件	发布时间
登记全程电子化	在保留窗口登记的同时,2017 年 10 月底前开通涵盖所有业务、适用所有企业类型的网上登记系统,实现各类型企业的设立、变更、备案、注销等各个业务环节均可通过互联网办理,有条件的地方逐步实施无纸全程电子化登记	《工商总局关于推行企业登记全程电子化工作的意见》(工商企注字〔2017〕43 号)	2017 年 4 月 10 日
企业名称登记	开放企业名称库,为企业提供比较完整、系统查询服务,落实企业自主选择名称权利,为最终取消企业名称预先核准,实行企业名称自主选择创造有利条件	《工商总局关于开放企业名称库有序推进企业名称登记管理改革的指导意见》(工商企注字〔2016〕203 号)	2016 年 10 月 18 日
扩大开放申请设立个体户主体范围	允许台湾居民、港澳居民申请设立个体工商户	《工商总局关于扩大开放台湾居民在大陆申办个体工商户登记管理工作的意见》(工商个字〔2015〕224 号)、《工商总局关于扩大开放港澳居民在内地申办个体工商户登记管理工作的意见》(工商个字〔2016〕99 号)	①2015 年 12 月 28 日;②2016 年 5 月 31 日
商事主体信息公示	通过企业信息公示系统公示企业从事生产经营活动过程中形成的信息,实现了商事登记制度的公示功能	《企业信息公示暂行条例》(国务院令 654 号)	2014 年 8 月 7 日

总体而言,商事登记制度改革体现在程序和实质两大方面:第一,工商登记程序便利化改革。表现为取消验资程序、推进"多证合一""一照一码""两证整合"改革、实行企业登记注册全程电子化和电子营业执照、有条件的实施企业退出市场简易注销登记等。第二,工商登记实质条件放宽。表现为进一步放宽市场准入、缩减前置审批事项与后置审批事项、推进企业名称登记制度改革、在部分地区试点住所放开、扩大营商事主体的范围等。十八届三中全会以来,工商行政管理部门对于商事登记制度进行的全面深入的体系性改革,对商事主体从进入市场到退出市场的各个环节都进行了深入的改革,对于具体的登记管理制度进行了改善,显著提升了大众创业的激情与市场经济的活力,成果丰硕。

然而,随着改革成果丰收的喜悦,改革也进入了深水区与攻坚期。既有的改革成果未能全面回应所有的现实问题,仍存在深化的空间:第一,未明晰商事登记法律行为的效力。登记、不登记、错误登记分别产生何种法律效果在理论和实践中仍处于模糊、混沌的状态，阻碍了制度的有效运行。第二，尚未在全国范围内推广取消企业名称预先核准制度的试点经验。企业名称预先核准制度是否有继续存在的必要，其合理性需要重新审视。第三，尚未在全国范围内放宽住所条件。在商用土地、住所市场上，我国呈现出土地供给不足的势态，既有改革未能有效回应商用土地、住所供应不足的迫切的社会需求，阻碍了高科技企业、创新型企业和电子商务的发展。第四，尚未在法律层面，建立统一的商事登记法律制度。建立统一的商事登记法律制度，即有利于将既有的改革成果以法律的形式固定下来，还能够在法律层面构建统一市场准入机制，消除相关法规、规章之间的冲突，促进市场有效、公平竞争。第五，尚未全面实施市场准入负面清单制度。目前，负面清单制度的构建还有待进一步的完善，哪些经营领域该管，哪些经营领域该放，其必要性与可行性的研究还尚待加强。职是之故，在现有改革成果的基础之上，仍有进一步深化商事登记制度改革的空间和必要。

(二)中国现行商事登记制度的完善

1. 中国亟须建立统一的、系统的商事登记法律制度

商事登记法律制度是规范商事登记行为，确定登记主管机关、内容、程序等事项，调整商事登记关系的一项法律制度。现代各国的商事立法中，无一例外地把商事登记法律制度作为一项基本制度。[①]

我国的《公司法》《合伙企业法》《全民所有制工业企业法》《农民专业合作社法》等[②]商事主体法律，以及《企业法人登记管理条例》《公司登记管理条例》《合伙企业登记管理办法》等商事登记法规对商事登记作了不少规定，这些规定对经济社会发展发挥了重要作用。随着全面深化商事制度改革和社会主义经济、政治、文化、社会建设的发展，为了适应全面推进依法治国、贯彻落实科学发展观、构建社会主义和谐社会的要求，有必要依据宪法，在总结实践经验的基础上制定商事登记法。合理提升商事登记规范应有立法位阶，对商事登记制度的共性问题和实践中规范适用冲突问题以及迫切需要规范的问题作出规定，进一步明确商事登记制度中的主体与对象、内容和程序、权利与义务，建设法治化营商环境，完善中国特色社会主义商事登记制度。

制定统一的商事登记法律制度是规范社会主义市场经济秩序的需要。产权明晰、公平竞争、有效监管是发展社会主义市场经济的基本要求。通过制定商事登记法可起到如下作用，第一，确认商事主体资格与经营资格，界定产权归属与征税对象；第二，降低市场准入标准，实行统一的市场准入制度，促进市场公平竞争，保障各种市场主体的平等法律地位和发展权利，释放市场活力，为“大众创业，万众创新”提供制度保障；第三，明确各类商事主体的权利、义务与责任，激励“无照经营者”为商事登记；第四，明确市场监管者职责，建立以“形式审查为原则，实质审查为例外”的审查模式，简便登记程序；第五，建立以信用监管为核心的新型监管制度；第六，实现营商自由、交易安全

① 参见赵旭东主编：《商法学》，高等教育出版社2011年版，第20页。

② 还包括个人独资企业法、中外合资经营企业法、中外合作经营企业法、外资企业法、乡村集体所有制企业条例、城镇集体所有制企业条例、个体工商条例。

和适度监管的协调统一。

制定完整的商事登记法律是维护广大人民群众切身利益的需要。随着改革开放、经济发展，人民群众生活普遍改善，市场经济的红利惠及大众，迫切要求切实保护人民群众从事营利性活动的权利。通过制定商事登记法，明确民事主体依法经注册登记取得商事主体资格从事营利性活动的权利，任何个人和组织不得变相限制他人从事经营活动。从而维护人民群众的切身利益，激发广大人民群众的创造力和市场经济的内在活力，为经济发展提供有力支撑，促进社会和谐。

制定系统性的商事登记法律是深化商事制度改革的需要。商事登记法是商事法律制度的基本制度与重要组成部分，是在中国特色社会主义商事法律体系中起支架作用、不可或缺的重要法律制度。制定商事登记法，可以在归纳和总结现有商事登记制度的立法和实践经验的基础上，融入简政放权、放管结合、优化服务的理念，将商事制度改革的成果用法律的形式确认和固定下来。

2. 中国商事登记法律制度立法体例的选择

在商事登记制度立法体例的选择上，大陆法系国家和英美法系国家存在较大的差异，大陆法系国家主要采取了集中的立法模式，即通过统一的立法规范商事登记行为。而英美法系的传统代表国家（如英国和美国）则主要采取了分散的立法模式。具体可分为如下几种模式。①

第一，单行法模式，即通过颁布单行的商事登记立法来规范商事登记行为。如我国的香港特别行政区，香港的商事登记的法律规范由香港特别行政区《商事登记条例》规定。《香港商事登记条例》针对所有的经营活动即“为了图利而从事的任何形式的生意、商务、工艺、专业、职业或其他活动”制定了统一的登记立法。除香港外，新加坡也制定了《商业登记法》，对公司、合伙和个人等商事主体进行统一登记。

第二，由商法典统一规定商事登记行为，如德国，《德国商法典》第一编第二章专章规定商业登记簿，对登记的管理、登记申请、分营业所登记、登记的公告等进行规范。除此之外，德国还在有关商人、商号、商事代理及各类商事组织的规定中大量涉及商事登记。

第三，由商法典或民法典和单行法同时规范商事登记行为，即由《商法典》规定商事登记的主要内容，同时颁布单行的《商事登记法》，详细规范商事登记的具体内容，代表国家如日本和法国。《日本商法典》第三章专章规定了“商业登记”，包括管辖登记所、分部所在地登记、登记事项公告、登记及其公告的效力、分公司登记的效力、虚假登记、变更与消灭登记等。此外，《日本商业登记法》就登记所及登记官、登记簿、登记手续、登记变更及登记撤销，以及电子信息处理等作出详细规定。除日本外，法国也以这样的形式规范商事登记行为，法国的《商法典》第一卷第四编是关于商事登记的一般规定，除《商法典》外，还以行政规章的形式补充商法典在商事登记方面的规定，目前生效的是 1984 年 5 月 30 日颁布的《关于商事及公司登记的法令》。

---

① 参见朱慈蕴：《我国商事登记立法的改革与完善》，载《中国检察官学院学报》2004 年第 6 期。

瑞士是以民法典和单行立法规范商事登记行为，瑞士关于商事登记的规定见于《民法典》之中，其中《民法典》中第一部分一般条款中有关于商事登记的一般规定，《民法典》第五部分《债务法》也有专章规定商事登记行为，除此之外，瑞士还制定有专门的《商事注册条例》，具体规定商事登记行为。

第四，采公司法与单行法结合的模式，即由公司法和商业登记法分别就不同的商事主体的登记作出规定。我国台湾地区即采用此种模式，台湾地区的公司登记由"公司法"第八章"公司之登记及认许"规定，公司登记主要针对无限公司、有限公司和股份有限公司的登记，而其"以营利为目的，以独资或合伙方式经营之事业"则由"商业登记法"规定。所以台湾地区的"商业登记法"主要针对独资、合伙等非法人实体的登记。

第五，普通法系立法模式。在英国，根据商事主体的不同，商事登记可分为公司登记和非公司登记。英国公司的形式很多，包括独资企业、合伙合作企业、有限公司、股份公司、无限公司和两合公司。这些组织形式统称为公司，除了普通合伙企业之外，都由成立于 1844 年的公司署负责登记。除此之外，其他承担无限责任的商事主体，则不属于公司署登记管辖范围。所有需要登记的商事主体所依据的登记法律是与该商事组织形式相关的单行立法。

美国的商事组织形式主要有三种：个人企业、合伙与公司。其中，公司与合伙中的有限责任合伙具有法人资格，独立承担民事责任；而个人企业和普通合伙不具有法人资格，不能独立承担民事责任。根据商事登记主体的不同特点，商事登记所依据的法律也不同。如公司登记由普通法形成的判例与各州制定的《公司法》调整；合伙企业的登记则由相关的判例规则和各州通过的《合伙法》及《有限合伙法》进行调整。

我国现行的商事登记制度的立法体例不属于上述境外任何一种，而是属于按照商事主体的不同类型分别立法的"商事主体法 + 对应的商事登记法规"的多元立法模式。例如，《个人独资企业法》(2000 年)与《个人独资企业登记管理办法》(2000 年)；《公司法》(2006 年)与《公司登记管理条例》(2006 年)；《合伙企业法》(2006 年)与《合伙企业登记管理办法》(2007 年)等，此外《企业法人登记管理条例》管辖所有法人的登记。这种立法现状说明，在我国存在较为齐备的商事登记法律体系，但其立法层级都是法规级别，较之于主体法的立法层级低，并且主体登记与法人登记关系不清。

从我国目前的立法实践出发，比较借鉴各国、各地区的立法体例：第一，英美法系的普通法传统与我国国情之间存在较大的差异，其商事登记的立法体例并不适应我国实践。第二，我国虽然称不上典型的大陆法系国家，但法律传统和法制结构都与大陆法系国家相仿，因此，总的来说大陆法系的立法模式更加符合我国国情。在历史上，大陆法系国家曾尝试在商法典或民法典中涵盖商事登记制度的全部内容，并规定由法院作为商事登记的主管机关，这种做法存在极大的弊端。因为商事登记的内容复杂，其中又涉及登记机关作为公法机构的设置以及其权力、义务和责任，而这些内容都并非纯粹的或典型的民商法事项，在商法典或民法典中，加以全面细致的规定未必允当，也有其立法技术上的难处。并且，由于我国法院没有承办民商事登记事项的传统，这种做法亦无法适应我国商事登记的实践基础。

我国商事登记制度立法体例的选择既不同于英美法国家，也不能照搬大陆法系国家的体例，而应根据自身国情，走具有中国特色的“第三条道路”。考虑到我国商事登记法的现状：其在立法上不仅分散、重复、政出多门，缺乏统一立法的理念和规划，[①]以及社会、登记机关对“商事主体法＋对应商事登记法”的立法模式的习惯性和熟悉性。商事学界现在普遍认为要制定一部《商法通则》，构建商事领域的一般性法律制度，商事登记制度一般性规定应该在《商法通则》中予以体现，而不必要制定商事登记法，以免造成立法资源的浪费。在《商法通则》中对商事登记制度的共性问题和规范适用冲突问题以及迫切需要规范的问题作出原则性规定，辅之以相应的商事登记法规作为具体的实施依据，建立总分结构的商事登记制度法律体系，是一个理性和科学的选择。理由有四：

其一，能够提高商事登记法的法律位阶。我国商事主体制度规范的立法层级都是法律，商事登记制度规范的立法层级还停留在级别较低的法规。《商法通则》作为商事法律制度的基本法，对商事登记作一般性规定，能够使其与商事主体法律制度效力级别相匹配，为商事登记法规提供上位法的依据。

其二，能够抽取境内外商事登记立法、实践中的“公因式规则”，优化我国商事登记法律制度，填补立法漏洞，协调和消除相关规范之间的矛盾和冲突。例如，我国现有的商事登记法规和规章中，只有《企业法人登记管理条例》和《公司登记管理条例》中设立了登记的公告规则，《合伙企业登记管理办法》《个人独资企业登记管理办法》《个体工商户登记管理办法》等都没有规定登记的公告规则。《企业信息公示暂行条例》虽然在一定程度上弥补了公示公告规则在部分商事登记法中的缺憾，但仍旧存在不足。[②] 因此，有必要提炼公示公告规则，在《商法通则》商事登记章中作一般规定。此外，还有主体设立规则、公信力规则、对抗力规则、更正登记、登记机关审查义务、不登记的责任等“公因式规则”应当在《商法通则》商事登记章中规定。

其三，能够较好地适应现行的商事登记管理模式，降低制度改革的成本。在《商法通则》中规定商事登记制度，辅之以现行的商事登记法规，相较于其他方案，其具有节约改革成本的作用。在我国社会经济生活中，实施各类商事登记法规、规章已经二十余年，社会公众与登记机关工作人员对既有登记规则有一定的熟悉度和习惯性，在现有法规能够基本实现其功能和目的的情况下，对其进行大刀阔斧的修改，既无必要，也徒增改革成本。而采用《商法通则》的立法模式，只需对现行的商事登记法规进行小范围的补充、修改、删除即可实现商事登记法体系上的科学化和逻辑自洽。

其四，在《商法通则》对商事登记制度作原则性规定，将管辖、具体的操作程序等交由下位法进行规定，既不会破坏本法体系的科学化和美感，也提高了商事登记法的适应性和灵活性，是一项理性和科学的选择。

3. 明晰商事登记法律行为的效力，构建和完善商事登记的效力体系

商事登记的效力是指商事登记行为在法律上产生的后果，是商事登记行为的终极

---

① 参见朱慈蕴：《我国商事登记立法的改革与完善》，载《中国检察官学院学报》2004 年第 6 期。

② 不足在于：一是公示的方式仅限于企业信息公示系统，而没有企业公示的方式；二是公示义务人没有包括所有的商事主体，个体工商户与农村合作社被排除在外。

目标与落脚点，是商事登记的灵魂与核心。例如，当事人通过商事主体登记设立或注销商事主体，登记是其生效要件；①在有限公司股权变动方面，《公司法》第32条明确规定，登记仅具有对抗效力。商事登记的效力内容直接关涉当事人为登记能否实现其目的。然而，现行法对于部分事项的登记效力语焉不详。例如，《公司法》虽规定了股权转让变更登记的对抗效力，却没有规定法定代表人变更、增资、减资等其他登记事项变更登记的效力。再如，以增资为例，法律并未规定其登记的效力，②增资登记产生的是公司增资的生效效力抑或是对抗效力，并不明确。此外，公司合并或者分立时，变更登记具备何种效力，法律亦未规定。③

由上得以管中窥豹，现行法中有关商事登记效力的规范或缺失，或十分凌乱地散落在各类商事单行法中，缺乏体系性与系统性。这种缺乏系统性的商事登记效力体系，极易造成理论界的争论与实务中的混乱，遮蔽了商事登记应有的功能，使其难以发挥应有的作用，危害极大。因此，有学者提出商事登记制度改革应重视商事登记效力体系的构建，唯有科学、合理、系统的商事登记效力体系，才能确保商事登记所具有的公信力，并发挥商事登记制度的功能。④ 遗憾的是，在现有的商事登记制度改革中，作为商事登记制度中至关重大的效力问题，似乎被改革者所忽略。是以，在进一步的商事登记制度改革中，有必要去完善商事登记制度的效力体系，本书就该问题建议如下：

系统性的规定商事登记效力体系。前文已经指出，现行法关于商事登记登记效力的规定散见于各类商事单行法中，并无统一的规定，存在部分登记事项效力遗漏、语焉不详等问题。因此，有必要在《商法通则》商事登记章部分做系统性规定，厘清商事登记效力规范杂乱无章的局面。法律应当明确哪些事项的登记应为生效效力，哪些事项的登记应为对抗效力，不同事项的登记效力的选择关乎商事交易当事人之间风险的分配，有必要在未来的商事登记制度改革中予以明确。有学者主张区分设立登记事项与变更登记事项分别确定登记行为的效力。⑤ 还有学者认为，除法律明确规定登记具有生效效力以及基于特殊情况需要将登记设定为生效效力者外，其他登记事项仅具有对抗效力。⑥ 也有学者认为我国现行法律体系采纳了登记生效主义。⑦ 总之，系统性的规定商事登记效力体系已是基本的共识，唯有疑问者，系何种事项的登记应采何种登记效力，值得进一步研究。

股权变动中的登记效力的问题是一个值得关注的问题，即登记是否是股权变动的生效要件。在立法上，《公司法》第32条明确规定，股东名册变更是股权变动的生效

---

① 如《公司法》第7条、《公司登记管理条例》第45条、《合伙企业法》第11条、《合伙企业登记管理条例》第24条、《个人独资企业法》第13条、《个人独资企业登记管理条例》第21条、《民法通则》第26条。

② 《公司法》第179条第2款规定：公司增加或者减少注册资本，应当依法向公司登记机关办理变更登记。并未指明增资或减资的登记具备何种效力，语焉不详。

③ 参见《公司法》第179条第1款。

④ 参见陈敦：《商事登记效力体系之构建》，载《中国工商管理研究》2013年第9期。

⑤ 参见张雅光、王妍：《公司登记效力的价值及其构造》，载《中国政法大学学报》2011年第3期。

⑥ 参见陈敦：《商事登记效力体系之构建》，载《中国工商管理研究》2013年第9期。

⑦ 参见李克武：《公司登记法律制度研究》，武汉大学2005年博士学位论文。

要件,登记仅具有对抗效力。在实务中,最高人民法院认为,股权的工商登记仅具有证权性而无设权性。就股东资格而言,对外,工商登记材料可以被视为证明股东资格并对抗第三人的证据。对内,股东名册或工商登记都不能成为确定股东权益的唯一根据,而应以实际出资额来确定。[①] 综合立法和实务中的观点,法律运行过程中关于股权变动的规则是:有限责任公司股权的变动存在双层公示形式,即公司的股东名册的登记与工商管理部门的登记。[②] 股东名册的登记是股权变动的生效要件,工商登记是股权变动的对抗要件,股东内部关于股东权益的纠纷,以实际出资为准。

然而,在实践中,不少公司未置备股东名册,股东转让股权时往往以办理工商登记作为交付的形式。按照现行规则,仅办理股权变动工商登记而未办理股东名册变更的,股权的受让人仅获得股权变动的对抗效力,而不实际享有股权——因缺少股权变动的生效要件,即股东名册变更。受让人对于第三人而言,是法律上推定的股东,但其实际并不享有股权。这样的规则存在两个逻辑上的冲突:第一,法律推定一个并不实际享有股权的人为股东,不符合常理;第二,登记具有对抗效力,即法律推定股权变动在所有第三人之间生效,那么为什么不推定在股权变动在转让双方之间也生效?即第三人的范围包含交易双方。因此,在这种情况下,应当赋予股权变动工商登记以当然的股权变动的生效效力,以补正因未置备股东名册而缺少的股权变动的生效要件。换而言之,股权变动虽不以工商登记作为生效要件,但是,一旦办理了股权变动的工商登记即认为股权变动生效。

在学界,关于股权变动模式有六种学说,[③]分别是:外部登记模式、合同加通知模式、修正的意思主义模式、合同加履行模式、实用主义的模式、相对区分模式。我们认为,在将来的商事登记制度改革中,采外部登记模式较为适宜。[④]

4. 在全国范围内取消企业名称预先核准制度

现行的企业名称预先核准制度的主要作用在于防止企业名称因相同或近似而混淆。对现有的企业名称预先核准制度的改革,主要是开放企业名称库,为企业提供比较完整的、系统的查询服务,落实企业自主选择名称的权利。这种做法是在申请程序上为企业设立申请人申请核准企业名称减负。这种做法存在改革不够彻底的问题,应从实质上取消企业名称预先核准制度,理由在于:

首先,取消企业名称预先核准制度有利于保障企业自主选择名称的权利。设立企业的申请人在申请设立企业之前,还需要就企业名称单独申请预先核准,不但给设立企业的申请人平添了负担,也不利于企业对字号保护承担主体责任。过多的法律管制,导致企业名称资源紧张、审核效率低下,应尽快释放企业名称中的字号资源,减少

---

① 参见侯长清与李汉忠、朱志勋等与公司有关的纠纷申请再审民事裁定书,(2015)民申字第2332号,“本院认为”部分。

② 参见王涌:《股权如何善意取得——关于〈公司法〉司法解释三第28条的疑问》,载《暨南学报》(哲学社会科学版)2012年第12期。

③ 参见徐式媛、李志刚:《股权变动模式法律问题研究》,载《北京工商大学学报》(社会科学版)2014年第7期。

④ 同上。

名称管制所衍生的负效应。

其次,取消企业名称预先核准制度并不违反立法者原意。在企业名称预先核准制度设立之初,其只适用于特殊情况下企业名称的核准,1991 年 5 月国务院批准颁布《企业名称登记管理规定》第 16 条规定:“企业有特殊原因的,可以在开业登记前预先单独申请企业名称登记注册。”依据这一规定,企业名称以不预先核准为原则,以预先核准为例外。1994 年《公司登记管理条例》第 14 条规定:“设立公司应当申请名称预先核准。”该规定首次将公司名称预先核准确立为申请设立公司的前置条件,并适用于各类企业法人,而后又拓展至农民专业合作社和个体工商户的名称管理。由此可以看出,立法者在企业名称预先核准制度设立之初,并非意欲将其作为设立商事主体的前置条件,而是出于对特殊情况下企业名称管理之目的。

再次,取消企业名称预先核准制度具备技术条件。在电子信息技术高度发达的今天,在开放企业名称库的基础上,制定企业名称混淆的标准,在技术上实现新申请的企业名称与已存在企业名称是否混淆的快速对比已经成为可能,取消企业名称预先核准制度已经具备技术条件。

最后,取消企业名称预先核准制度亦具有相当的实践基础。《工商总局关于授权深圳市市场和质量监督管理委员会开展企业名称登记改革试点的批复》中指出:“除涉及前置审批事项或者企业名称核准与企业设立登记不在同一机关的以外,企业名称不再实行预先核准。”国务院关于印发《全面深化中国(上海)自由贸易试验区改革开放方案》的通知明确指出在上海自贸区“开展企业名称登记制度改革,除涉及前置审批事项或企业名称核准与企业登记不在同一机关外,企业名称不再预先核准”。

因此,取消企业名称预先核准制度的条件已经成熟,工商行政管理部门应加快推进取消企业名称预先核准制度,进一步降低市场准入的成本,深化商事登记制度改革,激发市场活动。一个可行的做法是:由申请人自主依据企业名称的构成规则,在企业名称申请系统中自主选择企业名称,通过技术手段即时与企业名称库中既存的企业名称进行对比,若不存在名称混淆,则允许申请人缴纳担保金锁定该特定的名称,并于若干工作日内以该名称申请设立企业。

5. 在全国范围内推广放宽住所试点经验

商事主体的住所是指其主要办事机构所在地,登记住所的主要目的在于确定商事主体的行政、司法管辖地和法律文件的送达地。经营场所是指商事主体从事经营活动的场所。二者功能不同,目的迥异。现行登记法规将住所纳入企业法人的登记事项,将经营场所纳入非法人企业和个体工商户成立的登记事项,将住所与经营场所概念混同存在较大的缺陷。与住所的功能相区别,经营场所的功能在于满足实际的经营的需要,一个商事主体只能有一个住所,但却可以有多个经营场所,故经营场所可与住所相一致,也可不一致。因此,商事登记制度改革有必要区分住所与经营场所的不同功能。

2013 年 10 月 25 日,国务院常务会议明确要求“按照方便注册和规范有序的原则,放宽市场主体住所(经营场所)登记条件,由地方政府具体规定”,随后各地方政府纷纷出台了相应的地方性规定进行放宽企业住所的试点。广东省试点地区实行住所与经营场所各自独立的登记方式，放宽住所（经营场所）登记条件，允许“一址多照”和“一照多址”。2014 年 8 月 4 日浙江省政府发布《浙江省放宽企业住所（经营场所）登记条件的规定》，其主要内容包括：简化住所使用证明的材料、允许“一址多照”和“一照多址”、有限制的允许“住改商”等。2015 年 3 月 23 日，上海市工商局发布《上海市企业住所登记管理办法》，从多个角度降低企业住所登记的要求。2015 年 9 月 29 日江苏省政府出台《江苏省政府关于进一步放宽市场主体住所（经营场所）登记条件的指导意见》。以上地区放宽住所的改革皆取得较好的经济效益，激发了市场活力。将放宽住所试点取得的宝贵经验在全国范围内推广，是进一步深化商事登记制度改革的有效途径，也是进行地方性改革试点内在的要求。本书认为住所改革仍具有进一步深化的空间。

其一，“住改商”可以进一步深化。根据《物权法》第 77 条规定：业主不得违反法律、法规以及管理规约，将住宅改变为经营性用房。业主将住宅改变为经营性用房的，除遵守法律、法规以及管理规约外，应当经有利害关系的业主同意。在实践中利害关系的业主的范围模糊不清，要求商事主体取得其同意亦是困难重重。因此，有必要实施一个正面清单，对于从事电子商务、无实体店铺的网络交易服务、咨询策划、工业设计、软件设计等零污染、零噪声、低人流量的行业，应允许其以住宅作为住所，纳入“除遵守法律、法规以及管理规约外”的范畴，即无须利害关系人之同意。同时，还需实施一个负面清单，对于高污染、高噪声、具有安全隐患行业的市场主体，不允许其以住宅作为住所。从事正面清单与负面清单之外的其他行业的市场主体，需要取得利害关系的业主的同意，才能以住宅作为住所。如此一来，可以助力科技型、创新型企业的发展，提高土地和住房资源的利用效率，缓解住所（经营场所）供给不足的问题，促进市场经济的发展。

其二，对无须经营场所的行业取消住所登记，改联络地址登记制。2015 年 3 月 17 日《平潭综合实验区商事主体住所（经营场所）登记管理若干规定（试行）》正式实施。根据该规定，所经营的项目无须经营场所或暂不需经营场所的，申请人可提供联络地址登记注册，该地址仅作为联络使用。平潭联络地址登记制是大陆首推，进一步打造与国际接轨的体制机制。对于从事电子商务、软件开发、线上服务等市场主体而言，其所经营的项目不需要经营场所，因此，可以取消经营场所的登记改为联络地址登记制，以联络地址作为其行政、司法管辖和法律文件送达地的依据。购买或租赁住所或经营场所的成本往往是创业者的主要成本支出，对于无须经营场所的商事主体，只需联络地址即可完成企业注册登记，极大地支持了从事电子商务、软件开发等行业青年的创业，为促进“大众创业、万众创新”，提供制度上的支持，激发了市场活力。因此，有必要借鉴平潭综合实验区“联络地址登记制”的实践经验，将其在全国范围内推广实施，进一步深化商事登记制度改革。

6. 全面实施市场准入负面清单制度

习近平主席在中国共产党第十九次全国代表大会报告[①]中指出：“加快完善社会

① 《中国共产党第十九次全国代表大会报告》。

主义市场经济体制。”“全面实施市场准入负面清单制度，清理废除妨碍统一市场和公平竞争的各种规定和做法，支持民营企业发展，激发各类市场主体活力。深化商事制度改革，打破行政性垄断，防止市场垄断，加快要素价格市场化改革，放宽服务业准入限制，完善市场监管体制。”

国务院于2015年发文《国务院关于实行市场准入负面清单制度的意见》（国发〔2015〕55号）推动负面清单制度试点工作，并提出要在2018年起正式实行全国统一的市场准入负面清单制度。但是，在全国范围内实施市场准入负面清单制度要处理好以下关系：

第一，科学理性地编制市场准入负面清单。《国务院关于实行市场准入负面清单制度的意见》指出："市场准入负面清单制度，是指国务院以清单方式明确列出在中华人民共和国境内禁止和限制投资经营的行业、领域、业务等，各级政府依法采取相应管理措施的一系列制度安排。市场准入负面清单以外的行业、领域、业务等，各类市场主体皆可依法平等进入。"根据国务院的安排，市场准入负面清单制度改革首批试点在天津、上海、福建、广东试点，第二批试点共有11个，包括浙江和湖北等地区。以上地区陆续进入试点的总结阶段，也取得了丰富的经验和成果。接下去，要将试点经验和成果惠及全国，要进一步研究清单的边界、清单的长度、全国清单与地方清单的关系、统一清单与专项清单、清单实施与监管等方面的问题。负面清单一般包括禁止准入类和限制准入类，内容主要涉及包括人民生命财产安全，政治、国土、军事、经济、金融、文化、社会、科技、信息、生态、资源等安全，以及核安全和新型领域安全等国家安全有关行业等；涉及全国重大生产力布局、战略性资源开发和重大公共利益的有关行业等。就其中的每一个事项，是否要列入负面清单，要以法治原则、安全原则、渐进原则、必要原则、公开原则为基本原则，全面深入地论证和审查其必要性与可行性。

第二，处理好市场准入负面清单与行政审批事项的衔接。我国长期通过行政审批、许可的方式对市场主体进入特定的市场行业、领域、业务进行管制和限制。对于这些既存的行政审批事项，有必要的应当纳入负面清单，没有必要的应当报请国务院及有关部门决定取消。要精简前置审批事项，简化行政审批程序，使行政审批程序更加公开透明、权责清晰。其中，对于涉及国家安全、公共利益等方面的前置性审批要从严、加强把握。

第三，清理和完善与市场准入负面清单制度相关的法律法规体系。在中央层面要清理法律、行政法规、部门规章、政策性文件中有关市场准入制度的规定；在地方层面要清理地方性法规、政府规章等地方人大、政府的法律文件。对于纳入市场准入负面清单的事项要依法予以保留，并要按照相应的要求修改实施；对于未纳入市场准入负面清单的事项，要即时修改、废止相应的法律法规，落实市场准入负面清单制度。

第四，加快建立与市场准入负面清单制度相适应的外商投资管理制度。习近平主席在党的十九大报告中要求："推动形成全面开放新格局。""实行高水平的贸易和投资自由化便利化政策，全面实行准入前国民待遇加负面清单管理制度，大幅度放宽市场准入，扩大服务业对外开放，保护外商投资合法权益。凡是在我国境内注册的企业，都要一视同仁、平等对待。”对于外商投资，要加快建设国民待遇加负面清单管理模式，编制外商投资负面清单。对《中外合资经营企业法》《中外合作企业法》《外资企业法》有关市场准入的内容进行相应的修改，落实外商投资管理国民待遇加负面清单制度，大幅度放宽市场准入，扩大服务业对外开放，保护外商投资合法权益。

第五章　商业名称制度

一、商业名称制度概述

（一）商业名称的概念

我国早期在《大清商律草案》第四章第16条规定，“本律称商号者，谓商人关于其商业在审判上或审判外所用于表彰自己之名称”。[①] 此后，我国商法学者在学术层面对商业名称制度做了进一步研究。王保树教授认为，“商号是商人在营业上表示自己的名称”。[②] 赵旭东教授认为“商业名称又称商号，是商事主体在从事商事行为时为表明不同于他人特征而使用的名称”。[③] 赵万一教授认为，“商业名称是指商事主体在营业活动中所使用的用以表彰自己独特法律地位的名称或名号”。[④] 范健、王建文所著《商法学》中认为“商号是指商主体在从事商行为时所使用的名称，即商主体在商事交易中为法律行为时，用以书名或让他的代理人用其与他人进行商事交往的名称”。[⑤]

通过上述概念的界定可以看出，首先，我国学者普遍认可商业名称是商事主体的名称，具有不同于其他商事主体的专属性特征，商事主体通过使用商业名称而与其他商事主体相互区别。其次，应当将商业名称与营业相联系，明确商业名称之所以不同于一般民事主体的名称是因为商业名称是商事主体在从事商事营业活动过程中所使用的名称。因此，商业名称应当是商事主体在其营业活动中使用的，为表征商事主体身份的名称。

此外，世界各国立法上对商业名称这一概念的内涵的理解也存在差异，大致上可以分为两类：第一类是只规定商号（商业名称），把各类商事主体的名称统称为商号，而不区分公司名称、合伙名称和商自然人的名称。德国、韩国、日本等国家为此列。例如《德国商法典》第17条规定“商号是商人进行营业经营和进行签名的名称”。[⑥] 第二类是同时规定公司名称和商号。我国台湾地区曾认为商号仅指个人和合伙的称谓，但在此之后台湾对这一问题的看法也发生了变化，通过制定新的“商业登记法”，用商业名称作为统称，统一认为是各类商事主体的名称。综合来看，各国家和地区对于商事

① 怀效峰主编：《清末法制变革史料》，中国政法大学出版社2010年版，第814页。

② 王保树主编：《中国商法》，人民法院出版社2010年版，第57页。

③ 赵旭东主编：《商法学》，高等教育出版社2007年版，第76页。

④ 赵万一主编：《商法》，中国人民大学出版社2006年版，第61页。

⑤ 范健、王建文：《商法学》，法律出版社2012年版，第71页。

⑥ 《德国商法典》，杜景林、卢谌译，法律出版社2010年版，第17页。

主体的名称,或以商号统称,或以商业名称统称。因此,依照我国法律法规的规定和学界的主流观点,我国的商业名称应当是对企业、个体工商户、个人合伙等商事主体名称的统一规定。因而,本书认为商业名称是指商事主体在其营业活动中为表征其身份所使用的名称。

(二)商业名称的术语选定

在商业名称术语的选定上,我国法律规范和理论研究对商业名称、企业名称、商号、字号等概念长期存在使用不统一和概念界定不清晰的问题,不同学者对这一问题也一直存在争议。

对"商业名称"与"商号"的关系,总体上看主要存在两种观点:一是"商业名称"与长期以来在理论研究中所使用的"商号"概念为同义语,是各类商事主体的统称。采用"商号"这一术语主要是由于早期我国对商业名称制度的研究受到其他国家商事立法的影响,一些国家在立法中采用了"商号"的概念。例如《日本商法典》第 11 条第 1 款规定"商人,可以以其姓、全名或其他名称为商号"。① 二是商业名称应当属于上位概念,而商业名称中的特有部分可称为"商号"或者"字号"。这种观点认为长期使用的"商号"概念主要是指商事主体名称中最具有独特性的部分。因此,我国理论研究中对"商号"这一术语的应用较为混乱,学界一直未对其内涵做出明确界定。

中国商事立法对商业名称的立法有两种模式:一方面,采用"商号"这一术语,将商号作广义的名称理解;另一方面,设立"商业名称"概念,确立"商业名称""字号"两个术语。其中,"字号"作狭义理解,仅指商事名称中显示其显著特征的文字组合,回避具有争议的"商号"概念。事实上,第二种模式可以有效规避长期以来在理论和学术上对"商号"存在的不同的理解,避免产生立法上的混乱,因而本书认为采用"商业名称"概念为宜。

采取"商业名称"这一术语的依据在于:第一,尊重中国现行法律、法规的规定。现行立法中已有"企业名称"的概念,对这一概念社会上已经形成了较为统一的认知,而"商业名称"的概念则是将除企业之外的其他商事主体名称纳入其中,既确立了统称术语,又保持了法律的稳定性,有利于加强社会对这一概念的清晰认知。第二,世界各国立法中对商号(trade name)一词的使用也是混乱和模糊的。例如,美国区分了商号和公司名称、法定名称,认为商号具有不确定性,不能作为登记制度的基础;法国对企业名称和与商号意义接近的厂商名称做出了严格区分。综合来看,国际社会上对"商号"这一概念本身界定不清晰。因此,为了区别和进一步明确"商业名称""商号""字号",应当建立"商业名称"制度,清晰界定各类商事主体名称的统称,同时,将"字号"作为"商业名称"中具有特有性的核心组成部分,这也是符合我国现行的立法思想和价值取向的选择。

(三)境内外商业名称立法现状

世界各国法律中普遍对商业名称的概念、商业名称权利、商业名称的保护等问题进行了规定。

---

① 《日本最新商法典译注》,刘成杰译注,柳经纬审校,中国政法大学出版社 2012 年版,第 26～27 页。

德国在《德国商法典》[①]第一编“商人的身份”中第三章规定了“商号”。第17条至第37a条分别就商号的概念,商号的标志,商号的申报、变更、废止与继承,商号与营业转让,商号的不当使用等内容作出了规定。此外,《德国商标和其他标志保护法》《德国反不正当竞争法》等也对商业名称进行了不同程度的保护。

日本主要通过《日本商法典》和《反不正当竞争法》对商业名称进行保护。《日本商法典》[②]第11条至第18条分别就商号的选定,禁用易误认名称,商号的许可使用,商号的转让、竞业禁止、转让后债权债务关系等内容作出了规定。

韩国在《韩国商法典》[③]总则第四章中对商号制度做了规定第18条至第28条就商号的自由选定,商号的组成,禁止不当使用和禁止误认,商号的单一性,商号登记的效力、预先登记,商号的许可使用,商号的转让,商号的废止和注销,商号不当使用的制裁等内容作出了规定。

瑞士在《瑞士债务法》[④]第四编“商业登记、商业名称与商业账簿”中第三十一章规定了公司名称。第944条至第956条分别就公司名称确定原则及组成,公司名称的排他性,公司名称的变更,公司名称专有权,分支机构名称,名称与营业转让,名称的保护等内容作出了规定。

除此之外,英国、瑞典、荷兰等国都有专门的针对商业名称的立法,哥伦比亚、秘鲁也制定了商号保护法。

我国现行法律中与商业名称相关的主要有《民法总则》《企业名称登记管理规定》《公司登记管理条例》《企业法人登记管理条例》及其《实施细则》《个体工商户名称登记管理办法》《反不正当竞争法》《商标法》等。此外,我国已经加入的1883年《保护工业产权巴黎公约》、1891年《制裁商品来源的虚假或欺骗性标示马德里协定》和世界知识产权组织(WIPO)1966年发布的《发展中国家商标、商业名称和不正当竞争行为示范法》中也对保护商业名称作出了规定。

总体来看,我国商业名称制度的立法层级较低,现有法律法规主要是对企业名称、个体工商户名称的组成、选定等内容作出了一定程度的规定,但是就统一的商业名称制度未有所涉及;对商业名称制度中的核心内容,如商业名称的登记及效力、商业名称的转让、商业名称的许可使用、商业名称的侵权及法律保护等问题没有相应的规定,立法整体上“重规制、轻保护”,一直没有建立起真正的商业名称制度。

二、商业名称的选定及构成

(一)商业名称的选定

商业名称的选定主要有两种模式[⑤]:一是真实主义原则,即公司选定的名称必须

---

① 《德国商法典》,杜景林、卢谌译,法律出版社2010年版,第16~21页。

② 《日本最新商法典译注》,刘成杰译注,柳经纬审校,中国政法大学出版社2012年版,第26~44页。

③ 《韩国商法》,吴日焕译,中国政法大学出版社1999年版,第6~8页。

④ 《瑞士债法典》,吴兆祥、石佳友、孙淑妍译,法律出版社2002年版,第275~278页。

⑤ 范健、王建文:《商法基础理论专题研究》,高等教育出版社2005年版,第259~260页;覃有土主编:《商法学》,中国政法大学出版社2011年版,第37~38页。

与经营者名称或者其营业内容相一致,凡不符合的,均不予承认,且不得转让或继承。这种模式以法国、瑞士为代表,德国在1998年之后通过法律法规的施行实现了不完全的商号自由,但是仍属于此类。二是自由主义原则,即当事人可以自由选择公司名称,不论该名称是否与公司的营业内容相一致。商业名称与营业人的姓名及营业种类没有必然的联系。采用此种立法的国家包括日本、韩国、我国台湾地区及英美法系国家。但是,此原则并非绝对,商业名称在一定程度上仍然受到限制。例如,《日本商法典》第17条规定,公司的商号应按照其种类,使用无限公司、两合公司或股份公司字样。

真实主义原则和自由主义原则之间的主要分歧就是"保护秩序,交易安全"与"自由"间的冲突。但事实上,无论哪种立法模式在选择商业名称时都是在享有自由的同时受到一定的限制。我国没有明确规定在商业名称的选定问题上应当奉行何种立法主义,但是主流观点认为,从目前立法对"企业名称"组成的规定上看,我国仍然采用了真实主义原则,使商业名称与商事主体的营业种类、经营范围、投资状况一致,避免给公众带来假象或迷惑。因此,商业名称制度应当秉持这一立法思想,在立法模式的选择上仍然坚持真实主义的取向。

(二)商业名称的构成

根据商业名称的组成方式不同,可以将其分为简单名称和组合名称两类。简单名称实质上相当于本书中所称"字号"部分,因其具有可识别性,既可以单独成为独立的商业名称,也可以成为其他商业名称组成部分中的核心内容。由核心部分和附属部分组成的商业名称就是组合名称。我国立法中倾向于采用组合名称的立法模式。

我国商业名称的构成主要采取了4段式的立法模式,从我国立法来看,《企业名称登记管理规定》第7条规定:"企业名称应当由以下部分依次组成:字号(或者商号,下同)、行业或者经营特点、组织形式。企业名称应当冠以企业所在地省(包括自治区、直辖市,下同)或者市(包括州,下同)或者县(包括市辖区,下同)行政区划名称。经国家工商行政管理局核准,下列企业的企业名称可以不冠以企业所在地行政区划名称:(一)本规定第十三条所列企业;(二)历史悠久、字号驰名的企业;(三)外商投资企业。"《企业名称登记管理实施办法》第9条规定:"企业名称应当由行政区划、字号、行业、组织形式依次组成,法律、行政法规和本办法另有规定的除外。"除此之外,在《合伙企业法》中也规定合伙企业名称中应当包含组织形式。

由此可见,我国的商业名称主要具备下列几个要素:

第一,行政区划。《企业名称登记管理规定》第7条规定"企业名称中应当冠以所在地县级以上行政区划的名称或地名",同时,该条还列明可以不冠有行政区划名称的情况包括有老字号、外商投资企业等几种特殊情况。此外,第13条还规定除"全国性公司""国务院或其授权的机关批准的大型进出口企业""国务院或其授权的机关批准的大型企业集团及国家工商行政管理局规定的其他企业"以外,在企业名称中不得使用"中国"、"中华"或者冠以"国际"等字词。商业名称中附加行政区划名称有助于明确商业名称的效力范围,便于对其进行保护与救济。我国现行立法中对行政区划的规定为国家、省(自治区、直辖市)、市(州)、县(市辖区)四级层次,在2018年国家市场监督管理总局公布的《企业名称登记管理条例(征求意见稿)》中也仍然采用了除特定不冠有行政区划的名称外,以省、市、县作为各级商业名称的行政区划。但是,随着电子商务、互联网信息技术的发展,商品的流动范围扩大,商事主体的营业范围不断扩大,商业名称的使用不再局限在固定地域范围内,再以县级作为最低商业名称的行政区划层级势必造成名称侵权现象的持续多发。若只采用国家级、省级二级结构在现有的《汉字简化方案》《简化字总表》下真正可用于商业价值的汉字只有数百个,又给字号选定设置了巨大的困难。[①] 因此,对商业名称的地域限制可以在层级结构上做出适时调整,例如建立国家级、省级、市级三层体系,在名称设立登记时也可由企业按照企业规模选择其名称登记层级,以此区分企业名称的保护效力范围。

第二,字号。字号是商业名称中的核心要素,也是商业名称最重要的构成要素,可以由商事主体自主选择其内容。同时字号也是标识商事主体独特身份的专用名称,商业名称中最重要的部分即字号,无论是否简化都不能省去。字号应当由两个以上的汉字组成,可以是字、词或者其组合。同时,字号应当具有显著特征,不得违反禁止性规定。就禁止性规定,《企业名称登记管理规定》第9条进行了列举:"企业名称不得含有下列内容和文字:(一)有损于国家、社会公共利益的;(二)可能对公众造成欺骗或者误解的;(三)外国国家(地区)名称、国际组织名称;(四)政党名称、党政军机关名称、群众组织名称、社会团体名称及部队番号;(五)汉语拼音字母(外文名称中使用的除外)、数字;(六)其他法律、行政法规规定禁止的。"这些规定主要是对企业名称中的专有部分即字号部分的限制性规定。

第三,行业或经营特点。行业主要指的是商事主体经营活动所属的国民经济的工业或者商业的具体类别。《企业名称登记管理规定》第11条规定"企业应当根据其主营业务,依照国家行业分类标准划分的类别,在企业名称中标明所属行业或者经营特点"。《企业名称登记管理实施办法》第20条规定"企业名称不应当明示或者暗示有超越其经营范围的业务"。以上是我国现行法律对企业名称的规定,商事主体的商业名称中对于行业或经营特点的选择应当同此规定。

第四,组织形式。组织形式是反映商事主体组织结构、承担责任的方式的部分,有助于第三人通过商业名称这一外部特征判断商事主体的组织形态,对判断商事交易活动也具有重要作用。因此,我国《企业名称登记管理规定》第12条也规定"企业应当将自己所采用的组织形式在企业名称中标明"。例如,采用有限责任公司形式的,应当在商业名称中标明"有限责任公司"字样;采用股份有限公司形式的,应当在商业名称中标明"股份有限公司"字样;合伙企业名称中应当标明"普通合伙"字样。

三、商业名称的效力及其保护

(一)商业名称登记的取得效力

商业名称的登记是指商事主体将其选定的商业名称依照法定程序,在登记机关办

① 参见梁上上、李国豪:《商号法律制度研究》,法律出版社2014年版,第114~115页。

理注册手续。就商事名称的登记问题,主要有三种原则:一是登记自由主义,或称为使用取得方式。"使用"一般是指面向公众使用并被知悉,这种方式不要求商业名称必须进行登记,只要使用的前提成立,法律就可以对其进行保护。以法国为代表,只要商业名称面向社会进行了公开使用,如设立分公司、推销商品等,使用者即可取得商业名称权利。这种方式有利于保护在先权利,但是由于在先使用本身具有不确定性,其权利范围、效力都不稳定。同时,由于缺乏必要的公示,进一步增加了商事主体选用新商号的难度,容易造成权利冲突。二是登记对抗主义,指的是商业名称的取得不一定要经过申请登记,但未登记不足以产生对抗善意第三人的效力。日本、韩国主要采用这种登记方式,也就是不存在强制登记,但是未登记的商业名称在效力上弱于已登记的商业名称,不具有排他效力。三是登记生效主义,指的是商业名称只有经过相应的法定机构登记后才可使用,商事主体才取得商业名称的权利。这意味着商业名称的取得需登记方可生效,且其变更、废除等都需要登记。这种方式最大的目的是维护交易安全和交易秩序,经由法定程序登记是事实上对商业名称进行了公示,同时给予其社会公信力,便于确定商业名称的归属、权利范围,便于政府部门的管理。

《日本商法典》规定"商人可以办理商号登记",①同时,《日本公司法典》写明了公司类商人必须对商号登记。② 但是《日本反不正当竞争法》规定,未经登记的商号同样受反不正当竞争的保护。因此,日本主要采取了登记自由主义。《德国商法典》③中规定任何一名商人都有义务将商号及营业所所在地点登记,和我国的规定类似。

我国《企业名称登记管理规定》第 3 条规定:"企业名称在企业申请登记时,由企业名称的登记主管机关核定。企业名称经核准登记注册后方可使用,在规定的范围内享有专用权。"意味着只有履行必要的注册登记手续、符合法律规定才能取得企业名称专用权,另外,《个体工商户名称登记管理办法》规定个体工商户可以不适用名称,但决定使用也应当进行登记。

综上所述,根据我国现有的实践,立法对商业名称的取得依然采用了登记生效主义。这就意味着,登记对商业名称而言具有取得效力,登记之后的商业名称才得以合法使用,享有商业名称专有权、使用权、转让权等一系列权能并受到法律的保护和救济。对未经法定程序登记使用的名称不存在商业名称的各项权利,但是法律对个体工商户则适度宽松,个体工商户可以由其选择是否使用名称。小商人在性质上可以类比于个体工商户,涉及小商人问题时,商事登记部分认为其符合商事主体的一般标准,但由于其营业的分散性、临时性等特点可以对其免于登记。在商业名称部分,小商人可以自由选择是否使用商业名称,但按照登记生效主义模式,未经登记的名称不享有商

---

① 《日本商法典》第 11 条:"商人,可以以其姓、全名或其他名称为商号。商人可以办理商号登记。"《日本最新商法典译注》,刘成杰译注,柳经纬审校,中国政法大学出版社 2012 年版,第 26 ~ 27 页。

② 《新订日本公司法典》,王作全译,北京大学出版社 2016 年版,第 5 页。

③ 《德国商法典》第 29 条:"任何一名商人均有义务将其商号和其营业所所在地点向营业所所在辖区的法院申报商业登记;商人应签署其签名,并注明商号,以由法院保管。"《德国商法典》,杜景林、卢谌译,法律出版社 2010 年版,第 19 页。

业名称的专有权。

（二）商业名称的排他效力

商业名称的排他效力建立在登记的基础之上，意味着排除其他主体进行相同或相似的登记。商业名称的排他效力是商业名称专有权的核心内容，商事主体享有禁止他人在特定区域内登记和使用相同或相似商业名称的权利。商业名称权从性质上不同于公民的名称权，原因在于商业名称具有经济价值。保护商业名称的排他效力事实上避免了商业名称趋同对商事主体商誉和直接经济利益的损害。《企业名称登记管理规定》第25条规定："两个以上的企业因已登记注册的企业名称相同或者近似而发生争议时，登记主管机关依照注册在先原则处理。"这里商业名称的排他效力既指排斥他人登记或使用相同或相似的商业名称整体，也指排斥他人登记或使用相同或相似的字号，原因是字号是商业名称中的核心部分，字号的使用会事实上造成权利人权利受损的结果。

商业名称权是一种绝对权，其法律效力应当是绝对排他，其保护范围应当是不受地域范围的限制。针对地域范围限制这一点，有一种观点认为《企业名称登记管理规定》中写到的"企业名称经核准登记注册后可适用，在规定范围内享有专用权"和"地域+字号+行业+组织形式"的命名方式是对名称权做出了地域限制。但事实上，商业名称中"地域"范围的绝对排他性指的是在全国范围内的绝对禁止其他任何人使用相同或类似的商业名称，其效力应当在全国范围内有效。而地域限制事实上是对企业名称中的"字号"部分进行限制，在特定区域与行业范围内排斥相同或近似字号的使用。而行业、地域的限制范围则依据商业名称的登记确定，赋予了商业名称受保护的权利。因此，在商法通则立法中应当明确规定"商业名称"在全国范围内有排他效力，"字号"在特定地域范围内有排他效力。

此外，将字号的排他效力限定在特定地域、特定行业的范围内是世界各国在立法上的共同趋势。德国从"明显区别"角度规定不得登记同一地点或同一乡镇已存在和已登记商业名称①；日本从限定"不正当目的"和"可能使人误认"的角度排斥类似的名称，改变了以往对同一地域或同一行业的范围，认为只要存在侵害可能性，权利人即可要求行为人停止侵害或防止侵害②；我国台湾地区对此规定为同一市辖区或县（市）不得使用相同或类似已登记名称。综合来看，我国现行立法倾向于德国模式：一方面，认为字号的排他效力体现在"排斥登记"而非排斥使用上，因为对商业名称的使用限制是在全国范围内的禁止，字号则可以通过许可使用的方式允许他人使用，不存在完全排斥使用的问题。另一方面，仍然采取了对同一行业、同一名称登记管理机关辖区内的双重控制。这是商业名称权益与其他商事主体利益平衡的选择，是防止混淆与保护

---

① 《德国商法典》第30条第1款规定："任何一个新的商号须与在同一地点或在同一乡镇已经存在的的和已经登入商业登记簿或登入合作社登记簿的一切商号明显区别。"《德国商法典》，杜景林、卢谌译，法律出版社2010年版，第19页。

② 《日本商法典》第12条第1款："任何人均不得以不正当目的使用可能使人误认为是其他商人的名称或商号。"《日本最新商法典译注》，刘成杰译注，柳经纬审校，中国政法大学出版社2012年版，第31页。

商事主体名称权的统一。如果不对字号的排他效力作出范围界定,很可能使其效力范围过大,从我国的各地经济发展实际情况来看,可能影响到新的商业主体的产生及发展。

(三)商业名称的救济效力

商业名称的救济效力指的是登记创设商业名称权,可以排斥他人使用相同或相似的名称经营相同业务,对于擅自使用他人已经注册的名称或者有其他侵犯名称权的行为,被侵权人可以请求侵权人停止侵害,或者要求主管机关责令侵权人停止侵害;如有损害,该名称权享有人可以请求赔偿或向法院起诉。

侵犯商业名称权的行为主要包括3种:一是混淆行为,指侵权人不直接使用与权利人完全相同的商业名称,而是注册、使用近似或雷同的名称,致使社会公众不易分辨,产生错觉。二是擅自使用行为,主要包含两种情况:其一,未经许可,侵权人直接使用与权利人完全相同的商业名称,从事生产经营活动;其二,超过许可范围使用他人注册的名称。三是诋毁行为,指侵权人以虚假陈述方式,贬低商事主体的信誉,给商事主体造成不良的社会影响。以上几种行为应当属于商业名称权的救济范围。

侵害商业名称权的主观状态。大部分学者认为侵权人应当存在故意或过失的心理状态。但是也有观点认为,《反不正当竞争法》中对不正当竞争的定义涵盖了行为主体、违法性及危害后果,没有要求包含过错的主观因素,因此,行为只要在客观上存在违法性并足以造成“混淆”和“误认”即可构成侵权。

商业名称权的受保护范围。首先,“商业名称”是指符合法定登记要求,符合“地域+字号+行业+组织形式”的构成要件的名称。其次,“字号”侵权属于侵犯商业名称权的范围内,“字号”应该受到保护。在2006年《关于审理不正当竞争民事案件应用法律若干问题的解释》中,规定了“具有一定的市场知名度、为相关公众所知悉的企业名称中的字号,可以认定为反不正当竞争法第五条第(三)项规定的‘企业名称’”,事实上将“字号”扩大解释为法律保护范围内的商业名称。最后,关于“简称”是否可以扩大解释为商业名称,进入法律保护范围之内这一问题,目前存在争议。

我国现行立法中对于商业名称简化的规定主要体现为:一是规定印章、银行账户、牌匾、信笺等用途必须与核准登记名称一致,不得进行简化;二是对简化有一定的限制,一般限定在只能简化通用名称的部分,字号部分不得简化,同时商业名称的简化不得对公众造成欺骗或使公众误解;三是只有个别领域可以进行简化,主要包括公共饮食等行业领域,这些领域还需经过必要的登记备案。

一方面,“简称”纳入商业名称保护是存在现实困境的。首先,“简称”不同于“字号”。因为字号是具有固定性的,是通过法定程序登记注册的商业名称的核心组成部分,因此,字号具有公示性与法律效力,视同其与商业名称一样属于法定保护范围之内是具有一定的合理性的。但是,“简称”的使用则具有极强的随意性,通常只在习惯上或实践中特定场合下使用,不具备法定形态,也不能唯一确定。其次,司法实践中也认为“简称”不能等同于商业名称使用。在北京市高级人民法院发布的《关于商标与使用企业名称冲突纠纷案件审理中若干问题的解答》中,就企业名称的规范使用规定“企业的印章、银行账户、信笺、产品或者其包装等使用的企业名称,应当与营业执照上的企业名称相同。从事商业、公共饮食、服务等行业的企业名称牌匾可以适当简化,但不得与其他企业的注册商标相混淆”。由此可以看出,“简称”未能取得和商业名称同等的地位。

另一方面,现实中确实存在因为“简称”被盗用进行商号或商标注册而导致商事主体的商业信誉受损的情况。最高人民法院出台的2014年第29号指导案例关于简称保护问题的裁判理由道明“对于企业长期、广泛对外使用,具有一定市场知名度、为相关公众所知悉,已经实际具有字号作用的企业名称简称,可以视为企业名称予以保护”。但是,可以看出最高人民法院的指导案例对于“简称”保护的界定也是“软性规定”,对“长期、广泛使用”没有规定具体的使用年限和使用范围,因此,只能通过司法实践中法官对于个案中的商业名称认定加以明确,但缺点是可预测性较低且法官容易滥用其司法裁量权,造成司法不公。

综上所述,就商业名称权救济效力的范围而言,已经登记的“商业名称”“字号”在保护范围之内,在理论与实践中基本上达成了一致意见,即统一以商业名称予以保护。但是由于“简称”的认定存在争议,因而,“简称”的法律地位、使用范围及效力在立法上仍需进一步考虑。

四、驰名字号的保护

(一)驰名字号保护的合理性

驰名商业名称主要是指经过长期使用,为公众普遍知晓和广泛认同,在特定区域范围内享有较高的商业信誉的商业名称。我国目前的立法中尚未有对于驰名商业名称或者驰名字号的明确规定,《企业名称管理规定》第7条对特定不冠以行政区划的商业名称的规定中提到“历史悠久、字号驰名”的企业,2006年商务部曾发布《“中华老字号”认定规范(试行)》,提出了“中华老字号”的概念。有学者认为“老字号”与“驰名字号”应当分属于两个不同的概念,因其特点上存在差异,一些驰名字号产生的时间并不久远,却享有很高的社会认可度。[①] 但是事实上,“老字号”不仅流传已久,且一般都具有较高的认知程度和商业信誉。因在市场经济的模式下,品质低劣必将面临优胜劣汰的后果,因而“老字号”的传承往往因其产品及服务的高质量而广为人知并流传下来。因此,可以将一些知名老字号的保护统一纳入“驰名字号”的保护中去,不再对二者进行区分。

驰名字号因具有特殊性,在社会公众中有较高知名度和商业信誉,因此更容易成为商业侵权或不正当竞争行为的侵害对象。被认为起源于德国商标法领域的“淡化理论”认为,即使在不同行业上使用驰名商标也会对商标的吸引力受到影响。因而,法院禁止以“淡化”为名将驰名商标所有人禁止他人使用的权利扩大到非类似商品上。这种认定方式突破了商标的类别,也不需要驰名商标人与使用人之间存在竞争关

① 参见梁上上、李国豪:《商号法律制度研究》,法律出版社2014年版,第234页。

系，不需要证实是否可能存在混淆、误认或主观过错。[①] 反淡化理论的应用是对驰名商标的更深层保护，它的立法基础在于商标的信誉价值，是反不正当竞争的有力手段，因而其重点不在于防止误认而在于防止驰名商标的识别性被乱用。在这一点上，驰名字号的保护与驰名商标的保护具有相类似的需求，驰名字号承载了商事主体的营业和商誉，具有一般商事主体字号所不具有的品牌价值，这种品牌价值带来的产品号召力往往引发一些不正当竞争行为。由于驰名字号的特殊性，即使不在同一领域或同一地域，存在相同或相似的商业名称仍会削弱驰名字号的独特性和显著性，产生“淡化作用”，对驰名字号的品牌号召力产生严重的影响。因此，建立驰名字号的特殊保护具有合理性。

此外，保护对象应当限定在驰名字号而非驰名商业名称。商业名称中具有特殊性和标识性的部分是字号部分，而非商业名称整体，因而保护驰名字号就是对商业名称整体最为有力的保护。

（二）驰名字号的认定

我国部分省市已经尝试建立了对“知名商号”的特殊保护规定，例如《浙江省知名商号认定办法》第 4 条，《浙江省企业商号管理和保护规定》第 13 条，《湖北省企业名称管理规定》第 4 条等。具体来看，在认定标准上主要涉及以下内容：一是各省认定的前提标准是本省内字号；二是主要考虑字号及产品的公众知晓程度及市场占有率程度；三是考量商事主体的经营活动是否符合各项政府制定的标准，在税务、环保等各部分无不良记录；四是考虑字号的使用年份和使用时间；五是营业规模和活动地域范围；六是字号所有人在同行业中的位次和驰名度；七是字号的宣传和保护情况。

《商标法》第 14 条认定驰名商标的主要考量因素为：(1) 相关公众对该商标的知晓程度；(2) 该商标使用的持续时间；(3) 该商标的任何宣传工作的持续时间、程度和地理范围；(4) 该商标作为驰名商标受保护的记录；(5) 该商标驰名的其他因素。

综上所述，我国地方出台的对“知名商号”的认定标准参考了驰名商标的认定标准，因此，建立全国通行的驰名字号的认定标准也可以参照驰名商标的认定标准。各省市认定驰名字号采取由省级工商行政管理部门认定的方法，认定机关较为科学，既避免了认定工作集中于国家工商行政管理部门造成的驰名字号认定的困难，又避免了由市县工商行政管理部门认定产生认定层级过低、标准不统一等问题。

（三）驰名字号保护的效力

商业名称的排他性在全国范围内有效，但是字号的排他性受到了特定行业和地域的限制，即字号登记的保护效力局限在商业名称所包含的特定地域和行业之内，在该范围内已登记的商业名称具有排斥他人未经登记权利人许可使用相同或类似的商业名称的权利。但是因驰名字号存在特殊性，对通过法律认定的驰名字号应当扩大保护范围，建立驰名字号的特殊保护。对驰名字号的特殊保护主要体现在两个方面：一是扩大受保护的区域及行业。普通字号仅可在限定区域及行业产生排他效力，但是经由省级工商行政管理部门认定的驰名字号可以在全省范围内享有排他效力；经由国家工

① 陈静梅：《淡化理论和对驰名商标的扩大保护》，载《现代法学》1997 年第 5 期。

商行政管理部门认定的驰名字号可以在全国范围内享有排他效力。除此之外，由于"反淡化原则"认定的驰名字号可以产生跨行业排斥其他相同或相似的字号登记的效力。二是对已经登记的字号的限制使用。驰名字号可以限制已登记的字号在上述限定范围内的使用，对其使用、转让、许可使用做出限制性规定。在先登记注册的商业名称所有人的字号使用必须受到限制，应当在登记注册的经营范围内使用，且不得随意转让或许可他人使用相同的字号。

驰名字号的认定扩大了字号受到保护的范围，大大增加了对字号的保护力度，但是这也引起对第三人权利的限制。因此，驰名字号制度必须被严格限定，主要体现在三个方面：其一，对驰名字号的认定必须坚持严格的程序，制定统一的标准。对字号认定应当采用吸纳合理比例的专家组成评审小组，对字号的认定程序应该公开、公平，并设立和完善监督、举报机制。其二，驰名字号必须设立适当的存续期间。商事主体的经营状况处于时刻变化之中，行业的发展对字号的市场认可度等都会产生影响，因而较为合理的做法是规定驰名字号的认定有效期为 2 年，此后可以续期，但应当再次经过评审程序重新认证驰名字号；过期未再次经过评审认定为驰名字号的，驰名字号失效。驰名字号持有人在认定期限内出现重大违法等现象损害商誉时，认定驰名字号的机关有权利对驰名字号进行撤销。其三，建立完善的驰名字号公示公告程序。例如，《浙江省知名商号认定办法》中规定的"异议公告""认定公告""撤销公告"三种类型的公告。通过公示公告可以使第三人及时获知驰名字号的各类信息，避免出现因信息不对称对自身或他人权益造成的损害。

五、商业名称的转让

（一）商业名称的可转让性

传统民法理论将财产权与非财产权进行了严格划分，财产权因其具有财产性质可以换取经济价值，因而可以在市场上流通转让；与之相对应地，非财产权利如人身权，具有强烈的人身依附性，不能进行任何转让。目前，学界对商业名称权的性质存在争议，因为商业名称既承载了商事主体的商誉，是一种人格权的载体，同时在营业活动交易过程中又具有财产权性质，商业名称权具有双重属性。因此，学界对具有人格权属性的商业名称的可转让性亦存在一定的质疑。

从我国的立法实践中看，《民法通则》第 99 条规定："公民享有姓名权、有权决定、使用和依照规定改变自己的姓名，禁止他人干涉、盗用、假冒。法人、个体工商户、个人合伙享有名称权。企业法人、个体工商户、个人合伙有权使用、依法转让自己的名称。"《企业名称登记管理规定》第 23 条规定："企业名称可以随企业或者企业的一部分一并转让。企业名称只能转让给一户企业。企业名称的转让方与受让方应当签订书面合同或者协议，报原登记主管机关核准。企业名称转让后，转让方不得继续使用已转让的企业名称。"我国立法中事实上已经明确了即使商业名称具有不同于一般财产性权利的特征，仍不能否认它具有可转让性，商业名称可以通过转让产生经济利益。

《德国商法典》《日本商法典》《澳门商法典》《韩国商法典》等都对商业名称的转

让做出了不同程度的规定,这些规定虽然在转让的模式上不尽相同,但是都毫无例外地认可了商业名称的可转让性。因而,从世界各国的立法实践中也可以看出,商业名称权可以转让毋庸置疑。

(二)商业名称的转让模式

1. 商业名称转让与营业转让

按照商业名称转让是否应伴随营业转让,可以分为两种转让模式:第一种是绝对转让主义模式,指商业名称随同营业一并转让。在这种模式中商业名称转让以后,转让人不再享有商业名称权,受让人独占该商业名称。这种模式主要考虑了维护社会公共利益和保护交易安全的现实需要,德国、意大利、瑞士、日本、韩国等国家都奉行这一原则。例如《澳门商法典》第31条第6项:"商业名称之移转,仅於其所属之商业企业一并移转时方得为之,且必须登记。"《韩国商法》第25条:"1. 商号,只有在废止营业时,或者和营业一并进行时,方可转让。2. 商号的转让,未经登记不得对抗第三人。"①《德国商法典》第23条:"商号不得与使用此商号的营业分离而让与。"②《日本商法典》第15条:"商事主体的商号,仅限于与营业一起或者废止营业时可以转让。前款规定之商号转让,非经登记不得对抗第三人。"③采用这种模式的多为大陆法系国家。第二种是相对转让主义模式,指商业名称可以单独转让,商业名称转让以后,转让人不再享有商业名称权,受让人独占该商业名称。在这种模式中商业名称是商事主体专有的,商事主体有权决定将其出卖以及是否单独出卖,这是"契约自由"的基本原则的体现,法国奉行这一原则。这两种模式的主要区别在于商业名称的转让是否能够脱离营业单独转让,以及转让后转让人是否还可以继续使用该商业名称。

商业名称不仅仅具有财产属性,它依附于特定商事主体及其营业的特殊财产,若单独转让则易导致商业名称标识内容与依附对象不一致,从而引发商业交易秩序的混乱。商业名称权利具有复合性,一些知识产权同样具有复合性,但是由于知识产权权能可以分割,因此可以限制其人身权部分禁止转让,而对其财产权部分可以单独转让。如著作权中的署名权不可转让,但复制权、发行权可以转让。与知识产权不同,商业名称的权利既标识商事主体身份又标识营业,具有人身权利和财产权利的不可分割性。因此,其商业名称权的转让必须是人格利益与财产利益的一并让渡。在大陆法系国家的立法模式中,普遍认可的是商业名称必须随同营业一起转让。我国现行法律规定中也认为企业名称应该随同企业或企业的一部分一起转让,而不能单独转让。

商业名称转让应当伴随营业的主要理由包括:一是商业名称体现的商誉与商事主体的营业密切相关,商业名称的价值主要体现在商誉上,这种价值是经过商事主体长期的营业活动累积的,如果脱离营业则不再具有商业名称的商誉价值。二是商业名称与营业分离转让则受让人开展新的营业会与转让人的营业相互独立,此时如果受让商业名称的商事主体所提供的产品或服务于原先的产品或服务存在较大区别,会导致消

① 《韩国商法》,吴日焕译,中国政法大学出版社1999年版,第6~7页。

② 《德国商法典》,杜景林、卢谌译,法律出版社2010年版,第19页。

③ 《日本最新商法典译注》,刘成杰译注,柳经纬审校,中国政法大学出版社2012年版,第35~38页。

费者的混淆,在责任追究上也会产生一定困难。

此外,商业名称转让是整体的转让,而非单独字号部分的转让。虽然字号是商业名称中具有特殊的标识性的部分,商业名称的其他部分是通用名称,但是商业名称的财产价值永远体现在商业名称所凝聚的人格利益和财产利益上,能够承载这种商事主体的人格利益的只能是商业名称的整体而不能仅是其中的字号部分。如果对字号部分单独许可别人使用,可能产生字号的同一注册使用,而非商业名称转让。

2. 营业废止时商业名称的转让问题

许多国家还对营业废止后的商号转让问题专门作出了规定,如《日本商法典》第15条:“商号只能与营业一起转让或废止营业时转让,商号的转让非经登记,不得对抗善意第三人。”[①]日本商法的规定肯定了在商事主体营业废止时可以进行商业名称的转让。但是就我国实践而言,商业名称的主体是商事主体而非投资人,因而商事主体一旦注销则失去了转让的主体资格,此时商业名称不能再进行转让。但是,在商事主体准备进入破产或解散时商事主体可以转让其商业名称,此时进行商业名称转让的特殊性在于商业名称的转让人实际上为清算人,商事主体在商业名称转让后也将注销登记。此时转让商业名称权获得的财产属于清算财产或破产财产,这部分收益可以用于债务清偿。对于转让程序以及破产清算中商业名称的使用,法律上没有做出明确规定。有学者建议,可以将商业名称作为商事主体的一项财产,由清算组进行拍卖,价金用作债务清偿。这种制度的优势在于一方面可以将转让价金用于偿还债务,另一方面,商业名称不需经历注销登记后的间隔期间即可再次使用。转让后办理登记和公告手续,原企业在办理注销手续前仍可以使用该企业名称表征主体资格,但需限于清算活动范围内使用。

(三)商业名称转让的法律效力

从转让人角度来看,商业名称随营业一并转让后,转让人获得转让费用,办理变更登记后,丧失商业名称权。此外,各国还对转让人设定了一定期限的竞业禁止义务以避免混淆,如《日本商法典》规定了20年内转让人不得于同一市镇或相邻市镇村内经营同一营业。[②] 由于商业名称的转让是其人身利益与财产利益的统一转让,商业名称连同营业一起转让,本身就属于财产转移和主体身份承继的复合性转让。因此转让的效果非单纯的财产利益的转移,转让人不得妨碍受让人进行正常的经营活动。虽然在商业名称转让中已经做出了对转让人的限制,要求转让人不得再使用同一商业名称,但是这一限定并未对营业做出要求。营业是商事主体营利性的最根本表现,即使不使用同一商业名称,转让人继续从事相同营业也会有造成混淆和误认的可能性,进而影响受让人的正常经营,使商业名称的转让失去其原本的效果。因此,对转让人进行一

---

① 《日本最新商法典译注》,刘成杰译注,柳经纬审校,中国政法大学出版社2012年版,第35~38页。

② 《日本商法典》第16条第1款及第2款:“当事人若无特别的意思表示,转让营业的商人,自营业转让之日起二十年期间内,不得于同一县乡村或者与其相邻的县乡村内从事同一营业。转让人作出不进行同一营业的特别约定时,自营业转让之日起三十年期间内,该特别约定有效。”《日本最新商法典译注》,刘成杰译注,柳经纬审校,中国政法大学出版社2012年版,第26~27页。

定时期的竞业禁止有利于保护受让人的合法权益。但是竞业禁止必须有时间上的限制，否则还可能反过来造成受让人对转让人经营自由的恶意限制。若在实践中建立这一制度可以考虑设置固定期限的竞业禁止期间，可由双方当事人协商对此期限进行变更或排除。

从受让人角度来看，一并转让后，受让人需支付转让费用，同时办理登记手续，取得商号专用权，此时还发生债权债务的概括性转移。

从第三人角度来看，一并转让后，债权人应向受让人主张债权，债务人应向受让人履行债务；分离转让情况下，债权人仍向转让人请求债务清偿，债务人仍向转让人履行债务。

（四）商业名称转让的限制

一是对受让人的限制。首先，受让商业名称的只能是一个商事主体，即单一主体，原因在于受让人受让的商业名称本身就具有单一性，不能存在多商事主体使用同一商业名称的现象。其次，对于是否应当对受让主体作出更为严格的解释，限定受让人为组织形式相同的企业，同时公司制企业不得将其名称转给非公司制企业的问题，这是基于被转让的商业名称能够真实地反映营业情况、组织形式等内容的考虑，但是这一问题可以通过受让人进行变更登记予以解决。因此，在立法中未明确规定受让人必须和转让人具有相同的登记地域、营业内容既组织形式。只要在转让后办理变更，使其适应于标识自身身份即可。

二是对转让人的限制。基于单一性原则，转让方无论是否还保留部分营业，均不得使用已转让的名称。这一点涉及全部转让或部分转让的问题。从现有立法模式中可以看到，连同营业一起转让并未限制为“全部营业”，但是这就导致了部分营业转让后转让方剩余营业没有主体地位的法律问题。因此，法律如果规定商业名称转让可以是部分营业一起转让，则转让方剩余营业继续经营也必须重新申请商业名称。

三是对转让的程序的限制。转让方与受让方应当签订书面协议或合同，并在此基础上进行变更登记。从效力上看，只有进行了变更登记，商业名称的转让才得以真正完成。

六、商业名称及字号的许可使用

商业名称的许可使用指的是通过签订许可合同，许可人将自己的商业名称许可给其他商事主体使用，许可人与被许可人通过合同享有权利和承担义务。除此之外，实践中大量存在字号的同意注册使用，即通过类似于特许经营、连锁经营的方式，将自己的字号许可给他人使用，他人可以使用该字号用以注册新的商事主体。通过许可使用的行为，许可人与被许可人都可以获得良好的经济利益。

（一）商业名称及字号的可许可使用性

境外立法中已经确立了商业名称的许可使用制度，并就由此产生的法律责任做出了规定。《韩国商法》第 24 条规定：“允许他人使用自己的姓名或者商号进行营业的人,对足以误认自己为业而进行交易的第三者,应与该他人共同承担连带赔偿责任。"①《日本商法典》第14条规定:"商事主体授权他人使用自己的商号从事营业或事业,第三人误以为是该商事主体的营业而与被授权人交易时,就该交易所生债务,该商事主体与该被授权人负连带清偿责任。"②

我国法律中没有承认商业名称的许可使用,《企业名称登记管理规定》第26条第3款写到:"(三)擅自转让或者出租自己的企业名称的,没收非法所得并处以1000元以上、1万元以下罚款。"这里的"出租"主要指的是商业名称的许可使用。国家工商总局在《关于对企业名称许可使用的答复》中认定,企业许可他人使用自己的企业名称从事经营活动属于"出租自己的企业名称",认定这种行为应当禁止并予以处罚。企业名称指的是登记机关核发的营业执照上的法律名称。不过这一问题也存在突破,在已废止的《深圳经济特区商事条例》中曾经规定:"任何人不得使用他人在特区内已登记的字号作为自己在特区内商事登记的字号,但有投资关系或依据协议特许经营的除外。"此外,在《商业特许经营条例》第3条也规定了企业标志可以作为特许经营的资源,但是并未对企业标志作出明确。

由上述内容可知,我国法律对商业名称的许可使用尚存在质疑。法律中禁止了作为整体登记于营业执照上的商业名称,但是并未禁止字号的许可使用。实践中字号的许可使用也大量存在,只是普遍冠以特许经营等名目,并未从法律上明确为字号的许可使用。有学者概括我国法律对商业名称的许可使用持否定态度的原因主要有两个:一是《民法通则》曾经将法人、个体工商户等商事主体的名称权列为人身权范畴中。二是商业名称的许可使用可能面临社会公众的误认,导致消费者无法确认商事主体的真实身份。③ 但是这种否定态度从法理和实践中都不能得到充分的支持。一方面,商业名称权非为单纯的人身权,甚至商业名称权的财产属性在市场经济中发挥着更为重要的作用。财产性与可流转性相辅相成,如果商业名称无法通过转让或许可使用获得商业利益,就是对其财产属性进行了限制。与商业名称权类似的商标权等知识产权都具有可流转性,因而仅从商业名称权的人身权属性上禁止其许可使用从法理上看是理由不充分的。另一方面,导致消费者误认的挑战确实存在,但是这一点可以通过确立商业名称许可使用后的责任承担机制予以解决。只要在出现误认的情况下,规定许可人与被许可人承担连带责任,那么即使消费者误认也并不影响对责任的追究。

除此之外,由于国家工商行政管理机关限制商业名称的许可使用可能多出于行政管理的需要,在商业名称的构成中包含了行政区划、字号、行业及经营特点、组织结构4部分内容,如果不对被许可人主体资格进行限制,允许商事主体随意许可使用,可能违反商业名称的真实主义原则。但是这一问题并非不能解决,一方面,可以通过许可使用合同备案或登记的形式,对商业名称许可使用活动进行一定的限制;另一方面,仍然可以通过追究许可人连带责任或在此情况下只追究许可人责任的方式解决可能发

① 《韩国商法》,吴日焕译,中国政法大学出版社1999年版,第7页。

② 《日本最新商法典译注》,刘成杰译注,柳经纬审校,中国政法大学出版社2012年版,第33页。

③ 参见梁上上、李国豪:《商号法律制度研究》,法律出版社2014年版,第186页。

生的侵权问题。这就迫使许可人在进行商业名称许可使用时附加更大的注意义务和责任。如果商事主体不愿意承担过重的责任,则可以通过单纯的字号许可登记注册的方式进行许可使用,这种情况下可以满足被许可人租借他人字号进行经营,同时许可人获得收益,实现商业利益的目的。

(二)商业名称及字号许可使用的法律效力

商业名称及字号的许可人即商业名称的权利人,是通过登记取得商事主体资格的权利人。被许可人则无须限定在商事主体范围内,甚至对可以被许可使用的主体数量、营业、组织形式及地域均无须过多限制。此外,分支机构不属于许可使用范围之内。商业名称及字号的许可使用从法律性质上看应当是双方当事人的合同或协议自治的结果,是一种出借行为。在许可人与被许可人之间形成的法律关系为平等主体之间的合同关系,二者法律地位平等且相互独立。但是企业与分支机构之间为非平等、独立的合同法律关系,因此不能通过许可使用来规制。商业主体的分支机构应当属于独立的商事主体类别之一,其进行营业活动应当拥有独立的商业名称,按照我国法律的规定,其名称中可以冠以商事主体商业名称中的字号,但并非通过合同形式,而是法律直接规定的命名方式。

在权利上,许可人享有允许被许可人在特许合同规定的特定时间、特定地域使用商业名称及字号的权利,收取使用费的权利,以及对被许可人使用商业名称及字号的行为进行监督的权利。在义务上,许可人负有允许被许可人在规定范围内使用商业名称及字号的义务,保护该商业名称及字号的义务,信息披露的义务。同时,许可使用是部分权利的转让,字号与商业名称可以为商事主体带来特殊的经济价值,被许可人在约定的范围内与商业名称权人共同分享商业名称的商业价值,但是商业名称的人格权益仍归属于商业名称权人所有。商事主体可以许可他人使用自己的商业名称,也可以许可他人使用自己的字号注册新的营业。

对第三人而言,由于许可使用制度可能造成同一名称登记管理机关辖区内、同一行业内出现大量的相似商业名称,会导致社会公众难以准确辨认商业名称,造成混淆,侵害第三人的利益,因此必须规定在此种情况下由许可人与被许可人承担连带责任。

七、商业名称的变更与废止

(一)商业名称的变更

商业名称的变更主要是指商业名称组成部分发生变化,为了确保商业名称的真实性,商事主体主动进行商业名称变更申请,由登记机关进行变更登记的行为。导致商事主体进行商业名称变更的主要理由包括:商事主体的组织机构、经营情况等因素客观改变;商事主体经营活动中为了吸引力等因素考虑变更了核心的字号部分;受让、经许可使用了他人字号。

由于商业名称的自由主义、真实主义原则,发生上述事项时,法律应当允许商事主体进行名称变更,但必须进行商业名称的变更登记,未进行变更登记的,改变名称的行为不发生法律效力。但还应当注意,商业名称本身是商事主体进行营业活动的标志,具有维系其商誉的重要作用,因此法律应当禁止频繁变更商业名称的行为。

（二）商业名称的废止

商业名称的废止是指商业名称不再被使用而从法律上失去效力的事实状态。商业名称废止的主要的情形包括[①]：一是商业名称申请或预先核准后，商事主体在法定期限内不使用该商号，该商号因办理注销登记手续或未办理注销登记手续自行废止。二是商事主体发生变更，商号同时变更，原有的商号废止。三是商事主体未发生变更，商业名称变更，原有的商业名称废止。主要包括商事主体发生继受经营，继受人使用新的商业名称，原有商业名称废止。

由于我国商业名称登记采用登记生效主义模式，因此，商业名称废止必须经由注销登记，注销登记后认定商业名称不再存在效力。同时，名称登记机关等相关国家机关在特定情况下可以注销商业名称的登记注册实现商业名称的废止，这也体现了国家对商业名称的行政管理性。因此，商业名称的废止包括了：权利人自主申请废止；基于法定事由废止；登记机关主动纠正已经登记的商业名称中不适宜的名称或法院依据相关法律判决不适宜的名称废止等情形。

此外，法律还应规定登记后一段时间内未使用该商业名称则注销其名称的规定，该规定有利于促进商业名称权利人积极行使权利，保护有限的商业名称资源不被浪费，维护商业名称登记使用制度的权威。在《韩国商法》中也对这一问题作出了明确规定。

八、与其他权利冲突的解决

（一）主要的权利冲突形式

1. 商业名称与商标的冲突

商业名称权与商标权的冲突主要表现为："不同的商标权人和商业名称权人因使用了相同或相似的文字而使消费者对商品或服务的来源发生了混淆，使其误认为两者为同一人，或者两者之间存在某种特定联系，从而误购商品或接受服务，造成两者的权利冲突。"[②]主要有两种形式：一是在先商业名称权与他人在后商标权之间的冲突。主要表现为：将他人已经在先登记的商业名称中的核心文字相同或相似的文字作为自己的商标进行注册并使用的行为，实践中主要是对一些有悠久历史和广泛社会认同度的"老字号"进行的抢注行为。二是在先商标权与他人在后的商业名称权之间的冲突。主要表现为：在先商标在长期使用中已经积累了良好的市场信誉，他人为了通过搭便车行为利用这种良好的信誉而将在先商标作为商业名称进行注册登记，在商业名称的使用中通过名称的简化等手段使商业名称与商标产生混淆。

2. 商业名称与域名的冲突

商业名称与域名的冲突主要表现为，网络用户抢注他人的商业名称作为域名，企图通过这种方式利用知名商事主体的信誉，获得经济利益或者破坏竞争者商誉。

---

① 范健、王建文：《商法》，高等教育出版社2005年版，第74页。

② 冯晓青：《知识产权法理论与实践》，知识产权出版社2002年版，第64页。

3. 商业名称与商品名称及装潢的冲突

商业名称与商品名称及装潢的冲突主要表现为,某些商品在其产品包装上附加商业名称等标识,产生了商业名称与商品名称或者商业标识的冲突。

（二）解决权利冲突的一般原则

1. 保护在先权利原则

保护在先权利原则指的是当权利冲突时,法律保护在先合法取得的权利。在后权利的设立与行使都不得侵犯或妨碍他人在先已经存在并受法律保护的在先权利。这一原则是解决商业名称权与商标权冲突的主要原则,同时也是现行法律如《企业名称登记管理规定》中解决商业名称之间登记注册冲突的一项基本原则。这一原则的使用主要是结合民法中诚实信用原则、公平原则等,还要对在后取得权利人的权利正当性做出判断,如存在“损害在先权利人合法权益”“扰乱公平竞争”等情形可以当然适用该原则;如在后权利人权利取得具有合法性及正当性则还要考虑兼顾在后权利人保护。

但是,上述途径都是对纠纷的事后救济手段,现行法律中对商业名称权与商标权分别采用不同的法律规范调整,由不同的登记管理部门进行管理。如果没有统一的登记管理系统,就无法在实践中将商业名称和商标纳入统一规范管理之下,无法杜绝两类权利的冲突。因而,在实践中应当尽快建立“交互检索”的系统,否则将难以实现保护在先权利的“事前审查”。

2. 利益平衡与利益兼顾原则

利益平衡与利益兼顾原则指的是法律本身是为调节社会利益存在,应当对社会关系中存在的各种利益进行有方向性的调控,兼顾效率与公平。利益平衡的思想渗透于知识产权的立法中,各个具体的知识产权制度因其客体不同,均有着各自独特而精巧的平衡机制。① 因而需要在面临权利冲突时对各方利益进行调节,使之在共存和相容的基础上达到合理的优化状态。② 商业名称权的冲突和其他权利的冲突就体现在此,解决这类纠纷应当综合考虑当事人各方的利益,使社会效益最大化。

3. 禁止混淆原则

禁止混淆原则指的是在后权利的标识与在先权利的标识相同或者相近似,使公众对两个权利的主体产生混淆、误认,可能对商品或服务来源之间存在某种关联产生错误的认知。避免混淆是解决权利冲突的根本出发点。《商标法》中对驰名商标的保护,《商标法实施条例》中对商标侵权的规定及《关于审理商标民事纠纷案件适用法律若干问题的解释》中对将他人注册商标作为企业名称突出适用构成商标侵权的规定,都以混淆和误认作为条件。同时,商业名称不同于专利、著作权等具有“独创性”,因此,产生“混淆”作为判断侵权的基础更加重要。《加拿大商标法》第 6 条第 5 项的规定:“在决定商标或商号是否混淆时,应考虑以下因素:商标或商号的内在显著性及其

---

① 冯晓青:《知识产权法利益平衡理论》,中国政法大学出版社 2006 年版,第 362 ~ 364 页。

② 冯晓青、杨利华:《知识产权权利冲突及其解决原则》,载《法学论坛》2001 年第 3 期。

为公众所知晓的程度;商标或商号被使用的时间;商品、服务或交易的性质;贸易的性质;商标或商号在外观、呼叫或暗示性方面的相似程度等。”禁止混淆原则是其他原则适用的基础,就实践中的混淆情形往往需要针对上述内容进行具体判断。

(三)商业名称的保护路径

首先,我国现有法律法规中尚未有对商业名称制度,如商业名称、字号的法律概念、法律性质和权利内容、保护方式、责任承担与救济的明确规定。实践中用于解决商业名称保护与救济的法律主要有《企业名称登记管理规定》《企业法人登记管理条例》及其《实施细则》《反不正当竞争法》《商标法》《驰名商标认定和管理暂行规定》等。因而,对商业名称的保护一般弱于对商标等知识产权的保护。在面临权利纠纷时,当事人一般通过提起侵害商标权诉讼或反不正当竞争诉讼进行权利救济,这就大大限制了对商业名称侵权提起诉讼并对商业名称进行救济的可能性。因此,建立完整的商业名称制度首先应当建立商业名称的专门立法。值得注意的是,世界范围内大部分国家都建立了商业名称的专门立法。《德国商法典》中在“商人身份”一编中有商号制度的规定;《韩国商法典》总则中有商号制度的规定;《日本商法典》对商号也有专门的规定;《瑞士债务法》以独立的一编对商业登记、商业名称、商业账簿进行了规定;英国、瑞典、荷兰都有专门的《商业名称法》;哥伦比亚、秘鲁也有专门的商号保护法。提高商业名称的法律地位,建立独立的商业名称法律制度,已经为司法实践所认可,应当是解决商业名称权利保护的重要前提。

其次,建立完善的全国联网检索体系是减少商业名称与其他权利冲突的重要手段。建立商业名称与商标的交叉检索制度,对商业名称登记情况与商标登记情况统一管理,增加事前公告、异议程序、事后争议解决的具体程序,以减少商业名称的权利冲突,真正实现权利纠纷的事前解决。

最后,加强对驰名商业名称的特殊保护,引入“反淡化理论”。由于驰名商号的特殊性,跨区域、跨行业注册可能引发“驰名商业名称淡化”问题,即使注册在非竞争类产品上,亦损害权利人利益。对此,应当设定跨区域、跨行业的保护,对驰名商业名称进行特殊保护。在认定驰名商业名称的侵权标准时,不仅以“混淆可能性”作为标准,还应当以“淡化”为标准,使驰名商业名称的显著性和识别力受到立体化、全方位的保护,减少“搭便车”的现象。

第六章　商事公示与商事信用制度

一、商事公示制度概述

在商事活动中，商事公示在很多场合都得以运用，是公之于众、让公众知晓的手段与方式。其公信力有利于保护公众的信赖利益，其对抗力有利于保护商事公示人的本有利益，当公示后，公示的事项能对抗不特定第三人。须明确的是，商事基本制度是商法的一般制度，而公示制度规定在商事基本制度中也强调了公示制度的适用具有一般性，贯穿于商法所有领域。从商事实践中可知，公示制度应用广泛，但也因为没有统一的公示规定，产生了公示制度适用混乱等诸多问题。总而言之，商事公示的适用具有普遍性，但是，应确定商事公示制度相关内容以便商事公示在商事实践中更好地应用。

（一）商事公示的概念

首先，需要指出的是，本书所指的商事公示与商事公告应在同一意义上使用。在讨论商事公示的概念时，学者们的意见是各不相同。有学者认为商事公告应为商事登记公告，即商事公告是商事登记的必经程序，因而称为商事登记公告。[①] 也有学者认为"企业登记公示制度是指企业在获准登记以后，通过一定的方式或媒介将登记事项对外界加以公告和通知的制度"。[②] 可见，公示似乎与登记密不可分。但实际上，从我国商事制度理论与实践中可发现，商事公示不仅用于商事登记制度，而且在其他很多制度中都有提及，如《证券法》第 91 条规定，收购人需要变更收购要约时，收购人应当公告等。因此，商事公示制度有其独特之处。据此，本书将商事公示定义为"商事主体依照法律的规定将依法应当公示的事项通过法定或约定的方式加以公示的行为"。[③]

应明确的是，商事公示与民事公示是不同的。其不同体现在以下几个方面：

1. 适用范围不同

商事公示适用于商事领域，民事公示适用于民事领域；适用范围不同，导致了两者的原则不同。商事公示更多体现为商事交易便捷原则等商事一般原则，民事公示更多体现为自愿原则、诚信原则等民事一般原则。

2. 手段不同

商事公示在商事领域的作用为公开商事信息，根据商事信息的不同，采用不同的

---

① 王继远、陈雪娇：《论商事公告》，载《五邑大学学报》（社会科学版）2006 年第 4 期。

② 董洪之、华国强：《论企业登记公示制度》，载《广东职业技术师范学院学报》1999 年第 3 期。

③ 赵旭东主编：《商法学》，高等教育出版社 2007 年版，第 67 页。

商事公示手段,如指定公示媒体公示、设立信息公示专栏公示、网站上公示、报纸公示、通过章程约定或其他约定进行公示等。而民事公示在民事领域的作用为物权变动的手段,交付和登记为民事公示的手段,交付或登记后变动动产所有权或不动产所有权。

3. 产生的法律效力不同

商事公示的法律效力具有公信效力、对抗效力、生效效力、送达效力;民事公示的法律效力是产生物权变动的法律效力。

(二)商事公示的原则

1. 公示语言以中文为准原则

公示语言以中文为准原则是指公示语言应以中文为官方语言,若以其他语言进行公示并发生冲突时,以中文文本为准。这体现在《上海证券交易所股票上市规则》第2.11条规定,“公示文稿和相关备查文件应当采用中文文本,同时采用外文文本的,应当保证两种文本内容的一致。两种文本发生歧义时,以中文文本为准”。该原则建基于中国实践以及现行商事制度。在中国,公示语言必须以中文为准,当允许外文文本的使用时,若外文文本与中文文本出现矛盾,应采用中文文本。这是由中国法律体系用语规范所决定的。

2. 公示的及时性原则

公示的及时性原则是指应当在法定事由发生之日起,在法定期限内进行公示。这体现在《证券法》第72条,“证券交易所决定暂停或者终止证券上市交易的,应当及时公示,并报国务院证券监督管理机构备案”。这也体现了商事领域的效率原则。因此,将公示的及时性原则与商事法律的施行紧密相连,能够体现商事法律与时俱进的进步性与可操作性。

3. 公示主体的特定性原则

公示主体的特定性原则是指因法律法规所规定的内容不同,公示的主体是不同且特定的,只有法律法规所规定的主体所做出的公示才是有效的。这体现在《上海证券交易所股票上市规则》第6.3条规定,“上市公司董事会应当确保公司按时披露定期报告。因故无法形成董事会审议定期报告的决议的,公司应当以董事会公告的形式对外披露相关情况,说明无法形成董事会决议的原因和存在的风险”。此原则虽然体现了我国商事制度中公示的主体的多样性,但公示主体的多样性不代表所有的主体都能进行公示,公示是商事主体行使特定权利或职能的结果。因此,商事主体的公示是商事主体权利或职能的体现。

(三)商事公示的形式

商事主体公示形式既具有法定性的特点,也具有任意性的特点。这也体现在商事法律法规对公示形式的规定上。在商事法律法规中,对于公示形式,有时会以“不得”“应当”来规定公示形式,有时会以“可以”来规定公示形式。通过文义解释可知,“不得”“应当”强调商事主体采取此种或彼种公示手段的必要性。“可以”则赋予商事主体以自主性,商事主体可自愿采取或不采取公示手段,自愿采取此种或彼种公示手段。因此,在法律的强制性规定之外,商事主体可以自行约定公示方法,彰显商事主体公示的主动性,而不是消极被“确认”的结果。

根据公示形式的不同,可把商事公示的形式分为指定公示媒体公示、设立信息公示专栏公示、网站上公示、报纸公示、通过章程约定或其他约定进行公示。

1. 公示主体可以指定公示媒体

根据相关法律法规,在指定公示媒体后,公示的媒体应当作为最先、最准确地公示公司信息的媒介。因此,公示的媒体应成为查看公示商事主体信息的第一选择。证监会《上市公司信息披露管理办法》第 6 条第 2 款规定:“在公司网站及其他媒体发布信息的时间不得先于指定媒体,不得以新闻发布或者答记者问等任何形式代替应当履行的报告、公告义务,不得以定期报告形式代替应当履行的临时报告义务。”可见,指定的公示媒体要比自主确定的媒体更加权威,在时间点上指定的公示媒体发布的信息应要早于或同于自主确定的媒体发布的信息。

2. 公示主体可设立信息公示专栏进行公示

信息公示专栏通常为实体的公告栏以供第三人观看。《中国证监会:关于证券公司信息公示有关事项的通知》中规定“证券公司应当同时在公司网站、营业场所进行充分的风险提示和必要的信息公示。在公司网站公示的信息内容,不得少于本通知第二条要求的范围”。可知,商事主体可以在营业场所等实际地点中设立信息公示专栏进行公示,而且行政机关,如税务机关以及司法机关也可设立税务机关公告栏①、法院公告栏进行公告。②

3. 公示主体可在网站上进行信息的公示

随着信息技术的发展,越来越多的商事主体倾向于在自己的网站上发布公示。这种公示方式不仅有助于公示信息快捷、及时地传输到第三人,同时也为第三人查看公示信息提供了便利。具体制度可见《上海证券交易所关于发布〈上海证券交易所股票上市规则(2014 年修订)〉的通知》第 3.1.6 条规定“所持本公司股份发生变动的,应当及时向公司报告并由公司在本所网站公告”。

4. 商事主体可以通过章程约定公示方式

根据《公司法》第 81 条,“股份有限公司章程应当载明下列事项:……(十一)公司的通知和公告办法。”由于股份有限公司可通过公示披露相关信息,履行披露义务,因此,公示主体可通过章程约定公告方法。同时根据该规定中的“应当”二字可知,“公告”是股份有限公司履行信息披露义务的应有之义,股份有限公司可通过公示履行信息披露义务。

---

① 《重大税收违法案件信息公布办法(试行)》第 3 条规定:地市级以上税务机关应当通过门户网站定期向社会公布重大税收违法案件信息,同时可以根据本地区实际情况,通过税务机关公告栏、报纸、广播、电视、网络媒体等途径以及新闻发布会等形式向社会公布。

② 《最高人民法院关于公布失信被执行人名单信息的若干规定》第 5 条规定:各级人民法院可以根据各地实际情况,将失信被执行人名单通过报纸、广播、电视、网络、法院公告栏等其他方式予以公布,并可以采取新闻发布会或者其他方式对本院及辖区法院实施失信被执行人名单制度的情况定期向社会公布。

5. 公示主体须在报纸上公示

有的法律明确规定公示主体须在报纸上公示，主要是因为报纸是主流媒体，而且受众多、传播面广。因此报纸公示也是主要的公示方式之一。《公司法》第175条规定："公司分立，应当编制资产负债表及财产清单。公司应当自作出分立决议之日起十日内通知债权人，并于三十日内在报纸上公告。"

(四)商事公示的内容

根据公示的内容，商事公示主要可以分为六类，即主体公示、行为公示、事实公示、通知公示、更正公示、提示公示。商事公示从商事法律法规中所体现的具体规定见表5。

表5　商事公示的具体法律规定

公示内容	法律规定
主体公示	《公司法》第174条、第177条
行为公示	《公司法》第85条、第134条、第136条、第154条，《证券法》第25条、第67条
事实公示	《公司法》第134条、第165条、第173条第1款、第175条、第177条第1款、第185条、第188条，《最高人民法院关于适用〈中华人民共和国公司法〉若干问题的规定(二)(2014年修正)》第11条第1款，《破产法》第14条、第43条、第116条、第117条
通知公示	《公司法》第81条、第90条、第102条、第173条第2款、第177条第2款、第184条、第185条、第204条，《最高人民法院关于适用〈中华人民共和国公司法〉若干问题的规定(二)(2014年修正)》第11条第2款，《破产法》第45条，《破产法》第71条、第86条、第87条、第96条、第98条、第107条、第108条、第120条
更正公示	《上海证券交易所股票上市规则》第2.12条、第2.13条、第11.3.3条、第11.3.8条、第16.2条
提示公示	《企业经营异常名录管理暂行办法》第15条、《上海证券交易所股票上市规则》第14.3.24条

1. 主体公示

主体公示是指内容关于商事主体设立、变更和终止的公示，也就是关于商事主体自身组织事项的公示，其中包括商事主体合并、分立、解散、注销等事项。根据《公司法》第174条的规定："公司应当自作出合并决议之日起十日内通知债权人，并于三十日内在报纸上公告。"可见，主体公示不仅影响商事主体自身，也影响不特定第三人。究其根本，是因为商事主体设立、变更和终止事项影响其对外与第三人形成的法律关系。

2. 行为公示

行为公示是指商事主体依照法律的规定对其重大商事行为所作出的公示，其不仅涉及商事主体的重大损益，事关第三人的利益，而且涉及公开募集股份、对外担保等商事行为。根据《公司法》第85条的规定："发起人向社会公开募集股份，必须公告招股说明书，并制作认股书。"商事主体从事的商事行为必须以公示的方式予以公之于众，这不仅是法律法规的要求，也是商事主体从事的商事行为有一定的社会影响力的缘故。

3. 事实公示

事实公示是指公示内容为已经存在的事实，该事实可能对第三人的利益产生影响，因此商事主体应当依照法律的规定予以公示。此时公示的作用是确认已经存在的事实。根据《公司法》第165条，“股份有限公司的财务会计报告应当在召开股东大会年会的二十日前置备于本公司，供股东查阅；公开发行股票的股份有限公司必须公告其财务会计报告”。此处须明确的是，财务会计报告并不是设立、变更、终止法律关系的法律事实，其仅是确认法律事实的法律文件，这也揭示了公示的内容可以是已经确定的事实。

4. 通知公示

通知公示是指依照法律规定、章程约定或当事人约定的程序，公示事项内容尚未发生，但对股东或第三人可能有利害关系的，因此商事主体应当按照法律规定或约定进行公示。根据《公司法》第90条，“发起人应当在创立大会召开十五日前将会议日期通知各认股人或者予以公告。创立大会应有代表股份总数过半数的发起人、认股人出席，方可举行”。与事实公示不同，通知公示的内容为未发生的事实，此时通知公示并不仅是一个程序，其有可能成为商事主体法律行为撤销的原因。如《公司法》第22条规定“股东会或者股东大会、董事会的会议召集程序、表决方式违反法律、行政法规或者公司章程，或者决议内容违反公司章程的，股东可以自决议作出之日起六十日内，请求人民法院撤销”。若没有通知相关股东关于召开股东会的事宜，根据《公司法》第22条，股东可以请求法院撤销该决议，此时通知公示便成为商事主体法律行为撤销的原因。

5. 更正公示

更正公示是指公示内容是对以往公示内容的更改，因对第三人有利害关系，所以按照法律规定进行更改公示，其中既包括商事主体对以往自己公示的内容进行更改，也包括行政部门对自己公示的内容就行更改。这类公示体现在《上海证券交易所股票上市规则》第2.12条规定，“定期报告和临时报告出现任何错误、遗漏或者误导的，本所可以要求公司作出说明并公示，公司应当按照本所的要求办理”。由此可知，公示内容不仅可以确认现有事实，而且可以更改以往的公示事实，体现了公示内容的多样性。

6. 提示公示

提示公示是指公示的内容对商事主体有利害关系且提示商事主体履行相应义务，商事主体应当按照公示内容履行相应义务。提示公示也可指公示为商事主体提示相关风险。根据《企业经营异常名录管理暂行办法》第15条的规定：“工商行政管理部门应当在企业被列入经营异常名录届满3年前60日内，通过企业信用信息公示系统以公示方式提示其履行相关义务。”这里的提示公示在一定程度上体现行政强制力对商事主体行为的影响，也是行政行为干预私法关系的例证，但因商事公示并非为以意思自治为核心的法律行为，最重要的是依法公示，因此，以公示来提示商事主体履行相关义务有利于维护市场秩序，也有助于保护不特定第三人的利益。

需注意的是，公示不仅可以提示商事主体履行相关义务，而且可以提示相关风险。

根据相关法律法规,如《上海证券交易所股票上市规则》第11.12.6条规定:"公司除应当及时披露外,还应当按下列要求披露相关风险提示公告:……(二)中国证监会、本所或公司董事会认为必要时,披露公司股票可能被暂停上市和终止上市的风险提示公告。"可见,提示公示便于让商事主体更好地注意相关风险与问题,也是保护不特定第三人的利益,维护股票交易市场的稳定。

(五)商事公示的效力

商事公示的法律效力根据法律法规的规定和不同的公示事项的性质和公示要求确定,概括来说,公示的效力类型可分为公信效力、对抗效力、生效效力、送达效力。

1.公示具有公信效力

其是指依照法律规定,依法公示的事实,第三人可就该公示事项向商事主体主张该公示事项的法律效力。公示后,其公示内容产生可信赖的外观,第三人有权主张其因信赖该外观而与商事主体进行交易,该法律关系应是有效的,这是对于第三人信赖利益保护的体现。更进一步地说,若一旦公示,即使存在公示事项与实际情况不一致,善意信赖公示事项的第三人可以依照公示事项向有过错的商事主体主张该公示事项的法律效力。

2.公示具有对抗效力

其是指依照法律规定,以公示为对抗要件,未经公示不得对抗善意第三人。商事主体可依商事公示而向与之发生交易的第三人主张其知悉已正确公示事项的法律效力,即依法必须进行商事公示的事项一经公示,在法律上推定该事项已经为与商事主体发生交易的第三人所知悉,第三人如不能举证在其不知悉公示事项具有正当的理由时,第三人应当承受其应知悉该公示事项的法律后果。

3.公示具有生效效力

其是指依照法律规定,以公示为生效要件的,该事项依法公示后生效。公示是公示事项生效的要件,这有利于维护与公示事项有利害关系的第三人的利益,避免因商事主体操之过急而损害第三人的利益。另外,公示作为一种形式要求,实际上便于第三人在争讼中关于公示事项上的举证,法院也可根据是否进行公示而确定公示事项的法律效力。

4.公示具有送达效力

其是指依照法律规定,依公示作为送达方式,自公示之日起发生送达的法律效果。经公示方式送达与其他方式送达具有同等效力,而且第一次公示刊登日为送达日期。根据《上市公司章程指引》(2016年修订)第168条的规定:"公司通知以专人送出的,由被送达人在送达回执上签名(或盖章),被送达人签收日期为送达日期;公司通知以邮件送出的,自交付邮局之日起第[天数]个工作日为送达日期;公司通知以公告方式送出的,第一次公告刊登日为送达日期。"可知,公示不仅是法律文书送达的方式之一,而且公示能达到送达至指定目的人导致目的人知晓的送达目的。

尽管公示具有不同的法律效力,但须承认的是,有时商事法律法规规定公示是基于行政管理的需要。此时公示并不具有能够确定商事主体权利义务的作用,而是满足行政机关履行行政职能的需要。

（六）负有公示义务的商事主体的异议权

负有公示义务的商事主体的异议权是指商事主体对涉及自身的公示内容有异议，有权按照相关法律、法规向行政机关提出异议，行政机关依照相关程序，根据商事主体的正当的异议要求，更正其行政行为。商事主体不服有权机关所作的侵害其权益的公示行为或者认为该公示行为侵害其权益的情况下，向作出公示行为的机关提出不同意见并申请复查、复核。该制度在行政机关内部为相对人提供了除行政复议之外的又一便捷的救济途径，是保护行政相对人诉愿的重要一环，在行政主体和行政相对人在具体行政行为纠纷中起到缓冲带作用，缓和了行政机关与商事主体在公示过程中的矛盾。商事主体可以在公示行为伊始便救济其权益，使其实体权利的损失降低到最低点；而有权机关则可以通过这一制度获得纠纷的处理权，不致使因其公示行为产生的矛盾而损害行政的权威。其程序上的价值更是显而易见，它使行政救济制度有了最为方便的救济程序，是对整个救济程序的补充，且使原来类似于或者归属于司法程序的救济程序行政化，既补充了司法程序的不足，又对行政程序概念进行了适当延伸。

（七）虚假公示的法律效力

虚假公示的法律效力是指负有公示义务的商事主体因其故意使公示的内容与真实情况不实，造成善意第三人损失的，具有故意的商事主体应对善意第三人承担相应的民事责任。因为负有公示义务的商事主体负有保证商事公示内容真实、准确、完整的义务，因此若因其故意导致了公示内容与真实情况不实，造成了善意第三人损失，符合相应的民事责任构成要件，此时商事主体应承担相应的民事责任。

二、商事公示制度的形成与发展

我国有关商事公示制度的法律法规较多，《公司法》《公司登记管理条例》等法律法规中都对此有所涉及。然而，相关立法呈现分散、混乱的特点，这在很大程度上削弱了商事公示制度的适用。并且，相关内容多以行政法规的形式存在，法律位阶普遍较低，影响了商事公示制度的权威性。与此同时，相关立法中也存在交叉重复等问题，这些问题产生了一些不良影响：一是不利于商主体公示经营身份、确立自身商誉、维护自身合法地位；二是不利于第三人权利的保障，难以推进整个商事活动的顺利进行；三是不利于国家对商主体具体行为的法律调整以及政府工商行政管理部门的管理。可见，为消除对商事公示制度的系统性与实践性带来的负面效应，国家应该统一立法，明确规范公示主体及其公示行为。此处必须说明的是，此处的商事公示并非等同于民法上的“公示”，商事公示更侧重于“公告”，它不仅是让公众知晓所公示的事实，其公示内容也具有法律效力。虽然商事公示的法律制度不完善，但在实践中，商事公示制度已经以部门规章的形式开始运行、发展。

（一）具体部门法的信息公示体制的建立

在商事领域，一般商事公示制度尚未建立，但不代表商事公示制度的缺失，在具体部门法领域内，信息公示体制已基本建立。这些都可为一般的商事公示制度的建立提供有益的借鉴，其中，《企业信息公示暂行条例》基本建立了以企业为主体的信息公示体制，且《企业信息公示暂行条例》第1条指明了该条例的立法目的，即“为了保障公平竞争，促进企业诚信自律，规范企业信息公示，强化企业信用约束，维护交易安全，提高政府监管效能，扩大社会监督，制定本条例”。可知，工商部门和其他部门对于企业的信息登记的方式，形成了商事主体的信用准入机制，包括注册登记、备案信息、行政许可准予等信息。另外，信用信息系统的建立也是基本形成了对企业的信用监督体制，不仅有利于政府部门进行监督，而且还可以让社会大众便于监督，进而加强事中和事后监督。

（二）具体部门法的信息公示体制的逐步一体化

2016年8月8日《政府部门涉企信息统一归集公示工作实施方案》（以下简称《实施方案》）颁布，落实了《国务院关于促进市场公平竞争维护市场正常秩序的若干意见》《国务院关于“先照后证”改革后加强事中事后监管的意见》等文件精神，构建以信息归集共享为基础、以信息公示为手段、以信用监管为核心的新型监管制度。建设好国家企业信用信息公示系统，各部门共同合作，收集企业的不同方面的信息，有利于实现企业信用信息一体化，促进信用信息的有效使用，从而更好地维护企业的利益。

三、商事公示的问题与解决路径

（一）商事公示的问题

1. 缺乏对公示的定义

《证券法》《公司法》《中国证监会：上市公司信息披露管理办法》《中国证券监督管理委员会公告》等法律法规不约而同地使用“公告”的法律术语，但实际上立法机关均没有对“公告”作出明确的阐述，导致不同的主体在不同法语境下都可“不约而同”地使用“公告”一词。“公告”或更确切地说“公示”须得到明确的定义。

2. 公示的主体混乱

《证券法》《公司法》《中国证监会：上市公司信息披露管理办法》《中国证券监督管理委员会公告》等法律法规分别规定证监会、公司、法院等为公示的主体，在赋予上述主体权利的同时，没有对该主体行使权利的方式、时间、地点予以限制，公示的主体混乱同时也导致公示的性质混乱，无法辨清公示是商事行为抑或是行政行为。

3. 统一商事公示制度的缺失

如《企业信息公示暂行条例》第7条第2款规定：“其他政府部门可以通过企业信用信息公示系统，也可以通过其他系统公示前款规定的企业信息。工商行政管理部门和其他政府部门应当按照国家社会信用信息平台建设的总体要求，实现企业信息的互联共享。”从此条例可知，其他政府部门可以通过其他系统进行商事公示，而且条例所提及的“互联共享”并没有具体化，如何构建一个统一的商事公示系统仍然是不确定的。因此，商事主体的信息查询仍是一个问题。需要查询重要商事信息的利害关系人要到各个部门的公示系统查询，这会徒增交易成本。因此，建立一个统一、系统的商事公示体制不可或缺也是十分急迫的。

4. 没有区分商事公示与商事登记的效力

从学者们对于“企业登记公示”“商事登记公示”“登记公告”等术语的应用可知道，学界并没有区分商事公示与商事登记。虽然实务上对于商事公示还是商事登记如何发挥效力的问题不太关注，仅在理论上进行探讨，但是这不代表这问题不重要，相反的是，这一问题关系到当第三人信赖商事公示而没有信赖商事登记时，是否还应当保护第三人；另外，还关系到商事公示和商事登记出现矛盾时，应以哪种制度为准。这些都是需要商事公示制度进一步明确的。

（二）商事公示制度的解决路径

1. 明确商事公示的概念

商事公示与民事公示的关系如何，商事公示是否包含交付和登记，商事公示制度是否还存在行政性公示，这些问题没有得到解决，最重要的原因是商事公示的概念没有得到明确。虽然我国法律法规使用“公示”的频率颇高，但都没有界定公示的概念，这让公示一直处于概念混乱的处境。更有甚者，法律法规对商事公示定义的缺失，有可能为权力的滥用提供一个新的路径。因此，界定商事公示制度的概念是十分重要的。而本书所采用的商事公示概念是“商事主体依照法律的规定将依法应当公示的事项通过法定或约定的方式加以公示的行为”。[①] 此概念明确了商事公示的主体是商事主体，商事公示的内容以及方式既可以法定也可以约定，商事公示应是一种商事行为，这不仅尊重当事人的意思自治，而且能发挥商事法律的私法自治的功能与作用。因此，在日后商法通则的条文内容中，无论是否采用本书对于商事公示的概念，都应以尊重当事人的意思自治为构建商事公示概念的前提。

2. 建立统一的商事公示制度

“公示”的使用在商事制度呈泛滥之势，“公示”与“登记”界限模糊，“公示”与通知、告知等法律用语之间也是界限模糊，究其根本，是因为我国还没建立统一的商事公示制度，没有规定统一的商事公示概念、构成要件、手段、内容、效力、责任等内容。因此，应以商法通则为统领商事制度的一般法律法规，把商事公示纳入其中并作出原则性规定，以指导部门法关于商事公示的规则形成与出台。建立统一的商事公示制度不仅有利于完善商事制度体系，而且也有利于保护商事公示人以及不特定第三人的信赖利益。基于此，本书探讨的商事公示制度也可为日后的商法通则为相关内容立法提供一些借鉴：“商事公示的概念”“商事公示的原则”“商事公示的形式”“商事公示的内容”“商事公示的效力”“负有公告义务的商事主体的异议权”“错误公告的法律效力”，这也是本书为商事公示的研究作出一些努力了。

3. 区分商事公示与商事登记的效力

在与商事登记相关的法律法规中，商事登记似乎与商事公示密不可分，商事登记的效力与商事公示的效力是否是交叉关系，商事登记是否仅是确认商事活动事实，商事公示是否是商事登记外在发挥效力的制度，这些都还处在模糊不清的地带。应明确的是，

---

① 赵旭东主编：《商法学》，高等教育出版社2007年版，第67页。

商事公示实为对外之内容和效力,与在有权机关中的商事登记仍有所差别。因此,商事公示不包含“登记”而仅包含“公告”,商事公示的效力与商事登记的效力应明确区分。

四、商事信用制度及其内涵界定

在商事法律制度的顶层设计中,商事信用制度应当也完全可以作为商事制度的重要组成部分加以设计。现代社会是信用社会,现代经济是信用经济,毫无疑问,信用已成为影响资源配置的要素之一,因此,信用制度的建立与完善将影响市场经济的发展。我国现行商事立法中已有一些涉及商事信用的法律规范,但迄今并未形成明晰、统一的商事信用制度。然而,现代商业活动的发展,商事信用问题日愈显要,创制相对独立的商事信用制度不仅十分必要,而且已经具备了充分的条件,这也是我国商事立法最可作为、最可能实现制度创新并形成鲜明中国特色的重要领域。

界定商事信用的内涵和外延是创建商事信用制度的基础工程。对这一基本概念的科学界定,存在着相当大的难度和面临极为复杂的状况。其一是一般社会生活中的信用与法律意义上的信用差异甚大;其二,不同领域、不同学科的信用概念有着不同的涵义;其三,根据商事信用法律调整的需要对商事信用概念应作出特别的限定。

通常所谓的信用,是指能够履行诺言而取得的信任,是社会成员之间形成的一种相互信任的生产关系和社会关系。然而,一般社会生活中的信用,其涵义却是极其丰富广泛而又模糊多变。人类历史发展到今天,“信用”这个词可能是人类认识中最为复杂、最难以捉摸的概念之一,“一些事物仅仅存在于人们的头脑中,在所有的这些事物中,没有哪一件比信用更加古怪,更加微妙;信用从来不是强迫的,而是自觉自愿的,依赖于期望与担心这样一些感情;信用常常不用争取而自行出现,又总是无缘无故地消失;而且信用一旦丧失,就很难完全恢复……”①

社会学或道德伦理角度的“信用”是指信守诺言的一种道德品质,是人们在日常生活中讲的诚信、“可靠可信”“讲信用”“言必行,行必果”“一诺千金”“君子一言,驷马难追”,“诚实守信”是人类普遍认同的美德。在经济学上,从社会再生产过程即人们的经济活动出发对信用的抽象定义是:“信用是社会产品分配和交换的特定形式。”②而经济学对“信用”的具体涵义界定又是最为狭窄的,它一般仅指延时交付和资金借贷,在《新帕格雷夫经济大辞典》中,对信用的解释是:“提供信贷(Credit)意味着把对某物(如一笔钱)的财产权给以让渡,以交换在将来的某一特定时刻对另外的物品(如另外一部分钱)的所有权。”货币银行学对信用的解释是:“信用是以还本付息为条件的暂时让渡资本的使用权的借贷行为。”这实际上是指在一个限定的时间内,一方获得一批货物或一笔钱款的预期,实质上就是基于对方的信任而获得了一个有期限的信用额度。③《现代汉语词典》对信用做了较为全面和严谨的解释,它所解读的信用有三种语义:“1. 能够履行跟人约定的事情而取得的信任;2. 不需要提供物资保证,可

① 见《百度百科》“信用”。

② 曾康霖、王长庚:《信用论》,中国金融出版社 1993 年版,第 180 页。

③ 见《百度百科》“信用”。

以按时偿付的；3. 指银行借贷或商业上的赊销、赊购。”①

法律领域中的“信用”与社会生活中的信用并无实质的差异，它只是将现实生活中的信用概念内化为法律概念，并将一般的信用要求制成法律的强制性或引导性规范，具体内容则是当事人享有的法律权利和承担的法律义务。由此，法律意义上的信用其实是内涵最为广泛和丰富的概念，由于法律对社会生活的全面调整，现实中存在的信用要求总是在各种法律的不同规范中得到相应的反应和体现。

民法是法律体系中对于信用关系的基本立法，民法所确立的诚实信用原则充分反映了民事活动中的信用要求，其核心的内涵是真实、真诚、恪守承诺。在罗马法的诚信契约中，债务人不仅要依照契约条款，更重要的是要依照其内心的诚实观念完成契约所规定的给付。从《法国民法典》第 1134 条“契约应以诚信方法履行”，到《德国民法典》第 242 条“债务人有义务照顾交易习惯，以诚实信用所要求的方式履行给付”，再到《日本民法典》第 1 条“私权行使及义务履行必须遵守信义，以诚实为之”，近现代民法一以贯之，将信用界定为诚实守信，恪守承诺。民法对诚实信用原则的规定，历史上主要适用于债之关系。至 20 世纪，西方国家日益借助于诚信原则解释法律和契约，诚信原则的适用范围不断拓宽，突破了债之关系而扩散到民法各个领域，包括物权法、亲属法、继承法，任何人在行使权利、履行义务时，都应当依诚实信用原则为之，因而被称为民法中的帝王规则。②

信用同样也是商法领域重要的法律概念，而且信用在商法中的使用和规定比任何其他法律领域都更为广泛，从公司法理论上的公司信用基础，到《征信条例》规定的信用征集，从商事领域普遍采用的企业信用评级，到目前各种黑名单规则中正在推行的信用激励和惩戒，信用已经成为商事立法、商事实践以及商法学理中的重要概念。然而迄今为止，各种商事立法并未特别规定“商事信用”，商法理论和实践也并未形成明确、统一的“商事信用”的专门概念。但实际上，商法领域中对信用的使用更为直接、具体和实在，或者说商法是从更为广泛的视野和其特定的事项上实现信用的目标和要求。经济学上通常使用的类似概念是商业信用，在公共信用、企业信用和消费者个人信用的基本分类中，商业信用属于其中的企业信用，但其指向的内容主要是延期付款和资金借贷，尤其是银行借贷。民法对信用的规定除了欺诈行为无效或撤销以及合同违约责任等体现信用要求的民法制度外，基本上限于诚实信用的一般原则性规定。唯有商法制度才根据现实法律调整的需求，从各个不同的角度对信用关系予以全方位的法律规制，由此，客观上已经形成了商法领域特有的与经济学和一般民法等领域不同的“商事信用”。

商事法律制度丰富的理论和实践赋予了商事信用以丰富的内涵。商事信用首先是指商事主体或商人的信用，商事主体则是以营利为目的从事营业性活动的自然人和非法人组织。其次，商事信用是商事活动和商事关系中的信用，商事行为则是以营利

---

① 《现代汉语词典》，商务印书馆 1980 年版，第 1273 页。

② 王利明著：民法学研究系列《民法总则研究》（第 3 版）中国人民大学出版社 2018 年版，第 114 页。

为目的的经营行为，商事信用特别反映追求营利时的信用要求。其三，商事信用的实质内容则指向商事主体履行义务、清偿债务的能力及其主观评价。从公司法学理关于人合公司与资合公司的划分来看，所谓人合公司系指以公司全体股东的个人财产能力和商业信誉作为公司对外营业的信用基础；所谓资合公司则指以公司本身拥有的财产和自身的商业信誉作为公司营业的信用基础，在此，所谓的信用意指公司对外履行义务和清偿债务的能力。从国务院发布的《征信业管理条例》的规定看，该条例“所称征信业务，是指对企业、事业单位等组织（以下统称企业）的信用信息和个人的信用信息进行采集、整理、保存、加工，并向信息使用者提供的活动”（第2条），实践中征信所征集的信用信息主要是当事人的贷款信息、履约信息、欠税信息、行政处罚和司法判决信息。由此，这里所谓的信用主要也是当事人履行法律义务和清偿债务的情况和表现。

2014年国务院发布的《企业信息公示暂行条例（草案）》，是对商事信用更为系统的专门立法，该条例制定的主要目的就是为了促进企业诚信自律，规范企业信息公示，强化企业信用约束。虽然该条例所规定的企业信息不限于信用信息，包括“在工商行政管理部门登记的企业从事生产经营活动过程中形成的信息，以及政府部门在履行职责过程中产生的能够反映企业状况的信息”（第2条），但多数信息属于与企业信用相关的信息，包括：企业年度报告、企业动产抵押登记信息、企业股权出质登记信息、企业行政处罚信息等，其中企业年度报告的具体内容则包括：企业开业、歇业、清算等存续状态信息、企业投资设立企业、购买股权信息、公司股东或者发起人认缴和实缴的出资额、出资时间、出资方式等信息、股东股权转让等股权变更信息、企业从业人数、资产总额、负债总额、对外提供保证担保、所有者权益合计、营业总收入、主营业务收入、利润总额、净利润、纳税总额信息等。为此，原工商行政管理部门（现市场监督管理机关）建立了专门的企业信用信息公示系统。从上述信用信息看，主要内容依然是有关企业财产和经营状况、涉及其履约和债务清偿能力的信息。

从商事领域普遍采用的企业信用评级来看，将企业信用评为A级、B级、C级等不同等级的参数主要也还是既往的义务履行记录和未来履行前景。近些年，国务院相关部委和全国许多地方出台了关于黑名单的规定，其黑名单的列入条件与征信活动中所征信用信息的负面内容基本相同，其所规定的信用激励和信用惩戒则是对信用优良者的奖励和对信用不良者的惩罚。这里所谓的信用除了当事人既往履行义务和清偿债务的客观表现外，还包含了外界对当事人履约和偿债情况和能力的主观评价，这使商事信用具有了两方面的内涵，不仅表明当事人的客观能力和表现，同时又具有了社会声誉的特别内涵，因此，又有论者言到：“信用的意思是能够履行诺言而取得的信任。”①

由此，可以对商法上的商事信用作出较为清晰和严格的界定，所谓商事信用系指商事主体在商事活动中履行义务、清偿债务的能力及其主观评价。这一论断既源自对商事信用实际应用情况的直接观察和总结提炼，也代表了近年来民商法学研究一定程度的共识。在将信用定性为一种社会评价方面，学术研究的意见是较为一致的，有学

① 《百度百科》“信用”。

者认为"法律意义上的信用是对客观偿债能力的社会评价,它与风险成反比"。[①] 有学者认为"法律上的信用是指民事主体所具有的偿付债务的能力而在社会上获得的相应的信赖和评价",[②]该观点强调信用本身是一种主观的信赖和评价,其信赖和评价的内容则是民事主体偿付债务的能力。也有学者认为"信用不仅是对民事主体借贷能力的社会评价,还包括对于民事主体经济活动能力的社会评价",[③]这一定义扩充了信用评价的内涵,其不仅包括民事主体偿付债务的能力,而且涵盖民事主体从事各种经济活动的能力。

与上述意见有所不同,在本文看来,商事信用不只是一种主观的社会评价,同时也是一种客观的履约能力,在不同的场景下,商事信用会表现出不同的属性。在信用评级、列入失信名单或黑名单等情形下,信用表现为对相关主体主观的社会评价,所谓信用优劣,系属来自他人的主观评价。而在公司信用基础分析、信用信息征集、企业信用信息公示等场合,信用则表现为相关主体履行能力或偿债能力的客观情况,如资本和资产规模、经营业绩、既往履约记录等,所谓信用高低,完全是指反映相关主体信用状况的客观事实,而非主观性的评价。把信用只界定为社会评价,至少对商事信用是不全面的,完整的商事信用的确包括客观事实和主观评价两方面的内涵。

与商事信用十分接近的概念是商誉,如作不严格的文字置换,把商事信用说成是商事信誉时,似乎商事信用就等同于商誉。然而这却是虽有关联但差异甚大的不同概念。商誉(Goodwill)本是经济学和会计学上的概念,其指"能在未来期间为企业经营带来超额利润的潜在经济价值,或一家企业预期的获利能力超过可辨认资产正常获利能力(如社会平均投资回报率)",[④]或者"是指企业在同等条件下,能获得高于正常投资报酬率所形成的价值。这是由于企业所处地理位置的优势、或是由于经营效率高、历史悠久、人员素质高等多种原因,与同行企业比较,可以获得超额利润"。[⑤] 这里商誉不仅直接指向经济价值和超额利润,而且在会计处理上,可以将商誉作为资产进行评估作价,同时,根据我国企业会计准则规定,"购买方对合并成本大于合并中取得被购买方可辨认净资产公允价值份额的差额应当确认为商誉",虽然不能将其作为无形资产单独记账,但可以作为集合性、附着性强的无形资产,在合并资产负债表中通过调整盈余公积和未分配利润将其价值计入企业整体的财产价值之中。[⑥]

民商法甚少关注和涉及商誉概念,不仅立法上没有关于商誉的法律规定,学理上也很少见诸对商誉的理论阐述。江平教授在其《西方国家民商法概要》"商事企业"部分中曾对此有过简要的定义:"即企业的招引力,如企业固有的原料和资金来源、销售市场、顾客来往等关系。"[⑦]这一定义的内容与经济学和会计学上的商誉并无实质的差

---

① 雷兴虎,蔡晔:《论我国的商事信用调节机制》,载《法商研究》2003 年第 5 期,第 23 页。

② 吴汉东:《论信用权》,载《法学》2001 年第 1 期。

③ 王利明:《人格权法》(第 2 版),中国人民大学出版社 2016 年版,第 302 页。

④ 《百度百科》"商誉"。

⑤ 李红勋:《资产评估与管理》,中国林业出版社 2000 年版,第 136 页。

⑥ 参见《〈企业会计准则第 20 号——企业合并〉应用指南》

⑦ 江平:《西方国家民商法概要》,法律出版社 1984 年版,第 210 页

异，本质上都是对企业经济价值的反映。显然，民商法学就商誉并未形成和使用特别的法律概念，由此，商事信用与商誉就是语义相近但内涵甚远、不应望文生义而混同的两个概念。

五、我国商事信用制度的形成与发展

虽然商事信用的法律概念在我国尚未明确规定，但是商事信用法律制度的实质内容在我国却已经或正在形成，我国目前已经颁行的许多法律法规和国务院的相关政策文件都包含了商事信用的相关内容，商事信用已成为我国商法制度中必不可少的部分，商事信用制度的全面构建不仅是必要的，而且也是完全可行的。

（一）《民法总则》第110条为商事信用权的建立提供了法律依据

从《民法总则》第110条："法人、非法人组织享有名称权、名誉权、荣誉权等权利"中的"等"是可以解读出信用权的，而且从该法条的设立目的而言，其应保护法人的名称、名誉、荣誉等法益。更何况，名誉与信用常可交叉使用，因此，信用权在商法领域则可以具体表现为商事信用权，这样的解释完全符合民法总则的立法目的。

（二）《国务院关于社会信用体系建设规划纲要》确定了商事信用建设的基本内容

《国务院关于社会信用体系建设规划纲要（2014—2020年）》是我国关于商事信用体系建构的纲领性政策文件，对于提高全社会的诚信意识和信用水平起着基础性的作用。该文件第三项"指导思想和目标原则"中确立了我国信用建设的总体目标和要求，即"全面推动社会信用体系建设，必须坚持以邓小平理论、'三个代表'重要思想、科学发展观为指导，按照党的十八大、十八届三中全会和'十二五'规划纲要精神，以健全信用法律法规和标准体系、形成覆盖全社会的征信系统为基础，以推进政务诚信、商务诚信、社会诚信和司法公信建设为主要内容，以推进诚信文化建设、建立守信激励和失信惩戒机制为重点，以推进行业信用建设、地方信用建设和信用服务市场发展为支撑，以提高全社会诚信意识和信用水平、改善经济社会运行环境为目的，以人为本，在全社会广泛形成守信光荣、失信可耻的浓厚氛围，使诚实守信成为全民的自觉行为规范"。《国务院关于社会信用体系建设规划纲要（2014—2020年）》的规定表明，我国社会信用体系建设的主要任务包括制定信用法律法规和标准体系、建立征信系统，信用建设的重点是诚信文化建设、建立守信激励和失信惩戒机制，推进行业信用建设、地方信用建设和信用服务市场发展。

依照此文件的规定，根据经济和社会领域的不同，我国的信用制度建设包括生产领域信用建设、流通领域信用建设、金融领域信用建设、税务领域信用建设、价格领域信用建设、工程建设领域信用建设、政府采购领域信用建设、招标投标领域信用建设、交通运输领域信用建设、电子商务领域信用建设、统计领域信用建设、中介服务业信用建设、会展、广告领域信用建设、企业诚信管理制度建设等。

在信用制度建设的主要方面，该文件亦作了具体的部署和重点安排。在征信系统的设立和维护上，生产领域信用建设强调推动建立质量信用征信系统、流通领域信用建设强调推动建立商贸流通领域企业信用信息征集共享制度；在守信激励方面，招标投标领域信用建设强调推动鼓励市场主体运用基本信用信息和第三方信用评价结果，并将其作为投标人资格审查、评标、定标和合同签订的重要依据，交通运输领域信用建设强调鼓励和支持各单位在采购交通运输服务、招标投标、人员招聘等方面优先选择信用考核等级高的交通运输企业和从业人员；在失信惩戒上，生产领域信用建设强调完善安全生产不良信用记录及安全生产失信行为惩戒制度、披露失信黑名单披露，税务领域信用建设强调建立税收违法黑名单制度，价格领域信用建设强调对典型案例予以公开曝光；在行业信用建设上，流通领域信用建设强调批发零售、商贸物流、住宿餐饮及居民服务行业信用建设，开展企业信用分类管理，价格领域信用建设强调督促经营者加强内部价格管理，根据经营者条件建立健全内部价格管理制度；在信用评价体系上，流通领域信用建设强调完善商贸流通企业信用评价基本规则和指标体系，税务领域信用建设强调完善纳税信用等级评定和发布制度，工程建设领域信用建设强调建立企业和从业人员信用评价结果机制，招标投标信用领域建设强调建立涵盖招标投标情况的信用评价指标和评价标准体系，交通运输信用领域建设强调逐步建立交通运输管理机构与社会信用评价机构相结合，建立综合考核评价体系。建立交易信用评估制度，推动电子商务与线下交易信用评价；在信用服务市场发展上，电子商务领域信用建设强调推动信用调查、信用评估、信用担保、信用保险、信用支付、商账管理等第三方信用服务；在信用信息制度上，生产领域信用建设强调建立产品质量信用信息异地和部门间共享制度，金融领域信用建设强调进一步扩大信用记录的覆盖面，税务领域信用建设强调建立跨部门信用信息共享机制，工程建设领域信用建设强调建立全面设立项目信息和信用信息公开共享专栏，政府采购信用建设强调实现信用信息的统一发布和共享，招标投标信用建设强调扩大招标投标信用信息公开和共享范围。

（三）我国信用信息体制的建立与发展

1. 信用信息体制的基本建立

《企业信息公示暂行条例》的实施标志着我国的信用信息体制的基本建立。《企业信息公示暂行条例》第 1 条的规定指明了该条例的立法目的："为了保障公平竞争，促进企业诚信自律，规范企业信息公示，强化企业信用约束，维护交易安全，提高政府监管效能，扩大社会监督，指定本条例。"该条例基本建立了信用信息体制，以工商部门的信息登记和其他部门对企业的其他信息公示的方式，收集了商事主体的一般信用信息，包括注册登记、备案信息、行政许可准予等信息；其次，信用系统的建立也基本形成了对企业的信用监督体制，不仅有利于政府部门监督，而且还便于社会大众监督，以此加强事中和事后监督。

2. 信用信息体制的优化升级

2016 年 8 月 8 日《政府部门涉企信息统一归集公示工作实施方案》（以下简称《实施方案》）颁布，落实了《国务院关于促进市场公平竞争维护市场正常秩序的若干意见》《国务院关于"先照后证"改革后加强事中事后监管的意见》等文件精神，形成了以信息归集共享为基础、以信息公示为手段、以信用监管为核心的新型监管制度。该《实施方案》的重要作用是进一步建设好国家企业信用信息公示系统，特别是进一步强化公司登记制度改革以后确立的商事主体准入“宽进严管”监管规则，完善商事主体事中、事后监管体系。需要指出的是，该《实施方案》所设计的部门共同合作，可以有效地监督商事主体，有利于实现企业信用信息一体化，促进商事主体诚信经营，提高商事信用。

（四）规范征信系统的相关法规规章的出台

早在党的十六届三中全会就已明确提出，信用服务市场实行“特许经营、商业运作”。此后，国务院先后颁布《政府信息公开条例》《征信业管理条例》《企业信用信息公示暂行条例》。随后，中国人民银行在《征信业管理条例》的基础上，制订了《征信机构管理办法》《征信机构监管指引》等部门规章。上述条例和规章，构成了我国征信市场发展的法制依据。

《征信业管理条例》是我国第一部在全国范围内统一适用的以征信为内容的行政法规，立法层次较高，立法结构安排合理，立法内容比较完善，是我国征信业发展的一座里程碑，意义重大，影响深远。该条例实施后，在依法加强征信业监督管理，规范信息采集、使用行为，维护信息主体合法权益，促进征信业健康发展，推进社会信用体系建设等方面发挥着重要作用。但由于历史条件的局限，该条例也存在明显的问题，如信用评级未纳入调整范围、征信业监管部门与征信中心在省级分支机构是“两块牌子，一套人马”，既当“裁判员”又当“运动员”，监管和自营混在一起等。

（五）具体行政规章对商事信用评价制度的规定

根据国际商事信用评价机制，信用评价所依据的标准可以有所差异，但是影响因素应限定在一定范围内，这样才能确保不同信用评价体系和评价模型内，同一企业的评价结果不会相差较远。

我国目前虽然没有统一的指导性的商事信用评价机制，但在有关部门发布的相关规定中，包括某些涉及商事信用评价制度的内容，如交通运输部制定的《公路设计企业信用评价规则（试行）》、海关总署发布的《海关企业信用管理暂行办法》、国家税务总局发布的《纳税信用管理办法（试行）》等。其中《公路设计企业信用评价规则（试行）》规定：“交通运输主管部门及其公路管理、质量监督、造价管理等机构评审、督查、检查结果或奖罚通报、决定”“招标人、项目建设管理单位管理工作中的正式文件”“举报、投诉或质量、安全事故调查处理结果”“司法机关做出的司法认定及审计部门的审计意见”“其他可以认定不良信用行为的有关资料”。这一规定实质上是对该领域信用评价标准的规定。

（六）信息共享与联合惩戒机制的建立

黑名单是信用制度的重要形式，它是对信用不佳的主体的特定名录，最能直接反映商事主体的信用状况，尽管我国没有统一的黑名单制度，但是，近些年来，我国各部门、各行业、地方政府许多都建立了自己的关于黑名单的规定。

信用信息的共享机制也体现在我国有些部门对于黑名单的制度设计中。建立信用信息共享机制则是《国务院关于促进市场公平竞争维护市场正常秩序的若干意见》（以下简称《规定》）和《国务院关于“先照后证”改革后加强事中事后监管的意见》（以下简称《意见》）确定的信用建设需要完成的主要任务。依照该《规定》，政府部门需加快市场主体信用信息平台建设，完善市场主体信用信息记录，建立信用信息档案和交换共享机制。逐步建立包括金融、工商登记、税收缴纳、社保缴费、交通违章、统计等所有信用信息类别、覆盖全部信用主体的全国统一信用信息网络平台。推进信用标准化建设，建立以公民身份号码和组织机构代码为基础的统一社会信用代码制度，完善信用信息征集、存储、共享与应用等环节的制度，推动地方、行业信用信息系统建设及互联互通，构建市场主体信用信息公示系统，强化对市场主体的信用监管。

依照上述《意见》规定，在2016年底之前，地方政府要初步实现工商部门、审批部门、行业主管部门及其他部门之间的信息实时传递和无障碍交换。区分涉密信息和非涉密信息，依法实施对企业信息在采集、共享、使用等环节的分类管理，依法予以公示，并将有关信息记于相对应企业名下。通过构建双向告知机制、数据比对机制，把握监管风险点，将证照衔接、监管联动、执法协作等方面的制度措施有机贯通，支撑事中事后监管。各部门要建立健全与同级人民法院、人民检察院等司法机关之间的信息共享和协调合作机制，有效形成工作合力。

上述国务院的文件是国务院对于黑名单的制度设计的主要依据，同时也为黑名单统一公示平台的建设设定了方向和目标。上述《规定》和《意见》所规定的“全国统一信用信息网络平台”和“信息互联共享机制”覆盖的范围要大于黑名单的统一公示平台。前者覆盖了企业融资、工商登记、税收缴纳、社保缴费、交通违章、统计等方面的信息，涉及企业信用记录的方方面面。黑名单统一公示平台仅仅是前者的一个组成部分，其公示的仅仅是那些企业被某个政府部门列入黑名单。因此，黑名单中的信息交换共享机制属于信用信息共享机制的重要组成部分。

我国有关部委的相关文件则具体确立了信用制度方面的联合惩戒的工作机制。迄今为止，各部门共签署了4个在不同领域内实施联合惩戒措施的合作备忘录。如原国家工商总局与37个中央部门签署了《失信企业协同监管和联合惩戒合作备忘录》，推动全国25个省、市、自治区建立了部门间联合惩戒机制；发改委、税务总局等20个部委签署了关于对重大税收违法案件当事人实施联合惩戒措施的合作备忘录。同时，在国家发展改革委员会和国家工商总局联合召开的媒体通气会上，对《失信企业协同监管和联合惩戒合作备忘录》做了如下说明：“根据现行法律法规、部门规章，对严重违法失信企业实施协同监管、信息共享与联合惩戒的情况，进行了汇总、梳理，共整合形成了90项具体措施。”这些合作备忘录规定的联合惩戒措施基本上涵盖了对任何失信人能够采取的所有措施，并且都有相应的法律法规、部门规章作为根据（在每个合作备忘录规定的联合惩戒措施后，都有关于该措施实施依据的说明）。在实际操作中，各项联合惩戒措施的具体实施需要各个负责部门在法律法规、部门规章规定的范围之内单独作出决定。此外，相关部委还签署有关于失信惩罚的协助措施文件，由此可见，各部门对于失信当事人的惩戒力度还是相当大的，失信惩戒已成为我国信用制度体系的重要部分。

须明确的是，国务院于2014年6月发布的《社会信用体系建设规划纲要（2014—

2020)》,将构建守信激励和失信惩戒机制作为社会信用体系建设的三大基础性措施之一。建立失信联合惩戒机制是《社会信用体系建设规划纲要(2014—2020)》、《规定》和《意见》所采用的强化信用约束的主要手段,也是建设和完善社会信用体系的主要任务。建立失信联合惩戒机制是国务院对建设信用社会、维护正常社会秩序和加强事中事后监管所确定的、对全国各级行政机关具有刚性约束的基本要求,因而,对于信用建设中各政府部门之间的协调合作具有重要的意义。

六、商事信用制度的基本构成

从近些年来我国商事信用建设的实践情况看,需要创建的商事信用制度具有较为丰富的内容,涉及商事信用形成、利用和评价等的方方面面,包括商事信用公示的基本原则和要求、商事信用信息的征集和商事信用的评价、商事信用的守信激励与失信惩戒等。在商事信用制度的设计和建构中,特别值得探讨和聚焦的是以下五个具体的制度和规则:

(一)商事信用的取得:商事信用权的确立

商事信用权的确立应是创建商事信用制度的起点和基础。如同信用和商事信用概念一样,信用权的界定也是颇费深思、学术见解甚有不同的理论问题。学者雷兴虎和蔡晔认为商事信用权是指"商事主体在商事活动过程中所具有的客观偿债能力和主观履约意愿在社会上获得的综合评价"①的权利,这里的商事信用权是指对于特定的"综合评价"所享有的权利。吴汉东教授将信用权界定为"民事主体对其所具有的偿债能力在社会上获得的相应的信赖与评价而享有的利用、保有和维护的权利",②杨立新教授的意见与此类似,他也认为"信用权是民事主体就其所具有的经济能力在社会上获得的相应信赖与评价所享有的保有和维护的人格权",③这一定义一方面肯定了信用权的人格权属性,另一方面也主张信用权是对"相应信赖与评价"所享有的权利。如前分析,完整的商事信用应包括客观事实和主观评价两方面的内涵。就信用的"社会评价"内涵而言,本文基本赞同上述两位学者对信用权的界定,但这一界定却未能将信用的另一重要内涵"客观事实"即"履行义务和偿付债务的能力"涵盖在内,概念的界定不够完整。同时,如要将客观事实和主观评价两方面的内涵都予以涵盖,更为贴切和严谨的概念表达应是"信用利益",亦即商事信用权就是商事主体对商事活动中的信用利益所享有的权利。当然,需要进一步回答和解释的则是信用利益,所谓信用利益就是与主体的信用相关的利益,依循前述信用概念的分析,与商事信用相关的利益就是涉及商事主体履行义务和偿付债务及其社会评价的利益,其中包括有关履行义务和偿付债务的信息的收集、传播及其真实、准确、有关社会评价的客观、公正等。以信用利益作为信用权的客体,也是既有学术成果的重要主见,早在20世纪90年代,程合红的著述中就提出,商事信用权属于商事人格权的一种,而"商事人格权是指公

① 雷兴虎,蔡晔:《论我国的商事信用调节机制》,载《法学研究》2003年第5期。
② 吴汉东:《论信用权》,载《法学》2001年第1期。
③ 杨立新:《人格权法》,人民法院出版社2009年版,第349页。

民、法人为维护其人格中包含经济利益内涵在内的、具有商业价值的特定人格利益——商事人格利益而享有的一种民（商）事权利"。[①] 把商事信用权定为人格权，肯定商事信用属于一种人格利益，那么商事信用权就是对于商事信用利益所享有的权利。

商事信用权是一种不同于一般民事权利的特殊权利，是商事主体就其所具有的履行义务、清偿债务的能力及其社会评价所享有的保有和维护的人格权。商事信用权具有突出的法律特征：其一，享有商事信用权的主体是商事主体。其二，商事信用权的客体是商事信用利益。民法物权的客体是物，债权的客体是特定的行为，商事信用权也有其客体，即商事信用利益，这种利益既包括人格利益，也包括财产利益。有的学者更强调商事信用利益的财产性，甚至认为，"信用不是一种人格利益，而应归类于无形财产的范畴"，"信用是关于经济信赖的一种社会评价，反映是特定主体的特殊经济能力"，因此，它"是特定民事主体的财产利益"。[②] 的确，信用权与一般普通人格权的明显差异在于其财产利益通常要远大于其人格利益，但不能由此而完全否定信用权所具有的人格利益。同时，还需指出，商事信用利益与普通民事信用利益之间亦存在相当大的差异，"对于一般自然人而言，其信用的财产性是微不足道的，只有当他和商业目的、经营相结合，也就是从一般人的信用特定化为商人的信用时，信用才具有了巨大的财产利益，才成为一种无体动产，信用权也才因此从一种纯粹的以精神性利益为客体的民事人格权转化为兼具有人格权与财产权性质的商事人格权"。[③] 其三，商事信用权的内容则是商事主体对其商事信用依法保有并维护的权利。商事信用权应当得到如其他民事权利同样的法律保护，当商事主体的商事信用权受到侵害时，可依《侵权责任法》作为请求权基础，寻求法律的救济和保护。

与所有权类似，商事信用权亦具有特别的法律权能：其一，它具有归属权能，归属效能是商事信用权的基本属性，其以明确的商事信用作为具体的权利内容。其二，它具有排除权能，排除效能本是所有权的一种权能，"排除效能的根本含义便是排除其他主体的任何不法干涉"。[④] 商事信用权具有绝对性，即不允许其他人的非法干涉，他人对于商事主体的商事信用权具有不作为的义务。此排除效能并不是指对于商事主体只能有一种信用评价，而是排除商事信用评估机构通过不法手段评估商事主体的信用价值或者排除他人诋毁或以其他手段降低商事主体的信用评价。其三，具有支配权能，虽然对于商事信用中的人格利益，商事主体不可以随意支配，但完全可以支配其中的财产利益，只是在支配其财产利益时也应受到法律对支配权的相应限制，这种支配"不包括信用的抛弃，也不得将信用转让他人，不能作为财产由继承人继承"。[⑤]

尽管我国法律尚无关于商事信用权的明文规定，但基于《民法总则》的规定，是可

---

① 程合红：《商事人格权论》，中国政法大学2001年博士学位论文，第9页。

② 吴汉东：《论信用权》，载《法学》2001年第1期，第43页。

③ 程合红：《商事人格权论：人格权的经济利益内涵及其实现与保护》，中国人民大学出版社2002年版，第149页。

④ 于飞：《权利与利益区分保护的侵权法体系之研究》，法律出版社2012年版，第60页。

⑤ 杨立新：《人格权法》，人民法院出版社2009年版，第351页。

以将商事信用权归类于人身权之中的,《民法总则》第 110 条规定:“法人、非法人组织享有名称权、名誉权、荣誉权等权利”,这里除了列举几种人身权之外,特别附加了“等权利”的表述。可见,民法对人身权类型的规定是开放性的,并非封闭于法定的三种权利,它既未排除实际生活中已经存在的其他人身权,也为未来产生的新的人身权留出了法律的空间,商事信用权无论是作为应予肯定的现实权利,还是作为新创设的权利类型,都有充分的理由和根据得到法律的承认和肯定。这里应特别指出的是,《民法总则》所规定的名誉权和荣誉权本来就是涵义十分广泛的人身权,就概念逻辑而言,名誉和荣誉是外延更为广泛的法律概念,企业的名誉和荣誉也包含了企业的商事信用,或者说商事信用就是一种特殊的名誉和荣誉。就此而言,商事信用权的确立并无法律上的根本障碍,只是在既有的法律概念框架内,根据其法律调整的特殊性和重要性,将其从名誉和荣誉的种概念中独立出来,予以专门的立法调整和制度设计。

民商事领域最重要的法律制度为权利之法,突出权利,系重视私主体在民商法律关系中的自治性和主动性,因此私主体在民商事法律关系中所享有的权利至关重要,关系到私主体所享有的人格利益、财产利益。因此,作为商事主体,其商事信用权是否得到法律的明确肯定并得到全面的维护,关涉商事主体的重大人格利益和财产利益,这样一种基本的权利应该得到法律的明确肯定和完整规定,仅依靠对民法总则的技术解释将其归于人格权之中,难以形成对商事信用权的全面和有效保护,未来的商事基本立法对此作出系统的规定确是现实所需和大势所趋。

(二)商事信用信息公示制度

企业信息公示制度,即企业应当按年度在规定的期限内,通过市场主体信用信息公示系统向工商机关报送年度报告,并向社会公示,任何单位和个人均可查询。2014 年 8 月国务院发布了《企业信息公示暂行条例》,我国的企业信息公示制度由此形成。2016 年 8 月,国务院办公厅进一步发布《政府部门涉企信息统一归集公示工作实施方案》,该方案对涉企信息归集、公示的原则、需要归集的政府部分涉企信息的范围、归集、公示的具体工作要求和方式等作了具体的规定和安排。

《企业信息公示暂行条例》及《政府部门涉企信息统一归集公示工作实施方案》所规定的公示信息,虽然是企业信息,但具体却主要指向企业的信用信息,其制定的目的就是为了保障公平竞争,促进企业诚信自律,强化企业信用约束,维护交易安全,提高政府监管效能。虽然这些规定出台的背景是商事监管制度的改革,重要目的是建立以信息归集共享为基础、以信息公示为手段、以信用监管为核心的新型事中事后监管机制,推动形成企业自治、行业自律、社会监督、政府监管的社会共治新格局,但同时也构建了商事信用方面的重要制度——商事信用公示制度。

上述条例和方案的设计和规定客观上确定了我国商事信用信息公示制度的基本架构:(1)信用信息公示的主体是国家行政机关、企业即商事主体,具体公示义务按照“谁产生、谁提供、谁负责”的原则确定;(2)信用信息公示的性质包括:强制公示和自愿公示;(3)信用信息公示的原则是:统一归集、依法公示、共享共用;(4)信用信息公示的内容是:企业注册登记备案、动产抵押登记、股权出质登记、知识产权出质登记、商标注册、行政许可、行政处罚、纳入经营异常名录和严重违法失信企业名单（“黑名单”）、抽查检查结果等，以及其他依法应当公示的企业信息；(5)信用信息公示的方式为：涉企信息统一归集到国家企业信用信息公示系统并对外公示，企业应当按年度或在即时公示信息形成后的规定期限内，通过市场主体信用信息公示系统向工商机关报送年度报告，各地区、各有关部门应将依法履职过程中产生的企业信息，归集于国家企业信用信息公示系统，记于企业名下，并依法于20个工作日内向社会公示；(6)信用信息的利用和服务。对于信用信息公示系统公示的信用信息，任何单位和个人均可查询利用。同时，开放信息资源，优化相关服务，鼓励社会各方运用公示数据开发合规的衍生产品，促进市场化信用服务发展。

（三）商事信用征信制度

征信是依法采集、整理、保存、加工自然人、法人及其他组织的信用信息，并对外提供信用报告、信用评估、信用信息咨询等服务，帮助客户判断、控制信用风险，进行信用管理的活动。征信业是市场经济中提供信用信息服务的行业。

征信机构作为提供信用信息服务的企业，按一定规则合法采集企业、个人的信用信息，加工整理形成企业、个人的信用报告等征信产品，有偿提供给经济活动中的贷款方、赊销方、招标方、出租方、保险方等有合法需求的信息使用者，为其了解交易对方的信用状况提供便利。征信服务既可为防范信用风险，保障交易安全创造条件，又可使具有良好信用记录的企业和个人得以较低的交易成本获得较多的交易机会，而缺乏良好信用记录的企业或个人则相反，从而促进形成“诚信受益，失信惩戒”的社会环境。征信业在促进信用经济发展和社会信用体系建设中发挥着重要的基础性作用。

我国征信业从无到有，逐步发展，目前，我国的征信市场已经初具规模，作用日益显现。2013年以前，我国的法律体系中还没有对征信问题的专门立法。为规范征信活动，保护当事人合法权益，引导、促进征信业健康发展，推进社会信用体系建设，2013年1月，国务院发布了《征信业管理条例》，对征信业务活动，包括个人和企业信用信息的采集、整理、保存、加工，并向信息使用者提供信用信息作了全面规范，将征信活动分为企业征信和个人征信两大类，并对从事个人征信业务的征信机构规定了较为严格的市场准入条件和相应的审批程序，明确了征信机构采集、保存、提供信用信息的范围和行为规范，明确了信息主体的权利。根据该条例的规定，中国人民银行2013年9月通过的《征信机构管理办法》，对征信机构的设立条件和设立程序（批准）、变更与终止、征信机构的许可管理、征信机构董事、监事和高级管理人员任职资格、征信机构的监督管理等进行了具体的规定。此后，中国人民银行2015年10月还制定了专门的《征信机构监管指引》。

根据《征信业管理条例》和《征信机构管理办法》的规定，我国的征信业务按其征信对象可为企业征信和个人征信两大类，企业征信主要是收集企业信用信息、生产企业信用产品。个人征信主要是收集个人信用信息、生产个人信用产品。其中的企业征信就属于本文所研究的商事信用的征信，商事信用的征信制度亦属整个商事信用制度的组成部分。目前，就法规层面的立法而言，征信制度已经较为完整和系统，然而，依据我国立法法的规定,作为调整商事主体的民商事关系的基本立法,关于商事信用的立法应该在全国人大制定的法律层面加以规定,因此,目前已规定在《征信业管理条例》中的关于征信业和征信机构的一些基本的原则性规定应作为商事信用制度的一般规范进入上位的商事立法之中,而《征信业管理条例》等行政立法则应作为下位法律规范服务于统一的商事信用立法。

(四)商事信用评价制度

商事信用的本来性质就是一种主观评价,同时,在商事信用制度的具体设计中,又有针对信用评价本身的特别内容。这里的商事信用评价特指专门的社会机构根据商事主体信用的实际状况,按照一定的评价规则,对其信用等次、级别或高低优劣作出的特别判断和结论。通常所称信用评级、评为A级、B级或C级,即为典型的信用评价。信用评价基本上属于一种市场性的咨询活动,是在市场经济条件下,面向市场需要,并通过市场化的运营机制为当事人提供的专业性咨询服务。这种信用评价在金融活动领域适用得最为广泛,银行通常是以对企业的信用评价作为授信和贷款的条件和根据,甚至在国际经济合作中,对不同国家亦有主权的信用评价。信用评价有多种分类,包括:由行政主管部门所做的信用评价和信用评价机构所做的信用评价;向社会公布的公开评估和不向社会公布的内部评估;接受委托收取费用的有偿评级和向社会提供公共讯息的无偿评级;对评估对象整体商事信用进行的综合评估和对某商事主体的某一具体债务如长期债券、特定建设项目等进行的单项评估等。

信用评价作用重大,它既是被评价商事主体展示、宣扬自身商事信用、并获得客观公正的社会认知的重要方式,也是其他当事人了解和判断该商事主体商事信用、并对其商事行为作出适当决策、防范交易风险的重要途径,甚至它会直接影响一个商事主体的生存和发展。“由于信用评估和信息服务制度的不完善,信用咨询和服务机构在巨额利润的驱动下,更有可能成为某些企业虚假信用度的‘制造商’和‘培育者’,成为某些企业进行信用欺诈的帮凶”。[①] 由此,商事信用评价的核心原则是其独立性、公正性、可靠性和合法性。它应由中立的评价机构独立地进行,不受任何单位或个人的干涉和利害关系人的不当影响。它必须公正、客观、实事求是,不能预设主观目标和带有主观偏见,更不能徇私枉法。它必须有理有据,符合客观实际,具有充分的可靠性和可信性,经得起检验。

信用评价制度与征信有联系又有区别,征信是对商事信用信息的采集、整理、保存和加工,而信用评价则是对商事主体商事信用的一种主观判断和分析结论。二者之间的内在联系在于,征信是信用评价的基础和依据,信用评价并非纯粹的主观臆想,而应基于征信所获得的客观信用信息,同时信用评价并不止于客观存在的信息,而是以此为基础进行分析判断作出新的结论。由此,如果说征信是就信用提供原值服务,而信用评价提供的则是信用的增值服务。征信的客观性和信用评价的主观性产生的特别

---

① 冯果:《由封闭走向公开——关于商事信用的若干理论思考》,载《吉林大学社会科学学报》2003年第1期。

问题是信用评价的失真,即与商事主体实际信用的脱节,是信用评价的不客观和不公正,这将严重损害商事主体的合法权益,甚至直接影响其经营活动的正常进行。因此,亦应建立信用评价的异议程序和纠错机制,并赋予当事人提出异议或要求听证的权利。

商事信用评价的重大作用和信用评价可能出现的失真或瑕疵决定了对其评价程序和评价方法等依法调整和规制的必要性。为实现信用评价的独立、公正和可靠,为切实保障相关当事人的信用权益,必须将其纳入法治的轨道,必须总结和建构科学、系统的信用评价规则,由此商事信用制度理应成为整个商事信用制度的重要组成部分。

(五)商事信用的守信激励和失信惩戒制度

商事守信激励和失信惩戒都主要是政府主导的信用手段和信用机制。所谓守信激励是政府利用其行政资源和手段对于诚实守信的商事主体给与各种形式的表彰和奖励,包括宣传表彰、赋予其诚信典型或道德模范的称号、办理行政审批的"绿色通道"待遇、优先提供公共服务便利、优化对其行政监管的安排、减低其市场交易的成本等。

所谓失信惩戒,是指有关机关和社会组织对于严重失信主体,将其列入重点监管对象,并对其采取行政性、市场性、行业性和社会性的约束和惩戒。在商务诚信领域,信用约束不足是我国市场经济法治化存在的严重问题之一。信用约束不足的主要表现形式便是法律执行的碎片化导致企业违法成本过低,其中重要的原因又是缺少应有的信用信息共享机制,某一个部门的行政处罚,不能共享或交换至其他政府部门,无法形成对失信者和失信行为的系统性惩戒,联合惩戒机制就是针对现实中存在的这种不足而进行的制度设计。

相对于守信激励,失信惩戒对于信用制度的建设意义更为突出。2016 年发布的《国务院关于建立完善守信联合激励和失信联合惩戒制度加快推进社会诚信建设的指导意见》对联合失信惩戒的具体措施做了全面、系统的规定,从生产环节、流通环节、金融、税务、工程建设、政府采购、招投标、交通运输和电子商务等各个领域和环节对失信主体的商业活动给与相应的约束和限制。该指导意见规定的行政性约束和惩戒包括:从严审核行政许可审批项目,从严控制生产许可证发放,限制新增项目审批、核准,限制股票发行上市融资或发行债券,限制在全国股份转让系统挂牌、融资,限制发起设立或参股金融机构以及小额贷款公司、融资担保公司、创业投资公司、互联网融资平台等机构,限制从事互联网信息服务等。严格限制申请财政性资金项目,限制参与有关公共资源交易活动,限制参与基础设施和公用事业特许经营。对严重失信企业及其法定代表人、主要负责人和对失信行为负有直接责任的注册执业人员等实施市场和行业禁入措施。及时撤销严重失信企业及其法定代表人、负责人、高级管理人员和对失信行为负有直接责任的董事、股东等人员的荣誉称号,取消参加评先评优资格。市场性的约束和惩戒包括:对严重失信主体实施限制出境和限制购买不动产、乘坐飞机、乘坐高等级列车和席次、旅游度假、入住星级以上宾馆及其他高消费行为等措施。支持征信机构采集严重失信行为信息,纳入信用记录和信用报告。引导商业银行、证券期货经营机构、保险公司等金融机构按照风险定价原则,对严重失信主体提高贷款利率和财产保险费率,或者限制向其提供贷款、保荐、承销、保险等服务。行业性约束和惩戒包括:将严重失信行为记入会员信用档案,视情节轻重对失信会员实行警告、行业内通报批评、公开谴责、不予接纳、劝退等惩戒措施。

失信惩戒制度的最主要形式是“黑名单”,它是将严重违法失信的自然人、法人或其他组织的信息进行归集后形成的,并向社会公示的名录和数据库。“黑名单”制度是关涉当事人信用的一项重要制度,是对丧失信用者或信用不佳者的一种特殊评价方式。现代社会是信用社会,信用已经成为一个社会成员重要的人格属性和人身权益,有信用走遍天下,无信用寸步难行,列入“黑名单”无疑是十分严重的声誉惩罚。在商事活动领域,“黑名单”制度又是商事监管的特别手段,它通过对失信者的负面评价和相应限制或处罚,实现对当事人商事行为的引导、约束和监管。依照“黑名单”制度的设计效果和联动机制,是要“一处受罚,处处受限”,对于市场监管来说,在某些领域对某些商事监管事项设立“黑名单”,会取得比传统市场监管手段更为广泛、深远的监管效果。

无论是守信激励还是失信惩戒,都需要科学、理性的制度设计。“对于嵌入于负担性行政行为之中的信用惩戒措施,必须与现行行政裁量权基准制度做好衔接,将相对人的信用状况纳入考量因素,成为行政裁量权基准的一部分,也应当遵循比例原则、关联原则,并向社会公开”。[①] 在此方面,我国的立法已经明显滞后,迄今,除了中央和地方的政策性文件和行政性规定外,尚无行政法规层次以上的立法。尤其“黑名单”制度,虽然各种各样的黑名单已经被广泛采用,从行政机关、司法机关设立的“黑名单”到社会组织或机构设立的黑名单,从中央部门设立的“黑名单”到地方性的“黑名单”,从部门、行业性的“黑名单”到跨部门行业设立的统一“黑名单”,从公开性的黑名单到内部或保密性的“黑名单”,从限制当事人权利的“黑名单”到非限制权利的“黑名单”等,现有的“黑名单”可谓种类繁多,丰富多彩。[②] 但这样一项重大的法律制度,除了一些地方性、部门或行业性的简单规定外,迄今在国家层面却没有一部全国性的法律、法规对它作出统一、明晰的规定。同时,“黑名单”制度的法学理论也几乎处于空白和荒漠化的状态,理论与现实的脱节与滞后达到十分严重的程度。

“黑名单”的确好用,但却不可滥用。因为它关乎公民和社会组织的社会声誉,直接和严重影响当事人的人身和财产权益,轻易或动辄就进入“黑名单”不是“黑名单”制度运行的正常现象。近些年来,“黑名单”的采用在我国商事和社会信用建设方面的确发挥了重要作用,但另一方面,“黑名单满天飞”,“黑名单”列入标准不统一、列入程序不合理、奖惩机制不完善等问题也在减损着“黑名单”制度的效能并不同程度地威胁或损害了当事人的合法权益。为此,将包括“黑名单”在内的守信激励和失信惩戒纳入法制轨道,建立和完善“黑名单”设定、设立和管理的整套法律制度,[③]统一、规范有关“黑名单”的各种行为,已成为我国商事信用法律制度同时也是行政法律制度

① 罗培新:《遏制公权与保护私益:社会信用立法论略》,载《政法论坛》2018年第6期。

② 赵旭东等著:《黑名单制度》中国法制出版社2018年版,第11~15页。

③ 同上书,第124~297页。

建设的必由之路。

七、商事信用制度极具中国特色的商事法律制度创新

在传统商法制度中并无单独的商事信用制度，无论在法国、德国等民商分立、制定有商法典的大陆法国家中，还是在没有商法典的大陆法国家以及英国、美国等英美法国家，都没有专门的商事信用立法，在这些国家早期的商事立法中，甚至还根本没有形成明晰的商事信用的法律概念，到现代许多国家已经有涉及商事信用的零散法律规定或分布于具体领域的商业规则，但也并未形成为统一、完整、系统的商事信用制度。

然而，这不成为否定商事信用制度的充分理由，相反恰是创新中国商事信用制度的重要根据。从法律制度成长的社会环境而言，没有什么制度比信用制度更为中国市场经济和社会发展所亟需。纵观世界经济发展，商业越是发达，社会信用程度越高，"对于一个国家而言，商业发达程度与信用水平基本上是成正比的，没有哪一个商业发达、经济发展水平高的国家，社会信用低下，反之亦然。我国改革开放四十年历程，是由计划经济到市场经济逐步发展的过程，也是商事信用法律制度逐步建立的过程。"[①]放眼改革开放以来中国经济和社会的发展，我们经济发展的速度冠盖世界，我们的经济总量和规模也已经雄踞世界第二位，我们的军事和国防实力也空前强大，不弱于除美国之外的任何国家，我们的科技水平正在进入世界的先进行列。然而，我们却不能不承认我国与世界先进发达国家在社会信用尤其是商业信用方面存在着明显的、很大的差距，假冒伪劣、欺诈侵权、毁约逃债等各种严重背离诚实信用要求的商业行为相当普遍的存在，整个社会信用尚处于较为低下的水准。这降低了中国经济发展的质量，也严重制约着市场经济的健康稳定发展。因此，大力加强信用建设已经成为现阶段我国经济社会发展的重要目标和艰巨任务。

党中央、国务院高度重视社会信用体系建设。党的十八大提出的"加强政务诚信、商务诚信、社会诚信和司法公信建设"，党的十八届三中全会提出的"建立健全社会征信体系，褒扬诚信，惩戒失信"，《中共中央 国务院关于加强和创新社会管理的意见》提出的"建立健全社会诚信制度"国务院专门发布了纲领性政策文件《国务院关于社会信用体系建设规划纲要（2014—2020 年）》，一批信用体系建设的规章和标准相继出台。公布实施《征信业管理条例》《企业信用信息公示条例》，各部门推动信用信息公开，开展行业信用评价，实施信用分类监管；各行业积极开展诚信宣传教育和诚信自律活动；各地区探索建立综合性信用信息共享平台，促进本地区各部门、各单位的信用信息整合应用；社会对信用服务产品的需求日益上升，信用服务市场规模不断扩大。然而，"我国社会信用体系建设虽然取得一定进展，但与经济发展水平和社会发展阶段不匹配、不协调、不适应的矛盾仍然突出。存在的主要问题包括：覆盖全社会的征信系统尚未形成，社会成员信用记录严重缺失，守信激励和失信惩戒机制尚不健全，守信激励不足，失信成本偏低；信用服务市场不发达，服务体系不成熟，服务行为不规范，服

---

① 赵磊：《商事信用：商法的内在逻辑与体系化根本》，载《中国法学》2018 年第 5 期。

务机构公信力不足,信用信息主体权益保护机制缺失;社会诚信意识和信用水平偏低,履约践诺、诚实守信的社会氛围尚未形成”。[①] 而所有这些问题的存在,都与我国目前缺少系统、完整、科学的商事信用法律制度有着直接的联系,中国商事信用建设到现在最为欠缺的恰是系统的商事信用法律制度,创建这一制度无疑是中国未来的商事立法理所当然、责无旁贷的重大使命。如赵磊所言:“商事信用是商法的灵魂,藉此搭建商法‘大厦’,构建商法的规范化体系,是新时期商事立法的必由之路。”[②]

---

① 见《国务院关于社会信用体系建设规划纲要》。

② 赵磊:《商事信用:商法的内在逻辑与体系化根本》,载《中国法学》2018年第5期。

第七章　商事账簿

一、商事账簿概述

(一)商事账簿的历史沿革

1. 中世纪商事账簿制度

商事账簿是商事实践的产物,与商事经营活动密不可分。“关于商事账簿的起源历来说法不一,当代德国学者普遍认为,商事簿记起源于中世纪的海商贸易。”[①]公元10世纪之后,海商贸易迅速发展,商船主因运输及海事的需要而设立“书记”专司记账之职,对营业及相关事项作册记载,逐渐形成了商事账簿的最初形态。[②] 到了12世纪初期,合伙组织的合伙人为了明确彼此的投资和股东的投资收益,建立了一套商事账簿制度。[③] 至13世纪末期,欧洲某些城市的银行开始采取复式记账方式,将自己和顾客所为的商事经营活动记载下来,此后,该种复杂的记账方式为其他欧洲城市的商人所采用。[④] 15世纪,欧洲已经开始流传一些有关商事账簿方面的书籍,宣扬商人建立商事账簿的好处。在繁荣的简单商品经济条件下,商事账簿虽然有一定的发展,但仅由商人自便采用,而法律尚无强制性要求,后来随着行会的兴起和商业联盟的扩展,商事管理日益成熟和规范,商事账簿也随之完善和制度化。[⑤] 商事活动的日趋复杂和商人之间联系的日益密切,在客观上促使商人编制商事账簿,借以维护自身利益和适应社会发展的需求,确保商事交易的安全和有序。[⑥]

2. 近现代商事账簿制度

16世纪,曾有三位伟大的学者对商事会计账簿作出过说明,他们著书立说,宣传复式记账法的记载方式和理论依据,为现代会计学做出了卓越贡献。商事会计账簿制度在17世纪已经获得了欧洲商人的广泛认同,大量的商人在实际生活中采用商事账簿制度;由于学说大量援引商人的商事账簿制度,使商人的商事账簿制度进入学者的会计学著作中,因此,将商事账簿制度作为法律制度规定下来,要求所有的商人遵行该种制度的时机已经成熟,为此,法国1673年商事条例首次对商事账簿制度作出了规

---

① 范健:《德国商事簿记法律制度介评》,载《比较法研究》1993年第4期。

② 参见任先行、周林彬:《比较商法导论》,北京大学出版社2000年版,第259页。

③ 参见张民安:《商事账簿制度研究》,载《当代法学》2005年第2期。

④ 同上。

⑤ 参见李长兵:《商事账簿及其立法模式研究》,载《湖北科技学院学报》2008年第1期。

⑥ 同上。

定。[①] 20世纪以来,大陆法系国家逐步确立了商事账簿制度,对账簿的内容和形式予以规范,使商事账簿走上法制化轨道,并形成了当今商事领域一项非常重要的制度。

(二)商事账簿的定义

在我国,“商事账簿”并不是一个法定的概念,现行法律法规中也没有关于“商事账簿”的表述。我们可以对“商事账簿”进行拆分,分为“商事”和“账簿”。

日本学者认为,“所谓账簿者,为将二枚以上之纸片缀合之者”。[②] 可以理解为,账簿是由多个纸质账页装订成册而形成的。这是基于账簿外观所作出的通俗解释。随着信息技术的发展,电子账簿应运而生,但事实上,电子账簿只不过是将现实中的纸页转变成了计算机中虚拟的“纸页”,账簿的本质没有发生变化。

“商事泛指一切以营利为目的的经营活动。”[③]根据文义解释,商事账簿是指记载商人一切以营利为目的的经营活动的账簿。鉴于记载事项的不同,商法学界将商事账簿作广义和狭义之分。所谓狭义的商事账簿,又称形式意义上的商事账簿,是指商人根据法律规定而设置的账簿。[④] 狭义的商事账簿仅指会计法律法规要求制备的账簿。广义的商事账簿又称实质意义上的商事账簿,是指商人所制备的一切反映商事主体经营活动的账簿资料。[⑤] 广义的商事账簿不仅包括正式账簿,还包括会计报表、年度决算报告及各种财产债务清册等记载商人经营和财产信息的账簿资料。本章所介绍的商事账簿主要指后者。

世界各国商法中大都对商事账簿的概念作出了界定,《德国商法典》将商事账簿定义为“商人记载自己的商行为和自己财产状况”的账簿;[⑥]《法国商法典》对商事账簿的定义为记载影响其企业财产活动的会计登记;[⑦]《日本商法典》认为商事账簿“明确记载商人经营方面的财产和损益状态”;[⑧]《韩国商法典》认为商事账簿是“商人为明确营业上的财产及损益状况”所制作的“会计账簿及资产负债表”。[⑨] 可见,各国立法对商事账簿均采狭义之说,且对商事账簿的界定多涉及“商人”“财产”“经营”等关键词。这些词语能够在一定程度上反映出商事账簿的本质特征,即商事账簿由商人编制,且所载内容为商事主体的经营、财产等信息。

我国商法学界对商事账簿的定义在形式上多有区别,但本质内容大同小异。通说基本可以概括为,“商事账簿指商人为了记载自己经营过程中财产状况以及盈亏状况而依法制作的商事凭证”。[⑩] 本书亦采此定义,并在此基础上,界定出商事账簿应包含

---

① 参见张民安:《商事账簿制度研究》,载《当代法学》2005年第2期。

② [日]松波任一郎著,何勤华主编:《日本商法论》,秦瑞、郑钊译述,王铁雄点校,中国政法大学出版社2005年版,第46页。

③ 赵旭东:《商法学》,高等教育出版社2015年版,第3页。

④ 参见赵中孚:《商法总论》,中国人民大学出版社2009年版,第202页。

⑤ 同上。

⑥ 《德国商法典》,杜景林、卢谌译,法律出版社2010年版,第24页。

⑦ 参见《法国商法典》,金邦贵译,中国法制出版社2000年版。

⑧ 《日本最新商法典译注》,刘成杰译注,柳经纬审校,中国政法大学出版社2012年版,第45页。

⑨ 《韩国商法典》,吴日焕译,中国政法大学出版社1999年版,第8页。

⑩ 张民安:《商事账簿制度研究》,载《当代法学》2005年第2期。

以下几个要素：

（1）商事账簿的编制者为商事主体。商事主体即指商事法律关系主体，它在商事活动中独立地享有权利、承担义务，并在违反义务时依法承担法律责任。[①] 商事主体以营利性活动为常业。"商法乃强者之法"，[②]只有具备营业能力和一定的专业技术，才有资格和能力制备商事账簿。有些从事商行为的主体，如自然人、法人按照证券法的规定，买卖有价证券，以营利为目的，却不采用营业形式，[③]就不属于商事主体，也不需要制备商事账簿。对于从事商行为的非商事主体，因其不是商事账簿的编制者，故剔除本书的讨论范围。此外，不从事商行为的主体，如国家机关、事业单位等，虽制备账簿，但多为便于税收、监督、管理之用，故其所制备的账簿也不是商事账簿，不在本书的讨论范围之内。

（2）商事账簿的编制以营业为前提。营业有"计划性、组织性、时间过程性和重复性，故而才有商事账簿存在的可能，因为偶然从事商行为或不从事商行为，没有专门设置账簿的需要"。[④] 在营业过程中，商事账簿为商事主体忠实地记录交易情况、盈亏情况，便于其及时了解和掌握自己的经营状态，及时调整和完善经营计划。

（3）商事账簿所载内容涉及商业秘密。商事账簿记录的内容包括商事主体经营过程中的成本价格、销售收入、盈利情况、投融资计划等各方面情况，其中许多数据信息涉及商事主体的商业秘密。商业秘密一旦泄露，会对商事主体的切身利益造成巨大损害。因此，商事账簿对保护商事主体的经营成果、维护交易安全、促进公平竞争具有重要意义。

（三）商事账簿的类型

关于商事账簿的类型，世界各国商法中有不同规定。《法国商法典》将商事账簿分为日记账簿和资产负债表两种。[⑤] 日本商法中认为，"商业账簿即会计账簿以及资产负债表"。[⑥] 按照我国会计法律法规中对账簿的分类，日记账属于会计账簿，资产负债表属于财务报告。[⑦] 故可以理解为，在法国和日本商法中，商事账簿包括会计账簿和财务报告两类。

我国商法学界有对商事账簿的类型有不同的观点。一种观点认为商事账簿可分为会计账簿和财务会计报告两类。[⑧] 这种观点在商事账簿的类型中剔除了会计凭证，与法国和日本商法中的规定相似。也有观点将会计凭证囊括其中，作为商事账簿的组

① 参见王保树：《商法总论》，清华大学出版社2007年版，第95页。

② 沃尔夫冈·塞勒特：《从德国商法典编纂历史看德国民商法的关系》，载范健等主编：《中德法律继受与法典编纂》，法律出版社2000年版，第2页。

③ 参见王保树：《商法总论》，清华大学出版社2007年版，第96页。

④ 刘凯湘：《论商事主体资格之取得要件及其表现形式》，载《广东社会科学》2014年第2期。

⑤ 参见《法国商法典》，金邦贵译，中国法制出版社2000年版，第12~14页。

⑥ 《日本最新商法典译注》，刘成杰译注，柳经纬审校，中国政法大学出版社2012年版，第49页。

⑦ 参见《会计档案管理办法》第6条。

⑧ 参见王保树：《商法总论》，清华大学出版社2007年版，第210页。

成部分，将商事账簿分为会计凭证、会计账簿和财务会计报告。[①] 还有观点认为，商事账簿包括会计凭证、会计账簿和会计报表三类。[②] 此观点将财务会计报告的主体部分——会计报表单独列为商事账簿的一个类别，而剔除了财务报告中的会计报表附注和财务情况说明书。[③]

我国法律法规没有明确商事账簿的类型，但是对会计资料的分类已有规定。《会计法》作为规定我国账簿制度的基本法律，虽然没有对几类会计资料进行明确界定，但其条文中提到各单位须"填制会计凭证，登记会计账簿，编制财务会计报告"。[④] 财政部颁布的《会计档案管理办法》第6条中将也会计资料明确分为会计凭证、会计账簿、财务会计报告和其他会计资料。[⑤] 现有立法对明确商事账簿的类型具有指导意义，结合国外商法的规定以及我国商法学界的不同观点，本书将商事账簿分为会计凭证、会计账簿和财务会计报告。

1. 会计凭证

所谓会计凭证，是指记录经济业务发生或完成情况的书面证明，按编制程序和用途分类，分为原始凭证和记账凭证。前者又称单据，是在经济业务最初发生之时即填制的原始书面证明，如销货发票、款项收据等。后者又称记账凭单，是以审核无误的原始凭证为依据，按照经济业务事项的内容加以归类，并据以确定会计分录后所填制的会计凭证。它是登入账簿的直接依据，常用的记账凭证有收款凭证、付款凭证、转账凭证等。会计凭证是会计核算的基础，如实填制会计凭证在经济管理活动中和会计工作中具有重要作用。

2. 会计账簿

所谓会计账簿，是以会计凭证为依据，由具有一定格式、相互联系的账页组成，用来序时地、系统地、全面地、分类地记录和反映商人各项商事活动和业务活动内容的簿记。[⑥] 首先，会计账簿能够提供连续、全面、系统的会计信息，成为编制财务会计报告的依据；其次，会计账簿是进行资产评估的基础，便于对商事主体的财产物资进行监管，以维护财产所有者的权益；再次，会计账簿能够提供经营成果的详细资料，为经营利润的分配和各项计划的执行提供考核评价的标准，并成为商事主体进行经营决策的重要依据；最后，会计账簿是进行会计分析的基础资料，能够为审计检查提供依据。

3. 财务会计报告

所谓财务会计报告，是指商人对外提供的反映商人某一特定时期财务状况和某一会计期间商事经营成果、现金流量的文件。根据我国《企业会计准则》对财务会计报告的规定，商事主体的财务会计报告包括会计报表主表、会计报表附表以及应当在财

---

① 参见张民安、龚赛红：《商法总则》，中山大学出版社2004年版，第316～317页。

② 例如赵中孚：《商法总论》，中国人民大学出版社2009年版，第205页；又如黄晓林：《商法总论》，齐鲁书社2004年版，第204页。

③ 参见《会计法》第20条。

④ 参见《会计法》第9条。

⑤ 参见《会计档案管理办法》第6条。

⑥ 参见王保树：《商法总论》，清华大学出版社2007年版，第210页。

务会计报告中披露的相关信息资料和财务情况说明书等。虽然商事主体的财务信息也会反映在会计凭证、会计账簿中,但是这些日常会计核算资料纷繁复杂,难以集中、概括地反映商事主体整体性状况,更是无法被企业经营者或投资者、债权人、政府部门等利害关系人直接利用的。因此,为了向企业内外部利害关系人提供简洁而综合的会计信息,就需要对日常会计核算的资料进一步分类、加工、整合和汇总,并以直观的表格和文字形式表现出来。这些简洁、直观的表格和文字就构成了财务会计报告。它是反映商事主体财务状况的重要文件资料,这不仅对商事主体自身有着重大意义,对利害关系人了解商事主体的财产状况也具有不可替代的作用。我国相关法律法规中都有对财务会计报告的规定,如我国《公司法》规定,“公司应当在每一会计年度终了时编制财务会计报告,并依法经会计师事务所审计。财务会计报告应当依照法律、行政法规和国务院财政部门的规定制作”。

(四)商事账簿的作用

商事账簿已经成为管理商业及整个经济活动的重要工具,它不仅是用以明确商人营业财产状况和损益状况的簿册,也是商人基于商法上的义务而制作的簿册,在实践中具有重要的功能和价值。综合理论界的主要观点,结合我国经济发展的实际,设置商事账簿的作用主要可以体现在以下几个方面:

1. 对商事主体自身的作用

法律之所以规定商事主体具有制备完善的商事账簿的义务,其主要目的是确保会计、审计方面的相关信息能够得到真实、准确、完整的反映。就商事主体本身而言,可以通过商事账簿准确地了解自己商事经营状况,精确地分析自己的产品价格、成本和利润,为做出正确的经营决策提供依据,促进经营活动科学化、合理化。如《德国商法典》规定:“设置商事账簿是为了明了记载自己的商业行为,及自己的财产状况。”同时,商事账簿是商事主体监督自己的员工是否忠实地、全面地履行职责的依据,为商事主体判断员工的德能勤绩提供基础。①

2. 对利害关系人的作用

首先,对于社会公众和交易对方而言,商事账簿便于他们了解商事主体的经营状况和财务状况,衡量商事主体的信誉、实力和发展潜力,作出是否与其进行交易、是否向其投资等决定,从而促进交易安全、维护其他利害关系人的利益。其次,对债权人来说,商事账簿是破产清算时清理债权债务的重要依据。当商事主体破产时,如果债权人因为某些原因而无法提供债券凭证时,可以通过查阅商事账簿中记载的债权债务关系来证明自己的债权,从而要求破产管理人清偿自己的债权,避免使请求权落空。最后,对股东而言,商事账簿是股东行使权利的依据,有利于促进股东权益的保护。在公司等商事主体中,商事账簿的完善有利于股东了解公司治理情况,在股东分取股息、红利、剩余财产和公司解散或破产清算时合理分配利益。我国《公司法》中赋予股东查阅商事账簿的权利,股东可以通过账簿了解公司基本信息、公司经营管理情况及公司

① 张民安:《商事账簿制度研究》,载《当代法学》2005年第2期。

基本财产状况等。

3. 对政府部门的作用

就政府部门而言,商事账簿的功能主要表现为政府根据商事账簿掌握商事主体的情况并依此对商事主体进行管理。首先,商事账簿是政府部门了解和掌握商事主体经营发展状况的重要依据,为正确制定经济管理政策提供了理论支持。其次,商事账簿是国家税务机关依法对商事主体征税的重要依据。我国《税收征收管理法》第13条规定:"从事生产、经营的纳税人的财务会计制度或财务会计处理方法,应当报税务机关备案。"第16条规定:"纳税人应办理纳税申报,报送纳税申报表。"第32条规定:"税务机关有权检查企业账簿。"再次,商事账簿是国家物价机关制定物价标准、进行物价检查的依据。在市场经济条件下,国家物价部门仍然有权对商事主体的物价进行调控,防止他们在确定商品价格时违反市场经济的规律,或者确定过高或过低的价格,损害社会利益或者其他商事主体的利益。最后,工商部门、审计部门对商事主体的检查和审计也离不开商事账簿。

(五)商事账簿与会计账簿的比较

商事账簿与会计账簿[①]联系紧密,二者既有共性,又有区别。从内容上讲,商事账簿和会计账簿都是对特定主体收入、支出、费用等财务信息的记录,但二者在记录的内容上有所差异,如政府机关的会计账簿中收支通过国库存款、财政周转金等科目记录,而商事账簿中不会出现此类科目。从会计核算基础上讲,商事账簿的会计核算基础采用权责发生制,会计账簿不仅适用权责发生制,还适用收付实现制。从功能上讲,虽然二者的主要功能都是记录,但商事账簿的设置是为了便于商事主体及其他商事账簿使用者从宏观上把握经营信息、进行经营决策、开展业务往来等;而会计账簿的设置是为了加强经济管理和财务管理,提高经济效益,维护社会主义市场经济秩序。[②] 从适用对象上讲,商事账簿的编制主体是商事主体,适用对象为投资者、潜在客户、债务人等利益相关者;会计账簿的编制主体除了商事主体,还有国家机关、事业单位和社会团体等,适用对象主要为国家审计、监察、税务部门等。从法律渊源上讲,商事账簿等相关法律制度主要受商法调整,而会计账簿制度在《会计法》及其配套法规和规章的调整下,还受会计行业规则、行业惯例调整。

综上所述,不难发现,会计账簿与商事账簿是包含与被包含关系。会计账簿包括商事主体编制的会计账簿资料和其他单位编制的会计账簿资料,商事账簿仅指商事主体编制的会计凭证、会计账簿和财务会计报告。事实上,构建商事账簿制度并非是对会计账簿制度的否定。随着商事活动的日益复杂,《会计法》中对商事账簿的笼统规定,已经不能满足商事主体对其经营过程中某些法律事项的特殊需求,因而需要构建商事账簿制度,适应市场经济发展变化和商事主体日益迫切的要求。从这个意义上,可以说商事账簿制度是对会计账簿制度的细化和补充,对商事主体的法律事项有适用

---

① 此处会计账簿泛指会计凭证、会计账簿和财务会计报告。

② 参见《会计法》第1条。

上的优先性。因此,商事账簿制度应在衔接《会计法》等相关法律的基础上建立,又要有其独特的制度设计。

二、商事账簿制度

(一)商事账簿的利益相关者

商事账簿的利益相关者是对商事账簿享有权利或负有义务的人。以商事主体的边界作为划分标准,可以将商事账簿的利益相关者分为商事主体内部人和商事主体外部人。本节将从内部人和外部人两个方面,梳理利益相关者对商事账簿的权利义务,以期为商事账簿制度的构建提供理论支撑。

1. 内部人

根据商事主体的不同,内部人可以划分为多种类型。在公司中,由于所有权、控制权和经营权相分离,其内部人结构最为复杂,主要包括股东、董事、监事、经理和雇员。在合伙企业中,内部人主要包括普通合伙人、有限合伙人和雇员。在个人独资企业中,内部人主要包括投资人和雇员。在个体工商户中,内部人主要包括户主和雇员。

(1)公司。股东是公司的所有者,股东的集体意志就是公司的意志,但股东一般人数较多,他们之间总有意志相左之时,为了相对公平、高效地体现出股东的集体意志,"资本多数决成为现代公司普遍采用的产生股东集体意志的表决机制,"①即股东会决议的方式。但是实践中,股东会不可能每日召开,因此,股东们依据法律规定,通过公司章程将公司的控制权和经营权下移。由此,股东与公司之间出现隔离机制。"为了有效避免公司在运作过程中出现的投资者与公司信息不对称的弊端,有效保护股东的合法权益,《公司法》赋予了股东对商事账簿的查阅权和监督权。"②股东对查阅商事账簿过程中获悉的商业秘密,负有保密义务。

股东们将公司的控制权移交给董事会。董事会是代表公司进行经营决策的机关。根据《公司法》第46条的规定,有限公司董事会的职权有"决定公司的经营计划和投资方案","制订公司的财务预算方案、决算方案","决定聘任或者解聘公司经理、财务负责人"等控制性的决策权。③ 因此,不管是"股东会中心主义"(Shareholder Primacy)还是"董事会中心主义"(Director Primacy)的公司法体系,董事会是真正意义掌握公司控制决策权的机关。④ 基于此,董事会应当对商事账簿享有全部的权利,履行全部的义务。具体而言,是对商事账簿的编制和保管负有义务,对保证商事账簿真实性和完整性负有义务,对商事账簿的保密负有义务,并享有商事账簿的查阅权和审计权。

经理负责公司日常经营活动,实际参与公司业务,直接管理公司财务负责人的工

---

① 邓江源:《股东压制视野中的股东会决议效力》,载《人民司法》2014年第15期。

② 李美云:《有限责任公司股东会计账簿查阅权问题研究——兼对〈公司法司法解释四(征求意见稿)〉评析》,载《中国政法大学学报》2013年第4期。

③ 参见《公司法》第46条。

④ See Roe, Mark J. *The Shareholder Wealth Maximization Norm and Industrial Organization.* Social Science Electronic Publishing 149.6(2001).

作。经理的职权来源于董事会,它是董事会的执行机关。法国公司法规定“经理在公司正常经营的业务项下与董事长有同样的代表权,这有利于公司经营”。[①] 因此,可以认为经理对商事账簿的权利义务与董事会相同。

监事会是依法产生,对董事和经理的经营管理行为及公司财务进行监督的常设机构。[②] 我国《公司法》第 54 条规定,若监事会发现公司经营情况异常,可以进行调查,或聘请总会计师协助其工作。虽然《公司法》没有明确规定监事会对公司财务进行调查的具体措施,但是显而易见,监事会对公司财务有极大的监督权,对公司账务真实性、准确性和合法性的审查亦负有不可推卸的责任。因此,监事会理应对商事账簿享有查阅权和审计权。

雇员是一种人力资本,而人力资本是公司重要的生产要素之一,且由于雇员相对于公司处于劣势地位,各国公司法愈加呈现出保护雇员利益的趋势,如《德国公司法》规定“雇员超过一定人数的企业中,公司监事会成员应有一半的比例为雇员监事”。[③]“世界各国都逐渐承认,雇员有权参与决定社会性问题,并以立法或劳资协议加以确立与保证。”[④]我国《公司法》对雇员利益的保护集中体现于第 44 条的“职工董事制度”[⑤]和第 51 条的“职工监事制度”。[⑥] 雇员成为“职工董事”或“职工监事”后,理应和董事会、监事会享相同的权利,负同样的义务。其他雇员也可以通过一些途径,如查询公司对外公布的财务报告、工商登记信息等,参与公司监督。但由于雇员与公司经营管理之间并没有强烈的利益关系,雇员对在查阅过程中或日常工作中获悉的公司商业秘密,应负有保密的义务。因此,雇员享有对商事账簿的查阅权和监督权,并负有对商事账簿保密的义务。

(2)其他商事主体。合伙企业、个人独资企业和个体工商户不存在所有权与经营权的分离,合伙企业的普通合伙人、个人独资企业的出资人和个体工商户的户主均实际上控制和经营商事主体,均对外承担无限连带责任,他们与商事主体具有实质上的同一性。因此,合伙企业的普通合伙人、个人独资企业的出资人和个体工商户的户主都对商事账簿享全部权利,负全部义务。

根据《合伙企业法》的规定,有限合伙人只能针对涉及自身利益的情况查阅有限合伙企业的财务会计账簿等资料,且不执行合伙事务,不对外代表有限合伙企业。[⑦]合伙企业中的有限合伙人与公司中的股东具有一定的相似性,因此,有限合伙人对商事账簿的权利义务应与有限责任公司的股东类似。

合伙企业和个人独资企业还需雇用从业人员。雇员与商事主体仅存在劳动关系,且法律没有规定雇员对商事账簿的任何权利义务。但是,雇员在工作过程中有接触商

---

① 《法国公司法规范》,李萍译,法律出版社 1999 年版,第 73 页。

② 参见赵旭东:《商法学》,高等教育出版社 2015 年版,第 171 页。

③ [德]温德比西勒、怀克:《德国公司法》,殷盛译,法律出版社 2010 年版,第 502 页。

④ 范健、张萱:《德国法中雇员参与公司决策制度比较研究》,载《外国法评议》1996 年第 3 期。

⑤ 参见《公司法》第 44 条。

⑥ 参见《公司法》第 51 条。

⑦ 参见《合伙企业法》第 68 条。

事账簿的可能性，因此，我们将此类雇员不作为商事账簿的权利主体，但应规定其对商事账簿的保密义务。

2. 外部人

对利益相关者的界定本应以实际与商事账簿存在法律关系为标准，但“上市公司信息披露制度”和《注册资本登记制度改革方案》，[①]使每一个社会公众都可以查阅部分商事账簿，进而成为商事主体的潜在客户或潜在投资者，因而每一个社会公众都可以视为商事主体的外部人。所以，本书对外部人的讨论界定为商事主体的债权人、与商事主体有业务往来的合作伙伴、对商事账簿进行独立审计的机构、相关政府部门和社会公众。

对于持续经营的商事主体，商事账簿中的财务信息有助于帮助债权人更好地评价该商事主体的经营能力和信用状况，做好预防措施以避免损失。此时，债权人只能查询商事主体主动公开的部分商事账簿。在商事主体破产清算中，由全体债权人组成的债权人会议对破产财产享有监督和处分的权利。[②] 此时，债权人享有部分商事账簿的查阅权。

商事主体的业务合作伙伴一般会利用商事账簿中的信息了解商事主体的信誉、规模、业务范围、经营能力等。一方面，业务合作伙伴可以通过公开渠道查询商事主体主动对外公布的部分商事账簿；另一方面，商事主体为了促成交易，也可能使业务合作伙伴知悉某些商事账簿的内容。但总体来说，业务合作伙伴对商事账簿的信息获取程度较低，因而只需要对所获悉的商事账簿中商业秘密承担保密义务。

独立审计机构，一般指会计师事务所，是根据中国注册会计师协会印发的47项具体审计准则对商事账簿实施客观、公正的审查鉴证服务的机构。独立审计机构为商事主体提供鉴证服务的时候享有商事账簿的查阅权，同时遵照《中国注册会计师职业道德规范指导意见》对商事账簿负有保密义务和尽职审计义务。

政府部门可依据法律规定，根据职权需要，要求商事主体提供商事账簿，如《会计法》第35条[③]所规定的监督检查需要、《税收征收管理法》第20条[④]所规定的报税需要。可见，政府部门依法对商事账簿享有查阅权。国家审计机构及审计人员可以对商事主体进行审计，对商事主体经营收支的合法性、真实性和效益性进行监督。国家审计既是政府部门对公权利的运用，又是政府部门行政作为的表现。因此，政府部门对商事账簿享有审计权。

基于上市公司的信息披露制度，社会公众可以通过查询商事主体财务报告的方式

---

① 《注册资本登记制度改革方案》规定，企业应当在规定期限内，通过市场主体信用信息公示系统向工商行政管理机关报送年度报告，并向社会公示，任何单位和个人均可查询。但根据《企业信息公示暂行条例》的规定，年度报告包括中的财务信息为选择性公示事项。

② 参见《企业破产法》第15条、第61条。

③ 《会计法》第35条：“各单位必须依照有关法律、行政法规的规定，接受有关监督检查部门依法实施的监督检查，如实提供会计凭证、会计账簿、财务会计报告和其他会计资料以及有关情况，不得拒绝、隐匿、谎报。”

④ 《税收征收管理法》第20条：“从事生产、经营的纳税人的财务、会计制度或者财务、会计处理办法和会计核算软件，应当报送税务机关备案。”

帮助自己作出投资价值判断,并监督证券发行中的虚假陈述、证券欺诈等行为。因此,对于上市公司的财务报告,社会公众有查阅权。

3. 小结

通过以上梳理,基本可以抽象出以利益相关者为主体,以商事账簿的查阅权、商事账簿的审计权、商事账簿的编制和保管义务、商事账簿的保密义务、保证商事账簿真实性和完整性义务为内容,以商事账簿为对象的多元化法律关系。这些法律关系涉及主体众多、涉及利益广泛,具有现实的紧迫性和立法的必要性,需要给予妥善的安排。

首先,将商事账簿法律关系规定在民法典中并无可能,不仅因商事账簿所涉法律关系带有强烈的"营利"色彩而不同于普通的民事法律关系,而且因目前完整的民法体系中已经再无安排这些法律关系的余地。

其次,将商事账簿法律关系规定在《会计法》中并不合理。《会计法》中已有的规定并未区分商事账簿和其他账簿,单独辟出一章规定商事账簿不仅打乱其原有的立法体系,而且易造成概念的杂糅和规则的混乱使用。

最后,将商事账簿法律关系纳入商事单行法并不可行。目前的商事单行法要么基于商事组织关系产生《公司法》《合伙企业法》等,要么基于商事行为关系产生《证券法》《保险法》等。并没有哪一部商事单行法可以囊括所涉主体如此广泛、所涉权利义务具有共性的商事账簿法律关系。综上所述,只有将商事账簿法律关系构建为一套商事账簿制度,才是最恰当、最科学的立法安排。

(二) 商事账簿制度的性质

对商事账簿制度性质的界定是构建商事账簿制度的前提,也是当下学界讨论的热点。对商事账簿性质的界定,聚焦于商事账簿制度是法律制度还是会计制度、是经济法制度还是商法制度、是公法性质的制度还是私法性质的制度。对这些问题的回答,决定了商事账簿制度构建的方向和路径。

1. 商事账簿制度是法律制度

法律是以调整权利义务关系为内容的强制性规范。如前所述,商事账簿制度调整的是法律关系,以其利益相关者为主体,以商事账簿为对象,内容包括商事账簿的查阅权和监督权、商事账簿的编制和保管义务、商事账簿的保密义务、保证商事账簿真实性和完整性义务。因此,商事账簿制度是以调整权利义务关系为基本内容的规范,是法律规范。

商事账簿制度不同于会计制度。会计制度是规定会计核算、会计监督、会计机构、会计人员的制度,商事账簿制度是规定商事账簿权利义务关系的制度;会计制度以会计方法为核心,包括复式记账、填制凭证、成本计算、财产清查等。商事账簿制度以权利义务关系为核心,包括查阅权、保密义务、真实义务等。虽然商事账簿是依据会计制度中的会计方法所编制的,但商事账簿制度本身不规定会计方法。商事账簿制度的性质不应根据商事账簿的编制方法来确定,而应根据商事账簿制度所规定的内容来确定,依其内容,商事账簿制度是法律制度。

2. 商事账簿制度是商法制度

商法调整平等的商事主体之间基于营利活动而产生的法律关系。[①] 商事账簿制度基于三方面原因应当归于商法制度。首先，商事账簿制度所调整的主体是商事账簿的利益相关者，包括商事主体的投资者、债权人、合作伙伴等，是平等主体；其次，商事账簿制度调整的法律关系是基于营利性活动而产生的，如债权人的查阅权是基于买卖交易；最后，商事账簿所记载的信息反映商事主体的营利性活动，对保障交易安全和促进商业往来具有重要意义。

3. 商事账簿制度具有双重属性

"公法与私法的划分标准，各学说差异甚大，有利益说、效力说、主题说、统治关系说、意思说等不同主张，但一般认为公法是调整国家与社会组织和个人之间关于公权利义务关系的法律规范，私法是调整社会组织和个人之间以及相互间关于私权利义务的法律规范。"[②]

按照这个标准，商事账簿制度在性质上属于私法。从历史根源来看，商事账簿起源于中世纪欧洲，"商船主因运输及海事的需要而设立'书记'专司记账之职，对营业及相关事项作册记载，逐渐形成了商事账簿的最初形态"。[③] 显见，商事账簿起源于商人自身的需要而非强制性的要求，基于维护个人的微观利益而设置。从商事账簿制度所调整的关系看，商事账簿制度调整平等的利益相关者之间的权利义务关系，调整原则为意思自治原则。因而，就其本质而言，商事账簿制度属于私法。

但是，商事账簿制度带有强烈的公法色彩。一方面，虽然商事账簿最初的设置是基于商人的自主选择，但现代法律体系中，各国对商事账簿的制备大都采"强制主义"，[④]我国《会计法》《公司法》亦对商事账簿的设置进行了强制性规定。[⑤] 可见，商事账簿的设置已经呈现"公法化"倾向。另一方面，不同于民事主体，商事主体是法律拟制的主体，为了维护市场经济秩序，促进公平交易，国家对商事活动的干预力度不断加大，对商事账簿的规定越来越多地表现出政府职权。如《证券法》对上市公司财务报告信息公开的规定，[⑥]是为了调控宏观经济秩序，体现了国家干预原则，因而其为具有公法性质的规定。

综上所述，可以看出商事账簿制度具有私法性和公法性双重属性，表现为以私法性为内涵，以公法性为外观。这也体现了"公法、私法在商事法律领域的相互渗透"。[⑦]

（三）商事账簿制度的定位

1. 商事账簿制度是一般性的商事法律制度

商事账簿制度与商事单行法中的财务规则有不同的功能。商事单行法中的财务

---

① 参见赵旭东：《商法学》，高等教育出版社 2015 年版，第 3 页。

② 同上书，第 5 页。

③ 任先行、周林彬：《比较商法导论》，北京大学出版社 2000 年版，第 259 页。

④ 强制主义即由法律强制规定某个市场主体有编制账簿的义务。

⑤ 参见《会计法》第 3 条、《公司法》第 163 条。

⑥ 参见《证券法》第 64 条。

⑦ 赵旭东：《商法学》，高等教育出版社 2015 年版，第 6 页。

规则仅调整某一领域通过商事账簿产生的法律关系，如《证券法》第64条仅调整上市公司财务报告的公示所涉法律关系。商事账簿制度虽然无法调整商事账簿法律关系的方方面面，但其调整的范围涉及诸多商事主体，是具有一般性的制度。这种具有一般性的制度对商事单行法中分散的财务规则具有整合或补充的作用。换言之，商事账簿制度为商事账簿法律关系的调整提供基本的指导思想，而商事单行法中的财务规则却不能提供。因此，商事账簿制度与商事单行法中的财务规则并不是立法上的重复。

2. 商事账簿制度并不取代《会计法》的地位

由于《会计法》中既有对商事主体所编制账簿的规定，又有对非商事主体所编制账簿的规定，而商事账簿制度仅对商事主体所编制的账簿进行一般性规定，所以，商事账簿制度与《会计法》的关系可以界定为特别制度与一般制度的关系，即凡商事账簿所涉法律关系优先适用商事账簿制度，《会计法》作补充适用。如果否认这种界定，势必会出现一些问题，譬如制作商事账簿的方法、会计核算的规定等，也要由商事账簿制度规定，这就造成了法律规定的重复和立法资源的浪费。既然商事账簿制度是调整账簿的一般性、共性规则，那么它是否替代了《会计法》的地位呢？答案是否定的，因为商事账簿制度作为共性规则，是仅就商事领域而言，而《会计法》中的规定涵盖了商事领域的账簿和经济法领域的账簿。因此，商事账簿制度的构建不会取代《会计法》的地位，也不会产生与《会计法》边界模糊的问题

三、构建商事账簿制度的必要性与可行性

（一）构建商事账簿制度的必要性

商事主体的特殊性，在于“其所实施的营业行为的特殊性，要求以特殊的组织形式、行为规范以及责任承担的方式等区别于一般民事主体而存在与运作”。[①] 因此，商事账簿与其他账簿在制作、使用等方面存在不同的要求。实践中商事账簿规则的缺失，加之现行相关账簿制度的立法体系混乱、法律规则分散，使我们感受到立法和实践对一般性的商事账簿制度的需求。

1. 商事账簿制度是立法特性的需要

目前，对我国各类账簿，包括商事账簿进行规制的，主要是《会计法》及其配套法规和规章。《会计法》将商事账簿与非商事主体编制的账簿作统一规定，因此只能着眼于不同主体所编制账簿的共性，而忽视了商事账簿所具有的特性。能够着眼于商事账簿的特性、为其提供特别的调整规则的只能是商事账簿制度。需要商事账簿制度创设《会计法》所没有规定，其他会计制度也不可能提供的规则。譬如，商事账簿的证据效力，它虽然涉及《民事诉讼法》中对证据的规定，但与一般的证据不同，商事账簿对作为一方当事人的商事主体具有极强的证明力，且其中涉及的商业秘密与商事主体的利益密切相关。

---

① 刘凯湘：《论商事主体资格之取得要件及其表现形式》，载《广东社会科学》2014年第2期。

2. 商事账簿制度是立法共性的需要

目前,我国并没有一套完善的商事账簿制度,对商事账簿的研究集中在个别领域,没有对商事账簿制度作为商事领域法律制度的原因探讨,也没有形成系统的商事账簿制度理论框架和规则设计。从立法体系与司法实践中发现,仅有规定在不同商事单行法中零散的财务规则,不能解决商事账簿相关主体之间的权益保护和利益冲突问题。由于商事单行法中的财务规则是分别制定的,因而它仅关注了所在的领域对账簿的个别需求,没有关注商事账簿法律关系的共性和一般性需求,且考虑现有商事单行法的立法体系,也不可能为商事账簿共同规则的存在提供空间。因此在实践中,还需要一些对不同商事主体所编制的账簿具有统率性,且对商事账簿的共同特征具有概括性的制度。即我国的商事账簿制度总体框架应由分散在商事单行法中的特性的财务规则和具有一般性特征的商事账簿制度共同构成。显然,后者在商事法律制度体系中还处于空缺状态。譬如,关于商事账簿的查阅规则,《公司法》《证券法》《合伙企业法》等都有所规定,但是对于何时、何人能够查阅,在查阅中应当优先保护何种利益,缺少统一的原则和价值取向。对商事账簿制度的构建,目的就在于如何揭示和填补商事账簿相关者利益平衡的空缺。显然,构建商事账簿制度需要切实可行的方案。因此,探讨商事账簿制度具体规则的设计和立法模式的选择,也是进一步夯实商事账簿立法基础的过程。

因此,商事账簿制度是规范商事账簿所涉法律关系,完善商事法律体系的必然要求。

(二)构建商事账簿制度的可行性

1. 商事账簿制度的实践价值

商事主体是市场经济中最为活跃的主体,对带动市场发展,搞活经济有重要作用。现代商事活动强调对“安全、效率和秩序的价值追求”,“与民事主体以公平正义为追求的目标所不同,商事主体的行为往往以效率为原则,以营利为目的。”①商事账簿制度必须始终贯穿交易安全、交易便捷等商事基本原则,通过确认和保护营利,充分调动商事主体活力,发挥商事主体的主观能动性,促进市场经济的进步和发展。学者卢埃林认为,“法律在商业实践中是‘基于自身存在的’,倘法律不能紧随商业实践而变化,则法律将不符合时代的要求,并会很快成为商业活动的绊脚石,而非促进、加速商业发展的工具”。② 卢埃林的观点与制定商事账簿制度的价值不谋而合。以《会计法》中对企业账簿的规定替代统一的商事账簿制度,辅以商事单行法中的个别财务规则来调整商事账簿法律关系,已经不能满足不同利益相关者的需求。只有构建商事账簿制度,有针对性地调整围绕商事账簿产生的诸多利益关系,才能更好地保护商事主体的合法权益。商事账簿制度的法律价值和实用价值正在于此。

从中世纪欧洲到现代,商事账簿历经几个世纪的演变,从最初船主因自身运输及

---

① 刘凯湘:《论商事主体资格之取得要件及其表现形式》,载《广东社会科学》2014 年第 2 期。

② 王保树:《商事通则:超越民商合一与民商分立》,载《法学研究》2005 年第 1 期。

海事记录的需要而制作的簿册,逐渐成为如今集记录、管理、证明、监督等多重作用于一体的重要商事凭证。商事账簿因商事主体便利经营的需要而产生,因商事活动的日益复杂而发展。我们正处于市场经济高歌猛进的时代,伴随着商事关系的日益密切和成熟,商事账簿制度的重要作用愈加显现。

构建商事账簿制度,能够帮助商事主体改善营业状况,实现营利目的。商事主体的本质属性在于其营利性,为了达到营利的目的,经营者必须尽可能地降低成本和费用,提升价格和品质,以换取更大的获利空间,使资本不断增值。为此,商事主体通过编制、使用商事账簿,严格管控成本费用,广泛筹措资本金,有效使用管理手段,精确进行核算,灵活选择合作伙伴或交易对象,以实现安全高效营业的目标。

构建商事账簿制度,能够明确各利益相关者的权利和义务关系,保护商事主体及利益相关者的合法权益。商事账簿的主要功能是记载经营信息,这些信息是战略决策和投资决策的基础。商事账簿中的信息能否被获取,所获取的信息是否真实,关系到诸多利益相关者目标的实现。通过构建商事账簿制度,畅通信息沟通渠道,不仅能够帮助商事主体的经营者优化内部经营决策和监督管理,而且能够帮助债权人、投资人和国家政府部门快速了解商事主体的交易、经营和财产状况,做出正确的判断,保障交易、投资活动能够安全、高效地进行。

2. 商事账簿制度的实践基础

商事账簿制度是调整商事账簿相关法律关系的一般性规则。国内外都曾经或已经形成商事账簿制度的立法实践。一般而言,在民商合一的国家,如意大利、荷兰等,均在其民法典中设置商事账簿制度;在民商分立的国家,如德国、法国、西班牙、日本等,均在其商法典中设置商事账簿制度。在我国,商事账簿制度的构建亦有先例可循,深圳经济特区的立法实践和商法学界的探讨为商事账簿制度提供了丰富而深刻的实践基础。本书分别介绍国内外关于商事账簿制度的立法实践,以期为商事账簿制度的框架建构和具体规则的设计提供可行性支持。

(1)国外立法例。在民商合一的国家,如意大利,虽已有会计准则规定会计核算的方法,但其商法典中亦有商事账簿制度。《意大利民法典》关于商事账簿的规定位于第五编“劳动”第三分节“商事企业的特别规定”第 2214 条至第 2220 条,主要内容包括商事主体编制商事账簿的法定义务、商事账簿的种类、商事账簿的编写要求和格式、商事账簿的保存等,还规定了商事主体对商事账簿有检验核对的义务。[①] 又如,《荷兰民法典》关于商事账簿制度的规定在第三编“财产法总则”第一章第一节“簿记”中。[②]

“大陆法系的商事法体系以法国商法典为核心,它是法国私法两大独立部门之一,与法国民事法一样构成法国私法的基础。”[③]《法国商法典》第一卷“商事总则”第二编第三章第二节为“商人的财会制度”,条款目为第 123 - 12 条至第 123 - 28 条,其

① 参见《意大利民法典》,费安玲、丁玫、张宓译,中国政法大学出版社 2004 年版,第 514 页。

② 参见《荷兰民法典》,王卫国主译,中国政法大学出版社 2006 年版,第 10 页。

③ 张民安:《商事法学》,中山大学出版社 2002 年版,第 10 页。

中包含了关于商事账簿制度的规定。《法国商法典》先是针对所有商事主体的簿记义务做出了统一规定,后针对商自然人作出了特别规定,其主要内容包括商事主体簿记义务的强制性、商业账簿的类型、商业账簿的编制原则和具体要求以及商业账簿的保存期限。① 德国没有会计法,因而《德国商法典》中对商事账簿的规定非常详尽,不仅包括商事账簿的法律制度,还包括商事账簿的会计制作方法。《德国商法典》中关于商事账簿的内容规定在第一编第四章"商业账簿"中,共分为三个部分。第一部分是对所有商人都适用的一般规定,包括簿记与财产目录、资产负债表与年度决算、商业账簿的保管与提示;第二部分是对资合公司(股份有限公司、股份两合公司、有限责任公司)适用的有关规定,主要是对资合公司会计报告的编制和资合公司会计制度的具体规定;第三部分是对履行了商事登记的合作社适用的有关规定,主要是对合作社会计报告的规定。② 对于《德国商法典》中所没有规定的事项,一般适用国际会计准则。《西班牙商法典》第一卷"商人及总则"的第三章为"会计制度",该章共分为三个部分,第一部分为"账簿",第二部分为"年度财务报告",第三部分为"集团公司年度财务报告"。在"账簿"部分,主要对商事主体的编制义务、商事账簿的编制人、商事账簿的内容、商事账簿的提交、商事账簿的保密义务作出了规定。在"年度财务报告"和"集团公司年度财务报告"中主要对财务报告的编制要求进行了详细规定。③《日本商法典》第一编"总则"的第五章为"商业账簿",条文的内容包括商业账簿的设置义务、商业账簿的编制原则、商业账簿的保存期限和商业账簿的提交。④ 关于商业账簿的设置,还依商人类型的不同作出了强制力不同的规定。

(2)我国的立法探索。20 世纪 90 年代,深圳市颁布了《深圳经济特区商事条例》,该条例共八章内容,其中第五章为"商业账簿"。该章共 8 条,规定了商事主体编制商事账簿的义务,将商业账簿的类别规定为会计账簿和资产负债表,商事主体可以采用纸面或电子账簿,商业账簿应序时、详细,商业账簿的制作人对商业账簿负责,商业账簿的法定记载内容和商业账簿的保存期限应明确,司法机关、税务机关、审计机关和登记机关有权责令商事主体提交商事账簿。⑤ 虽然《深圳经济特区商事条例》中亦有规定不合理之处,亦有规定空白之处,但无疑为商事账簿制度体系的构建提供了良好借鉴。

此后,商法学界就商事账簿制度的正当性及其内容设计进行了多次讨论和论证。有学者提出商事账簿制度应分为三个条款:一为商事主体编制商事账簿的义务;二为商事账簿的记载内容和编制时间;三为商事账簿的保存时间和保存方式。⑥

2008 年,商法学研究会起草了《中华人民共和国商事通则(立法建议稿)》,其第

---

① 参见《法国商法典》,罗结珍译,北京大学出版社 2015 年版,第 29 ~ 33 页。

② 参见《德国商法典》,杜景林、卢谌译,法律出版社 2010 年版,第 24 页。

③ 参见《西班牙商法典》,潘灯、高远译,中国政法大学出版社 2009 年版,第 11 ~ 19 页。

④ 参见《日本最新商法典译注》,刘成杰译注,柳经纬审校,中国政法大学出版社 2012 年版,第 45 ~ 50 页。

⑤ 参见《深圳经济特区商事条例》(已废止)。

⑥ 参见苗延波:《商法通则立法研究》,知识产权出版社 2008 年版,第 258 页。

六章为“商业账簿”。该章共 8 条,包括商业账簿的编制、类型和形式,商业账簿的编制要求,商业账簿的负责人及其法律责任,资产评估原则,审计原则,商业账簿的保管和保存,商业账簿的司法提交,商业账簿的解释。[①] 该稿建构的制度体系相对完整,内容也更加充实。但商事账簿制度的总体框架仍需进一步研究,商事账簿制度的具体规则设计仍需打磨和锤炼。2017 年,由国家工商总局立项的《〈商法通则〉立法研究》课题成果发布。在该体系中,“商事会计账簿与审计”为第六章,包括商事账簿的编制义务、商事账簿的种类、商事账簿的形式、商事账簿的编制要求、资产评估原则、商事账簿的保管、商事账簿的查阅、商事账簿的保密、商事账簿的提交和商事账簿的审计共计 10 条,内容更加翔实,结构也更加完整。

(3)小结。从国外立法例中可以看出,不论民商合一的国家,还是民商分立的国家,对商事账簿制度的规定有相似之处。如对商事账簿的设置义务、商事账簿的编制要求、商事账簿的保存期限等都进行了规定。从目前我国已有的商事账簿制度实践中可以看出,对于商事账簿的编制和保管义务、商事账簿的责任人等可以纳入商事账簿制度规则已经基本达成共识。

四、商事账簿制度的构建

(一)构建商事账簿制度的原则

1. 坚持共性与特性相结合

设计商事账簿规则的任务是为调整商事账簿利益相关者之间的法律关系提供一般性、统率性和补充性的规则。因此,设计商事账簿规则时,要注重不同商事主体的共性要求,要为商事主体提供一般性规则,以便明确其权利义务,保护商事主体的合法权益。同时,要注重对商事单行法中的财务规则起统率作用,使总体账簿规则成体系,避免出现法律冲突。还要注重对《会计法》及其相关配套规定的衔接,细化其中的模糊地带,补充其中的法律空白。

2. 坚持实质重于形式

由于我国会计制度体系已经相对完整,商事账簿规则设计不必再对已有的制度重复规定,不要求各种规则形式齐备,如《德国商法典》中的“商业账簿”编一样翔实、完整,而要追求对商事主体权利义务保护的内涵和“神韵”。亦不必追求规则设计“一步到位”,对于已经较为成熟的、具备制定条件的规则,在商事账簿制度中确立下来,对于认识上存在争议或设计上还不成熟的规则,可待进一步研究。

(二)商事账簿制度的内容

商事账簿制度的设计应围绕商事账簿法律关系,明确利益相关者的权利义务,具体内容包括商事账簿的编制和保管义务、商事账簿的保密义务、保证商事账簿真实性和完整性义务、商事账簿的查阅权和审计权。本书根据这些权利义务的关系,结合商事账簿制度各国立法例和我国已有的实践基础,对具体规则进行介绍。

---

① 参见《商事通则》调研组:《〈中华人民共和国商事通则〉(立法建议稿)》。

1. 商事账簿的编制和保管义务

(1)商事账簿的编制义务。世界各国对商事主体编制商事账簿的义务采取不同的立法原则。随着经济生活的不断发展,商事活动和商事关系的日益复杂化,使各国趋于加强对商事账簿的管理和监督,因此大多数大陆法系国家都采"强制主义"对商事账簿的编制义务进行规定。《法国商法典》第8条规定:"一切具有商人身份的自然人或法人,均应对影响其企业财产的活动进行会计记录。"[①]《德国商法典》第238条第1款规定:"每一位商人都负有义务制作账簿,并根据规定的簿记原则在账簿上明确记载他的商事活动和他的财产状况。"[②]《日本商法典》中规定:"商人应制作会计账簿和资产负债表,以明了营业上的财产及损益状况。"[③]《韩国商法典》第29条第1款规定:"为明确营业上的财产及损益状况,商人应当制作会计账簿与资产负债表。"[④]

但是,即便采用强制主义,各国法律一般也不要求所有商事主体都设置商事账簿,或对商事账簿的设置义务要求较为宽松,对于哪些商事主体必须设置商事账簿,哪些商事主体可以不设置商事账簿,哪些商事主体可以放宽对商事账簿的设置要求也都有不同规定。例如,《日本商法典》中规定,从事小规模商事交易活动的商个人,可以不制作商事账簿。[⑤] 而对于作为完全商人的"个人商人"规定"在通常情况下,其不制作商业账簿或者存在不实记载时,一般不会受到制裁",[⑥]只有在"受到开始破产程序的决定,若其以债权人利益为目的隐藏、伪造或变造商业账簿",[⑦]才会受到法律的制裁。又如《意大利民法典》第2214条第1款规定"实施商业活动的企业者,应备置每日的出纳簿及财产目录的账簿",同时第3款规定"本条的规定,对于小企业不适用"。[⑧]

英美法系国家对商事主体编制商事账簿大多采"自由主义"原则,即法律不直接规定商事主体必须编制商事账簿,对商事账簿是否编制,完全是商人的自由,法律不强加干涉。例如,《美国统一商法典》对商事账簿就没有强制性规定。但是美国1921年由国会颁布的《预算和会计法》则具有强制执行的性质。同时,在英美国家,由会计职业团体和学术团体制定的会计准则对于商事主体设立商事账簿也有一定的约束力。而且,商事主体出于纳税、考核盈亏、破产清算和诉讼上举证责任的需要,通常在实际上都会自觉设置详细的商事账簿。

按照《会计法》中对单位设置账簿义务的规定,我国亦采强制主义,要求商事主体依法编制商事账簿。《公司法》《合伙企业法》《个人独资企业法》中都有依法建立企业财务、会计制度的规定。可见,对于商事组织编制商事账簿的义务应在商事账簿制度中采法定强制主义加以规定。《会计法》可以规制公司、合伙企业、个人独资企业的

---

① 《法国商法典》,罗结珍译,北京大学出版社2015年版,第29页。

② 《德国商法典》,杜景林、卢谌译,法律出版社2010年版,第79页。

③ 《日本最新商法典译注》,刘成杰译注,柳经纬审校,中国政法大学出版社2012年版,第49页。

④ 《韩国商法典》,吴日焕译,中国政法大学出版社1999年版,第8页。

⑤ 参见《日本最新商法典译注》,刘成杰译注,柳经纬审校,中国政法大学出版2012年版,第17~18页。

⑥ 同上书,第47页。

⑦ 同上。

⑧ 参见《意大利民法典》,费安玲、丁玫、张宓译,中国政法大学出版社2004年版,第512页。

账簿编制义务，但个体工商户并不受《会计法》的规制。[①] 国务院颁布的《个体工商户条例》中却未对个体工商户进行账簿方面的要求。根据税务总局发布的《个体工商户建账管理暂行办法》，个体工商户可以分为设置复式账、设置简易账和无须建账三类。[②] 因而，在设计商事账簿规制时，可以对商个人编制商事账簿的义务适当放宽要求。

(2)商事账簿的保管义务

商事账簿是重要的商事凭证，应当妥善保管。魁北克公司法中规定，公司账簿应保存在公司的主要办事机构，或公司董事会指定的其他地方，但必须满足：位于魁北克省、能够被审查、能以技术手段便利审查。[③]《泰王国民商法典》规定，董事有制作和保管公司账簿的义务。[④]《日本商法典》第 19 条第 3 款规定了账簿的保管期限，"自账簿封账起，商人必须将其商事账簿以及与其营业相关的重要资料保存 10 年"。[⑤]《法国商法典》《韩国商法典》《瑞士债法典》中均有类似规定。可见，设计商事账簿的保管义务时，应当关注保管机构、保管责任人和保存期限。

我国《会计法》并没有关于账簿保管的规定，各单位会计档案的范围、保管、借阅、保存期限以及销毁等内容都规定在财政部颁布的《会计档案管理办法》中。[⑥] 依据《会计档案管理办法》的规定，账簿保管机构，应为单位的档案管理机构，单位也可以委托具备档案管理条件的机构代为管理会计档案。[⑦] 不同账簿的保存期限有所差异，其中会计凭证和会计账簿的保管期限为 30 年，月度、季度、半年度财务会计报告保管期限为 10 年，年度财务报告的保管期限为永久。[⑧] 可见我国现行立法中对账簿保管已有较为翔实的规定，商事账簿的保管机构和保管期限只需参照适用即可。

商事主体持续经营期间，对商事账簿当然负有保管的义务。但是，对于商事主体发生清算、终止等事项时，商事账簿的保管义务应如何履行，我国现行法律法规中没有规定。立法上的空白必然导致司法实践中的纠纷陷入困境。对此，应根据我国实际情况，对商事账簿的保管规则进行补充设计。可借鉴《澳门商法典》第 49 条的规定，[⑨]设计为"商事主体应当妥善保管商事账簿，具体的保存机构、保存期限，由国务院财政部门规定。商事主体终止经营亦不能免除前款所述义务；自然人死亡的，由其继承人继续履行；企业发生清算的，由清算人履行"。

---

① 参见《会计法》第 51 条。

② 参见《个体工商户建账管理暂行办法》第 3 条、第 4 条、第 6 条。

③ 参见《魁北克商法》，焦杰、孙斯斯、赵悦等译，中国政法大学出版社 2014 年版，第 55 页。

④ 参见《泰王国民商法典》，周喜梅译，谢尚果审校，中国法制出版社 2013 年版，第 206 ~ 207 页。

⑤ 《日本最新商法典译注》，刘成杰译注，柳经纬审校，中国政法大学出版社 2012 年版，第 49 页。

⑥ 参见《会计档案管理办法》。

⑦ 参见《会计档案管理办法》第 5 条。

⑧ 参见《会计档案管理办法》附表一：企业和其他组织会计档案保管期限表。

⑨ 参见中国政法大学澳门研究中心、澳门政府法律翻译办公室：《澳门商法典》，中国政法大学出版社 1999 年版，第 15 页。

2. 保证商事账簿真实性和完整性义务

（1）义务主体。因为客观条件的限制和信息的不对等，利益相关者对商事主体的财务状况并不十分了解，了解的渠道也十分有限，而商事账簿则是其获得商事主体财务经营状况的一种直观便捷的手段。为了保护利益相关者，维护交易安全，必须在法律中对保证商事账簿真实性和完整性义务进行明确规定。谁来对商事账簿的真实性和完整性负责是一个重要的问题，我国立法中虽有类似条款，但该条款并未对保证账簿真实性和完整性的责任人作出明确界定，只笼统地规定为“单位负责人”。[①] 为了便于明确相关主体的义务和责任，以及在账簿记载事项出现虚假或漏缺时追究其责任，需要在商事账簿规则设计中对商事账簿的责任人予以细化。

根据商事账簿利益相关者分析，对商事账簿真实性和完整性负责的人应当包括：公司的董事会和经理，合伙企业的普通合伙人，个人独资企业的出资人和个体工商户的户主。

（2）责任方式。我国《会计法》中对不依法设置账簿、私设账簿、虚假账簿、故意或过失毁损账簿等情况规定了相关责任人应承担的法律责任。[②] 轻则为“罚款”“开除”“限制从业”等行政责任，重则构成违法犯罪承担刑事责任。这些责任方式强调了国家对商事账簿的监管，却客观上造成了政府对市场的过度干预，实质上导致了相关责任人承担处罚过重。无论商事账簿还是其利益相关者都带有明显的私法属性，应逐步建立起“商事账簿民事赔偿制度”，对没有履行相关义务的责任人追究民事责任，充分弥补受害人损失。[③]

综上所述，保证商事账簿真实性和完整性义务规则可拟定为：“公司的董事会和经理、合伙企业的普通合伙人、个人独资企业的出资人和个体工商户的户主，应确保商事账簿记载事项的真实性和完整性。不履行相关义务，造成商事账簿不符合规定的，应当对由此给利害关系人造成的损失承担赔偿责任。”

3. 商事账簿的查阅权和保密义务

（1）商事账簿的查阅权。商事账簿的查阅和监督是手段与目的的关系，利益相关者通过行使对商事账簿的查阅权实现对商事账簿及商事主体的监督权。商事账簿的监督权建立在商事账簿的查阅权基础之上，对商事账簿查阅权的规则设计中也自然含有利益相关者对商事账簿及商事主体进行监督的意思，因此，二者紧密联系、相互依存。

国外商事法律中亦有对商事账簿查阅权的规定。在魁北克公司法中，股东、董事、审计员和公司债权人能够免费查阅公司档案，其中，只有董事和审计员能查阅公司账本。[④]《泰王国民法典》规定，只有股东能当选为公司的审计员，其他与公司业务有利害关系的人，如董事、经理和员工等都不得当选为审计员，审计员可在任何合理的时间

---

① 参见《会计法》第 4 条。

② 参见《会计法》第六章。

③ 参见王笑谦：《我国商事账簿制度之立法研究》，天津师范大学 2016 年硕士学位论文，第 25 页。

④ 参见《魁北克商法》，焦杰、孙斯斯、赵悦等，中国政法大学出版社 2014 年版，第 55 页。

内审查公司的各类账簿,并可以就有关账簿和账目的任何问题质询董事、经理和公司员工。[①] 换言之,在泰国公司中,由股东当选审计员,当选审计员的股东可以无条件行使账簿查阅权。可见,由于董事对公司有较强的控制权,负责内部控制的审计员对公司有较大的监督权,二者都享有对公司商事账簿的"绝对查阅权"[②]。

我国《会计法》第四章"会计监督"中规定了单位内部、政府部门及任何单位和个人都享有对会计资料的监督权。[③] 每一个人都对商事账簿有监督权,但并非所有人都享有商事账簿的查阅权。通过商事账簿利益相关者分析发现,享有"绝对查阅权"的有公司董事、经理、监事、职工董事、职工监事,合伙企业的普通合伙人,个人独资企业的出资人、个体工商户的户主和政府部门,他们在任何情况下都可查阅商事账簿。

根据《公司法》和《最高人民法院关于适用〈中华人民共和国公司法〉若干问题的规定(四)》对股东查阅权的规定,[④]有限责任公司的股东可以查阅财务会计报告,亦可经公司同意后查阅会计账簿,股份有限公司的股东可以查阅财务会计报告;根据《企业破产法》第15条的规定,债权人可在企业破产清算时监督破产财产,查阅商事账簿;根据《证券法》的规定,社会公众可查阅上市公司对外披露的财务会计报告;[⑤]此外,独立审计机构在承担审计业务时可查阅商事账簿。因此,享有"相对查阅权"的利益相关者有公司股东、债权人、独立审计机构和社会公众,他们只能在某些特定情况下查阅商事账簿。

(2)司法机关的查阅。许多国外立法中都规定了"商事账簿的提交",[⑥]将商事账簿提交至法院,实际上可以理解为司法机关在诉讼过程中对商事账簿的查阅。根据《日本商法典》第19条第4款的规定,"法院可以应申请或者依职权命令当事人提交全部或部分商事账簿"。[⑦]《德国商法典》第259条规定,"在诉讼进行中,法院可以依申请或者依职权命令提交当事人一方的商事账簿;《民事诉讼法》中关于诉讼相对人提示证书的义务的规定,不因此受影响"。[⑧] 可见,在日本和德国,司法机关查阅商事账簿可依职权或依当事人申请调取,司法机关对商事账簿享有"绝对查阅权"。

在法国,关于商事账簿作为证据提交的规定较为特殊。《法国民法典》第1330条规定,"商人的商事账簿可以用来作为对抗商人的证据"。[⑨] 据此,原告可以援引作为被告的商事主体所制作的商事账簿作为证据。但若原告自己为作为商事主体,想援引自己制作的商事账簿时,需要看所对抗的是商事主体还是非商事主体。据《法国民法

---

① 参见《泰王国民商法典》,周喜梅译,谢尚果审校,中国法制出版社2013年版,第206~207页。

② 绝对查阅权是指利益相关者对商事账簿的查阅是无条件的,其在任何时间、任何情况下都可以行使商事账簿查阅权;相对查阅权是指只有在某些特定的情况下,利益相关者才能获得商事账簿的查阅权。

③ 参见《会计法》第27条、第30条、第32条、第33条。

④ 参见《公司法》第33条、第97条,《最高人民法院关于适用〈中华人民共和国公司法〉若干问题的规定(四)》第7条、第8条。

⑤ 参见《证券法》第64条。

⑥ 商事账簿的提交是指将商事账簿作为证据提交到法院。

⑦ 《日本最新商法典译注》,刘成杰译注,柳经纬审,中国政法大学出版2012年版,第47页。

⑧ 《德国商法典》,杜景林、卢谌译,法律出版社2010年版,第24页。

⑨ 《法国民法典》,罗结珍译,中国法制出版社2010年版,第317页。

典》第 1329 条的规定,“商人不得援引自己制作的商事账簿对抗非商人”。[①] 据此,原告援引自己制作的商事账簿对抗商事主体时被允许,对抗非商事主体时不被允许。换言之,在法国,司法机关仅享有商事账簿的“相对查阅权”,其查阅权取决于作为原告的商事主体援引自己的商事账簿所要对抗的对象。若其对抗的对象为商事主体,则司法机关可以查阅其商事账簿;若其对抗对象为非商事主体,则司法机关不可以查阅其商事账簿。之所以采用这样的规定,原因主要有两个。一方面,与非商事主体相比,商事主体在诉讼中一般占有优势地位,若商事主体可以援引自己的商事账簿,则其优势地位会更加明显,使诉讼失之公平;另一方面,商事账簿具有极强的证明力,非商事主体没有商事账簿,不能在诉讼中提出与对方的商事账簿对等的证据。但是,法国此规定亦有不合理之处,例如,作为非商事主体一方的当事人为政府部门时,则商事主体在诉讼中实际上处于劣势,若商事主体不能提出商事账簿作为证据,对商事主体一方显然失之公平。

在我国,法律法规中对商事账簿作为证据提交并没有什么特别的规定。根据《民事诉讼法》和《最高人民法院关于民事诉讼证据的若干规定》,商事账簿属于书证,在诉讼中可以由当事人提供,涉及国家秘密、商业秘密或个人隐私的也可以由法院依职权或依申请调取。[②] 与法国不同,我国法院对商事账簿在诉讼中的提交享有极大的裁量权。考虑《深圳经济特区商事条例》中对商事账簿提交的条款设计,除司法机关外,税务机关、审计机关和商事登记机关也可以责令商事主体提交商事账簿,[③]可以发现,在《深圳经济特区商事条例》中,商事账簿提交以供查阅、监督的规定并未区分司法机关和其他政府部门。换言之,司法机关基于审判需要时与政府部门同属一类利益相关者,也对商事账簿享有“绝对查阅权”,只不过司法机关的查阅是在诉讼中进行的,政府部门的查阅是在非诉状态下进行的。

因此,结合国外立法和中国实践,出于对节约立法成本和避免立法重复的考量,本文认为,司法机关对商事账簿的查阅权可以与其他利益相关者的查阅权合并为一条进行设计。

(3)商事账簿的保密义务。商事账簿中记载了商事主体的交易活动、投融资规划、经营成本、销售价格、管理费用、广告支出、利润分红等情况,一旦泄露,会给商事主体的利益带来严重损害。因此,应将商事账簿作为商业秘密进行保护,并设置利益相关者的保密义务。

目前,有些国外立法已经开始将商事账簿作为商业秘密进行保护,如《西班牙商法典》第 32 条规定,“公司账目属于机密……企业的账目、函件及其他文件只有在企业或其他上市机构的概括继承、延缓偿付、破产、清算、任职调整时,或者在股东或法定职工代表有权对其进行审查时,由当事人或有权提出要求的人要求,方予以公开”。[④]

---

① 《法国民法典》,罗结珍译,中国法制出版社 2010 年版,第 318 页。

② 参见《民事诉讼法》第 64 条、第 68 条,《最高人民法院关于民事诉讼证据的若干规定》第 48 条。

③ 参见《深圳经济特区商事条例》(已废止)第 44 条。

④ 《西班牙商法典》,潘灯、高远译,中国政法大学出版社 2009 年版,第 14 页。

我国现行立法中也有涉及相关人员对商事账簿的保密义务。[①]《澳门商法典》第 52 条也规定"企业主之商业记账具有秘密性"。[②]

综上所述,不同的利益相关者能够查阅商事账簿的情形不同,应参照适用相关法律法规。利益相关者在查阅商事账簿时,会知悉商事账簿中的商业秘密,因而利益相关者对商事账簿负有保密义务。商事账簿的司法查阅与非诉查阅是并列关系,商事账簿的保密和查阅规则是相互融合、相互制约的关系,三者可拟定为同一条款:"商事主体有权保护其商事账簿中的商业秘密不被泄露。利害关系人依法查阅商事账簿的,或司法机关依法调取商事账簿的,对查阅中知悉的商业秘密负有保密义务。"

4. 商事账簿的审计权和披露义务

(1)商事账簿的审计。审计是指由独立专职机构或人员根据职权、授权或委托,对被审计对象的账簿进行审查,并依据法律法规、会计规则和审计准则对其真实性、公允性和合法性作出评价的会计监督活动。根据审计的一般原理,审计分为内部审计、社会审计和国家审计。内部审计是指商事主体内部的审计机构或人员对商事账簿实施审计。社会审计,又称民间审计,是指依法成立的社会审计机构和审计人员依据委托人的要求对商事账簿进行审计。国家审计是指国家审计机关和审计人员依据职权对被审计对象实施的经济监督活动。

审计与会计是两种不同但又有联系的社会活动,审计与会计的区别主要在于职能不同。会计的主要职能是管理,审计的主要职能是监督。会计的具体职能是通过审核原始凭证,填制记账凭证、登记总账、明细账、清查资产和编制会计报表等形式对所发生的各项经济业务进行登记、分类、清算和汇总等,并将所形成的会计资料和结果等数字依据提供给管理者和决策者,为经营管理服务。而审计的职能是对审计对象的资产、负债、损益的真实、合法、效益进行核查监督,对被审计企业会计报表反映的会计信息依法作出客观、公正的评价,形成审计报告,出具审计意见和决定,其目的是揭示和反映会计资料和活动的真实情况,用以维护财经法纪,改善经营管理,维护国家、被审计单位、委托人和相关当事人的合法权益。

世界各国对审计的规定各有不同。法国是一个典型的将审计规定在商法典中的国家,美国和日本都将审计制度规定在《证券法》及其相关法律制度中,这主要是因为证券法规定了上市公司有向投资者披露信息的义务。英国、印度、新加坡等国家将审计制度规定在《公司法》中,因其审计对象主要是有限责任公司和股份有限公司。我国现有法律法规中也有关于审计的规定,如《会计法》第 31 条规定:"依法须经注册会计师进行审计的单位,应当向受委托的会计师事务所如实提供会计凭证、会计账簿、财务会计报告和其他会计资料以及有关情况。"我国的《审计法》《审计法实施条例》等法律法规主要规定了政府审计,社会审计的规定在商事单行法中有所体现,如《公司法》第 164 条规定:"公司应当在每一会计年度终了时编制财务会计报告,并依法经会计师

---

① 参见《会计法》第 34 条,《企业财务报告条例》第 38 条。

② 中国政法大学澳门研究中心、澳门政府法律翻译办公室:《澳门商法典》,中国政法大学出版社 1999 年版,第 16 页。

事务所审计。”基于构建商事账簿制度的需要,有必要提出和建立商事审计的概念和规则。

对商事账簿的审计,可称为“商事审计”。商事审计在商事主体的生产经营过程中具有重要意义。商事主体的利益相关者都非常关心其经营状况和财产状况,需要企业提供真实、可靠、合法的会计信息。而商事审计是对商事主体的重大项目和财务收支进行事前和事后审查的独立的监督活动,有利于评价企业经营状况、维护企业营业安全、改善企业运营管理、提高企业经济效益、揭露企业错漏和舞弊行为,使商事账簿更加真实、准确、合理,以满足利益相关者的需求。

商事审计的职能。与一般审计相同,商事审计主要有以下 3 个方面的职能。

第一,经济监督职能。经济监督职能是指审计对经济活动运行的真实、正确、合法所具有的监察和督导功能,无论是传统审计,还是现代审计,其基本职能都是经济监督。不仅国家审计具有监督职能,社会审计和内部审计都具有监督职能。审计的经济监督职能的具体内容主要是通过审计,监察和督促被审计单位的经济活动在规定的范围内、在正常的轨道上进行;监察和督促有关经济责任者忠实地履行经济责任,同时借以揭露违法违纪、稽查损失浪费,查明错误弊端,判断管理缺陷和追究经济责任等。

第二,经济鉴证职能。审计的经济鉴证职能,是指对被审计单位会计报表及其他经济资料进行检查和验证,确定其财务状况和经营成果是否真实、公允、合法、合规,并出具书面证明,以便为审计的授权人或委托人提供确切的信息,并取信于社会公众的一种职能。此种职能是随现代审计发展而出现的一种职能,并日益显示出其重要作用。现代各国十分重视审计的鉴证职能,许多国家明确规定,企业的财务报表必须经过审计鉴证之后,才能获得社会承认。如《法国商法典》规定“所有有限责任公司(除了小型企业外),不论何种性质,只要符合下列条件之一,就必须聘请注册会计师审计:营业额在 1000 万法郎以上;资产额在 500 万法郎以上;领取薪资的雇员在 50 人以上。”审计的经济鉴证职能,包括鉴定和证明两个方面。例如,会计师事务所接受企业的委托,对其投入资本进行验资,对其年度财务报表进行审查,或对其合并、解散事项进行审核,然后出具验资报告、查账报告和清算报告等,均属于审计发挥的经济鉴证职能。

第三,经济评价职能。审计的经济评价职能,是指对被审计单位的经济资料及经济活动进行审查,并依据一定的标准对所查明的事实进行分析和判断,肯定成绩,指出问题,总结经验,寻求改善管理、提高效率、效益的途径。审计的经济评价职能,包括评定和建议两个方面。例如,通过审核检查,评定被审计单位的经营决策、计划、方案是否切实可行、是否科学先进、是否贯彻执行,评定被审计单位内部控制制度是否健全和有效,评定被审计单位各项会计资料及其他经济资料是否真实、可靠,评定被审计单位各项资源的使用是否合理和有效,等等,并根据评定的结果,提出改善经营管理的建议。

商事审计的适用。实践中,商事审计普遍适用于以下场合:投资者意欲向被审计的商事主体进行投资或受让商事主体的投资权益,需要了解其投资价值和风险时;商事主体的成员为行使和实现其投资权益,需要了解商事主体的经营状况和经营结果时,如股东主张股利分配权;商事主体发生合并、分立、变更、重组和解散、清算,需要确定商事主体的经营情况、资产价值、债权债务、股东权益时；股份有限公司公开发行股票、债券或股票、债券上市时；商事主体对外融资或进行某些特别交易，金融机构或对方当事人需要确定商事主体的经营状况和债务清偿能力时；核查商事主体的管理人员履行职责的情况，追究其经营管理的责任时；税务机关核查商事主体的实际经营结果，以合理确定其纳税义务和责任时。

公司董事会、监事会，合伙企业的普通合伙人、个人独资企业的投资人、个体工商户的户主都有权在对商事账簿进行审计，他们既可以在商事主体内部开展内部审计，也可以聘请注册会计师对商事账簿实施审计。政府部门必要时也可以行使对商事账簿的审计权。具体的审计规则在《审计法》《审计准则》等相关法律法规中已有规定，商事账簿制度中对商事审计的规定应突出对商事账簿享有审计权的主体和有必要实施审计的情形，具体审计的方法规定适用相关法律法规即可。

（2）商事账簿的披露。经过审计的商事账簿应当依法进行披露，但并非所有的商事主体都有义务披露商事账簿的信息。在商事主体中，只有上市公司，即股票或者债券上市交易的公司必须将商事账簿向社会公众公开披露，以满足投资者和社会公众的知情权和监督权。《公司法》第 145 条规定："上市公司必须依照法律、行政法规的规定，公开其财务状况、经营情况及重大诉讼，在每会计年度内半年公布一次财务会计报告。"《证券法》第 66 条规定："股票或者债券上市交易的公司，应当在每一会计年度结束之日 4 个月内，向国务院证券监督管理机构和证券交易所提交年度报告，并予以公告。"公告的年度报告中，重要内容之一就是公司的财务会计报告。年度财务会计报告包括会计报表和会计报表附注。《证券法》第 65 条规定："股票或者债券上市交易的公司，应当在每一会计年度的上半年结束之日 2 个月内，向国务院证券监督管理机构和证券交易所提交中期报告，并予以公告。"其中，公司的财务会计报告也是重要内容，而公告的中期财务报告中，至少应当包括资产负债表和利润表。上市公司的财务会计报告是反映公司经营情况的重要材料，也是投资者判断是否进行投资的重要依据，因此，上市公司在披露时应当确保披露信息的准确性、完整性和真实性，上市公司的董事、高级管理人员应当对公司定期报告签署书面确认意见。此外，由于上市公司的财务状况对公司的股票价格有直接影响，因此上市公司应当按规定在第一时间披露财务会计报告，保证披露的及时性，防止出现内幕交易而损害投资者的利益。因此，商事主体不仅应当履行依法披露商事账簿的义务，还应当对所披露信息的真实性、准确性和及时性负责。在设计商事账簿的披露条款时，既要与《公司法》《证券法》等法律法规中已有的规定相衔接，又要能体现对商事主体的监督和对利益相关者的保护。

五、商事账簿制度的立法模式

（一）法典式立法

国外商事账簿制度立法模式对我国商事账簿制度立法模式的选择具有重要的参考价值和借鉴意义。与经济发展的多元化相适应，世界各国商事立法模式也呈现出多样化。"在大陆法系国家，商法作为一个实体法部门，有较为完整的理论体系以及特定的调整对象。而在英美法系国家,虽然其商事法规不像大陆法系国家那样统一,但是其强大的判例法体系也为商事司法提供了巨大的活力。"[①]商事账簿制度作为一项重要的商事法律制度,其立法模式与商法立法模式紧密相连。

如前文所述,世界各国大都对商事账簿制度作出了规定,如意大利、荷兰等民商合一的国家,在其民法典中规定商事账簿制度;如法国、德国、日本等民商分立的国家,在其商法典中规定商事账簿制度。我们将其称为"法典式立法"。

所谓法典式立法,就是指商事账簿制度在民法典或商法典中占有一席之地的立法模式。依我国现有的立法格局来看,"既不能实行完全的民商合一,也不能采取传统的民商分立",[②]而应开辟第三条道路,即由"统一的民法典和单行的商事法共同构成民商立法的基本格局"。[③] 基于此,我国商事账簿制度不适宜采法典式立法模式,原因有二:其一,我国民法体系已经非常丰富和完善,在目前完整的民法体系中已无安插商事账簿制度的余地,"如果强制将其编排在民法典中,不仅破坏民法典的逻辑理性,而且混淆了商事账簿制度的形式理性,两伤其美";[④]其二,目前我国制定商法典既无必要性,也无可行性,寄希望于将商事账簿制度规定在商法典中,无异于刻舟求剑。

(二)单独立法

所谓单独立法模式,就是通过一部专门的商事账簿立法来规定商事账簿制度。我国台湾地区采用了商事账簿单独立法模式。台湾地区在"会计法""企业会计准则"之外,制定了一部专门适用于商事主体的会计制度立法——台湾地区"商业会计法"。台湾地区"商业会计法"的立法目的为"商业会计事务之处理,依本法之规定"。[⑤] 台湾地区的商事账簿制度规定在台湾地区"商业会计法"第二章"会计凭证"、第三章"会计账簿"、第四章"会计科目和财务报表"之中。

然而,我国大陆不适宜采商事账簿单独立法模式。一方面,商事账簿制度的目标并不是将商事领域的所有商事账簿相关规则缩编为一个完整的、独立的法律体系。它既不与已经颁布并行之有效的商事单行法中的财务规则相重复,也不以替代《会计法》中对企业会计账簿的规定为己任。基于此,将所有与商事账簿相关的制度囊括于一部单独的立法之中,使其既包括商事账簿的编制方法等现行《会计法》中已有的内容,又包括各商事主体的财务制度等商事单行法已有的部分,是对现有法律法规单调的重复和对立法资源无必要的浪费。

另一方面,对某一制度的单独立法,适用于调整法律关系较为稳定的领域。商法体系"体现出与市场经济运行的高度契合","正是商法的价值理性和技术理性使商法在保持相对稳定性的基础上,具有适时而变、不断创新的品质,从而使商法成为市场经

---

① 范健:《当代主要商法体系论纲》,载《法律科学·西北政法学院学报》1992年第6期。

② 赵旭东:《民法典的编纂与商事立法》,载《中国法学》2016年第4期。

③ 同上。

④ 徐深澄:《商事代理制度的合理性与立法路径选择——以"职务行为"的司法困境为分析起点》,载《浙江学刊》2017年第5期。

⑤ 参见台湾地区"商业会计法"第1条。

济中最为活跃的法律”。[①] 显然,商事法律领域稳中有变,而随着商事领域的不断扩展和财务制度的不断进步,更多新的商事账簿规则正在孕育和形成。譬如,在近年来蓬勃发展的电子商务领域,电商的账簿制度还没有得到足够的重视,也没有形成较为成熟的理论体系,目前无法编入商事账簿制度中。因此,采用单独立法模式固定商事账簿制度难免失之灵活性,落入立法僵化的窠臼。

(三)《商法通则》中单独成章

既不能实行法典式立法,又不能采用单独立法,我国商事账簿制度立法模式应基于我国民商事立法的现有格局和未来的发展趋势,作出理性选择。采《商法通则》中单独成章[②]立法模式是对商事账簿制度最具科学性、务实性的安排。

第一,采《商法通则》中独立成章模式更契合商事账簿制度的逻辑性。首先,《商法通则》是对现行商事法律体系中零散化、碎片化的法律法规起统领、协调作用的一般性法律,而商事账簿制度是对现行法律法规中有关商事账簿的散乱规定起整合、补充作用的一般性制度。商事账簿制度与《商法通则》在功能上的相似性决定了二者天然密不可分。其次,商事账簿制度的存在以商事主体为前提。商事账簿制度的编制者为商事主体,与商事账簿存在法律关系的利益相关者都是基于商事主体的存在而存在的。可以说,没有商事主体就没有商事账簿制度。《商法通则》中对商事主体的规定恰能满足商事账簿制度构建的需要。

第二,采《商法通则》中独立成章模式更符合商事账簿制度的定位。商事账簿制度是对商事单行法中的财务规则起统率作用的制度,也是衔接《会计法》并优先适用的法律制度。基于此,商事账簿制度必须在基本法的位阶上构建,才能符合其纵向定位,满足其等级需求。《商法通则》恰是一部商事基本法。因此,商事账簿制度只有在《商法通则》中独立成章,才能满足立法位阶的需求,具有与其定位相当的权威和效力。

第三,采《商法通则》中单独成章模式更利于实现商事账簿制度的目标。《商法通则》的制定经过多年发酵,如今已为商法学界所普遍认可。商法学研究会对《商法通则》立法的积极推动和国家有关部门的重视,使《商法通则》的制定迎来前所未有的历史机遇。商事账簿制度采《商法通则》中单独成章模式,能搭乘《商法通则》制定的顺风车,获得立法支持,更有利于早日实现其规范商事账簿法律关系的目标。

---

① 赵万一、赵吟:《论商法在中国社会主义市场经济法律体系中的地位和作用》,载《现代法学》2012 年第 4 期。

② 《商法通则》中单独成章是指将商事账簿制度作为《商法通则》中的一章内容加以规定,通过制定《商法通则》确立商事账簿制度。

第八章　商事行为法律制度

一、商事行为制度的独立性讨论

在学界，关于商事行为是否具有独立性，存在两种不同的观点：持否定观点的学者认为，商事行为是民事行为的具体形态，其与民事行为无本质区别，因此不存在独立性；持肯定观点的学者认为，商事行为虽然是民事行为的一种类型，但是民事行为的一般规则有时过于抽象而无法满足商事实践的需要，因此其具有独立性，法律应该对商事行为进行独立调整。

从商事行为本身的特点来看，第一，实施商事行为的法律主体，是普遍精明的、理性的商事主体，商事主体诞生就为了追逐营利、旨在持续从事营业行为；第二，在商事行为上，尤其商事交易特别注重安全与快捷。[①] 由此可见，商事行为的特征在于追求营利目的、旨在持续从事营业行为，同时更加注重交易安全，与民事法律行为有着天然的区别。这就需要商事行为制度比传统民法更彻底地贯彻自我决定原则，认可商事行为的法律效力，从而促成商品或交易的尽速流转，实现商事交易的安全和秩序价值。

从我国的立法情况来看，我国实行“民商合一”立法体例，并未在民法典之外设置单独的商法典。但目前，我国相关的民事立法已经注意到了商事行为的独特性，对民事行为和商事行为进行了区别化的处理。如《物权法》第231条规定：“债权人留置的动产，应当与债权属于同一法律关系，但企业之间留置的除外。”相较于一般民事留置权，该条的后半部对商事行为制度下的留置权进行了特殊规定，赋予了商人更广泛的留置权，以更好地实现债权、确保企业财产安全。

从我国的司法实践来看，司法机关也注意到了商事行为的特殊性，并相应进行了特别的司法政策规制。如对《合同法》第52条第5项规定的“违反法律、行政法规的强制性规定”的无效合同，《最高人民法院关于当前形势下审理民商事合同纠纷案件若干问题的指导意见》指出：“人民法院应当综合法律法规的意旨。权衡相互冲突的权益，诸如权益的种类、交易安全以及其所规制的对象等，综合认定强制性规定的类型。如果强制性规范规制的是合同行为本身即只要该合同行为发生即绝对地损害国家利益或者社会公共利益的，人民法院应当认定合同无效。如果强制性规定规制的是当事人的‘市场准入’资格而非某种类型的合同行为，或者规制的是某种合同的履行行为而非某类合同行为，人民法院对于此类合同效力的认定，应当慎重把握，必要时应

---

① 参见[德]C. W. 卡纳里斯：《德国商法》，杨继译，法律出版社2006年版，第6页。

当征求相关立法部门的意见或者请示上级人民法院。”可见，我国司法机关已充分关注到一般民事合同与商事合同的区分，按照“权益的种类、交易安全以及其所规制的对象”，对民事合同与商事合同进行不同处理。

本书现就商事行为制度的内容作系统介绍。

二、商事行为的概念

（一）立法例中的商事行为概念

各国立法例对商事行为概念的定义方式，存在列举主义、定义主义和定义加列举主义（折中主义）三种模式。“于商法有为商事行为为定义者，是谓定义主义。有列举之者，是谓列举主义。有揭定义而并以其主要者列举之者，是谓折衷主义。”[①]除了《德国商法典》对商事行为概念给出了明确定义之外，[②]大多数国家的商法典中并未给出明确定义，而是通过列举的方式来确定商事行为的范围和内容，如《日本商法典》[③]和《法国商法典》均采列举主义。列举主义的优点在于能够明示商事行为的具体种类从而准确地适用法律，缺点在于不能完全罗列并涵盖新生的商事行为种类；定义主义则恰好相反，它能概括商事行为的本质特征、涵盖新生的商事行为种类，但不能具体展示商事行为的具体种类，给法律适用和法律解释带来一定难度。

此外，各国立法例中，商事行为的概念还存在主观主义、客观主义、折中主义的区别。所谓主观主义，即依托于商人的概念，将商人及商人资格作为认定商事行为、确定商法规范适用的核心标准。在主观主义体系下，商人既是商法的核心概念，也是适用商法典规范的核心判断标准，此以《德国商法典》为典型。客观主义体系则排除了商人身份在确定商法规范适用上的作用，认为商事行为的规范和种类由商法典明确规定，即只有商法典规定的行为才属于商事行为，反之就不属于商事行为，也不适用商法规范。[④] 而折中主义则不同程度地采取了主观主义和客观主义的标准，认为商事行为不仅包括任意主体从事的营利性营业行为，即绝对商事行为，还包括商事主体从事的任何营业活动，即营业商事行为。现行《日本商法典》即采折中主义。

（二）学术观点中的商事行为概念

我国学界对何为商事行为的观点不尽一致。第一种观点将商事行为与商事主体相联系，认为“商事行为是商事主体以营利为目的，旨在设立、变更或消灭商事法律关系的经营性行为”。[⑤] 第二种观点不将商事行为与商事主体相联系，而是强调商事行为的营利性，认为非商事主体亦可成为商事行为的实施主体。如王保树教授认为：“商人既可以在营业上实施商事行为，也可以实施虽不采用营业形式但具有明显营利

---

① ［日］松波仁一郎：《日本商法论》，中国政法大学出版社2005年版，第238页。

② 《德国商法典》第343条规定：“商事行为是指属于经营商人的营业的一切行为。”

③ 《日本商法典》第502条规定：“下列行为作为营业而实施时为商事行为……”

④ 参见叶林：《商行为的性质》，载《清华法学》2008年第4期。

⑤ 赵旭东：《商法学》（第3版），高等教育出版社2015年版，第17页。

特性的商事行为;商人以外的人则不能实施营业上的商事行为。”[①]第三种观点认为,在现代商法中,传统的商事行为已经发展成为以资本和智力经营为特征的市场行为。此外,还有观点认为商事行为是含有商事要素的行为,“实践中复杂多变的商事行为适宜于作为类型,而不是法律行为那样的抽象概念”。[②]

(三)商事行为与法律行为的关系

所谓法律行为就是以意思表示为要素,旨在依照意思表示内容发生法律效果的行为。对于法律行为和商事行为的关系,学界持不同观点,一类坚持商事行为仅指商事法律行为,笔者称为“法律行为说”;另一类则主张商事行为不限于法律行为,凡以营利为目的的商品交换行为及与商品交换有关的活动,甚至一些单纯以营利为目的的活动都可称为商事行为,[③]笔者称为“商事行为独立说”。

采商事行为独立说的学者,以梁慧星、王利明及张国键等为代表。这类学者认为商事行为受商法典及特别法、习惯法的调整,凡是以营利为目的的商品交换行为以及与商品交换行为有关的活动,甚至一些单纯以营利为目的的活动都可以成为商事行为。[④] 依此观点,商事行为制度是一种独立于传统民事法律行为制度、单独为商事特别法所创立的制度,因此商事行为不仅包括商事法律行为,也包括商事事实行为。

采法律行为说的学者,以徐学鹿、赵中孚、苏惠样、樊涛等为代表。徐学鹿教授认为,商事行为仅仅是指某种商事法律行为,它仅以意思表示为必备要素,是主体为了确立、变更或终止商事法律关系而实施的行为。[⑤] 赵中孚教授认为,在商事关系中,虽然部分事实行为适用商事法律调整,但并不意味着商事行为应当包含这些事实行为。原因在于:其一,无论是单方商事行为还是双方商事行为,其只是主体不同,二者都指向主体间的法律行为。再如绝对商事行为,各国立法例所列举的绝对商事行为类型往往均依赖于当事人的意思表示。其二,如果将商事行为定义为法律行为和事实行为的结合体,则可能导致在判断某一行为的法律效果时,于探求当事人内心真意和按照法定要件之间无所适从。[⑥] 因此,他认为商事行为又可以叫作商事法律行为。苏惠祥教授在《中国商法概论》一书中认为:“商事行为是指商事主体依照自身意志,而实施的具有财富创制与经营性质的特定的活动。法律上通常称为商事法律行为。”[⑦]樊涛教授也认为,虽然商事行为与民事法律行为之间存在客观差别,但是民法是市场经济的基本法,民法与商法的关系是一般法和特别法的关系。民法中的法律行为制度是一般规定,商法中的商事行为制度是法律行为制度的特殊规定与补充规定,其适用必须以民法中的法律行为制度规则为前提。商事行为制度自身永远无法对全部商事交易进行

---

① 王保树:《商法总论》,清华大学出版社 2007 年版,第 233 页。

② 程淑娟:《商行为:一种类型化方法的诠释》,载《法制与社会发展》2013 年第 3 期。

③ 王保树:《商法总论》,清华大学出版社 2007 年版,第 233 页。

④ 参见梁慧星、王利明:《经济法的理论问题》,中国政法大学出版社 1986 年版;张国键:《商事法论》,台北,三民书局 1980 年版。

⑤ 参见徐学鹿:《商法概论》,中国商业出版社 1986 年版,第 132 ~ 137 页。

⑥ 赵中孚:《商法总论》,中国人民大学出版社 2009 年版,第 146 页。

⑦ 苏惠祥主编:《中国商法概论》,吉林人民出版社 1993 年版,第 45 页。

自足调整,将部分商事行为制度配置给民法调整是符合法律理性的。①

笔者认为,第一,从商事行为概念产生的历史进程来看,虽然18世纪开始各国便在商法典中纷纷引入了商事行为的概念,并将其作为界定商人身份的标准,但随着民商合一立法例在大陆法系国家的流行,各国民法典建立起了以抽象的法律行为和意思表示为核心的民法体系,商事行为制度面临着巨大的理论挑战和实践争议。意大利维万德(Cesare Vivante)教授认为这些挑战和争议主要体现为三个方面:(1)在工业大生产的背景下,私法层面的民法典和商法典的分离产生了许多实务上的难题;(2)在私法关系逐步商化的趋势下,实际上难以区分商事行为和其他民事行为;(3)如果对单方商事行为适用商法规则,将会对劳动者、消费者等群体的利益造成损害。由此可见,传统的将商事行为界定为独立于民事法律行为制度、单独为商事特别法所创立的制度体系,并不能满足现实的需求。且后生的法律行为概念因其所具有的抽象性、体系性、简洁性等优势,逐渐成为私法领域的基础概念,在我国也建立起了一套严密的术语体系和逻辑体系,并为立法所接受。第二,商事行为概念虽诞生于"法律行为"概念之前,但这并不意味着其不能与后生的法律行为相融合。传统商事行为制度中的大部分商事行为都是法律行为,少数非法律行为,如采掘、取土等则可以作为私法下一般的事实行为来处理。第三,从立法技术角度来看,区分一般法与特别法是节约立法资源的通常做法。在我国《民法总则》对法律行为制度作出一般规定后,商事行为制度规范只需作出特殊性或补充性规定,便可实现对商事活动的特殊调整。正如《德国商法典》中的许多规定,只有根据《德国民法典》所确立的一般性原则才能理解;而《德国商法典》的作用就是对这些一般性的原则加以变更、补充或排除。② 第四,将商事行为的性质限定为法律行为并不否认商事行为的特殊性,也不影响通过商事行为来区分哪些行为适用商法制度的特别规范。商事行为所具有的与营业相关的营利性正是其与民事法律行为相区分的关键。

因此,将商事行为的性质限定为法律行为,即法律行为包括民事法律行为和商事法律行为,法律行为之外的事实行为为民商法所共有,是我国法体系下最为恰当的界定,也是将来进行商事一般法立法的可行选择。这既体现了民法与商法之间的不断融合,也体现了民法作为私法的一般法、商法作为私法的特别法的法律位阶关系。

三、商事行为的特征

为了更精确地把握商事行为的概念,准确识别商事行为,除了了解商事行为的定义外,还需厘清商事行为的特征。商事行为的特征就在于其与一般民事法律的差异,这是由商事活动与一般民事活动的不同所决定的。

(一)商事行为以营利为目的

确认和保护营利原则是商法的基本原则,营利性是商法的本质特征,同时也是商

---

① 樊涛:《我国商行为制度的评判与重构——兼论与法律行为制度的区别》,载《河南师范大学学报》(哲学社会科学版)2008年第5期。

② 参见[德]罗伯特·霍恩等:《德国民商法导论》,中国大百科全书出版社1996年版,第239页。

事行为的基本特性。一方面,所谓“天下熙熙皆为利来,天下攘攘皆为利往”,任何商事主体的设立均以营利为目的,故商事主体所为的商事行为也自然以营利为目的;另一方面,对非商事主体而言,其行为只有以营利为目的时,才有可能受到商事行为法的调整。商法的“手”之所以可伸到非商事主体所在的社会关系,将非商事主体的行为纳入商法的调整范畴,是因为当非商事主体所为的行为具有营利目的时,其便将自身置身于“高收益、高风险”的商业社会,须适用商事行为制度下的特殊权利义务关系规则调整。

需注意,商事行为的营利性仅要求行为目的具有营利性,而不问行为结果是否实现盈利。这是因为,商业风险是商事行为所需承担的天然风险,商业盈亏均是商事行为的可预见结果,故不能将商事行为的结果是否盈利作为商事行为性质的判断依据。

在实践中,对营利性的判断一般采取推定原则,即当行为主体为商事主体时,通常推定其行为具有营利性。如《日本商法典》第 503 条第 2 款规定:“商人的行为推定为为其营业而实施的行为。”除此之外,也可根据行为的客观目的和商事习惯等来确定行为的性质。

(二)商事行为是经营性行为

经营性,又称营业性,是商事行为区别于一般民事行为的又一重要特征。经营性是指行为人的营利行为具有反复性、不间断性和计划性的特点,表明行为主体至少在一段时期内连续不断地从事某种性质相同的营利活动,具有职业性。一般情形下,商事主体的行为被推定为商事行为,被认为其具有经营性特征;对于非商事主体,其实施的证券、期货投资等行为,也具有反复性、不间断性和计划性,也可将其认定为具有经营性。大陆法系多数国家商法均规定,除法律有特别规定外,一般民事主体偶尔从事的营利活动,不属于商事行为。

(三)商事行为主要由商事主体实施

商事行为是商事主体这一特定主体所从事的行为,尤其在采主观主义标准的国家中,其法律规定只有商事主体所为的行为才能被认定为商事行为。之所以要求商事行为由商事主体实施,一是基于商事主体的营利目的和经营性质,二是基于商事主体的商事行为能力,因为主体的行为能力对于行为的有效性起着决定性作用。

这一特征在不同国家的商法中表现不同:在采取严格商人法原则的国家中,民事主体必须通过商业登记等合法手段获得商事行为能力;而在采取严格商事行为法原则的国家中,商法实际上认可民事主体在民事行为之外,同时具备商事行为能力,因而未经商业登记的主体从事的营业行为也应受到商法规则的调整。

正是由于商事行为具有上述不同于一般民事行为的特征,商事行为得以从一般民事行为中独立出来,以商法特有的规则对其加以调整规制。

四、商事行为的分类

(一)相对商事行为与绝对商事行为

相对商事行为和绝对商事行为,分别是商事行为主观主义和客观主义下的产物。

相对商事行为,也称主观商事行为、营业商事行为,是商事主体所为的营利性营业行为。它强调行为主体为商事主体,行为方式为营业形式。其中,营业形式一般由商事法律确定,包括银行业、证券业、保险业、信托业、制造业、零售业、旅游业等。而绝对商事行为,又称客观商事行为,是依行为的客观性质,由商法直接规定为商事行为的行为,其不要求行为主体为商事主体或行为方式采营业形式,但要求商法明文列举规定。按照大多数国家商法的规定,票据行为、商业证券行为、保险行为和海商事行为等均属于绝对商事行为。《日本商法典》采用了相对商事行为和绝对商事行为相结合的折中立法方式,将同类行为中的营利性商事行为与非营利性民事行为区别开来,体现了商法的特别法属性。

(二)基本商事行为与辅助商事行为

基本商事行为,又称"固有商事行为",是相对商事行为和绝对商事行为的总称,指在同一商事营业内直接以营利性交易为内容的商事行为。辅助商事行为,又称为"附属商事行为",是指在同一商事营业内具有协助基本商事行为实现的不具有直接营利性的辅助行为,如广告行为、代理行为等。但近年来,出现了不把附属商事行为固定化的倾向,而根据特定商事主体的经营内容确定其行为的附属性,把主营业务理解为基本商事行为,把兼营业务理解为附属商事行为。如对于零售商来说,销售是基本商事行为,而仓储和运送则是其附属商事行为;对于承运商来说,运送为其基本商事行为,而原材料购买则是附属商事行为。

(三)单方商事行为与双方商事行为

根据双方行为主体是否均为商事主体,商事行为可分为单方商事行为和双方商事行为。单方商事行为指行为人一方为商事主体而另一方不是商事主体所从事的商事行为,双方商事行为指当事人双方均为商事主体所实施的商事行为。这种区分的意义在于,不同国家立法例中,单方商事行为与双方商事行为的法律适用可能不同。大陆法系国家通常规定,只要行为人中有一方为商事主体,那么交易双方均适用商法,即单方商事行为和双方商事行为的当事人均适用商法。而英美法系国家则认为,只有双方商事行为的双方当事人适用商法,单方商事行为中仅商事主体一方适用商法,非商事主体适用一般民事规范。

五、商事行为制度的具体规则

根据商法对商事行为特别调整的共性和个性不同,大陆法系国家商法学理论将商事行为分为一般商事行为和特殊商事行为。一般商事行为是指在商事交易中具有共性的,受商法规则所调整的行为,属于商法通则的规制范畴;特殊商事行为则是商法予以特别规定的具体类型的商事行为。由于特殊商事行为一般只能由商事主体实施,因而与其他商事行为相比具有类型化和典型性的特点。这种划分仅具有理论上的意义,在法律适用上,一般商事行为和特殊商事行为之间并无本质性区别,在立法上仅表现为商事行为通则与具体内容的界定。[①]

一般商事行为的范围,学者们意见分歧较大。有的学者认为其包括商法上的物权行为、商法上的债权行为、商事交互计算;有的学者将其概括为四个方面,即以缄默形式所为的意思表示、商事留置权、善意取得和约定利息的请求权等;也有的学者认为一般商事行为包括要约与承诺行为、给付行为、交互计算等。

特殊商事行为的范围,通常认为包括商事买卖、商事运输、商事仓储、商事居间、商事行纪、商事期货、商事信托、商事票据、商事保险、海商等内容。综观各国商事立法,对特殊商事行为的法律调整在立法技术上一般采取两种方法:在民商分立的国家中,特殊商事行为由商法典和商事单行法共同调整,在民商合一的国家中,特殊商事行为基本上由商事特别立法或商事专门立法予以调整。

我国采民商合一立法模式,目前不存在形式意义上的商法,未在立法上确立商事行为的概念内涵和外延,也未见关于一般商事行为的规定。但是,《合同法》《保险法》《证券法》《票据法》《信托法》等单行法,构成了实质意义上的商事行为法,对商事合同、商事保险、证券投资、商事票据、商事信托等具体类型的特殊商事行为作出了特别调整。

现本书对各国立法例中的一般商事行为规则作如下介绍:

(一)商事行为的法律适用

商事实践中,存在双方当事人一方主体实施商事行为而另一方主体实施民事行为的情形,也存在一方当事人有数人但该数人并非均实施商事行为的情形,此时,就面临着对全体当事人适用法律是否一致的问题。

商法理论中,有双方商事行为和单方商事行为之分。

在立法例上,针对单方商事行为的法律适用规则,各国立法不尽相同,大致分为三种规制模式:第一种是英美法系国家,其商法通常规定,行为人中一方为商事主体,该商事主体适用商法,另一方非商主不适用商法;第二种是大陆法系国家,如日本和韩国的商法典均规定,当事人一方行为构成商事行为的,对双方当事人均适用商法典;第三种是大陆法系国家如德国,其商法典作了与第二种模式相同的规定,但以此种规定以法律无例外规定为限。

(二)报酬请求权

营利性是商事行为的一大特征,也是商事主体从事商事行为的主要目的,所以与民法上的原则不同,如无特别约定,对于委托、保管等为他人实施的商事行为,除了可以请求对方支付必需的费用,还可以请求适当的报酬,此即商事行为的报酬请求权。但需注意的是,并非商事主体所为的一切行为都可以请求报酬,在无因管理、拾得遗失物制度下,商事主体的权利与一般民事主体无异,适用民法相关规定。

另外,商事行为的报酬请求权还存在例外情形,须结合具体的商事行为制度判断商事行为报酬请求权的例外。比如海商事行为中的海难救助制度,“无效果,无报

---

① 范健、王建文:《商法基础理论专题研究》,高等教育出版社 2005 年版,第 363 ~ 364 页。

酬”;还有居间商若未能为当事人撮合交易,就不产生报酬请求权。

(三)法定利息请求权

民法中自然人之间的金钱消费借贷以无偿为原则,但是商事主体所进行的金钱消费借贷有所不同,它是商事主体作为出借人实施的以营利为目的的行为,或是商事主体为了营业的维持、扩大而向其他主体借贷资金的行为。这些行为包括了企业之间为解决短期资金困难进行的资金拆借,向非商事主体吸收限制资金,以及在资金富余的情形下将闲置资金借贷给非商事主体等情形。在这些行为中都应当对借款人负以支付利息的义务。因为如果这些资金不被贷出,商事主体就会将其用作其他与营业相关的用途,所以资金贷出的收益必然要与将其投入经营所获得的收益相当。此外,对于商人从非商人手中借贷资金的行为,一方面是非商人的投资行为,另一方面是商人的融资行为,因此支付利息是惯常的做法。

(四)承诺的认定与要约附送货物的保管义务

1. 沉默构成承诺

在民法中,一般情形下沉默不具有意思表示的效果,除非双方已经约定或者法律已明确规定,沉默才可以视为对要约的承诺。而在商事行为中,由于其营利性目的,商事主体应对其商事行为负担更加严苛的义务与责任,因此,在商事行为之意思表示中,沉默作为意思表示的方式,可以得到更广泛地确认,从而有利于维护商事交易的效率与收益。

在比较法上,《德国商法典》第362条、《日本商法典》第509条、《韩国商法》第53条等均对沉默构成承诺制度作出了相关规定。沉默构成承诺的条件需要有三:第一,承诺人须为商事主体;第二,要约人须为与该商事主体有经常交易关系者;第三,要约内容属于该商事主体营业范围内或其发出的要约邀请内容范围内事项。

2. 要约附送货物的保管义务

关于商事主体对要约附送货物的保管义务,《德国商法典》《日本商法典》均有规定,即使商人拒绝要约的,对于要约人随同要约所提供的货物,商人负保管义务,由此产生的费用由要约人负担。我国仅在《买卖合同司法解释》第6条规定了买受人拒绝接收多交部分标的物的保管义务,并未规定拒绝要约后买受人对于随同要约提供的货物的保管义务

(五)交互计算

商事交互计算又称往来账,在各国商法、买卖法以及国际贸易协定中被普遍采用。它实际上是一种活期账户结算方法,在这种债务了结方式中,借助于定期结算,交易双方当事人在商事业务往来中形成的债权和债务不断得以清算。

对于商事交互计算的概念、方法、原则,交互计算关系的形成条件,交互计算的法律效力,交互计算中的担保与抵押以及交互计算关系的解除等,一些国家的商法典中都有明确的规定:如《德国商法典》第355~357条分别对交互计算的性质、概念、期间、撤销、交互计算中的担保、交互计算中的差额质物等内容作了规定;《日本商法典》第529条至第534条对交互计算制度作出了较为详细的规定,依次规定了交互计算的

定义，关于商业债权债务关系的特别规定、交互计算的期间、交互计算的承认、余额利息请求权；我国台湾地区“民法”也对“交互计算”作了专节规定，第400条至第405条依次规定了交互计算的意义、票据及证券计入交互计算项目之除去、交互计算之期间、交互计算之终止、利息之附加、交互计算项目之确定等事项；我国《澳门商法典》第820条至第830条规定了交互计算合同的概念、不得给付交互计算账户之债权、利息、费用及佣金权、记入账户之效力、记入交互计算账户之债权之担保效力、对第三人之债权、结余之查封、交互计算账户之决算、账目之承认、合同之终止等事项。《韩国商法》也作了大抵相当的规定。

（六）商事善意取得

从比较法来看，《法国民法典》中规定了善意取得制度，但其商法典中并未涉及善意取得的一般规则；而德国和日本在民法典之外，另于商法典中规定善意取得制度。如1897年《德国商法典》第366条、第367条对动产所有权、动产质权、法定质权、涉及第三人权利负担及某些有价证券的善意取得设置了专门规定，构造出商法上的善意取得制度；《日本商法典》第519条规定了有价证券的转让方法及善意取得。在商法善意取得制度的法律构成上，虽然德国以对处分权的善意为主，日本以有价证券的善意取得为主，英国以公开市场原则为主，美国以禁反言原则为主，但是各国制度实质上殊途同归，均旨在维护商事交易的安全，其在构成要件上呈现出如下的共同特征：主体一方为商人，客体是货币、有价证券及盗赃遗失物等占用脱离物，主观上主要是对处分权推定的善意，客观上除占有外观，须有商事行为，交易时空为公开市场。由此得出，商事善意取得制度相较于民事善意取得制度，有其特定的客体和构成。

（七）商事留置

采“民商合一”体例还是“民商分立”体例为标准，可大致将商事留置权的立法例分为两类：一是在“民商合一”模式下，在民法典中一并规定民事留置权和商事留置权，且通常在民事留置权条款之后，对商事留置权作特别补充规定，例如《瑞士民法典》第895条、我国台湾地区“民法”第928～929条之规定。二是在“民商分离”体例下，在商法典中单独规定商事留置权，例如《德国商法典》第369条、《日本商法典》第521条、《韩国商法》第58条之规定。

我国商事留置权的规范，体现为《担保法》第84条，《海商法》第25条、第87条、第141条、第161条，《信托法》第57条，《物权法》第231条及《合同法》第315条、第380条、第422条等，其中《物权法》第231条是一般性规范，规定：“债权人留置的动产，应当与债权属于同一法律关系，但企业之间留置的除外。”该条取消了商事留置物与被担保债权之间的牵连性要求，体现了商事留置权所追求的维护商人信用、确保交易安全的价值目标。

（八）流质、流抵押条款

从比较法来看，“民商分立”国家的商法典一般规定，民法典中禁止流质契约的规定不适用于为担保商事行为所发生的债权而设定的担保物权。这一规定在弘扬私法自治、维系相关法律制度的协调以及降低担保物权的实行成本等方面发挥着积极的作用。商事主体之间或商事主体以提供担保作为主要营业时设置的流质、流抵押契约被解禁,可以充分尊重商人的自治精神,利于商事交易的多样化和便捷性发展。但我国《物权法》第186条和第211条分别禁止流抵押和流质条款的存在。

第九章　商事代理制度

一、商事代理的概述

商事代理制度作为组织对外发生效力的媒介机制，与市场运行密切相关，是市场经济法律体系的重要组成部分。现今商事代理的具体样态繁多，广泛联结市场中的各种交易。正如马克思所指出："商品的流通是像商品生产一样必要，从而流通代理人也像生产商一样必要。"①从组织的内部的职务代理，到组织外部的各类代理商，如保险代理商、证券代理商、演出代理商、房地产代理商等，商事代理在市场经济流转、促进专业化分工、节约交易成本、保护交易安全等市场经济发展的各个方面发挥着举足轻重的作用。

商事代理制度因其在商业流转、分工等方面重要性，而被大多数发达国家和地区所重视，尤其突显在商事立法上，形成了一套体系性的规范群。一般将商事代理类型化为经理权、代办权、代理商三类进行分别规定。反观我国的商事代理规范却寥寥无几。其中，职务代理相关的规范仅有《民法总则》第 170 条、《民法通则》第 43 条、《公司法》第 49 条等。代理商(经纪人)规范在我国仅有部门规章《经纪人管理办法》，且已失效，剩余均为地方性规章，无法作为商事裁判之依据。唯一体系性的成文化的商事代理规范即《深圳经济特区商事条例》，分别规定于第六章"商业雇员"和第七章"代理商"，共计 17 条。但其立法层级也仅为地方性法规，且已失效。由于我国现有的商事代理规则并不完备，也不成体系。因此，本书更多地会从比较法的角度，将大陆系国家和地区有借鉴价值的商事代理制度作详细的介绍和论述，为后续的商法研究、商事立法提供参考。

(一)商事代理制度的概念与特征

在大陆法系国家，代理制度在学理上一般分为民事代理和商事代理，两者因承载的功能不同而得以区分。具体而言，代理有三大功能："第一，扩张个人的经济活动空间。第二，使无完全行为能力人能参与法律交易活动。第三，使团体或企业经营者参与法律交易。"②第一功能和第二功能分别对应一般意定代理③和法定代理，统称为民事代理。第三功能对应商事代理。以商事代理的功能作为标准，大陆法系商法以商事

---

① 参见马克思：《资本论》(第 2 卷)，人民出版社 2016 年版，第 116 页。

② 参见陈自强：《代理权与经理权之间——民商合一与民商分立》，北京大学出版社 2008 年版，第 12～13 页。

③ 我国《民法总则》中的"委托代理"实为"意定代理"，此意定代理体系分为一般意定代理与职务代理，两者功能不同。

实践中的具体商事代理样态为素材归纳出两类商事代理。此两类商事代理以“商事代理人是否为商事主体的内部人”为标准，可以区分为职务代理与代理商。代理商是为了特定商事主体而从事日常营业类别的交易的代理人或中间人，且自身为独立的商事主体。职务代理人在日本法上称为商事使用人，是指必须从属于特定商事主体的营业辅助人。职务代理根据代理权范围大小可再进一步区分为经理与业务代表（代办）。综上所述，商事代理是指从属于商事主体内部的经理、业务代表以及独立于商事主体的代理商，这几类商事代理人以特定商事主体的名义实施法律行为，其法律效果归属于该特定商事主体的法律制度。

商事代理与民事代理得以区分，因商事代理具备如下特征：

第一，商事代理人与商事主体之间具有密切性。职务代理特指从属于特定商事主体的营业辅助人，是商事主体的内部人员，因内部隶属关系形成了密切性。代理商主要是指专门为生产商和其他商事主体从事商品销售、货物采购、财产租赁的代理公司、拍卖行、房地产经纪人、证券经纪人、保险经纪人等。代理商以代理为职业，在固定场所、经常从事代理活动，是一类特殊的具有独立地位的商事主体。但代理商与特定商事主体存在长期的委托关系，在长期合作中形成了密切性。反观民事代理多为偶然性，代理人与本人之间难以因代理关系而形成密切性。

第二，商事代理行为的有偿性。商事代理人与商事委托人之间的代理合同，是为双方共同利益而订立的。商事代理人实施代理行为的目的是为了获得报酬，有权按照交易数量和价值收取报酬。因此，商事代理都是有偿代理。而民事代理中，代理人所实施的代理行为的目的不一定式为获取报酬，可有偿可无偿，以无偿为一般原则。

第三，商事代理具有职业性。职业性主要体现为长期性和专业性。职务代理人为商事主体内部之营业辅助人，以辅助商事主体营业为职业，职务代理人一般长期受雇于特定的商事主体，且职务代理人因职位而从事不同业务，故必须具备不同的专业能力。代理商也必须与委托方签订长期的委托合同，同时代理商从事专业的商业交易，如：商品销售、财产租赁、专利申请等，此外因为从事交易的领域不同，产生了不同类别的代理商，如房屋销售代理商、拍卖行、保险经纪人等。由此，代理商具备长期性与专业性等职业性的特点。反观民事代理，一般为一次性、临时性的偶然行为，也不需要代理人具备相当的专业性。因此，民事代理不具有职业性的特征。

（二）商事代理制度的独立性

从代理制度的发展沿革以观，商事代理制度的出现早于民事代理制度。依瑞士学者布赫（Bucher）之研究：商事代理，特别是经理权，与建立在自然法思想基础上的民事代理，发展轨迹完全不同。当欧洲民法学家承袭罗马法的传统，否认代理可能性之际，基于商业实际需要，近代意大利北方之城市中，经理制度已粉墨登场，风靡数百年之久，早已成为商事惯例。① 在代理制度最为发达的德国，19 世纪 50 年代基于商事交易

① 参见陈自强：《代理权与经理权之间——民商合一与民商分立》，北京大学出版社 2008 年版，第 103 ~ 106 页。

的安全保护之需要,汉堡和不来梅等地已出现经理权之法律规定。如 1857 年 2 月 4 日纽伦堡德国商法的会议中,就有经理权范围不得限制的提案,并得会议一致通过,之后该内容被规定于 1861 年《德国旧商法》第 43 条第 1 项。而民事代理能成为独立的法律制度,主要归功于拉邦德(Laband)在 1866 年所提出的代理权授予独立性理论。该理论的提出终结了 19 世纪前半叶德国民事代理一般性承认的学说争议,使德国民法立法者再无后顾之忧,并在 1900 年《德国民法典》民法总则中确立其体系地位。因此,并非先有民事代理制度,商事代理制度才被承认;亦非先有代理的一般规定,才有商事代理制度。在发展的历史轨迹上,商事代理早于民事代理制度,甚至因为商事代理制度影响,才最终出现了民事代理制度。故商事代理的独立性是代理制度发展的原因,最终演化出商事代理与民事代理的二元结构体系。

商事代理制度的调整对象是组织化的商事主体,与调整对象为自然人的民事代理,不仅在功能上、价值追求上存在本质差异,而且在适用的情境上、规范设计上也存在具体差异。是故,多数采民商分立体例的国家或地区,在商法典中对商事代理制度作单独的规定,商事代理与民事代理在形式上分离,如《德国商法典》第五章"经理权与代权"、第七章"代理商",同时《德国民法典》第 164 ~ 181 条对民事代理制度作了规定;《法国商法典》在商人编中对商事代理作了规定,并于 1958 年 12 月 25 日专门颁布了第 58 - 1345 号《关于商业代理人的法令》,后于 1991 年 6 月 25 日颁布了第 91 - 593 号《关于商业代理人与其委托人之间关系的法律》,同时《法国民法典》第十三编委托中的第 1984 ~ 2010 条对民事代理作了规定。除德国、法国外,日本、韩国、中国澳门特区等国家和地区亦复如是。但商事代理制度并非民商分立国家之专利,瑞士、意大利等民商合一的国家和地区在立法与学说上亦强调商事代理与民事代理之不同,虽统合在民法典之中,但均对商事代理作区别规定,属商事代理与民事代理实质上的分离。因此,商事代理制度的独立性,在多数大陆法系国家和地区的立法上得到承认。

商事代理制度的独立性不仅在于代理制度的历史沿革以及大陆法系各国的立法现状,更在于商事代理与民事代理在功能上的巨大差异。扩张私人的经济活动空间的一般意定代理与使无完全行为能力人能参与法律交易活动之法定代理属于民事代理;而使团体或企业经营者参与法律交易之代理规则属于商事代理。首先,商事代理与限制行为能力或者无行为能力者参与法律交易活动的法定代理之功能显著不同,易于区分。商事代理之功能与一般意定代理之扩张经济活动空间的区别在于:商事代理的代理人或被纳入特定商事主体的内部架构,成为其对外交易行为之窗口;或如代理商虽非从属于特定商事主体的内部架构,但其本身就属于商事主体,具有组织性。代理商之组织性是为了高效地完成被代理人的经营性法律交易活动。一般意定代理则不会呈现组织性等特点。因为个人经济活动均为简单的、短期的、非专业性的经济活动,凭借自然人个体就可以完成,因此,无须代理人呈现组织性、专业性、长期性、营利性等特点。而商事代理因其使团体或企业经营者参与法律交易之功能,需要商事代理人呈现隶属于商事组织或者本身组织化等商业特性,从而实现该制度的效率价值。因此,现代商业的专业化、复杂化、结构化势必会导致商事代理和民事代理二元分化。

综上所述,首先,商事代理与民事代理的历史发展轨迹决定了商事代理制度先天的独立性。其次,在多数大陆法系国家或地区,无论采民商分立体例抑或采民商合一体例,均在立法上以形式独立或实质独立的方式承认商事代理制度的独立性。最后,商事代理和民事代理的功能迥异,商业的现实需求也必然导致商事代理的独立。因此,商事代理制度之独立性理所当然。

二、职务代理

(一)职务代理的概念及构成要件

职务代理特指从属于特定商事主体的营业辅助人,经特定商事主体授予职务代理权,代理人在职权范围内以商事主体的名义实施法律行为,法律效果归属于商事主体的制度。职务代理从法律关系结构上观察,实质上属于意定代理的范畴,对应我国《民法总则》之"委托代理"。但从商事功能的角度,就可以将其与团体无关的一般意定代理区分开来,纳入商事代理的范畴,为商事代理的下位概念。传统大陆法系国家并没有"职务代理"的概念,一般直接对经理权、代办权进行规定,但我国将两者合并提炼出上位概念"职务代理",并在《民法总则》中予以规定。如《民法总则》第 170 条第 1 款:"执行法人或者非法人组织工作任务的人员,就其职权范围内的事项,以法人或非法人组织的名义实施民事法律行为,对法人或者非法人组织发生效力。"

《民法总则》第 170 条虽为新增条文,但职务代理在我国并非没有历史渊源。《民法通则》第三章"法人"第二节"企业法人"第 43 条:"企业法人对它的法定代表人和其他工作人员的经营活动,承担民事责任。"《最高人民法院执行民法通则意见》第 58 条:"企业法人的法定代表人和其他工作人员,以法人名义从事的经营活动,给他人造成经济损失的,企业法人应当承担民事责任。"这两条规范一直以来都被作为职务代理的法律依据,但"企业法人应当承担民事责任"的表述会与《侵权责任法》第 34 条第 1 款中"由用人单位承担侵权责任"容易产生混淆,备受诟病。但《民法总则》第 170 条解决了此弊端,以"效果归属"规范彰显了职务代理的本质。

《民法总则》"职务代理规则"在适用范围上相较于大陆法系国家之商事代理制度有所突破。传统商事代理制度的适用范围仅为商事主体,但我国《民法总则》有扩大适用的趋势,其用语为"法人或者非法人组织",按照文义解释可包括:营利法人、非营利法人、特别法人、非法人组织,其范围远大于商事主体。但可狭义解释为"法人或者非法人组织"中的商事主体,此狭义解释将适用范围与大陆法系国家的传统适用范围保持一致。还可以对上述两种适用范围进行折中,狭义解释为"私法人或者非法人组织"。本书认为,"法人或者非法人组织"解释为"私法人或者非法人组织"更为适宜,在强调商事主体的同时,将非营利法人也纳入适用范围,也适应非营利法人需要通过职务代理扩大交易的现实需求。

职务代理构成的要件:第一,此"法人或非法人组织"须为"私法人或非法人组织"。第二,职务代理人为法人或非法人组织中法定代表人以外的,隶属于组织的管理人员、雇员、其他工作人员等。第三,经法人或非法人组织授予代理权。第四,以法人或非法人组织的名义实施法律行为。

需要强调的是,构成要件之二中的雇员、管理人员在基础关系上不同,但并不影响职务代理的效力。雇员是与法人、非法人组织发生劳动关系或雇佣关系的自然人。经理、董事、监事等享有法人、非法人组织的经营权、决策权、监督权,多数情形下并非基于劳动关系,而是基于委托关系。其他工作人员是指与法人、非法人组织不存在劳动关系、委托关系,基于劳务派遣合同而发生用工关系的人员,其也可能经授权获得职务代理权。这三类人员对法人与非法人组织而言,虽基础关系不同,但都与法人与非法人形成长期的隶属关系,执行特定的营利事务。因此,均属于职务代理人的范畴。

(二)职务代理的认识误区

部分学者对于职务代理的认识存在一种认识误区,即职务代理人就其职权范围内的事项进行的法律行为,无须商事主体的特别授权,其法律效果应当由商事主体承担。职务代理的权源来源于职务(职位),而一般意定代理权来源于委托人的授权行为。[①]此误区实质上混淆了职务代理权的权源的确定与权限的认定(通过职务推断权限)。从职务代理的法律结构分析,仍属于意定代理,职务代理权的权利来源于特定商事主体的授权行为。而职务是推断职务代理权范围的依据,即交易相对人通过职务推断代理人的职权范围。此"推断规则"为商业实践中所广泛使用,成为人们所确信的商事习惯。但是学者们在提出"职务代理权来源于职务"的观点时,忽略了"推断规则"是为了降低交易相对人收集、查询职务代理人的职权范围的信息的成本,通过职务逆向推断出职权范围,是交易相对人商事实践需求。但是职务代理权的权源确定,却是顺向的,即职务代理人通过了解特定商事主体的授权的意思表示,来获得职务代理权。当然,这种授权的意思表示的了解可能性,交易相对人无法感知,为了保护商事交易效率和安全,只要交易相对人推断的职权范围符合职务权限的认定规则,即认定为有权代理。

"从职务推断职务代理人的权限"是保护善意第三人合理信赖的规则,此规则是为了促进交易效率,而对特定商事主体的意思自治有所牺牲,但并不是对特定商事主体的意思自治的否定。从商事交易的宏观视角看,如果市场中的每笔交易都需要交易第三人去调查商事主体授权的意思表示,势必会花费大量的交易费用,导致社会整体财富的浪费。因此,部分牺牲特定商事主体的意思自治,将职务代理权范围的认定从主观的意思自治的解释,调整为通过职位推断完成职务所需的一切行为,以此保护善意第三人并鼓励市场参与者积极从事交易从而促进交易效率。但特定商事主体的意思自治仍对职务代理人产生效力,如果职务代理人越权代理导致特定商事主体发生损害,应当承担赔偿责任。

因此,职务是职务代理权的权利外观所指向的对象,职务代理权的授予仍取决于特定商事主体的授权行为的意思表示。虽然,为了保护善意第三人的合理信赖,将职务代理权范围的认定规则客观化,部分牺牲特定商事主体的意思自治,但此意思自治仍对职务代理人发生效力。

---

① 参见魏振瀛主编:《民法》,北京大学出版社、高等教育出版社 2000 年版,第 174 页。

（三）职务代理之经理

职务代理根据代理权范围的大小，可分为经理与业务代表（代办），他们均符合职务代理的构成要件。但就代理权的范围而言，经理具有从事商事主体经营营业所需的一切法律行为的概括代理权限；业务代表（代办）通常仅有某类营业事项或者特定营业事项的概括代理权限。

1. 经理的定义和经理权的性质

"经理"是商事代理得以发展的源头，德国学者拉邦德（Laband）以1861年旧《德国商法典》中的"经理权"为原型，提炼出代理权授予行为独立性原则，以此构建整个代理理论，而后代理被纳入1900年《德国民法典》中。因此，"经理""经理权"在整个代理体系中，有着举足轻重之地位。在大陆法系各国的商法典或民法典中，存在两种定义"经理"的方式：其一，不直接定义经理，但通过规定经理权，表达"谁被授予经理权，谁是经理"之意。如《德国商法典》第49条第1款："经理权授权实施由营利事业经营产生的一切种类的诉讼上的和诉讼外的行为和法律行为。"[①]其二，直接定义经理。如《澳门商法典》第64条第1款："经理系指商业企业主委任以经营企业之人，该委任得按商业习惯以任何职务名称为之。"此外，日本、韩国、意大利等均有类似规定。两种立法方式，虽然不尽相同，表达意思却十分类似。其价值均在把握经理权的范围，突出经理的地位，即实质上经营商事主体之人。通过法律创设"经理"，其身份特性由法律赋予，要实质上具备经营商事主体之权限的人才是经理，即便未冠以"经理"之名称，只要实质上具备经理之权限就是商法上的"经理"。需强调的是，"经理"之名称受到地区习惯、中西方文化交融的影响变得纷繁多样，如CEO、主任、会长、社长等不同称呼，如果按照商事惯例，从这些称呼对应的职位推断职权范围与经理权的范围一致，那么不管任何称呼，其都是商法上的"经理"，应当接受商法的统一调整。

以CEO为例，CEO英文全称为Chief Executive Officer，中文译为首席执行官。20世纪60年代，为了解决公司规模过大、董事会决策和执行效率低下等问题，一些美国公司率先设立了CEO这一集权色彩的职位。之后，其他发达国家的公司也纷纷效仿。如：日本相对应称呼为"总裁"，法国是"PDG"（President Directeur General），而德国则是"Sprencher"。在各国，公司CEO大致可能存在三种形态：一是集董事长与经理的职权于一身；二是董事长和经理分设，以经理为CEO，董事长负责决策，CEO负责经营；三是董事长和经理分设，以董事长为CEO，兼具决策权和经营权。从法律效果归属的角度看，无论CEO是任何一种形态，其所为的商行为法律效果均归属于特定商事主体。但从定性角度，身为董事长的CEO和经理的CEO则完全不同。但此区分仅在公司内部治理时划分才具有重大意义。于交易第三人而言，CEO是董事长还是经理差别不大，两者均享有为经营所需的一切行为。因此，CEO是与经理可能发生重叠的称呼，仅在公司内部治理时有区分意义，可通过公司内部治理结构的实际情况加以区分，无论CEO作为经理还是董事长均受商法调整，作为董事长时所需承担义务较经理更重。

---

① 《德国商法典》，杜景林、卢谌译，法律出版社2010年版，第25页。

经理权作为职务代理的具体类型,性质上为《民法总则》中的意定代理权,虽以民法上的意定代理为基础,却有其特殊性。鉴于此,大陆法系国家或地区除经理权有特殊规定外,民法上意定代理的一般条款符合商事属性的可以适用于经理。各国商法典对经理权的授予方式、权限范围、行使方式、撤销或解除、竞业禁止等问题有特殊规定,使得经理权在私法自治内核外,带上一些管制的色彩。

2. 经理权授予的基础关系

经理权授予的基础关系问题,学理与司法实践中均未达成共识。第一种观点认为经理权授予的基础关系是"委托合同"。如《澳门商法典》第 64 条第 1 款:"经理系指商业企业主委任以经营企业之人,该委任得按商业习惯以任何职务名称为之。"其中明确使用"委任"一词,以法定形式将经理权授予的基础为委托。第二种观点认为经理权授予的基础关系为劳动合同或称雇佣合同关系。代表性的案例是备受关注的"上海家化联合股份有限公司与王茁劳动合同纠纷案",在判决书中法院明确认为总经理王茁与上海家化联合股份有限公司存在劳动关系。[①] 第三种观点认为经理权授予的基础关系可能是委托合同或者劳动合同,具体要通过人格从属性和经济从属性两个标准去判断。人格从属性是指在雇佣劳动过程中,劳动者与雇主之间支配程度。人格从属性程度高的表征归纳为两点:其一,劳动者在雇主的指挥监督下给付劳务,劳动时间、地点及方式等均由雇主决定。其二,劳动者进入雇主的组织内提供劳务。经济从属性是指劳动者收入与给付劳动以及雇主经营风险之间的关系程度。将用以判断从属性程度的指标编列如下:

表 7 从属性程度的指标[②]

从属性构成	考察要点	指标类别	表现形式
人格从属性	过程控制	工作地点、时间	每周上班时间固定;工作地点固定
		业务内容	是否知悉公司众多商业秘密;是否参与公司的经营决策
		工作权限	能否基于职位做出独立决策;是否具有独立的签字权
		工作的可替代性	是否具有一定程度上的不可替代性
	指示频率	业务执行	在业务执行过程中的执行方式是否受到具体的指示
		指示次数	每周受到指示次数,与管理层平均水平对比
	拘束强度	选任及考评	是否有权对其他员工进行考评和任命
		规章制度适用	是否有特别规则

① 参见(2016)沪 02 民终 9040 号案例。

② 参见王天玉:《经理雇佣合同与委任合同之分辨》,载《中国法学》2016 年第 3 期。

续表

从属性构成	考察要点	指标类别	表现形式
经济从属性	生产条件	器械、工具是否为劳动者所有	器械、工具的价值高低、占营业事项的比重
	劳动对价	报酬额度	与管理层平均收入对比
	经营风险	岗位责任	是否对公司整体业绩承担独立职责
		持有公司股份、对公司投资	持股比例高低、投资额占比

对此指标体系需要说明三点:第一,从属性标准构成要件可以细化上述表格中内容,借助此表格中的诸项指标对具体情境中的经理进行考察,在细致的考察后根据诸项指标得出雇佣或者委托的结论。第二,此指标体系中参考要点在个案中存在高低不同情形,如何取舍的问题,应当遵从人格从属性价值大于经济从属性的原则。例如,部门经理可能经济从属性低,但人格从属中的工作时间、地点无法指定,指示频率等均较高。对于这种情况,应当坚持以人格从属性为主要要件的原则,重点考察人身、人格受到拘束的程度,根据个案中当事人的岗位、行业以及所在公司的实际情况予以分析,最终得出全面综合的结论。第三,运用此指标体系考察从属性会在高低两极之间得出结论,如果从属性极高,那么此经理就是仅有此头衔的雇员,属于雇佣合同无疑;如果从属性极低,就意味着此经理实际上未处于雇主指挥监督之下,不具有从属性,其给付的劳务应属于委托合同的范畴,应当排除劳动法的适用。①

从人格从属性和经济从属性去分析具体情境中的“经理”得出委托或雇佣的结论:在一般情况下,经理作为公司的管理层,在工作过程享有很高自主权,人格从属性低;而在经济上一般经理通过自身持股或者享有购买股票期权等激励方式获得报酬,其经济从属性也较低。由此,推断出经理的基础关系为委托。但是,在特例的情况下,经理被公司完全控制,仅作为高级雇员的情形也确实存在。因此,本书认为“一刀切”用法律直接规定经理的基础关系为委托抑或雇佣,并不可取。由此,如日本等国家在商法典中使用“选任”一词,为司法实践留出裁量的空间,可能是更科学的做法。

3. 经理权之授予

(1)经理权授予与其基础关系。意定代理结构的理论学说主要有两种:“分别说”与“同一说”。“分别说”认为,基础关系(如委托、雇佣等)与代理权授予行为相分离,代理权授予行为具有独立性。而“同一说”认为,基础关系与代理权授予行为合一,代理权授予行为被包含在基础关系中。以委托契约为例,“同一说”下,委托契约包含授权行为。

职务代理作为意定代理的特殊类型,两种学说下,经理权与基础关系之间的法律

① 参见王天玉:《经理雇佣合同与委任合同之分辨》,载《中国法学》2016年第3期。

关系结构不同。“分别说”下,经理权的授予独立于基础法律关系而存在,两者相互独立。如《德国商法典》第48条使用了经理权授予,而未提及其基础关系,突出表明了基础关系与经理权授予相分离的原则。“同一说”下,经理权的授予依附于其基础关系而存在,基础关系的效力影响经理权的效力。如《澳门商法典》第64条第1款:“经理系指商业企业主委任以经营企业之人,该委任得按商业习惯以任何职务名称为之。”本条文表明经理是由企业主委任,未提及经理权授予行为,意在将经理权包含在委任关系之中。

就两种学说而言,笔者认为“区别说”更为可取。第一,“区别说”的最大优势在于保护第三人的交易安全,独立出经理权授予行为,通过客观解释授权行为的意思表示,避免第三人受到代理人与被代理人之内部关系效力的影响,以此强化交易第三人的保护。采“同一说”下,对第三人的交易安全,虽有救济之道。但此救济之道保护力度不足。具言之,因授权行为未独立,基础关系无效,在商事主体未追认情形下,将直接导致经理权无效,构成无权代理。即便在商事主体拒绝追认之时,交易第三人试图通过表见经理制度得到保护,构成表见经理须具备交易第三人的合理信赖性和商事主体可归责性。想通过该制度实现救济,交易第三人必须负担较高的举证责任,结果常常未能如愿。因此,相较而言,“区别说”交易安全的保护力度远大于“同一说”。第二,作为基础关系的委托契约令经理负有处理经营商事主体之义务,而经理权的授予,则是使经理取得代理行为的效果归属于商事主体之权力,权力与义务,判然有别。虽然,台湾学者陈自强指出:“经理权系基于被委任为经理之地位当然而生,依一般交易观念,成为经理者,必然系基于委任契约成为公司组织之部分,经理权之授予与委任契约不可分。”①但“经理之地位”的实质是经理的权限,经理权限的正当性来自商事主体的授权,而非委托契约。另外,承认基础关系与授权行为的独立性,并非否认两者间的密切联系。综上,“区别说”无论在保护交易第三人的交易安全上,还是反映“经理”的本质上,均是更优的选择。

(2)经理权授予的方式。经理权授予的方式,在各国立法例中存在两种方式,明示授予和默示授予。明示授予以德国商法为典型,《德国商法典》第48条第1款:“经理权仅能够由营业所有人或者其法定代理人授予,并且仅能够借助于明确的表示授予。”②德国商法明确经理权必须明示授予,不承认默示授予。与此相映照的是德国通说仍认为,容忍经理权仍存在,不过并非有权代理,而是表见代理。③ 相较于经理权的明示授予,有的国家还承认经理权的默示授予。例如,《瑞士债法典》第458条第1款:“经理人是指一人自某一商业、生产或者其他具有商事形式的实体处,获得明示或者默示的授权,管理其事务,并经授权单位授权出具其签字。”④所谓经理权的默示授

① 参见陈自强:《代理权与经理权之间——民商合一与民商分立》,北京大学出版社2008年版,第124~125页。

② 《德国商法典》,杜景林、卢谌译,法律出版社2010年版,第25页。

③ [德]卡纳里斯:《德国商法》,杨继译,法律出版社2006年版,第367页。

④ 《瑞士债法典》,吴兆祥、石佳友、孙淑妍译,法律出版社2002年版,第142页。

予，依意思表示的一般原则，须从意思表示相对人的理解可能性判断商事主体的意思表示是否可以合理解释为授权行为。一般情形下，商事主体与经理之间成立委托协议，而委托协议的内容让经理承担管理商事主体之义务，即认为存在默示经理权授予行为。笔者认为，经理权授予行为是意思表示的判断问题，承认默示授予可以增加基础关系与经理权授予之间的解释弹性，更有利于保护交易相对人的交易安全。

（3）经理权授予与经理登记。商事主体授予经理权后，经理即能以商事主体的名义在其权限范围内对外从事商业活动，商事主体应当承担该商业活动的法律后果。因此，商事主体需承担相应的风险和责任。为了降低企业的风险以及保护善意的交易相对人，各国立法例均对经理设置了公示登记制度。如《德国商法典》第 53 条第 1 款："经理的登记是商事主体的义务，通过登记使交易第三人可以通过登记簿来识别经理身份真实性。"[①]经理权之授予必须由商事主体所有人申请在商事登记簿上登记。日本、韩国、美国、意大利、瑞士、荷兰、瑞典、丹麦以及我国台湾地区公司法均有类似规定。此外，有些国家授予经理权不仅需要在公司登记机关办理注册登记，还须将登记事项予以公告，其意旨在于向第三人明示经理的经理权。

对经理权授予登记的效力问题有两种立法主张：一为登记对抗主义，即经理权授予之登记是公司必须履行的义务，但登记程序并不是经理权授予这一法律行为生效的前提条件，经理权授予的前提条件仍是公司的意思表示，登记仅具有明示代理权的意义。[②] 即使经理授予未登记，只要授予之意思表示没有瑕疵，经理权亦生效，只是不得对抗善意第三人。此为大多数国家立法所采。二为登记要件主义，即注册登记为授予经理权的前提条件，非经登记，经理权之授予不得生效，此为意大利等少数国家立法所采，如按《意大利民法典》第 2206 条第 1 款之规定：经理委托书经认证后必须存放于企业登记机关，并进行登记。经理委托书若未经登记，则经理人只能视为一般代理人，这显然是将登记作为经理人取得经理资格和经理权的前提条件。[③]

本书认为，经理权的授予应当以公司经理权授予的意思表示为生效要件，采登记对抗主义。如《德国商法典》第 53 条第 1 款认为，经理的登记是商事主体的义务，通过登记使交易第三人可以通过登记簿来识别经理身份真实性。《德国商法典》第 48 条第 1 款并没有将登记规定为经理权授予的生效要件。因此，即使没有登记只要明确发生授权行为的意思表示，经理权的授予即生效。《意大利民法典》第 2203 条和第 2206 条规定，经理权授予以委托书形式进行。意大利进一步将委托书规定为明确的意思表示的法定形式。如果将经理权的授予限制为登记生效，实际上赋予了商事主体对经理权授予更多的抗辩事由，这对交易第三人的利益保护十分不利，进而可能导致市场对商事主体经理的代理行为的排斥，最终导致商事主体效率的降低。因此，经理权的授予应当采以登记对抗主义，且不应当对经理权授予做过多的限制。

---

① 《德国商法典》，杜景林、卢谌译，法律出版社 2010 年版，第 26 页。

② 参见范健、蒋大兴：《公司经理权法律问题比较研究——兼及我国公司立法之检讨》，载《南京大学学报》（社会科学版）1998 年第 3 期。

③ 同上。

4. 经理权的范围

经理权范围的确定概有两种方式:即法定方式、意定方式。所谓法定方式,是指由法律明确规定经理权的范围,此为德国、日本、韩国、意大利等多数国家立法所采。如《德国商法典》第49条第1款:“经理权是指被授予从事各种诉讼或非诉讼行为,以及在商事经营过程中进行一切法律活动的权利。”《日本商法典》第21条规定:“经理有权代替商人实施一切与其营业有关的裁判上或裁判外行为。”据此,经理权并不局限于某种和某类型的代理权,而是与营业有关的所有行为的代理权,是“一揽子”权限的集合。所谓意定方式,是指经理权的范围由公司以章程或合同的形式协商确定,此以台湾地区“立法”最为典型。如台湾地区“公司法”第31条规定:“经理人之职权,除章程规定外,并得依契约之订定。”但是台湾地区“公司法”第36条规定:“公司不得以其所加于经理人职权之限制,对抗善意第三人。”不管法定方式还是意定方式,对于善意第三人而言,经理权范围均是从事经营上的一切行为的权限。

概括而言,多数国家所确认的经理权范围有如下共同特点:

其一,经理权性质为法定的私法权力,其权限范围多由法律规定。尤其是外部代理权能,无论采取何种方式界定经理权之范围,各国立法大都确认其为经理权的当然内容,以法律确定经理权的范围,亦与贯穿于商法之中的权利外观主义相吻合。同时,对经理权的授权者的资格提出了限制,只有商事主体所有者因其具备实施经营营业一切法律行为才有授予经理权的资格。由此,只有被授予了覆盖商事主体的营业相关一切行为的权限范围的人才是经理。所以例如销售经理,分管经理就不是商法上的经理,其拥有的实质上是代办权;如分支机构的经理、店长,他们的权限覆盖某个营业所的全部,才是商法上的经理。

其二,经理权具有特殊的身份性。从授权的角度看,被授予经理权的人是经理,经理职务因为授权而获得。但从权利外观的角度看,经理是一种具有特殊身份的职位,这种职位是经理权外观的体现。只要某人具有经理身份,他就拥有法律赋予的经理权。在英美法系国家,则创造了“表面权利理论”来体现经理权的身份性。所谓“表面权利”,又称“寻常权利”,是指某人一旦担任某个职位,就会具有那个职位的人一般都有的权利。而经理的表面权利则是管理公司的正常商业事务,这是经理最大的权利。

其三,经理权具有广泛性。各国对经理权范围之界定多采用富有弹性的概括式授权术语,从而使经理权的范围拓延极广。多数国家法律界定的经理权(主要是代理权能)既包括实体权利,又包括程序权利(诉讼权)。赋予公司经理广泛的代理权,旨在拓展公司经营的地域范围,提高公司的运作效率,此与经理权之本旨亦相一致。

本书认为,就经理权范围的问题上争议并不激烈,仅仅在立法技术上有些许差异。经理权范围以法定为原则,以意定为例外,设置不得对抗善意第三人的保护型条款,应当是最佳的立法选择。特别需要强调的是,以意定为例外是指商事主体限制经理权的范围只发生内部效力,商事主体因应该承担监督经理权行使的义务,如果因为经理行权不当,给予善意交易第三人造成损失,遵从商事外观原则给善意第三人应有的保护。

5. 经理权范围的限制

尽管大部分国家均将经理权范围设置为从事一切与其营业有关的行为。但是，由于经理权范围的过度膨胀导致经理革命，一度出现大量公司的生死掌握在经理层手中的不合理现象。因此，经理权在现代商业社会中应当受到适当限制。

其一，法定限制。以立法形式限制经理权之范围的方式被大陆法系国家或地区广泛采纳。如《德国商法典》第49条第2款规定："对于土地的出让和负担的设定，仅在向经理特别授予此项权限时，其始能实施此种行为。"体现商事主体对不动产转让和在不动产设定负担两方面权利的绝对支配，需要特定授权，经理才有权处理该事务。《瑞士债法典》第495条第2款规定："经理人只有在明示的授权时可以出卖或者抵押不动产。"《意大利民法典》第2204条第1款也规定："如果未经明确的授权，经理不得转让或抵押企业的不动产。"综上，各国法律对经理权范围之限制集中体现在不动产、企业资产的转让与担保三方面。其原因在于不动产是大部分商事主体的核心部分资产，通过这一限制，商事主体所有人可以始终保留着商事主体核心部分的处分权，从而使商事主体所有权不会轻易地流失。对商事主体重大资产转让、担保和申请破产权利的限制，也出于相似的原因。

其二，意定限制。实践中，除法律对经理权所设定限制外，不少公司还以章程或合同对于其所授予的经理权的范围加以限制。如规定经理权只能存在于特定业务、特定种类业务、特定情况等。对于意定限制，各国法律大都规定只能在商事主体的内部生效，即只在商事主体与经理之间发生效力，而不能对抗善意第三人。如《德国商法典》第50条第1款规定："有关经理权范围之限制对第三人不生效。"这一规定以商事交往的便捷性以及保护交易安全为出发点。据此，第三人可以完全信任经理在商事交易过程中所从事的各种活动，从而大大提高了商事交易的效率。仅从立法观之，《德国商法典》并未对该第三人设有"善意"限制，但学者对"第三人"作狭义解释，即为"善意第三人"。如果商事主体已经标明经理权受到限制，并且第三人也知道这种限制，仍然与经理进行超出其代理权限范围的行为，则该第三人不受法律保护，其行为对商事主体不生效力。

6. 经理权的解除

经理权的解除是经理权消灭的方式之一。综观各国立法例，经理权之解除主要基于以下几种原因：

其一，由商事主体主动撤销经理的经理权，根据《德国民法典》第168条第3款和第171条第2款之规定，撤销可由公司针对经理或第三人为之，也可通过公示等单方面法律行为进行。并且，《德国商法典》第52条第1款规定，在不影响规定的报酬请求权的情况下，撤销可以随时发生，亦无须阐述特别理由，更不必考虑作为授予经理权基础的基础法律关系。但公司可以在其章程中做出限定，只有当出于重大原因而确有必要时才允许撤销经理权。此种原因主要指经理严重违反义务或无能力正常执行业务。

其二，由于基础关系结束，经理权自动解除，这又被称为经理权的正常结束。如委托契约或劳动合同期满，各国多允许经理权自然解除。

其三，由于经理死亡，经理权被迫解除，这被称为经理权的非正常结束。但经理权不因商事主体的所有人的死亡而消灭，此与一般民事代理不同。

其四，当商事主体失去商事主体资格时，经理权也自动解除。因为，经理权授权者的资格受到限制，当商事主体失去商事主体资格时，不再有授权资格，经理权自动解除，同时避免经理制度为非商事主体带来的风险，不得选任经理。

经理权一旦解除，原经理即不再拥有代理权，不能再以商事主体名义为法律行为，其对外代理公司的行为原则上不具有约束商事主体的效力。如果原经理在丧失经理权后继续与第三人为法律行为，其法律后果将由原经理自行承担。同时为确保交易第三人的利益，德国、日本、韩国、意大利等对经理权授予有登记要求的国家，无一例外地均规定经理权之解除须办理登记手续。否则，不得对抗善意第三人。

（四）职务代理之业务代表（代办）

"代办"一词较之"经理"，无论在商事实践领域，还是在商法研究领域均令人更为陌生和费解。但是，"代办"在商事实践中的实际应用甚至比"经理"更为频繁。小至超市的营业员，大至各类跨国公司大中华区的销售经理，他们从本质上都属于"代办"。因此，"代办"的研究有其重要意义，也很有必要将德国商法典中的"代办"作进一步介绍和论述。

1. 术语的选择

围绕着"代办"这一概念，在我国实践中有多个词语用于表达此概念，如代办、业务代表、业务代理等。"代办"一词取自《德国商法典》第54条，为大陆法系学者的学术研究所广泛使用。"业务代表"在我国商事实践中被广泛地使用，但在学术研究上我国学者甚少使用该词。"业务代理"也常见与我国商事实践中，但也不被我国学者所使用。

此三个术语各有利弊，具体而言：

"代办"一词从德国学者到我国台湾地区学者均使用该术语进行学术研究，有广泛的学术基础，在国际性上也较优。但在我国并无受众基础，我国学者也少有研究"代办"者，同时民众对该用语更是鲜有耳闻。

"业务代表"在商事实践中已广泛使用，最能为民众所接受。但缺点在于该用语仅为商务用语，并非法学概念，甚至于我国学者几乎没有在学术作品中使用过该术语。且"代表"容易让人产生误读，其原因在于："代表"与"代理"的权力来源不同，"代表"权力源自代表人自身，如法定代表人是公司的表达机关，两者实为一体，权力来自自身。而"代理"权力来自本人的授权，经本人授权，代理人在权限范围内处理事务，法律效果归属于本人。因此，"业务代表"一词容易被误读为代表机关。

"业务代理"虽也常见于我国商事实践，但其表达意思为与金融行业相关的中间业务代理，如代收业务、代理证券业务、代理保险业务、其他代理业务等。此表达意思与"代办"想去甚远，更类似于代理商。同时，我国学者鲜有使用该词进行学者研究，但其优势在于可以克服"业务代表"被误读的弊端。

从立法角度考量，民众接受度应当作为最重要的标准。因此，以"业务代表"取代

“代办”作为立法用语的建议值得考虑。

2. 代办权的定义和作用

《德国商法典》第54条第1款规定:“某人不经授予经理权而有权经营营业或有权实施属于营业的一种种类的行为、或有权实施属于营业的个别行为时,代办权扩及由经营此种营业或实施此种行为通常所产生的一切行为和法律行为。”①德国法上将代办权规定为商事主体授予雇员属于营业的一类或一种行为的代理权。《日本商法典》第25条第1款规定:“被委任处理与商人营业相关的某类或者特定事项的雇员,有权实施与该事项相关的一切裁判外行为。”这些业务代表(代办)没有被授予如经理一样的全揽性的代理权,但可能就某类事项或特定事项被授予代理权。由此可见,德日商法对代办权的定义基本一致,代办权仅涉及营业一类或者特定事项的代理权。

代办权的作用在于为营业相关的某类或者特定事项的代理权设置权限范围。代办权的权限识别也存在客观的推断规则,所以任一交易第三人都可以依据通常状况审查此处代办权的范围并且只有在自己知悉或者应当知悉代办权人无“通常状况”的代办权时,特别限制的代办权才对其发生效力。所以,代办权的设定,包含了代办权范围的推断规则,其目的在于保护交易相对人对“通常状况”的权限范围的合理信赖。进而言之,商事主体授予代办权范围是完全自由的,只不过对不合“通常状况”的限制不约束善意第三人。

3. 代办权的范围及限制

根据代办权的范围不同,可以分为不同类型的代办权。如《德国商法典》第54条第1款的规定把代办权分为两种类型,即类型代办权、特殊代办权。《日本商法典》第25条第1款规定也类似与德国法上之规定,区分了类型代办权与特殊代办权。德日商法将诉讼上的权利排除在代办权的范围之外,此排除也是符合代办权权能局限性的特性。

虽然德日等国在商法典中对代办权下了定义,也给出了类型代办权和特殊代办权的权限范围。但是,具体代办权的范围实质上还是需要通过对商事主体的授权行为的意思表示进行推断,这也是代办权与经理权最大区别之一。经理权的权限范围是由法律固定下来的,所以对其任何限制都不得对抗善意第三人。但是代办权范围的认定,需要通过对授权行为的意思表示进行推断,易言之,具体代办权的权限范围是由商事主体的意思表示确定的,并没有法定权限范围,那么第三人的交易安全应当如何保护?在商业实践中,代办权的权限范围与特定雇员的职场身份——职位捆绑在了一起,交易第三人以特定业务雇员的职位来判断其代办权的范围,例如销售人员,其代办权范围是有关销售特定货物的权利,交易第三人因为其职位,而相信其有相应的通常的代办权,第三人的合理信赖应当获得法律保护。此代办权的认定规则是以特定职位推断代办权范围即为完成特定职务所需的一切行为。该认定规则经过商业实践反复使用,已在交易者心中形成确信力。因此,该认定规则已成为商事习惯,具有习惯法之效力。

① 《德国商法典》,杜景林、卢谌译,法律出版社2010年版,第26页。

即使特定雇员与商事主体之间就代办权的范围进行了特殊限制,也不得对抗善意第三人。也正如《德国商法典》第54条第3款:“对代办权进行其他限制的,只有在第三人明知或应知此种权限时,第三人才需要受此种限制的效力。”相较而言,经理因依法登记或者因为其他显著的权利外观,第三人是可以轻易地通过其权利外观,识别其身份,进而确定其法定权限的范围。而代办权的权利外观相对较模糊,但是,交易第三人与代办权人发生交易时,对代办权真实性和通常权限范围仍有审查义务,交易第三人需审查:特定雇员在交易场景下具备代办权的权利外观,此种权利外观需要使理性第三人产生确信,进而根据此权利外观识别其职位/职务,从而通过职位/职务推断此代办权的“通常范围”。

三、代理商

代理商在商业领域应用非常广泛,但我国商事立法与研究对其并没有给予足够的重视。大多数情形下仅简单适用意定代理的规则、原理进行分析、解决,很大程度上忽视代理商与一般意定代理的差异性。因此,借鉴德、日、法等大陆法系国家的代理商理论与规则,厘清代理商与一般意定代理、其他中间商的差异性,以此明确代理商的内涵外延、构建代理商的法律规则体系。

(一)代理商的概念及特征

代理商为特定的商事主体辅助营业,与特定商事主体形成长期性关系,看起来像商事主体的构成部分,但代理商绝对不从属于特定的商事主体。另外,代理商必须为特定商事主体代理或中介。如《德国商法典》第84条第1款:“代理商是指从事独立营业的商事主体持续性受托为另一商事主体进行媒介交易或者以其名义订立交易的人。”①除了德国商法外,日本、韩国、法国、瑞士、意大利等国家和地区均在立法中对代理商作出了规定。如《日本商法典》第27条规定:“代理商指经常性地为商事主体就其营业部类的交易从事交易代理或媒介的非从属于该商事主体的人。”②《韩国商法典》第87条:“代理商,是指作为非商业使用人而经常代理或者居间不属于其营业范围内的交易者。”③《瑞士债法典》第418条(A)规定:“代理人是指一个或者数个委托人基于一个持续的基础进行商事交易协商或者代表委托人由委托人承担后果缔结合同,并非委托人的雇员的人。”《法国商法典》第L134-1条规定:“代理商是指,没有劳务合同约束,以从事独立职业的名义,经常性以生产商、工业生产者、商人或其他代理商的名义并为他们的利益负责进行谈判,以及在可能情况下,签订买卖、销售、租赁或提供服务之合同的代理人。”④法国商法对代理商的定义,与德国法主观主义的思路不同,按照客观主义,完全根据行为,没有对主体进行任何限定。其特点:其一,对被代理人进行限定,即生产商、工业生产者、商人或其他商业代理人;其二,也应当具有独立

① 《德国商法典》,杜景林、卢谌译,法律出版社2010年版,第34页。

② 《日本商法典》,刘成杰译,柳经纬校,中国政法大学出版社2012年版,第66页。

③ 《韩国商法典》,吴日焕译,中国政法大学出版社1999年版,第20页。

④ 参见《法国商法典》(上),罗结珍译,北京大学出版社2015年版,第68页。

性、经常性的特质；其三，代理事项也相对较窄，仅仅包括谈判、签订买卖、销售、租赁或者提供服务之合同，但大致上与德国法的事项范围相近，只是将权限范围其进一步类型化了。本书认为，在德国商法定义的基础上，结合法国商法类型化的思路给代理商下定义，应当是比较完善的定义，即代理商是指受特定商事主体的长期委托，并为他们的利益负责进行媒介或者以特定商事主体的名义签订买卖、租赁或者提供服务等交易合同的独立的商事主体。

综观各国民商事法对“代理商”的定义，代理商有如下特征：

第一，代理商一般是商事主体。代理商有独立的营业场所、有自己财产、有自己商业名称，并通过自己的营业活动赚取报酬。在一般情形下，代理商为商事主体，但对于特定条件下的小营业经营者也适用。

第二，代理商具有独立性。代理商此特点明显与经理、业务代表(代办)等从属于商事主体内部的职务代理人相区分。代理商的独立性不仅体现在组织体的关系上，而且也体现在工作依附度上，代理商可以自由确定工作时间、工作顺序，在工作上具有一定自由度，并不依附于商事委托人。

第三，代理商与商事委托人之间必须是长期委托。长期是指，这一活动指向不特定大量交易的成立，并且合同的期限约定得较长。① 此长期性，让代理商与一般商事主体之间的代理区分开来，代理商受长期委托为特定商事主体为经营行为，由此产生一系列特殊的权利义务关系，代理商负有长期为特定商事主体的利益而行为的义务，同时其权利也受到特别的法律保护。

第四，代理商有两方面职责：其一，为特定商事主体的交易进行媒介；其二，以特定商事主体的名义进行交易。为交易进行媒介是指通过代理商介绍交易机会，直接或间接地影响到有意发生交易的第三人，从而使商事委托人与交易第三人之间达成交易协议。在此过程中，代理商只起媒介作用，代理商与第三人之间没有合同关系。以特定商事主体的名义进行交易是指代理商以商事委托人名义与交易第三人缔结合同，法律效果归属于委托之商事主体。

(二)代理商与其他中间商的区别

商业实践中，除了代理商，还有其他多种类似的中间商。虽然它们在功能上与代理商多有相似之处，但它们的法律性质却与代理商大相径庭。这些中间商中最容易与代理商产生混淆的有：居间商、行纪商、经销商、经纪人。

1. 代理商与居间商

居间商是居于交易双方间起介绍、协助的媒介中间人。《德国商法典》第 93 条第 1 款规定：“未被他人依合同关系长期委托而为他人承担有关买卖或转让商品或有价证券、保险、货物运输、船舶租赁或者其他商事交易标的合同的媒介，并以此为营业的人。”②在居间活动中，居间商以自己名义去促成交易双方的交易，但其没有义务必须

---

① ［德］卡纳里斯：《德国商法》，杨继译，法律出版社 2006 年版，第 416 页。

② 《德国商法典》，杜景林、卢谌译，法律出版社 2010 年版，第 44 页。

去促成交易,居间商只有促成交易才能请求报酬。虽代理商与居间商均为商事委托人提供媒介服务,但两者存在显著的区别。

第一,代理商在提供媒介服务具有一定的决策力,即在紧急交易的情形下,以商事委托人的利益为目的,根据自身的商业实践经验,作出相应的决策。但是,事后必须尽快向商事委托人报告。但居间商并不具有任何决策力,只能单一向商事委托人提供居间信息,然后等待商事委托人的决策,即使在等待决策过程中,会错失商机,也不得自行作出决策。

第二,代理商具有长期性,而居间商不要求长期性,可为一次性、偶然性。"长期"有两意:其一,合同期限较长;其二,为特定主体提供大量不特定的交易机会。代理商与商事委托人之间代理合同必须具备"长期性"的特点。居间商一般为一次性、偶然性,长期性不作为其本质要素。

第三,代理商有义务为特定商事主体提供大量的交易机会。居间商也可能与商事委托人之间签订期限较长的合同,并在客观上为商事委托人提供大量的交易机会,此时的居间商也符合"长期性"的特征。但与代理商不同在于,代理商为特定商事主体提供大量的交易机会为代理商合同的义务,而居间商无此义务,只是可能在客观上为商事委托人提供了大量的媒介服务。

第四,居间商一般只能在促成交易后,才请求支付报酬,而代理商无论是否促成交易,均可以请求支付报酬,只是报酬金额会受到促成与否的影响。

第五,居间商不负有报告义务,而代理商则负有向商事委托人报告代理事务的义务。

2. 代理商与行纪商

《德国商法典》第 383 条规定:"行纪商是指为他人考虑而用自己名义承担买受或出卖货物或者证券,并以此为业的人。"①行纪商在一些国家,如我国须经登记批准才能从事行纪营业活动,在行纪营业中,行纪商以自己的名义办理交易业务,所产生的权利义务先由行纪人承担,再由行纪人转让给商事委托人。虽代理商与行纪商均为商事委托人订立交易,但两者存在显著的区别:

第一,代理商是以商事委托人名义从事交易,绝对的显名主义,其效力直接归属于商事委托人。而行纪人则是以自己名义进行,其从事与第三人订立合同,合同效力不对商事委托人直接发生效力。

第二,代理商的业务可能是多方面的,实践中不仅包括提交货物等物权行为,还包括仅提供媒介服务、签订合同等债权行为。因此,代理商不限于买卖等发生物权转让的交易。而行纪人的侧重点更多在于物权行为,故限于从事货物或者有价证券买卖、买受和出卖。

3. 代理商与经销商

经销商最大的特点在于其与特定商事主体之间的关系为独特的双层结构,即经销商与特定商事主体之间的买卖关系以及经销商与交易第三人之间的买卖关系。由于

---

① 《德国商法典》,杜景林、卢谌译,法律出版社 2010 年版,第 223 页。

经销商以自己名义并为自己利益行为，他从特定商事主体那里买受产品又将其转卖给第三人。特定商事主体、经销商、第三人之间是由两个买卖合同构成的，这完全不同行纪人。因为，行纪人和商事委托人之间是一个委托关系，且为委托人利益从事行纪。同时，其与代理商之间存在更大的差异：

第一，特定商事主体与经销商之间是买卖关系；代理商与商事委托人之间是委托关系。

第二，经销商以自己名义从事商品销售；代理商以商事委托人的名义从事交易，并非以自己名义从事交易。

第三，经销商从事是买卖行为，所以销售有体物或者有价证券等；而代理商则不仅仅为买卖行为为限，可以为交易进行媒介或者以商事委托人名义进行交易。

4. 代理商与经纪人

大陆法系各国商法没有“经纪人”之概念，但我国在立法中规定了“经纪人”的概念。此概念最早出现在我国《经纪人管理办法》中，此办法现已失效。《经纪人管理办法》第 2 条规定：“经纪人是指在经济活动中，以收取佣金为目的，为促成他人交易而从事居间、行纪或者代理等经纪业务的自然人、法人和其他经济组织。”此办法中的“经纪人”的定义中没有突出营业性，只是将居间、行纪和代理糅合在一起提出一个起到统摄作用的上位概念。此糅合作为国家工商总局加强市场管理、促进特定行业发展之需，有其现实意义。但“经纪人”作为一个法学概念将民法上已有明确内涵、外延的几个概念强行糅合在一起，将“代理”“居间”“行纪”之间的概念界限模糊化，此模糊化处理是否具有正当性，仍需审慎考虑。“经纪人”在我国立法中的使用，除上述办法外，《证券经纪人管理暂行规定》、《保险经纪人管理规定（试行）》（失效）、《演出经纪人员管理办法》《上海市房地产经纪人管理暂行规定》、《浙江省体育经纪人管理试行办法》等也出现“经纪人”之表述。这些部门规章和地方性规章中的“经纪人”具备需要特定行业资格从事代理、居间、行纪等中介服务。但这些“经纪人”主体类型并不一致，根据主体类型的不同可分为三个类型：个人型、组织型、复合型。个人型是指该类经纪人只能是自然人，此类型经纪人包括证券经纪人、演出经纪人等。① 组织型是指该类经纪只能是组织，此类经纪人包括保险经纪人等。② 复合型是指该类经纪人既可以是自然人也可以是组织，此类经纪人包括房产经纪人、体育经纪人等。③ 个人

---

① 《证券经纪人管理暂行规定》第 4 条规定：“证券经纪人为证券从业人员，应当通过证券从业人员资格考试，并具备规定的证券从业人员执业条件。证券经纪人只能接受一家证券公司的委托，并应当代理证券公司从事客户招揽和客户服务等活动。”《演出经纪人员管理办法》第 3 条规定：“本办法所称演出经纪人员，包括在演出经纪机构中从事演出组织、制作、营销，演出居间、代理、行纪，演员签约、推广、代理等活动的从业人员；在县级文化主管部门备案的个体演出经纪人。”

② 《保险经纪人管理规定（试行）》第 2 条规定：“保险经纪人是指基于投保人的利益，为投保人与保险人订立保险合同提供中介服务，并依法收取佣金的有限责任公司。”

③ 《浙江省体育经纪人管理办法（试行）》第 3 条规定：“体育经纪人是指在体育经纪活动中提供中介服务，并以此获取佣金，依法设立的体育经济组织、独立经纪人。”《上海市房地产经纪人管理暂行规定》第 2 条规定：“房地产经纪人，是指具备经纪人条件、经工商行政管理部门核准登记并领取营业执照从事房地产经纪活动的组织和个人。”

型的经纪人为自然人与代理商的商事主体的性质不符，虽同为意定代理，也具有营利性，但不能被代理商所统摄。组织型的经纪人是实质上的代理商。而复合型的经纪人仅为组织时为代理商。因此，代理商与经纪人是部分重叠的两个概念。如果想进一步想用代理商的概念吸收经纪人，只需将商个人作为成为个人经纪（个人型经纪人和复合型的经纪人中的个人）的前提，此方式可以让经纪人与代理商在主体类型上保持一致。但代理商与经纪人在定义上仍有两处不一致：其一，经纪人定义缺少营业性的表述，但经纪人实质上也以营业性为特征，虽条文未明确表述，却为经纪人定义应有之义。其二，经纪人将行纪纳入其功能范畴，但代理商的功能不涵盖行纪。

综观英美法系的立法例，“经纪人”出现美国的商事立法中。如《美国统一商法典》第 8－102 条第 3 款规定：“本法中的‘经纪人’是指证券法规定的经纪人和经销商。（Broker means a person defined as a broker or dealer under the federal securities laws.）”此“经纪人”仅指证券经纪人，其业务仅为代理客户买卖证券。纽约证券交易所将证券经纪人分为五类：一是佣金经纪人（Commission Broker），是指投资银行或证券公司的代理，接收来自所属公司下属各分支机构的客户委托，按照客户的委托指令进行交易。二是独立经纪人（Independent Floor Broker），是指接收并执行其交易所会员和没有取得交易所会员资格的证券交易商的委托指令。三是零股经纪人（Odd-lot Dealer），是指专门受理 1～99 股的证券交易委托，在证券交易所发挥着补缺的作用。四是专家经纪人（Specialist），是指有双重作用：其一，受理其他经纪人转发的客户限价委托。其二，作为市商维持其负责的股票的供求平衡；五是债券经纪人（Bond Broker），是指仅从事债券的经纪活动。[①] 从这五类证券经纪人与我国的证券经纪人没有本质上的区别，接受证券公司或投资银行的委托，代理其从事证券交易，仍是通过证券经纪人资格考试，在证券交易委员会注册并领取执照的自然人。除证券经纪人外，运动员经纪人制度在美国也极度发达。2000 年，美国统一州法全国委员会通过了《美国统一运动员经纪人法》（*Uniform Athlete Agents Act*），推荐给全国各州和地区使用，以期消除各州在运动员经纪人立法上的差异，达到统一监管的目的。《美国统一运动员经纪人法》规定，运动员经纪人是指与学生运动员签订了经纪合同，代理学生运动员进行商业谈判，签订商业合同的个人。从性质上看，美国法上证券经纪人与运动员经纪人职业型的特定领域的个人代理，并非作为组织体的代理商。

5. 小结

在辨析上述概念的基础上，如果从立法论的角度出发，在未来的《商法通则》中如何规范“代理商”可以在我国最大限度地发挥“代理商制度”的价值。本书认为，用“经纪人”替代“代理商”是一种值得参考的选择。主要理由如下：

第一，“经纪人”相较于“代理商”更有立法和社会基础。具体而言，在实在法中已有部门规章和大量的地方性规章使用“经纪人”一词，且在工商部门等执法机构形成一定的共识。此外，“保险经纪人”“演出经纪人”“证券经纪人”也为国民所熟知，“经

---

① 吴晓求主编：《海外证券市场》，中国人民大学出版社 2002 年版，第 4～5 页。

纪人”在公众基础上也优于“代理商”。

第二,“经纪人”可以整合代理商、行纪商、居间商。在德日韩等大陆法系国家分别对代理商、行纪商、居间商在商法典中进行规定。因此,可以在法典中对三者的内涵外延进行清晰的界定,然后设置各自的规则。但我国《合同法》中的“居间合同”“行纪合同”中已规定相关的交易规则。所以,仅剩余“行纪商”“居间商”涉及特殊商事主体的相关“公法性质”的管制规则未作规定,而代理商也存在类似的规则。因此,用“经纪人”整合代理商、行纪商、居间商,其中交易规则以代理商为原型,管制规则对三者一体适用。

第三,代理商、居间商、行纪商的交易规则和管制规则的差异,可以用例外规定的立法技术予以解决。比如,代理商对商事委托人负有居间义务,而居间商对商事委托人无居间义务;对应的代理商即使居间不成也可以请求报酬,而居间商请求报酬必须以居间成功为要件等这些细节性差异可以通过例外规定方式得以妥善解决。

(三)代理商合同的法律性质

代理商因为其提供服务的长期性,使代理商合同带有了劳务性质的事务处理合同的属性,与劳动合同具有类似性。但其并非劳动合同,因而代理商不受劳动法保护的。代理商是要为了商事主体的利益从事相关的代理行为,因此各国立法者均认为代理商有获得特别保护的需要。因此,代理商合同也包含了一些劳动法的内容,这使其与劳动合同存在某些相似性。

正是因为代理商合同的劳务性,对于因存在无效和可撤销事实导致合同无效、可撤销的法律后果就是值得进一步探讨。按照合同法的一般原理,合同无效或者可撤销的后果,都是恢复到合同成立前状态。如果代理商合同按照一般合同无效或者可撤销规则处理,并不适当。因此,德国学者认为代理商合同无效后,仅仅导致合同不带溯及力的消灭或者产生了不当得利返还请求权。虽然这个观点在德国学者中并未达成一致,但有一定借鉴意义的。

因为不当得利在解决上述情况下的报酬请求权是非常有效的。《德国商法典》第818条规定:“商事主体对于代理商行为作为价值补偿应当支付剩余或者合适的报酬。”如果约定的报酬低于适合的报酬时,代理商在此种情况下不完全受报酬约定条款的约束,而根据商事主体的实际获利向其请求返还不当得利。

代理商合同的另一个特征:代理商相关的一系列条款不能以给代理商带来不利益的方式进行适用。德国商法的立法理由是:首先,德国立法者认为代理商有获得特别保护的需要,因代理商“长期”受委托,所以他和商事主体的合同有可能成为其主要的生活资料来源;其次,代理商在合同商议中他常常处在实际的弱者地位,需要强制性条款来明确保护;最后,代理商虽然有独立的商事主体地位,但通常都受商事主体的指示权的约束。[①] 总之,代理商合同包含了社会保障法的内容,很大程度上接近劳动合同。

(四)代理商的权利

代理商因其特性与一般意定代理产生了差异化,而这些差异化部分体现在代理商

---

① [德]卡纳里斯:《德国商法》,杨继译,法律出版社2006年版,第416页。

的权利之上,且这些权利在传统大陆法系国家和地区的商事立法中均以法定权利形式存在。这些权利中最具特点的是:代理商报酬请求权、补偿请求权、知情权、留置权。

1. 代理商的报酬请求权

《德国商法典》第87c条第1款规定:"对于商事代理人享有请求权的报酬,经营者应当每个月结算一次;结算期间至多可以扩及于3个月。结算应当不迟延地进行,并且至迟应当于下个月结束时进行。"[①]德国商法赋予代理商报酬请求权,该报酬请求权是因代理商提供了相应媒介服务,与特定商事主体构成了相互联系的对待给付。

通过法定报酬请求权,使有偿代理成为代理商的一般原则,代理商对其代理期间内居间和以商事委托人名义成立的交易当然享有报酬请求权。基于代理商的报酬请求权,商事委托人负有报酬结算和报酬支付的义务。代理商和商事委托人之间的权利义务蕴含在交易之中,促使代理商成了一种广泛的商业模式。因此,将代理商的报酬请求权法定化,有其必要性。

在特定情境下,代理商促成了商事委托人和第三人的相识并产生合作机会。但是,商事委托人和第三人却协商将代理商排除在交易之外,达成私下交易,让代理商的劳动付诸东流。显然这对代理商极其不公平,而且这种情境在商业实践中比比皆是,出于公平原则的考量,代理商在合同存续期间起到间接促成交易的作用时,也应当赋予代理商报酬请求权。

代理商报酬请求权以法定为原则,即使合同没有约定商事委托人需要支付报酬,也应认定为需要支付报酬。但是合同未约定报酬数额时,报酬数额按照代理商职责所涵盖的活动领域实行的商事惯例获得报酬。没有此种商事惯例的,考虑业务交易相关的各种因素的基础上计算的合理报酬。

2. 代理商的补偿请求权

《德国商法典》第89b条规定:"(1)在下列情形,并以此为限,代理商在合同关系终止后,可以向企业主请求适当的补偿:①企业主即使在合同关系终止后,仍因与代理商争取到的新的客户的交易关系而具有显著利益;②代理商因合同关系的终止而丧失报酬请求权,而其在同一关系继续时基于已经成立的或在将来成立的、与由其争取到的客户的交易将享有此种请求权;③从一切情况考虑,支付补偿符合公平原则。代理商已明显扩大与一名客户的交易关系,致使此举在经济上相当于争取到一名新的客户的,视同争取到一名新的客户……"[②]代理商的补偿请求权是出于公平原则的考量,给予在代理过程中为促成交易付出劳动的代理商,在合同终止后无报酬请求权时,赋予一种救济性的权利。

补偿和报酬在性质上有类似性,即都是对代理商在商事委托人和第三人交易中所付出的劳动力的对价。但是,主要区分在于报酬发生在代理关系存续中,而补偿发生在代理关系终止后。因为报酬请求权是基于代理关系,以代理关系存续为前提的,一

---

① 《德国商法典》,杜景林、卢谌译,法律出版社2010年版,第37页。

② 同上书,第39页。

旦代理关系终止,报酬请求权的请求权基础就丧失了。但是代理商付出劳动,不会因为代理关系的终止而消失,所以商事委托人在代理关系终止时,商事委托人仍应支付相应的对价。而这种请求支付对价的权利也必须通过法律明确规定,即代理商的补偿请求权。

在代理关系终止后,代理商的补偿请求权,必须是以其付出劳动前提,其劳动对商事委托人与第三人之间交易的达成起到了促进作用。因此就存在两种情形:其一,代理关系终止后,商事委托人因与代理商争取到的第三人达成的交易中获得重大利益的,但代理商未实际参与交易。其二,代理商参与交易,但由于代理合同的终止将失去报酬请求权,但是交易却成立了,根据公平原则应当支付补偿。但是,如果代理关系因可归责于代理人的事由而取消的,代理人就失去享有补偿请求权的正当性,因而不能享有补偿请求权。

3. 代理商的知情权

代理商的知情权,也意味着特定商事主体的通知义务。各国立法例,都是以商事主体的通知义务来确定代理商的知情权。如《德国商法典》第86a条第2款规定:"(2)企业主应向代理商进行必要的通知。对于由代理商媒介或无代理权成立的交易的接受或拒绝,以及对于由其媒介或成立的交易的不实行,企业主应不迟延地向其进行通知。企业主预计只能或只愿以明显小于代理商在通常情况下可以期待的范围成立交易的,应不迟延地向其进行通知……"[①]《瑞士债法典》第418条F规定:商事委托人应当尽力保证代理人能富有成效地工作。商事委托人应当特别供其掌握必要信息。

为什么各国立法例不从正面规定代理商知情权而是规定了商事委托人的通知义务呢?其原因在于商事委托人对委托事务履行中的重大事项的发生及变更的一系列信息的绝对掌握,而代理商往往后知后觉。只有将通知义务分配给商事委托人才能起到防止损失的发生和扩大的目的。如商事委托人不履行通知义务,导致损失的发生或扩大,其就应当承担相应的责任。这样能最便捷地促进信息流通的效率。特别是涉及委托事务履行的重大事项变更的信息的通知。这些信息往往决定交易成败,商事委托人应当及时通知代理商,如若等到代理商行使知情权,交易达成黄金时间点可能就此错过。因此,为商事委托人设置通知义务是出于效率原则的考虑,但该义务的设置并不否认代理商的知情权,且权利与义务是一一对应的关系,商事委托人的通知义务,也对应着代理商的知情权。

4. 代理商的留置权

商事留置权滥觞于中世纪意大利的商人习惯法,是保障商事交易中债权债务关系得以迅速清偿,维护商事交易安全和效率的重要法律制度。在持续交易关系中,一方因取得的债权而占有他人的所有物,依此维护商人间的信用。代理商的留置权就是属于商事留置权,其作用也是保障代理商之报酬请求权的实现。如《日本商法典》第31条规定:"代理商从事交易代理或媒介所生债权的清偿期到来时,在该债权得到清偿

---

① 《德国商法典》,杜景林、卢谌译,法律出版社2010年版,第35页。

以前,可以留置其为商人占有的物或有价证券。但当事人间有特别意思表示时,不在此限。”①

代理商留置权的法律特征如下:①代理商留置权的主体很明显只能是代理商;②代理商留置权所担保的主债权是报酬请求权;③代理商留置权的客体——留置物限定动产、有价证券;④商事代理特点在于被担保的债权与留置物的牵连性体现为“营业关系”。而这种“营业关系”在代理商的留置权就具体体现为代理商的代理营业关系。

(五)代理商的义务

1.代理商的忠实和勤勉义务

代理商具备商事主体内管理层的某些特性,如为特定商事主体的利益、自由处理委托事项、遵从商事主体的指示等。但是,代理商并非特定商事主体管理层或者雇员,不能通过《公司法》《劳动法》及相关法律法规对两者之间的关系进行调整。因此,需要特别立法对代理商的忠实和勤勉义务进行规定。如《德国商法典》第86条规定:“(1)代理商应努力为企业主媒介,或成立交易;在此,其应维护企业主的利益……”《瑞士债法典》第418条C规定:“代理人负有同于一般商人的注意程度以保护委托人利益。”因此,代理商应以商事委托人的利益为中心,努力为商事委托人发挥媒介作用或促进交易达成,实质是忠实义务和勤勉义务应有之义。

其中忠实义务的另一个体现是代理商需要遵从商事主体的指示,这是也是代理商合同的事务处理特征。但是商事主体的指示权存在一定的界限,其界限在于:指示权是对代理商的法定和约定义务的具体化,具体指示要求应当在代理商的义务范围之内进行。特定商事主体在代理商义务的基础上,可以指示代理商努力针对特定的人群展开交易活动。

2.代理商的通知义务

代理商因为其长期性,在代理过程中会获得大量商事委托人未知的信息,而这些信息,可能对商事委托人至关重要。因此,代理商有义务及时向商事委托人进行通知。如《德国商法典》第86第2款:“代理商应向企业主进行必要的通知,特别是不迟延地向其通知任何交易的媒介和任何交易的成立。”《日本商法典》第27条:“代理商(指经常性地为商人就其营业部类的交易从事交易代理或媒介的非从属于商人的人,下同)从事交易代理或媒介时,必须及时向商人通知该事项。这些信息是指任何交易的媒介和任何交易成立相关的信息。”这些信息不仅包括媒介成功和交易成功的信息,还应包括绝大部分的媒介过程和交易过程中的信息,以便商事委托人根据即时的具体信息迅速地采取措施或变更策略。

3.代理商的商业秘密保护义务

代理商负有商业秘密保护义务,即代理商在代理关系存续期间和终止后,不得擅自利用或向第三人披露因其为代理活动而知悉的商事委托人的商业秘密。尤其在现代商业社会,商业秘密重要性与日俱增,无论在财产价值上,还是运营价值上都对商事

---

① 《日本商法典》,刘成杰译、柳经纬校,中国政法大学出版社2012年版,第70页。

主体至关重要。一旦泄露,对将其造成无法弥补的损失。因此,代理商应本着诚实守信的原则为被代理人服务,绝不泄露在为被代理人进行代理活动的过程中知悉的所有交易秘密。如《瑞士债法典》第418条D规定:“代理人不得使用或者泄露因代理关系委托给他的或者让其知悉的商业秘密,在代理合同终止后亦同。”

4.代理商的竞业禁止义务

在代理期限内,为了维护商事委托人的利益,各国立法例都对竞业禁止义务进行了规定。但是竞业禁止的范围却存在争议。观点一认为,应该像职务代理之经理一样,对一般性竞业禁止行为一律禁止。如《日本商法典》对两类行为进行了禁止,该两类行为为:①为自己或他人进行与该商事主体的营业属于同一部类的交易。②成为与该商事主体经营同种类营业之公司的董事、执行官或者执行业务的社员。观点二认为,因代理商具有一定的独立性,代理商可以接受多个存在竞争关系的商事主体的委托,但在同等条件下应当将商业机会优先用于委托在先的商事委托人的代理事务。

商业实践中,很多代理商的规模发展的越来越大,成为一种行业类别。在代理商发展的过程中,代理商因商事委托人们之间存在竞争,很容易构成一般性的竞业禁止行为。如果一律的杜绝,就会限制代理商行业的发展。所以上述观点二是更符合现代商业社会选择。主要理由如下:

第一,商事委托人可以自主决定向代理商披露的商业秘密的范围,如果真的涉及重大的商业秘密,商事委托人会选择自己进行交易。因此,在多数情况下,代理商获得特定商事委托人的商业秘密,对商事主体的存续与发展不起决定性作用。

第二,代理商作为外部营业辅助人与商事委托人之间虽基于信任。但是,这种信义义务的程度较低。在此程度的信义义务下,竞业禁止义务也应与之相适应,不宜过大。

第三,代理商处理有竞争关系的商事委托人的委托事项时,因授权范围的细节差异,可以公平的实现商事委托人们的利益诉求。实务中,相互竞争的商事委托人各自授予的代理权范围可能类似,但授权范围中如价格、质量、数量等一些在居间和交易中的关键因素却不同,这使得代理商在处理不同商事委托人的事务时,可以根据不同授权细节范围公平处理。

第四,竞业禁止原则虽然会对代理商的职业道德有一定规范作用。但代理商的道德问题不应作为加重竞业禁止的主要理由。假如代理商的职业道德存在问题,即使代理商只能接受单一的委托,也会以其他形式将商业机会让渡出去,为谋取私利并给商事委托人造成损失。代理商的职业道德问题应通过树立行业标准予以解决,通过市场机制淘汰职业道德较低的代理商。

第五,为了实现促进代理商行业发展的目标,将代理商竞业禁止范围放开也更为适当,否则代理商会因可选择的商事委托人过于单一,而抑制代理商行业的整体规模。

四、我国商事代理制度的立法现状及立法的路径选择

(一)我国的立法现状及问题

综观大陆法系国家和地区,商事代理制度都有一套体系性规范群,一般将商事代

理类型化为经理权、代办权、代理商三类分别进行规定。反观我国的商事代理规范却寥寥无几。其中,职务代理相关的规范仅有《民法总则》第170条、《民法通则》第43条、《公司法》第49条等。代理商(经纪人)规范在我国仅有部门规章《经纪人管理办法》,且已失效,剩余均为地方性规章,无法作为商事裁判之依据。唯一体系性的成文化的商事代理规范即《深圳经济特区商事条例》,分别规定于第六章"商业雇员"和第七章"代理商",共计17条。但其立法层级也仅为地方性法规,且已失效。

在商事代理立法短缺背景下,也势必会出现一系列的问题:

第一,体系性缺失。商事代理制度作为商事法律制度重要组成部分,应当遵循体系化、科学化规律的内在要求。而体系性具体体现为法律的形式理性,可以作为商事代理制度体系化要求的有力注脚。所谓法的形式理性,主要是指由理智控制的法律规则的系统化、科学化以及法律制定与适用过程的形式化。[①] 按照德国著名的法社会学家马克斯·韦伯的观点,形式理性是法所追求的最高层次的合理性,即逻辑形式的合理性。他认为,从理论上讲,法律发展的最后阶段是专业法学家在文献和形式逻辑培训的基础上进行的系统立法,由于这种专业性、逻辑性和系统性,使立法与司法的技术趋向合理。[②] 商事代理制度的体系性立法可以提高商事代理规则的逻辑完整性和内容经济性。

第二,代理相关法律制度之间的矛盾与冲突。商事代理制度的缺失,会让许多商事实践中本该由商事代理制度调整的内容,转变为民事代理调整。但民事代理规则背后许多理念与商事代理制度相违背,最典型例证为商事代理以有偿为一般原则,而民事代理以无偿为一般原则等一系列矛盾与冲突,也只能通过立法形式完善商事代理制度。

第三,部分商事代理规范的立法层级太低。我国唯一成体系性的商事代理规范为《深圳经济特区商事条例》,其立法层级仅为地方性法规且已失效。即便该条例仍有效,其所能调整地域也过窄,无法发挥商事代理制度应有的功效。因此,尽快制定一部"商法通则"并包含商事代理制度,提升有关法规、规章的立法层次,已是非常必要。希望通过"商法通则"的制定,能够起到规范商事代理行为,加强对商事法律关系的调整,并且切实保护公民、法人合法权益的现实而有益的作用。[③]

(二)商事代理制度立法与民法典编纂的关系

从目前公布《民法总则》与《民法典》立法计划来看,《民法总则》仅第170条对职务代理法律效果归属作了概括性的规定,其他具体的规则均未作规定。民商合一体例的国家一般有两种传统的完善方式:其一,商法在民法典中独立成编,然后将商事代理制度在"商法编"中作详细规定。其二,将商事代理类型化为几类有名合同,如经理合同、代理商合同等并安放在"债编"中。但是,从我国对《民法典》的规划来看,分则编计划分为物权编、合同编、侵权责任编、婚姻家庭编和继承编等,并没有独立的"商

① 参见黄金荣:《法的形式理性论》,载《比较法研究》2000年第3期。

② [德]马克斯·韦伯:《经济与社会》(下卷),商务印书馆1998年版,第201页。

③ 参见赵旭东:《制度商法通则的五大理由》,载《中国商法年刊》2007年版,第10页。

法编”。因此,在民法典内完善的第一种方式无法实现。就民法典内完善的第二种方式而言,此方式也是民商合一体例下常见的方式,如瑞士、俄罗斯等国家均采用此方式。但从目前我国合同编的编纂计划来看,并无添加职务代理合同、代理商合同等商事代理合同的计划。因此,以添加“有名合同”方式完善商事代理制度也暂不可行。

将商事代理制度纳入民法典中完善的方式碍于现实无法实现。此“无法实现”并不需要过多惋惜,因为民法典是否真正适合纳入商事代理制度仍值得我们审慎思考。

商事代理制度相较于民事代理制度有不可忽视的独特的双重属性,其兼具交易面和管制面。从交易面上看,将商事代理中与交易相关的规则纳入“合同编”中并作区别与民事代理的规定,以此方式完善商事代理中的交易规则应不成问题。但从管制面上看,商事代理规范涉及国家促进经济、行业发展、行业管制等“公法属性的规范”,如:经理范围法定、经理权不得转让、经理的登记、经理竞业禁止和保密义务、代理商的竞业禁止和保密义务等。而这些规范与民法、合同法所蕴含的私法自治的品格并不吻合的,不宜进入民法典。[①] 如果强制将这些商事代理规范编排在民法典中,既破坏了民法典私法自治的逻辑理性,又破坏了商事代理立法的形式理性,两伤其美。

(三)立法路径选择

在采用民商合一体例的前提下,既然商事代理制度不宜规定在民法典中,那么未来商事代理制度的立法模式存在两种可能的路径:其一,“商法通则中独立成章”模式;其二,“单行商事代理法”模式。“商法通则中独立成章”模式与“单行商事代理法”模式的选择取决于何者更能契合我国商法的体系性发展,何者更能实现商事代理制度的立法目的,何者更能协调好和民事代理制度适用顺序。

第一,“商法通则中独立成章”模式更符合商事代理制度自身体系性、逻辑性的要求。商事代理制度与商主体制度、商行为制度具有天然的密不可分性,从商法体系建构角度,商事代理制度、商主体制度、商行为制度通过《商法通则》进行统一制定能够优化商法的规则体系。

第二,“商法通则中独立成章”模式可以协调各商事单行法中“商事代理规则”各自为政的冲突,消除彼此间的矛盾。商事代理制度规定在“商事通则”中,可提升到商事一般法的位阶,才能协调这些位阶各异的部分冲突的“商事代理规则”。而“单行商事代理法”模式,其位阶一般会是行政法规甚至部门规章,无法真正协调这些分散的“商事代理规则”,消除它们之间的矛盾和冲突。

第二,“商法通则中独立成章”模式可以根据“特别法优于一般法”的法律适用原则去修正某些民事代理规则对商事主体适用的不合理性。具言之,《民法典》与《商法通则》之间是一般法和特别法之间的关系,“商法通则”中的商事代理规则可以优先于

---

① 徐深澄:《商事代理制度的合理性与立法路径选择——以“职务行为”的司法困境为分析起点》,载《浙江学刊》2017 年第 5 期。

民事代理规则适用，以此来修正某些民事代理制度适用商事主体时造成的不合理影响。显然，“单行商事代理法”模式因其低位阶，会造成“上位法优于下位法”与“特别法优于一般法”之间的冲突，导致其适用障碍，无法起到修正“民事代理”的作用。

综上所述，无论从追求商事代理制度形式理性的角度，还是从充分发挥商事代理制度功能的角度，“商法通则中独立成章”模式均是更具科学性和务实性的立法选择。

第十章　商事营业与转让

一、营业与营业财产

(一)营业的含义

营业作为商事活动中的重要概念,虽在各国法律规定中有不同程度的体现,但其内涵与外延却存在较大差异,主要有主观意义(动词)与客观意义(名词)之分①,前者是指商事主体特定的经营活动、市场行为,而后者指的是具有特定营业目的的综合性财产组织体。②

在大陆法系国家中,以德国与法国为例,《德国商法典》第1条第2项规定"商事营利事业指任何营利事业经营,但企业依照性质或者规模不需要以商人方式所设置的营业经营的,不在此限",③对此,德国学者卡纳里斯认为"营业是一种独立的、有偿的,包括不特定的多种行为的、向外公示的行为,但是艺术、科学的活动和那些其成果需要高度人身性的自由职业不包括在内",④这是以主观意义定义营业。另外,《德国商法典》第25条第1款第1句"以原商号附加或不附加表示继任关系的字样继续生前所取得的营业的人,对原所有人在营业中设定的一切债务负责任"、⑤《德国民法典》第613a条规定"在企业转移的情形下的权利义务"等条款则体现了客观意义上的营业,在德国,客观意义的营业,或称为营业,或称为企业,是指"商人企业是和包括债务在内的一系列有关标的物(物、权利、机会、关系等)相关的活动集合"。⑥《法国商法典》专门规定"营业资产"一编,但并未界定营业资产的含义。法国法院判例与学说认为,营业资产是商人用于从事某项经营活动的全部动产,由有体动产和无形动产两部分组成,前者包括待出售的商品、从事经营活动所需的设备和器材,后者主要是指顾客群体、经营场地的租约权、商业名称、专利、营业执照、许可证等。⑦ 可见,《法国商法典》中规定的营业资产对应的是客观意义上的营业。

在英美法系中,主观意义上的营业(Do Business or Trade)是指"商业事业、企业以

---

① "营业"一词具有动词与名词的双重属性,营业的动词用法如营业权、营业税、营业执照等,而营业转让、营业信托等语境下则是营业的名词用法。营业的动、名词属性又称为营业的主、客观形式。

② [日]松波仁一郎:《日本商法论》,秦瑞玠等译,中国政法大学出版社2005年版,第42页。

③ 《德国商法典》,杜景林、卢谌译,法律出版社2006年版,第3页。

④ [德]C. W. 卡纳里斯:《德国商法》,杨继译,法律出版社2006年版,第36页。

⑤ 《德国商法典》,杜景林、卢谌译,法律出版社2006年版,第17页。

⑥ [德]C. W. 卡纳里斯:《德国商法》,杨继译,法律出版社2006年版,第226页。

⑦ [法]伊夫·居荣:《法国商法》,罗杰珍、赵海峰译,北京大学出版社2015年版,第82页。

营利为目的的经营性活动”,[①]客观意义上的营业(Business/Part of Business/Undertaking),以欧盟为例,是指以特定经营活动为目的的,有组织的财产组合。[②]

我国学界亦采营业的主客观之分。有学者认为,营业一词有两种含义:一为主观意义,指营业活动,即以营利为目的而进行的连续的、有计划的活动(行为);二为客观意义,指营业财产,即供进行营业活动之用的有组织的一切财产以及在营业活动中形成的各种有价值的事实关系的总体。[③] 也有学者认为,营业的意义是多重的,它有时是指商人的营利活动,也有时是指商人为实现一定的营利目的而运用全部财产的组织体。前者称为主观意义的营业,又称为活动的营业;后者称为客观意义的营业,又称为组织的营业。[④]

综上所述,营业的概念有主客观之分,主观营业是指经营活动,而客观营业指的是营业财产或营业组织。需要明确的是,营业转让制度在客观意义上使用“营业”一词,本章语境下,若无特别说明,均指客观意义上的营业。而对于客观意义上营业的本质学理上仍存争议,主要有营业财产说、营业组织说、营业行为说、企业者地位说等。[⑤]其中,营业财产说为我国学者所普遍接受。[⑥] 该说认为,客观意义上的营业即营业财产,包括各种财产和具有财产价值的事实关系的总和。本书认为,对营业本质的定位则需考量营业转让的初衷或目的,即在维持营业整体性、有机性的基础上,实现控制权的转移,转让人通过营业整体出让获取最有利市场对价,而受让人通过受让具备一定规模的营业,最快获得营业收益。基于此,本书持营业财产说观点,营业应指经营活动中所使用的各种财产以及固定下来的具有财产价值的各种事实关系共同构成的有机性整体,是“为实现一定营业目的而组织化了的、被作为有机体的机能性财产”。[⑦]

(二)营业财产的特征与范围

1. 营业财产的特征

营业财产的具体内容并无清晰明了的清单式规定,不同商事主体营业财产的构成各不相同,是否属于营业财产需要结合实践具体分析。而营业财产的特征则是实践中判断营业构成着重考量的因素。

有学者认为,营业财产是具有独特法律属性的财产形态,营业财产的独特性可概括为以下四个方面:(1)权属的可控性。营业财产是企业可以控制的各种经济资源,无论这种资源的表现形式如何,无论是否载入资产负债表,无论是否是有形资产,凡属于企业可控制的资源,都可纳入营业财产。(2)要素的整体性。营业财产有时表现为

---

① See Bryan A. Gamer, *Black's Law Dictionary*-Eighth Edition. West, a Thomson business, 2004, p. 211.

② Roger Blanpain, *European Labour Law*. Kuwer Law Internatioal BV, The Netherlands, 2014, p. 844.

③ 谢怀拭:《外国民商法精要》(第3版),法律出版社2014年版,第257页。

④ 王保树:《商法总论》,清华大学出版社2007年版,第183页。

⑤ 参见刘小勇:《营业转让制度研究——以日本法为中心展开》,中国人民大学出版社2014年版,第27页。相同观点参见郭娅丽:《营业转让法律制度研究》,法律出版社2012年版,第20~21页。

⑥ 参见王保树:《寻找规制营业的“根”与“本”》,载《中国商法年刊(2007)》,北京大学出版社2008年版,第209页。相同观点参见叶林:《营业资产法律制度研究》,载《甘肃政法学院学报》2007年第1期。

⑦ 王保树:《商法总论》,清华大学出版社2007年版,第185页。

企业的整体,但有时表现为企业的某个系统、某项业务或者某些营业,如某个店面或者某个车间。这些系统、业务和营业构成一个有机整体,从而区别于企业的单一财产,营业财产的构成,每个资产要素都可以相对独立出来,甚至单独转让,但这些资产要素必须结合为有机体,才具有营业财产的属性。(3)价值的确定性。即营业财产价值并不单纯依赖于企业的净资产数值,也不单纯依赖于营业利润水平,营业财产具有创造价值的可能性。(4)可转让性。营业财产的各个要素分别具有财产权利和人身权利的属性,属于企业可控制的经济资源,具有财产权利的属性范畴。① 也有学者提出,营业特征包括以下三方面:(1)服务于商人营利目的的财产。(2)具有组织性。它是有机结合的组织一体的财产,不是单个财产或单个财产的简单相加。(3)具有机能性。应具有完成某种经营活动,实现某种经营目的的机能。② 学界对营业财产性质存在其他的观点,其大同小异之处,笔者在此不再赘述。总结而言,营业财产的特征是:以特定营利为目的、具有确定的价格、能够为商事主体所控制、可以转让、具备机能性等。

对营业财产特征的描述建立于营业财产是一种财产权的基础之上,故财产权的对世性、可转让性等③一般性特征,营业财产应都具备乃题中之义。另外,营业财产的特征应从营业财产是什么为逻辑出发点,而非以营业财产有何用处为起点,即营业财产服务于商人营利目的并非其本质特征。基于此,需要我们进一步斟酌的是,营业财产区别于其他财产权所具有的独特性是什么?本书认为,机能性是营业财产的本质特征,即营业财产作为组织化了的一个整体,具有实现某种经营目的的机能。营业财产是"为实现一定营业目的而组织化了的、被作为有机体的机能性财产",④其最大的独特性体现于,整体性与有机性的结合,"从表面上看,营业财产也是由无数单一的财产构成的,包括有形资产和无形资产。但是,单一财产结合为营业财产,并不是单一财产的混合,而是服务于一定的经营目的有机结合。这种有机结合的营业财产,更注重于其整体性和作为整体的运用价值,而忽略其个别性特征"。"当然,强调营业财产的整体性有机结合,并不意味着否定单一财产的存在价值和被处分的可能。例如某项设备既可以充当营业财产的组成要素,也可以作为一项单一财产存在与被卖出"。⑤ "以营业目的为中心,拘束着构成营业资产的个别物或权利,但并不排斥这些个别的物或权利在脱离营业资产的关系中成为其他权利独立的、个别的客体"。⑥ 营业财产作为一个财产整体,并不是物或权利的简单堆积,其内在的有机能性是营业财产区别于其他财产的本质特征。

---

① 叶林:《营业资产法律制度研究》,载《甘肃政法学院学报》2007 年第 1 期。

② 朱慈蕴:《营业规制在商法中的地位》,载《清华法学》2008 年第 4 期。

③ 参见王涌:《财产权谱系——财产权法定主义与民法典——财产法总则》,载《政法论坛》2016 年第 1 期。他认为财产权的形态虽然纷繁复杂,但从最简单的形态——公物,到最圆满的形态——所有权,中间存在许多形态。财产形态从单纯的排他性到复杂的可转让性,由简及繁,可以形成一个清晰的财产权谱系。所有权作为最圆满的财产权,具有法律上的垄断性,具有可许可的权力,也可能整体转让。

④ 王保树:《商法总论》,清华大学出版社 2007 年版,第 185 页。

⑤ 朱慈蕴:《营业规制在商法中的地位》,载《清华法学》2008 年第 4 期。

⑥ 孙英:《营业财产:特殊的财产形态》,载《山东审判》2008 年第 6 期。

2. 营业财产的范围

营业财产的范围是指构成营业所不可缺少的因素，学界对营业财产的构成要素存在分歧。主要有以下两种观点：（1）营业财产的构成包括积极财产和消极财产。①积极财产包括动产、不动产、无形财产等；消极财产包括营业上各种负债。（2）营业财产包括有形财产与无形财产，前者是具有物理外观的财产，如商品、设备、原材料等，后者包括顾客群、地理位置、商业秘密、商誉等。②

笔者认为，营业财产的构成要素是转让人与受让人最重要的交易谈判条件之一，在具体的营业转让实践中有不同的约定，法律不宜对其直接限定。虽然法律未对营业财产的具体要素进行规定，但营业转让是有机整体性财产的转让始终是适用营业转让制度的前提，这维持了法律概念的明确性与统一性，并不会导致适用混乱。在判断是否构成营业时，应着重强调其有机整体性，只要构成有机的、可发挥营业功能的整体性财产时，虽缺乏某些通说认为的营业构成要素，也应构成营业。即商事法律关于营业转让制度中的营业定义应重视有机性、整体性的一般性判断标准，而无须直接规定其构成要素。

二、营业转让制度基本原理

（一）营业转让的性质

第一，营业转让的实质是，在维持拟转让营业整体性、有机性的基础上，实现营业主体的转换。③对营业能否转让存在财产论与实体论的分歧：财产理论持肯定观点，认为营业是各种财产的组织综合体，可以成为市场交易的客体，营业转让建立在意思自治的基础上，运行有效的市场机制能够使对营业评价最高的人出价获得营业财产，促进社会总体福利的最大化；而实体理论则相反，其认为营业作为有机的组织体，其经营与特定的社区利益、地域文化密切相关，营业转让将损害到企业与其所在地域社会关系网络之间的业已形成的信赖关系。我国通说采前者观点，④笔者亦赞同财产论，理由如下：首先，营业转让具有持续性，“拟转让营业前后从事相同或类似的市场活动，具有同一性”（持续性），⑤即营业转让是在营业维持的前提下，实现拟转让营业控制主体的转换，其涉及的是营业的内部关系问题，而并不牵涉实体理论中营业作为组织体的外部关系的变化，实体理论未能妥善考虑营业的持续性；其次，退一步而言，假若实体理论已考虑了营业的持续性，仍认为即使营业持续，营业控制主体的转换导致的经营理念、运行模式等变化将影响营业的外部关系，而否定营业转让。那么，实体理论则忽视了营业转让可防止营业解体的功能，与其为维护区域关系平衡而限制甚至禁

① 参见谢怀栻：《外国民商法精要》，法律出版社2006年版，第257页。相同观点参见王保树：《寻找营业规制的“根”与“本”》，载《中国商法年刊（2007）》，北京大学出版社2008年版，第209页。

② 叶林：《营业资产法律制度研究》，载《甘肃政法学院学报》2007年第1期。

③ 同上。

④ 例如“营业财产是商人的有组织的、具有机能的全部或一部财产，是多数的物和权利的集合。”参见王保树：《中国商法》，人民法院出版社2010年版，第73页。

⑤ See Roger Blanpain, *European Labour Law*, Kuwer Law Internatioal BV, The Netherlands, 2014, p. 846.

止营业转让,导致营业解体,不如鼓励营业转让,引进新的营业控制主体,实现营业维持。

第二,营业转让合同是一种债权合同,[①]是营业转让人与营业受让人就拟转让营业所订立的买卖合同,转让人负有移转营业的义务,受让负有支付对价的义务,营业转让如同债之法锁,将转让人与受让人拘束于营业转让合同之下。需要进一步释明的是,营业转让合同在一定程度上突破债之相对性原则,营业转让人与营业受让人之间的合意约束第三人,如营业转让中经营性合同的继受、劳动合同的继受等。这是交易效率、公共利益等原则对意思自治原则在商法中适用的合理限制。

（二）营业转让的制度价值:营商自由与交易安全的平衡

营商自由原则是指商主体在遵守法律法规的前提下,依照自己的意愿进行商事营业和商事活动的原则。营商自由原则保障商事主体享有的自主经营权。"不该管的不管",应充分尊重商主体的意思自治,发挥其主观能动性,以实现利润最大化。但是,商事制度是"为那些精于识别自己的利益并且毫无顾忌地追求自身利益的极端自私和聪明的人而设计的"[②],商事交易中过度的利己主义,交易的简便、迅捷将带来诸多的不安全因素,如商事活动中的失信行为、欺诈行为,交易过程中的错误表示和重大误解等,因此有必要对其进行适当规制,以维护交易安全。就营业转让而言,商事主体作为理性经济人,能够为自己利益做最佳安排,其营业自由不受干涉,企业的日常交易属于意思自治的范围,法律应扮演好守夜人角色,尽量避免干预;然而,企业转让营业涉及第三人利益及社会总体福利,为避免企业以营业转让的形式转嫁自身风险,法律需对其进行市场规制。那么,营业转让的制度价值抉择则涉及营商自由与交易安全冲突的情形,例如,营业转让债权债务承担问题,若以营商自由为价值导向,则应最大限度地促进营业转让,受让人不承担清偿责任;而若以交易安全为价值导向,则应保护第三方债权人的利益,受让人对因营业形成的债务承担清偿责任。不同的制度价值取向将直接决定具体规则的内容。将规则的冲突上升为规则背后价值、原则的适用问题,择一价值或以某一价值为主要导向,有利于从根源上解决规则的冲突。而择何价值,则是需要综合考虑社会、经济、政策,更多是法律之外的考量。

（三）营业转让的类型

没有任何领域能比商法更能使人清楚观察到经济事实是如何转化为法律关系的。从法律统治的基础看,任何一个法律统治都是在社会基础之上,商法统治的社会基础实质上是商品经济。[③] 因此,在对营业转让的类型进行研究时,必然回归商品经济的实践,总结其规律,厘定争议,以期对社会发展有所裨益。营业转让在实践中的类型,以其不同的支付手段为判断,可划分为货币对价的营业转让与非货币对价的营业转让;[④]以转让标的是否构成企业、个体工商户等的整体资产为判断,可区分为全部营业

① 王保树:《商法总论》,清华大学出版社 2007 年版,第 185 页。

② [德]拉德布鲁赫:《法学导论》,米健、朱林译,中国大百科全书出版社 1997 年版,第 72 页。

③ 任尔昕:《我国商法立法的经济分析》,载《甘肃政法学院学报》2001 年第 2 期。

④ 叶林:《营业资产法律制度研究》,载《甘肃政法学院学报》2007 年第 1 期。

转让与部分营业转让；以商号是否随营业一并转让为判断，则可区分为带商号的营业转让与不带商号的营业转让。

1. 货币对价营业转让与非货币对价营业转让

以支付货币受让营业是营业转让最传统的方式，商事实践在此基础上，发展出了更为复杂的非货币支付的营业转让。有学者认为，其支付对价主要包括受让人股票、第三方股票和受让人其他资产三种形式。(1)如果受让方以新发行的股票来支付对价，即构成股票发行；受让方以既有的股票支付对价的，即构成股票交易。(2)受让方以其持有的第三方的股票支付对价，构成对第三方股票的交易，这种对价支付方式相当于股票的协议转让。(3)受让方向转让方支付其他对价，包括重大资产或营业财产，则构成互易。① 对于第(1)种情形，实践中以"借壳上市"为典型。拟上市公司向壳公司转让其营业财产，壳公司则以发行新股的方式支付对价，以使拟上市公司获得其控制权；对于第(2)种情形，因其交易形式包括了营业转让与股权转让，以何种规范规制仍存争议。也有学者认为非货币对价不应包括股权在内，否则将过分扩大营业转让的范围，使之与转让投资中的实物出资以及部分形式的公司合并在外观形态上无法区分。② 笔者赞同后者，以股权为支付对价的营业转让涉及营业转让与股权转让、股份发行的综合运用，将其单纯归类为营业转让较为不妥。

2. 全部营业转让与部分营业转让

以营业转让的标的是企业、个体工商户等的整体资产还是部分资产为标准，营业转让可分为全部营业转让和部分营业转让。"它可以是一个企业的整体资产，也可以表现为企业的一个或多个子系统。"③全部营业转让，是指企业、个体工商户等整体资产转让。即将企业、个体工商户的整体资产作为转让客体。我国商事实践中存在的企业出售④、企业买卖⑤、产权交易⑥、店铺转让等即属于全部营业转让。⑦ "部分营业转让"包涵"部分"和"营业"两个概念，其中"部分"是相对于企业整体资产而言，指企业部分资产；"营业"一词则指明该部分资产应符合营业的定义，是"为实现一定营业目的而组织化了的、被作为有机体的机能性财产"。

全部营业转让与部分营业转让的区分意义更多在于加强对企业投资者的保护。若企业转让全部营业，其要么变更经营范围、要么解散；若企业转让部分营业，要么无法继续原来的经营，要么缩小营业规模，⑧无论是全部营业转让还是部分营业转让，均

---

① 叶林：《营业资产法律制度研究》，载《甘肃政法学院学报》2007年第1期。

② 潘勇峰：《试论营业转让中债权人保护》，载《人民司法》2011年第9期。

③ 朱慈蕴：《营业规制在商法中的地位》，载《清华法学》2008年第4期。

④ 如《最高人民法院关于审理与企业改制相关的民事纠纷案件若干问题的规定》第18条"企业出售中，双方恶意串通，损害国家利益的，人民法院在审理相关民事案件时，应当确认该企业出售行为无效。"

⑤ 企业出售与企业买卖同义。

⑥ 如《企业国有产权交易操作规则》第3条规定："企业国有产权交易，是指企业国有产权转让主体在履行相关决策和批准程序后，通过产权交易机构发布产权转让信息，公开挂牌竞价转让企业国有产权的活动。"

⑦ 因文章结构安排，关于营业转让与企业出售、企业买卖的关系将在下节中予以详述。

⑧ 刘小勇：《营业转让制度研究——以日本法为中心》，中国人民大学出版社2014年版，第40页。

将对企业投资者的利益产生重大影响,甚至导致其投资初衷无法实现。营业转让属于企业重大事项,须履行内部决策程序。但实践中大量存在以部分营业转让不属于营业转让为由,规避内部决策程序损害投资者利益的情形。故本书对全部营业转让与部分营业转让的分类予以明确,意在强调二者均属于营业转让。

3. 带商号的营业转让与不带商号的营业转让

商号作为区别不同商主体的基本标识,具有明显的识别作用,是商主体商誉的外在载体,具有财产与身份的双重属性。从逻辑上来说,商号转让与营业转让的关系存在四种可能性,其一,商号不转让,可具体区分为商号废止与商号保留;其二,商号转让,可区分为商号的单独转让与商号随营业一并转让。我国商号不可单独转让(前文商业名称的转让一章已述),大多数情况下,营业转让包括商号的转让。不带商号的营业转让包括商号废止(如转让人为保护老字号的名誉而注销商号)、商号保留(如转让人有多处营业,仅进行部分营业转让的)。

根据商事外观主义,各国立法中对带商号的营业转让往往倾向于保护相对人的信赖利益,而不带商号的营业转让则更为倡导交易效率。

(四)营业转让与相关制度辨析

有学者认为,我国现行商事法律虽无系统的营业转让制度,但仍可通过其他诸如股权转让、产权转让、企业出售、企业重大资产转让等相关制度,实现"转让企业营业实际控制人"的同时,不影响营业本身的维持,从而达到与营业转让类似的效果。[①] 对此,笔者不敢苟同,对该问题考虑涉及两个层面:第一层面,营业转让制度区别于其他诸如股权转让、产权转让、企业出售、企业重大资产转让等相关制度的独特性是什么;第二层面,即使营业转让供给与其他相关制度相同或类似功能,并不意味着营业转让制度不必要,营业转让制度仍是商事主体相关交易行为可供选择的一种交易模式。下文将从第一层面涉及的几个主要概念进行回应。

1. 营业转让与企业并购

根据中国资产评估协会起草的《企业并购投资价值评估指导意见》第二条的规定,"本指导意见所称企业并购是企业合并和收购的简称,合并是指两家或者更多的独立企业、公司合并组成一家企业,包括吸收合并和新设合并。收购是指一家公司通过出资出股,取得另一家公司一定程度的控制权,包括资产收购和股份收购"。企业并购,包括兼并、收购行为,泛指商主体在平等自愿、等价有偿的基础上,以一定经济方式取得其他商主体资产、股权的行为。企业并购是经济学术语,法律上实现企业并购的制度有吸收合并、新设合并、股权转让、重大资产转让、营业转让等。因此,本部分侧重辨析营业转让与实现企业并购的其他法律制度差异。

(1)营业转让与企业合并。企业合并中,存续企业或新设企业向消亡企业投资人支付货币或股票对价以实现合并目的。以股票为对价的企业合并不属于营业转让,前文已述。故以下讨论限于以货币为对价的企业合并与营业转让之间的差异。

---

① 蒋大兴:《营业转让的规制模型——直接规制与功能等值》,载《清华法学》2015 年第 5 期。

根据《公司法》第172条,公司合并包括吸收合并与新设合并。在吸收合并中,存续企业向被吸收企业投资人支付货币以取得被吸收企业的营业财产,并以存续企业的名言继续经营该项营业,被吸收企业解散。在新设合并中,新设企业取得合并各方原有的营业财产,并以自己的名义继续经营,被合并企业解散。无论是吸收合并还是新设合并,被合并企业解散、主体消灭是合并程序中重要的环节。而在营业转让中,转让人的主体性并不直接消灭。若为全部营业转让,则转让人由此成为一个"空壳",这一空壳可能被注销、可能被注入新的营业而开始新的经营;[①]若为部分营业转让,则转让人可继续经营其他营业。

(2)营业转让与重大资产转让。我国关于重大资产转让的规则见于《公司法》、《证券法》、《企业国有资产法》和《上市公司重大资产重组管理办法》(2016年)等证监会相关主管部门颁布的一系列规定之中。[②]《公司法》第74条规定,公司合并、分立、转让主要财产的,反对股东享有异议回购请求权,但并未对"重大资产转让"作出界定;《公司法》第121条规定,"上市公司在一年内购买、出售重大资产或者担保金额超过公司资产总额百分之三十的,应当由股东大会作出决议,并经出席会议的股东所持表决权的三分之二以上通过",也仅仅是对上市公司重大资产作出一个量上的规定。令人欣喜的是证监会2016年颁布的《上市公司重大资产重组管理办法》第12条规定了上市公司及其控股或者控制的公司购买、出售资产达到重大资产重组的标准,[③]该规定一方面以资产总额、营业收入及资产净额等指标从量的层面对其予以限定,另一方面以保护投资者合法权益的角度出发从质的层面对其予以限定。笔者对此持肯定态度,认为界定重大资产转让采取质与量相结合的标准,量指的是所转让的资产达到企业资产的一定比例,可以资产总额、营业收入、资产净额等指标作为参考;质指的是,即使所转让资产未达上述规定的比例,若存在可能损害企业或企业投资者利益的,也应认为构成重大资产转让。质与量二者之间的关系是,首先判断所转让的资产是否符合量的标准,若符合量的标准,则构成重大资产转让,若未达到量的标准,则进一步判断是否符合质的要求。

界定重大资产转让时,有学者认为在"质的方面,要求出售标的必须是经营性资产(operating assets);在量的方面,要求出售标的须达到一定规模,或者出售行为对公司经营产生重大影响。在公司拥有单一营业的情况下,重大资产出售等同于营业转让

---

① 王文胜:《认营业转让的界定与规制》,载《法学家》2012年第4期。

② 这些规定涉及重大资产转让的界定、转让程序、信息披露、股东保护、债权人保护等内容。参见《公司法》第74条、第104条、第121条;《证券法》第67条、第75条;《企业国有资产法》第30条、第47条、第53条;《上市公司重大资产重组管理办法》(2016年)大部分条文。

③ 《上市公司重大资产重组管理办法》第12条规定:"上市公司及其控股或者控制的公司购买、出售资产,达到下列标准之一的,构成重大资产重组:(一)购买、出售的资产总额占上市公司最近一个会计年度经审计的合并财务会计报告期末资产总额的比例达到50%以上;(二)购买、出售的资产在最近一个会计年度所产生的营业收入占上市公司同期经审计的合并财务会计报告营业收入的比例达到50%以上;(三)购买、出售的资产净额占上市公司最近一个会计年度经审计的合并财务会计报告期末净资产额的比例达到50%以上,且超过5000万元人民币。购买、出售资产未达到前款规定标准,但中国证监会发现存在可能损害上市公司或者投资者合法权益的重大问题的,可以根据审慎监管原则,责令上市公司按照本办法的规定补充。"

（出售经营性资产的行为），出售行为只须满足质的标准，即可构成重大资产出售。而在公司拥有多项营业的情况下，出售行为不仅须满足质的标准，还须满足量的标准，只有出售全部或者重要部分营业的行为，才能构成重大资产出售。"[①]在此定义下，重大资产转让一定是营业转让，而营业转让需满足量的标准（企业拥有多项营业的情形下），方构成重大资产转让。对此，笔者持不同意见。重大资产转让制度的构建初衷在于加强对企业投资人的保护，特别是少数权益投资人可通过行使异议回购请求权保护自身合法权益，故对"重大资产"的判断应着重区别企业在经营范围内大规模销售产品的日常交易行为，企业出售经营性资产，[②]达到"重大"的量的标准，即构成重大资产转让。而营业转让所转让的营业财产是"为实现一定营业目的而组织化了的、被作为有机体的机能性财产"，其强调的是营业的机能性。二者在界定标准上侧重点不同。因此，营业转让与重大资产转让属于企业交易行为的两种模式，二者有各自的侧重点，同时也存在交叉的范围。同一转让行为，有可能同时构成营业转让与重大资产转让。[③]

（3）营业转让与股权转让。德国学者卡纳里斯认为"如果企业受让人是商事组织，则所有组织的股权或者出资额或者起控制作用的多数股权或出资额的转让起到和企业转让极为相似的经济上的效果。不过法律上这完全遵循一个不同的程序"。[④] 从实际效果而言，股权转让可以实现营业转让"营业的实际控制人发生转换且营业得以延续"的类似效果，[⑤]但二者在制度设计上有所区别。股权转让是企业投资人对企业所有权益的转让，企业的投资人转让其权益时，企业的营业财产与企业之间所属关系并未发生变化，企业对外经营的法律地位与对内的劳动关系维持原状。[⑥] 而营业转让是企业对其营业财产的处分，属于企业经营的重大事项。营业转让与股权转让是在不同层面上实现企业实际控制权的移转。

2. 营业转让与企业改制

企业改制的内涵与外延在实践中较为模糊，用法不一。《企业国有资产法》第 39 条规定"本法所称企业改制是指：（一）国有独资企业改为国有独资公司；（二）国有独资企业、国有独资公司改为国有资本控股公司或者非国有资本控股公司；（三）国有资本控股公司改为非国有资本控股公司"。《最高人民法院关于审理与企业改制相关的民事纠纷案件若干问题的规定》（以下简称《改制规定》）第 1 条规定："人民法院受理以下平等民事主体间在企业产权制度改造中发生的民事纠纷案件：（一）企业公司制改造中发生的民事纠纷；（二）企业股份合作制改造中发生的民事纠纷；（三）企业分立

① 龙翔、陈国奇：《公司法语境下的重大资产出售定位——兼评〈公司法〉第 75 条、第 105 条和第 122 条》，载《法学家》2011 年第 3 期。

② 经营性资产指企业用以生产产品的设备、厂房等，营业财产包括经营性资产，但经营性资产若缺乏营业财产的机能性，对经营性资产的转让不能构成营业转让。

③ 参见王文胜：《论营业转让的界定与规制》，载《法学家》2012 年第 4 期。

④ ［德］C. W. 卡纳里斯：《德国商法》，杨继译，法律出版社 2006 年版。

⑤ 蒋大兴：《营业转让的规制模型——直接规制与功能等值》，载《清华法学》2015 年第 5 期。

⑥ 王文胜：《论营业转让的界定与规制》，载《法学家》2012 年第 4 期。

中发生的民事纠纷;(四)企业债权转股权纠纷;(五)企业出售合同纠纷;(六)企业兼并合同纠纷;(七)与企业改制相关的其他民事纠纷。"概括而言,企业改制应指企业经济性质的改变,由国有企业改为非国有企业,是我国特殊经济时期下的产物。企业改制外延在实践包括企业公司制改造、国有企业分立、国有企业出售、国有企业兼并等。

如前所述,企业改制是企业产权制度改革,其仅是一种社会现象而非法律术语。实现企业改制的途径有企业公司制改造、企业分立、企业出售等,营业转让也可以成为企业改制的方式之一。

3. 营业转让与企业出售

营业转让与企业出售的概念辨析,笔者将从以下三个层次剖析:首先,界定"企业"一词的概念,遵循通说惯例,将企业作为法律主体使用;其次,明晰"企业出售"(或称"企业买卖")的含义,认为企业出售是指企业整体财产的转让;最后,比较营业转让与企业出售二者的差异,指出企业出售是全部营业转让的一种形式。

(1)企业的概念。"企业"的概念更多经济学意义上的,科斯在其"企业的性质"一文认为,企业的显著特征就是作为价格机制的替代物"在企业之外,价格变动决定生产,这是通过一系列市场交易来协调的。在企业之内,市场交易被取消,随着交易的复杂市场结构被企业家所替代"。[①] 经济学意义上的企业是一种生产形式。法学领域对"企业"一词存在两种用法,一是法律关系的权利主体,赋予其法律人格;二是法律关系的权利客体,与"企业的财产"同义,如《意大利民法典》第2555条"企业是企业主为企业的经营而组织的全部财产",[②]《俄罗斯联邦民法典》第132条"作为权利客体的企业是用以从事经营活动的财产综合体"。[③]

我国商法学界往往是从法律主体的角度来认识和使用"企业"一词。有学者认为,企业是具有人和物的要素,以营利为目的,独立、连续从事一定经济活动的经济组织。[④] 有学者认为,企业是连续稳定地从事经济活动的营利性的社会组织,社会组织的形式、经济活动的内容和营利性的目的构成企业的三个基本法律特征。[⑤] 还有学者认为,企业是各种要素的投入者包括人力资本和非人力资本的投入者为了营利的目的而联合起来的一种具有独立的民事主体地位的契约组织。[⑥] 另外,从我国现行法律而言,"企业"一词也多指向法律主体,如《合伙企业法》《个人独资企业法》以及"国有企业""集体企业""私营企业"等。故而,无论是学界还是立法实践,均倾向于将"企业"一词作为法律权利主体使用。

(2)企业出售的概念。"企业出售"一词见于《改制规定》,《改制规定》虽使用"企业出售"一词,却对其含义未予以明确。有学者认为"《改制规定》中所称'企业出

① [美]罗纳德·H.科斯:《企业、市场与法律》,盛洪、陈郁译,上海世纪格致出版社2014年版,第41页。

② 《意大利民法典》,陈国柱译,中国人民大学出版社2010年版,第447页。

③ 《俄罗斯联邦民法典》,黄道秀译,北京大学出版社2007年版,第87页。

④ 王保树:《企业法论》,工人出版社1988年版,第3页。

⑤ 赵旭东:《企业与公司法纵论》,法律出版社2003年版,第14页。

⑥ 郑立:《企业法通论》,中国人民大学出版社1993年版,第9页。

售'，系指企业全部产权转让，此处'产权'指基于出资而形成的，类似于股权的权益"。他进一步指出，从《改制规定》第23条"企业出售合同被确认无效或者被撤销的，企业售出后买受人经营企业期间发生的经营盈亏，由买受人享有或者承担"。可见，企业售出会导致"买受人经营企业"这一后果，由此可知，《改制规定》所谓"企业出售"系指企业整体产权（类似于股权）转让，其虽与营业转让不同，但在经济效果上，仍具有部分替代营业转让之意义。[①] 笔者不赞同上述观点。笔者认为，《改制规定》中"企业出售"一词与企业转让、企业买卖同义，系指企业整体财产的转让。理由如下：

其一，应当注意企业投资人基于投资而对企业所享有的权益与企业的财产二者之间的区别。对于公司与合伙企业而言，公司是企业法人，享有独立的企业财产权，[②]合伙人虽为非法人组织，但具有独立的名称、住所及财产，"合伙人的出资、以合伙企业名义取得的收益和依法取得的其他财产，均为合伙企业的财产"。[③] 故投资人与公司、合伙企业之间形成"投资人—企业—企业的财产"的关系。企业投资人有权处分的是其对企业所享有的权益，企业投资人处分其权益并不改变企业对企业财产的权属关系，也不影响企业内部劳动关系或外部法律关系等；企业有权处分自身的企业财产，当企业转让全部的企业财产时，则构成"企业出售"。对于个人独资企业而言，"个人独资企业投资人对本企业的财产依法享有所有权，其有关权利可以依法进行转让或继承"，[④]投资人与个人独资企业之间是"投资人—企业财产"的关系，个人独资企业投资人有权直接处分企业财产，在此情形下，转让企业的权益与转让企业的财产存在重合之处。因此，我国商事领域存在的"企业出售"的含义应根据企业的组织形式具体分析。[⑤]

其二，《改制规定》第六部分规定的"国有小型企业出售"为企业整体财产的转让。首先，《改制规定》第23条，企业售出后买受人将经营企业这一后果并不专属于产权（类似股权）转让，营业转让也将产生营业控制主体变更的效果。故以此为由并不足以论证《改制规定》"企业出售"为产权转让；其次，从《改制规定》第26条[⑥]、第27条[⑦]可知，国有小型企业出售的是具有法人资格的企业；最后，《改制规定》第24条"企业售出后，买受人将所购企业资产纳入本企业或者将所购企业变更为所属分支机构的，所购企业的债务，由买受人承担。但买卖双方另有约定，并经债权人认可的除外"可知，若企业出售为产权（类似股权）转让，那么所转让的企业的法人人格并未消灭，法人财产独立并不允许买受人直接将所购企业资产纳入本企业。故企业出售并非产权

---

① 蒋大兴：《营业转让的规制模型——直接规制与功能等值》，载《清华法学》2015年第5期。

② 《中华人民共和国公司法》第3条规定："公司是企业法人，有独立的法人财产，享有法人财产权。"

③ 《中华人民共和国合伙企业法》第20条。

④ 《中华人民共和国个人独资企业法》第17条。

⑤ 参见王文胜：《论营业转让的界定与规制》，载《法学家》2012年第4期。

⑥ 《最高人民法院关于审理与企业改制相关的民事纠纷案件若干问题的规定》第26条规定："企业售出后，买受人将所购企业重新注册为新的企业法人，所购企业法人被注销的，所购企业出售前的债务，应当由新注册的企业法人承担。但买卖双方另有约定，并经债权人认可的除外。"

⑦ 《最高人民法院关于审理与企业改制相关的民事纠纷案件若干问题的规定》第27条规定："企业售出后，应当办理而未办理企业法人注销登记，债权人起诉该企业的，人民法院应当根据企业资产转让后的具体情况，告知债权人追加责任主体，并判令责任主体承担民事责任。"

(类似股权)转让,而是指企业整体财产的转让。

(3)营业转让与企业出售的关系。如前所述,企业出售系指企业整体财产的转让,对应的是营业转让中全部营业转让。但全部营业转让外延大于企业出售,它还包括个体工商户等整体财产的转让。需要进一步说明的是,“企业出售”一词是我国国有企业改制特殊背景下的提法,“企业出售”将“企业”作为转让的客体,与我国对“企业”一词作为主体的惯常用法明显不符,为避免概念混乱,笔者建议对此使用“营业转让”或“全部营业转让”的概念。

三、营业转让制度的立法考察

(一)境外营业转让制度立法考察

本章节主要考察了德国、日本、韩国、法国、意大利、中国澳门、美国、俄罗斯等国家或地区的营业转让制度或类似营业转让制度,概括而言:

大陆法系民商分立的国家对营业的界定主要根据罗马法物的概念,将其作为一个整体的物,在具体制度内容上有所差异。《德国商法典》中将营业转让制度置于商号制度之下,其第25条至第28条主要规定了营业转让后的债权债务承担问题。概括而言,若受让人继续使用原商号的,对转让人在营业中设定的一切债务负责;不继续使用商号的,只有在有特别负担义务原因时方对原营业债务负责。[①] 日本法和韩国法继受德国法的相关规定,在内容和体例上类似,但又有所发展。《日本商法典》增加了营业转让人的竞业禁止义务,即除另有约定外,转让人自营业转让之日起二十年内,不得于一定区域从事同一营业。[②] 而《韩国商法典》则将营业转让制度从商号制度中抽取,独立成章进行专门规定。[③] 法国2000年将营业转让的一系列单行法编入《法国商法典》,其专门规定营业资产的买卖一章,主要内容包括营业资产的构成,如一切营业资产都必须有一项根本要素——顾客群,营业资产不包括不动产等;营业资产转让程序,如转让营业资产应在法定期间到商事法院及税务部门进行登记,并且,应在指定的报纸上公示等内容。[④]《澳门商法典》对营业转让制度规定较为完备,涵盖了转让合同的登记与公示、转让客体范围、营业交付、竞业禁止义务及其责任、合同及劳动合同的继受、债权债务承担等内容。

《俄罗斯民法典》是民商合一的代表,其在第四编“债的各类”第三十章“买卖”下专设“企业的出卖”一节。主要内容包括企业出卖合同应采书面形式订立并进行登记、被出卖的企业财产的确认、企业出卖时债权人的权利、企业的移转方式等内容。值得一提的是,俄罗斯法律将企业明确规定为民事权利的客体——不动产,企业属于财产综合体的不动产,企业出卖适用不动产移转的相关规定。[⑤]

---

① 《德国商法典》,杜景林、卢谌译,法律出版社2006年版,第17页。

② 刘成杰:《日本最新商法典译注》,中国政法大学出版社2012年版,第38页。

③ 《韩国商法》,吴日焕译,中国政法大学出版社1999年版,第9~10页。

④ [法]伊夫·居荣:《法国商法》,罗结珍,赵海峰译,北京大学出版社2015年版,第82~117页。

⑤ 《俄罗斯联邦民法典》,黄道秀译,北京大学出版社2007年版,第214~217页。

英美法系国家虽无营业转让的概念，但有与此相似的制度。《美国统一商法典》中“大宗转让”一节即可视为营业转让，[①]判例中就营业转让中债务承担问题发展出了继受人责任制度。《英国2006年公司法》和《英国1986年破产法》中涉及类似的规则。[②]

（二）我国营业转让制度的立法现状

我国商事法律制度中尚未使用营业转让这一概念，诸多关于营业转让这一行为的规范以“企业出售”“重大资产转让”等概念散见于法律、法规、条例及司法解释中。在北大法宝在以“营业转让”为关键词，采用“全文、精确”方式检索，法律层面的有《破产法》第69条，规定破产管理人实施全部库存或营业的转让时应及时报告债权人委员会，《反垄断法》第48条，规定经营者违反规定实施集中的，由国务院反垄断执法机构取责令采限期转让营业等必要措施，地方性规定有《深圳经济特区商事条例》（2004年），主要规定了营业转让应当包括名称转让，转让人与受让人应以合同形式确定债务承担方式，受让人承担原营业债务的，债权人应当在营业转让生效或公告一年内请求清偿等。

以“重大资产转让”为关键词，采用“全文、精确”检索，则有行政法规2篇，部门规章5篇。因公司法颁布实施较早，其以“转让主要财产”规范公司营业转让行为。[③]《公司法》关于重大资产的相关规定均与股东保护相关，如将公司转让主要财产视为重大事项，异议股东可以请求公司回购其股权；《证券法》对重大资产转让亦只涉及重大事项的界定，规定相关的披露义务；《企业国有资产法》规定转让重大财产应进行资产评估并不得损害投资人、债权人的利益；值得一提的是《上市公司重大资产重组管理办法》，其对重大资产重组的判断原则和标准、资产重组的程序以及信息披露义务进行较为详细的规定，但其适用范围仅限于上市公司。

以“企业出售”为关键词，采用同样的方法检索，则有法律2篇，现行有效的行政法规4篇，现行有效的司法解释4篇，另外有部门规章127篇。其中最高人民法院印发的《民事案件案由规定》专门规定企业出售合同纠纷，《改制规定》第17条至第29条规定了企业出售合同的效力、企业出售后的债权债务承担等问题。

综上所述，商事实践中营业转让行为已屡见不鲜，而我国商事法律制度尚未对“营业转让”作出统一的规定，对营业转让的专门立法几乎处于空白状态。

四、营业转让的内部决策程序

与企业日常交易不同，营业转让将对企业的经营乃至存续产生重大影响，直接决定企业权益所有者（股东）的利益。营业转让涉及企业全部或部分控制权的转移，属于企业重大事项，为保护企业所有者的权益，应明确营业转让或受让时企业的内部决策程序。但遗憾的是我国目前立法未对营业转让决议程序进行统一规制，忽视企业两

---

① MBCA(2002) § 12.02(a).

② 英国法中与营业转让制度对应的是“transfer whole or any part of undertakings or property”. See Companies Act 2006, § 900(1); Insolvency Act 1986, § 110.

③ 《公司法》第74条。

权分离的情形,仅强调保护债权人的利益,对股东、管理人员等利益攸关者的利益缺乏关注。

比较法上,世界各国对此大致存在两种处理模式。一是日本法为代表的大陆法模式,即明确营业的概念,明文规定公司进行营业转让须经股东大会决议,而重大资产转让仅需由董事会决议。二是以美国法为代表的英美法模式。美国法未明确营业的概念,区分"在通常的营业过程内"与"在通常的营业过程外"的财产转让,如公司"在通常的营业过程内"进行财产转让的,即使是全部财产,也仅需董事会的决议,而"在通常的营业过程外"进行财产转让的,则应通过股东大会的决议。

叶林教授认为,营业财产是集体性资产,转让营业涉及公司宗旨和主要营业活动,应列为公司重大事项,由股东会决议。① 刘小勇则认为,应明确规定所有类型的公司如进行营业转让时,应由股东大会决议,而重要的财产转让则由董事会决议,这样的权限划分可以较好地协调股东利益,经营效率以及交易安全之间的冲突。②

营业转让中的企业内部决策程序问题,其核心争议点在于营业转让是否应经所有者代表大会(如公司中的股东会)的决议以及决议表决通过比例问题。而这个问题,涉及股东利益保护与公司经营效率、交易对方交易安全的利益平衡。从公司角度而言,公司法上经历了股东大会中心主义与董事会中心主义的权力结构变迁。股东中心主义认为营业转让须经股东大会决议:股东作为公司剩余价值的利益索取者,承担了企业经营的风险,营业转让是决定公司存续的重大事项,应由股东大会决议。而董事会中心主义则认为:对于股东而言,其只要得满意的分配,就愿意把公司和各项事务交给董事处理,董事较于股东更了解公司的整个运营状况,能够作出更优决策,营业转让无须经股东会决议。笔者认为,企业转(受)让营业时应履行股东大会的决议程序。就转让企业而言,若所转让的营业为企业的全部,则转让后企业要么变更经营范围或主营业务,要么解散清算,股东原本的出资动机无法实现,或者股东需要承担新的经营风险,这是其加入企业时所无法预想到的。故为保护所有者权益,营业转让应作为重大事项由股东会绝对多数决通过。

在此基础上,对营业转让中企业内部决策程序问题的考虑则可以细化为:需经股东会决议的营业转让的范围,异议股东的权益如何保护,以及程序瑕疵对于营业转让合同效力的影响如何?首先,对于需经股东会决议的营业转让的范围判断,笔者认为只要构成营业转让,都需经股东会决议。而是否构成营业转让,前文已述,不再赘述。其次,营业转让时,虽然遵循资本多数决的原则,但为了保护少数异议股东,应赋予其回收投入资本的途径,即异议股东股份回购请求权。最后,对于未经股东会决议的营业转让合同效力,存在绝对无效说与相对无效说之分。前者是指未经股东会决议,营业转让无效,股东会决议是营业转让的效力要件;后者是指在受让人善意的情况下,转让有效,不应将企业内部程序的瑕疵后果转嫁于第三人承担。笔者赞同相对无效说,

---

① 叶林:《营业资产法律制度研究》,载《甘肃政法学院学报》2007 年第 1 期。

② 刘小勇:《营业转让制度研究——以日本法为中心》,中国人民大学出版社 2014 年版,第 23 页。

但需提示的是,受让人在为营业受让交易时,应尽一般注意义务,如要求出示股东会决议等,对于非因受让人的原因而导致的程序瑕疵后果,不得对抗善意受让人。

五、营业转让中的竞业禁止义务

竞业禁止,是指在一定时期、特定地域范围内,与权利人有特定关系的义务人不得从事特定竞争行为。各国对营业转让竞业禁止义务有不同规定,我国商事立法需在考察各国立法例,追究其法理依据的基础上,厘清我国营业转让中竞业禁止义务所要解决的问题,即竞业禁止产生于何种市场需求,其内在价值与立法动因是什么。

(一)营业转让中竞业禁止义务的立法例考察

根据《日本商法典》第16条,营业转让时,当事人如无特别约定,则转让人在20年内,不得于同一市镇村内或相邻市镇村内经营同一营业;转让人作出不从事同一营业的特别约定时,在不超过30年的时间内有效。转让人不得违反前两款的规定,以不正当竞争目的经营同一营业。① 日本商法和公司法中均较为明确地规定了相对完善的竞业禁止义务,但在学说上对于竞业禁止义务的性质存在必然产生说与法定义务说之区分。前者认为竞业禁止义务是营业转让的必然结果,而后者主张其是法律为实现某种政策性的目的而特别规定的义务。二者的区别在于,在法律无明文规定营业转让竞业禁止义务的情况下(当事人无特别约定),前者赋予义务人竞业禁止义务,而后者反之。

日本法虽承继于《德国商法典》,但《德国商法典》并未明文规定营业转让竞业禁止义务。

《韩国商法典》继承了日本法的规定,其第41条第1款规定,在转让营业的情形下,若另无约定,10年内该出让人不得在该同一特别市、广域市、市、郡进行同种营业;若出让人约定不进行同种营业时,该约定只在同一特别市、广域市、市、郡及相邻的特别市、广域市、市、郡20年内有效。② 商事经济的发展与繁荣使得对转让人从业自由的限制程度趋向于降低,相较于日本法,韩国法对竞业禁止义务的时间上限更短。

根据《意大利民法典》,转让企业的人在转让后5年内,应当避免开设因其经营范围、位置或其他情形有吸引被转让企业的顾客可能的新企业。当事人之间更大范围内避免竞争的约定条款有效,但不以妨碍转让人的任何业务活动为限,约定的期间自转让时起不得超过5年。③

中国《澳门商法典》关于营业转让中的竞业禁止的规定,内容更加完备。根据其第108条规定,自转让日起最多5年内,商业企业转让人不得自行、透过第三人或为第三人经营另一能因所营事业、地点或其他情况而使被移转企业之顾客转移之企业;该义务及于由于转让人之个人关系能使被移转企业之顾客转移之人及其出资的主要股东。但转让人于转让日前已自行、透过第三人或为第三人经营商业企业的则不适用前

---

① 《日本最新高潮典译注》,刘成杰译注,柳经纬审校,中国政法大学出版社2012年版,第38页。

② 《韩国商法》,吴日焕译,中国政法大学出版社1999年版,第10页。

③ 《意大利民法典》,陈国柱译,中国人民大学出版社2010年版,第447页。

述条款。当事人之间可订立更大范围的不竞业约定,但不得超过超过时间上限,且不得使转让人不能从事任何与企业相关或不相关之职业活动。另外,当事人之间还可以约定免除竞业禁止义务,只要免除该义务不使商业企业难以移转。在其第 109 条明确规定了违反不竞业义务情形下受让人的救济措施,如转让人违反不竞业义务,受让人除有权要求倘有之赔偿外,尚有权要求立即终止损害其权利之情况;如转让人违反不设立新商业企业之义务,则受让人亦有权要求立即关闭该企业,但该企业之关闭使本地区经济受损害的除外。受害人上述请求权需在知悉或可知悉有关情况之日起三个月内向法院提起诉讼。①

英国法与美国法未有关于营业转让竞业禁止义务的成文法规定。根据英国判例,在转让营业的同时转让商号的,如无特别约定,营业转让人可自由地经营与旧营业同种的营业,竞业通常不被禁止;但是,转让不得实施在自己的新营业中使用旧营业名称或直接诱引旧营业顾客的不正当行为。美国也有类似判例,即商号的卖主并不被限制竞业,被禁止的是卖主将旧顾客引诱至自身的行为。

综观各国对于竞业禁止义务的规定,大致存在两种模式:其一,以日本法为代表,承认无特别约定时,竞业禁止义务人对权利人负有一般意义上的竞业禁止义务;其二,即以英国法、美国法为代表,仅禁止转让人诱引旧营业顾客的不正当行为,而不承认转让人无特别约定时承担一般意义上的竞业禁止义务。而我国营业转让竞业禁止义务的立法选择则须进一步考察竞业禁止义务的本质及价值。

(二)竞业禁止义务的本质及合理限制

营业转让中的竞业禁止义务,其本质在于通过对义务人从商自由的合理限制,保护权利人获得所受让营业的整体价值,实现营业转让的目的。法律规定营业转让竞业禁止义务有其必要性:一方面,从经济效率与缔约成本而言,竞业禁止义务作为一项后契约义务约束着义务人在营业转让之后利用所转让营业进行的不正当竞争行为,也减少了营业转让缔约初始讨价还价复杂性,节省缔约成本;另一方面,市场经济要求市场主体处于平等地位,但在信息不完全的市场,市场主体往往因为信息不对称而处于不平等的地位。营业转让竞业禁止义务以牺牲义务人一部分的商业自由为代价,更好地预防义务人侵害权利人所受让营业的冒险心理,平衡市场主体地位,促进市场公平。

但营业转让中竞业禁止义务,必然要限定在合理范围内。对于合理范围的判断,首先需追究转让人之所以负有竞业禁止义务,是因为其默示地承诺不再利用所转让营业从事相关商行为,还是其默示地放弃该行业内、该地域范围内特定期限的整个市场。这是界定营业转让竞业禁止义务范围的前提。笔者认为转让人的竞业禁止义务在于其默示地承诺不再利用所转让营业从事相关商行为。正如公司法中董事的竞业禁止义务,法律所禁止的并非董事任何与公司有竞争性的行为,而是董事恶意的、对公司具有损害性的竞争性行为。德国联邦最高法院曾认为,转让人负有竞业禁止义务的原因

① 中国政法大学澳门研究中心、澳门政府法律翻译办公室编:《澳门商法典》,中国政法大学出版社 1999 年版,第 201 页。

在于“应当避免转让人在营业转让之后又开展竞争,同受让人去争夺其已经卖给受让人的客户关系,或者是严重妨害这种客户关系。在对竞业禁止在时间、地域或指向上的范围进行限定时,要看怎么样能使受让人对其通过营业转让买来的客户关系加以巩固”[①]。举例而言,某食品生产公司生产甲乙两种品牌的方便面,面向全国市场销售,现该公司将甲品牌方便面进行营业转让,那么在营业转让之后,该公司并不承担不再生产乙品牌方便面的竞业禁止义务(当事人另有约定的除外)。因此,营业转让竞业禁止义务所规范的也应是义务人利用已经转让的营业(如客户群等事实关系)进行的不正当市场竞争行为。

其次,营业转让竞业禁止义务主体应限定于转让人本身。“理性经济人”是商事立法的逻辑预设,“人是其自利的理性最大化者”[②],能够对其自己利益做出最佳安排。而商事法律作为市场经济一般规则的范式,补充市场主体所立契约的种种缺漏,在市场主体未做详尽安排的情况下,提供最低限度符合商事规则的行为准则。在当事人未明确约定竞业禁止义务人的情况下,若法律规定过多义务主体,将直接影响营业转让制度的效用,促使转让人以其他形式规避营业转让制度(如拆解营业分为多步交易等)。故而,除当事人另有约定,关于营业转让竞业禁止义务主体的法律规定应限于转让人。

综上所述,营业转让竞业禁止通过对义务人从商自由的合理限制,保护权利人获得所受让营业的整体价值,实现营业转让的目的。竞业禁止义务的本质是对从商自由的限制,应限定在合理范围内,在当事人无特别约定时,法律规定仅在转让人因利用所转让营业进行不正当市场竞争行为方构成对受让人的竞业。

(三)竞业禁止义务的违反与责任

判断竞业禁止的标准应以转让人是否利用所转让营业进行不正当市场竞争行为(如争夺或妨害所出让的客户关系)为标准;可以特定地域、特定行业、一定期限作为判断竞业的具体条件。若转让人在相应的地域、时间范围内,从事特定行业的,推定其违反了竞业禁止义务,但转让人可通过举证证明其经营行为并非利用所转让营业,不会争夺或妨害所出让的客户关系,而是在发展新的客户关系,来推翻上述推定。如此,一方面可以确保转让人的从商自由不会受到竞业禁止义务的过多压制,另一方面又能减轻受让人的证明责任,从而在出让人与受让人各自的利益之间寻找到适当的平衡点。此类规定可参照《澳门商法典》第108条规定,自转让日起五年内,转让人不得自行、透过第三人或为第三人经营另一能因所营事业、地点或其他情况而使被移转企业之顾客转移之企业。

若转让人违反竞业禁止义务,则须对受让人承担法律责任。对于违反义务的行为人,法律苛以责任,一方面有利于维护法律权威,另一方面也是法律得以自觉遵守的保障。营业转让中的竞业禁止义务,当事人有约定时,依照其约定,当事人无约定或约定

① NJW 1982.2000.2001.

② [美]理查德·A.波斯纳:《法律的经济分析》,蒋兆康译,中国大百科全书出版社1997年版,第302页。

不明确时,法律推定转让人负竞业禁止义务。违反法定或约定的竞业禁止义务,都需要承相应的责任。

六、营业转让中的债权债务问题

营业转让虽为转让人与受让人之间的契约关系,但其中涉及包括其他债权人债务人在内的相关利益主体。在营业转让时,转让人因营业产生的债权债务关系是否随同营业一起转让?根据我国法律,依据合同的相对性,如果当事人未就转移债务达成协议,则债权人只能向原债务人请求履行。在此情形下,虽然法律给予第三人以合同法上的撤销权、破产法上的撤销权等救济手段,但又由于该类措施严格的适用与证明条件,往往难以有效保护债权人的现实利益。为避免转让人抽离资产、逃离债务,最高人民法院 2003 年颁布了《改制规定》,其中第 6 条①、第 7 条②、第 24 条③、第 25 条④及第 26 条⑤规定了"债随物走"的原则,即除当事人另有约定并经债权人认可的外,债务随企业变动而变动,即受让人应对债权人承担清偿责任。有学者认为,"债随物走"忽视了原企业的整体偿债能力,未考虑营业转让中的交易对价:当营业转让完成时,若交易对价符合市场合理预期,转让人的资产只是发生形式上的变动,而其整体偿债能力未有下降,并且债权人也可要求执行交易对价;当交易对价不合理,原企业无力偿债时,转让人构成欺诈交易,才可否定受让人的独立主体资格。"债随物走"突破了债的相对性原则,要求受让人在其接受的财产范围内对转让人的债务承担责任,实际上创设了一种超级担保权益,既具有扩展债务人范围的人保性质,又具有追及变动财产的物保优先性。⑥ "债随物走"原则过于强调保护债权人利益,矫枉过正,给转让人造成了难以承受的负担,自颁布以来受到了学界持续批评。综上所述,我国现行法律体系因缺乏对营业转让中债权债务承继问题的统一规定,致使实践与理论中对该问题产生了诸多争议。

(一)营业转让中债权债务处理立法例考察

《德国商法典》规定了营业转让中的债权债务承继问题。其第 25 条规定:(1)以

---

① 《最高人民法院关于审理与企业改制相关的民事纠纷案件若干问题的规定》第 6 条规定:"企业以其部分财产和相应债务与他人组建新公司,对所转移的债务债权人认可的,由新组建的公司承担民事责任;对所转移的债务未通知债权人或者虽通知债权人,而债权人不予认可的,由原企业承担民事责任。原企业无力偿还债务,债权人就此向新设公司主张债权的,新设公司在所接收的财产范围内与原企业承担连带民事责任。"

② 第 7 条规定:"企业以其优质财产与他人组建新公司,而将债务留在原企业,债权人以新设公司和原企业作为共同被告提起诉讼主张债权的,新设公司应当在所接收的财产范围内与原企业共同承担连带责任。"

③ 第 24 条规定:"企业售出后,买受人将所购企业资产纳入本企业或者将所购企业变更为所属分支机构的,所购企业的债务,由买受人承担。但买卖双方另有约定,并经债权人认可的除外。"

④ 第 25 条规定:"企业售出后,买受人将所购企业资产作价入股与他人重新组建新公司,所购企业法人予以注销的,对所购企业出售前的债务,买受人应当以其所有财产,包括在新组建公司中的股权承担民事责任。"

⑤ 第 26 条规定:"企业售出后,买受人将所购企业重新注册为新的企业法人,所购企业法人被注销的,所企业出售前的债务,应当由新注册的企业法人承担。但买卖双方另有约定,并经债权人认可的除外。"

⑥ 参见彭冰:《"债随物走原则"的重构与发展——企业重大资产出售中的债权人保护》,载《法律科学》2008 年,第 150 页。

原商号、附加或不附加表示继任关系的字样继续生前所取得的营业的人，对原所有人在营业中设定的一切债务负责任；原营业主或其继承人同意继续使用商号的，在原营业的经营中设定的债权对于债务人而言，视为已移转至受让人；(2)有另行约定的，另行约定只有在其已登入商业登记簿并且已经公告，或已由取得人或让与人通知第三人时，才对第三人有效；(3)不继续使用商号的，只有在有特别负担义务的原因时，特别是在债务的承担已由取得人以商业上通常的方式公告时，营业的取得人才对原营业债务负责任。该法典第 26 条则对原营业所有人继续对其债务承担责任的前提和期间作出了规定。根据该条规定，在营业的取得人因继续使用商号或因第 25 条第 3 款所称的公告而对原营业债务应负责任的情况下，只有在此种债务已在 5 年的期间届满前到期，并且已经由此对原营业主在诉讼上主张请求权时，原营业主才对此种债务负责任；对于公法上的债务，为进行主张，作出行政行为即可。期间在第 25 条第 1 款的情形，自商号的新所有人登入主营业所所在地法院的商业登记簿之日结束时开始，在第 25 条第 3 款的情形，自承受公告之日结束时开始，并且准用《民法典》有关条款关于消灭时效的规定。①

继受《德国商法典》的日本就营业转让中债权债务问题作出了类似规定。《日本商法典》第 17 条规定，(1)营业受让人继续使用转让人的商号时，对于转让人因营业而产生的债务，负清偿责任；(2)受让人于受让营业后即登记对转让人债务不负责任的意旨时，不适用前款的规定；在转让营业后，转让人和受让人即向第三人通知上述意旨，则对接到通知的第三人亦同。第 28 条规定，营业受让人虽不继续使用转让人的商号，但以广告表示承受转让人因营业而产生的债务时，则债权人可以对该受让人请求清偿。第 29 条规定，营业受让人依第 26 条第 1 款或者前条的规定，对转让人的债务负责时，转让人对于在营业转让后或前条广告后 2 年内未请求或无请求预告的债权人的责任，经过 2 年而消灭。②

韩国法几乎原封不动地移植了日本的规定，其商法典第 42 条规定，营业受让人继续使用转让人的商号时，关于因转让人的营业所发生的债务，受让人也承担清偿责任；受让营业后，受让人毫不迟延发地将其意旨通知给第三人的，对被通知的第三人亦同。第 43 条规定，对因转让人的营业所发生的债权，在清偿者为善意且无重大过失时，向受让人的清偿有效。第 44 条规定，在受让人不继续使用转让人的商号时，已刊登承担转让人的营业债务之广告，受让人也应承担清偿责任。第 45 条规定，受让人依第 42 条第 1 款规定或者前条的规定承担清偿责任时，转让人对第三人的债务，自转让营业或者广告之后两年内，即行消灭。③

受葡萄牙法律影响较深的我国澳门地区的商法典，对与被转让企业有关的债务的承担问题的规定，更为明确而具体。该法典第 110 条首先对合同的概括继受进行了规定：受让人继受为经营企业而订立之合同所产生之非具人身性质之权利及义务，但另

① ［德］C. W. 卡纳里斯：《德国商法》，杨继译，法律出版社 2006 年版，第 36 页。

② 《日本最新高潮典译注》，刘成杰译注，柳经纬审校，中国政法大学出版社 2012 年版，第 41 页。

③ 《韩国商法》，吴日焕译，中国政法大学出版社 1999 年版，第 10 页。

有约定者除外，且不影响特别规定之适用。第 113 条进一步对企业转让前因经营而发生的债务的承担问题作出了规定：(1) 对于企业在转让前因经营而发生之债务，企业取得人须承担责任，但以载于必备账簿者为限；(2) 对于企业在转让前因经营而发生之债务，转让人仍须承担责任，但债权人明示同意免除其责任者除外；(3) 如取得人按第 1 款之规定清偿转让前发生之债务，则对转让人有求偿权，但另有约定者除外。

《俄罗斯民法典》"企业的出卖"一节第 562 条规定，企业出卖时债权人的权利有：企业出卖合同的一方应书面通知债权人企业出卖的事实；债权人没有以书面形式通知出卖人或买受人其同意债务移转的，有权自收到关于企业出卖通知之日起的 3 个月内要求或者终止或提前履行债务并由出卖人赔偿由此产生的损失，或者承认企业出卖敛财全部或相应的部分无效；没有按照规定程序被通知企业出卖情况的债权人，可以在自其知道或应当知道企业由出卖人移转给买受人之日起 1 年内提起诉讼；在企业移转给买受人后，出卖人对于未经债权同意而移转给买受人的企业债务连带责任。[①]

《法国商法典》营业资产的买卖，但并未直接规定营业的概念。根据判例，法国法中"营业"不包括不动产、转让人的债务，除另有规定外，也不包括转让人所订立的合同，故若当事人之间无特别约定，转让人的债务不转移至受让人。为防止转让人隐匿交易价款，侵害债权人利益，法国法对受让人规定了公告义务，即受让人应对转让营业事项进行法定公告，以通知转让人的债权人。公告须进行两次，第一次为地方性的公告，应在买卖行为之后 15 日内，在商事营业资产被经营的行政区或省内具有刊登法律公告的报刊上公告，第二次由受让人提请法院在《法定公告正式简报》上公告。如营业转让未履行上述公告义务，受让人的价款支付对债权人不产生对抗效力，即受让人即使已经支付价款给转让人，仍需对债权人承担清偿责任。另外，公告之后，若债权人发现交易对价不合理，可对交易对价提出异议，中止受让人的付款行为，异议提出权应当在第二次公告之日起 10 日内行使，或者债权人也可行使公开竞价拍卖请求权，参与竞价。[②]

我国台湾地区对营业转让债权债务问题的规定主要体现于"企业并购法"、"公司法"及"金融控股公司法"中。"企业并购法"第 27 条规定："公司经股东会代表已发行股份总数三分之二以上股东之出席，以出席股东表决权过半数之同意，概括承受或概括让与，或依公司法第一百八十五条第一项第二款或第三款让与或受让营业或财产者，其债权让与之通知，得以公告方式代之，承担债务时，免经债权人之承认，不适用民法第二百九十七条及第三百零一条规定。"即公司为营业转让或金融机构转让全部营业时，需以公告方式通知债权人，债务移转无须债权人同意。

美国法上发展出了继受人责任制度。一般而言，在公司间进行资产转让，受让人无须承担转让人的债务，在例外情形下，受让人需对转让人的债务承担责任。其判例中主要的例外情形有：受让人明示或者默示承担转让人债务的；构成欺诈性转让的；构

① 《俄罗斯联邦民法典》，黄道秀译，北京大学出版社 2007 年版，第 215 页。

② ［法］伊夫·居荣：《法国商法》，罗结珍、赵海峰译，北京大学出版社 2015 年版，第 82 页。

成事实合并的，当某项交易在实质上构成了合并，适用公司法事实合并原理，债权债务发生概括性继承；纯粹延续理论，某个交易尽管表现为重大资产出售，但其实质不过为同一家公司改头换面，以逃避法律责任时，将存续公司视为原公司，承担一样的法律责任，并在司法实践中发展出的新的理论：事业存续原则及产品存续原则，从而给予债权人以充分的法律救济。

综上所述，对于营业转让中转让人因营业产生的债权债务是否随同营业一起转让的问题，成文法上主要存在两种不同的立法例：一是以法国为代表的否定说，除当事人另有约定，否则营业转让中不当然发生债权债务移转，转让人与受让人在为营业转让时，负有公告之义务，债权人享有异议提出权及公开竞价拍卖请求权。二是肯定说，又可区分为两类：一是以德国、日本为代表，基于商事外观主义，以是否续用原商号为标准区分受让人对受让营业的债务承担责任；二是以澳门为代表，将债之关系区分成为经营营业而订立的非人身性质的合同与营业转让前成立的债务（金钱债务），对于前者除另有约定外，概括继受，对于后者，营业受让人以商业财账簿登记为限承担债务。而我国营业转让债权债务问题的立法选择应在考究两种立法模式所依据的商事习惯及法律基础后做出决定。

（二）我国营业转让债权债务立法模式探讨

我国营业转让中债权债务问题应采何种立法模式，应综合考虑营业转让中各方的利益博弈、交易习惯等。营业转让中，各方当事人具有利益上的冲突。以公司为例，股东基于有限责任以其出资为限承担责任，为实现最大回报，倾向高风险投资；而于债权人而言，其债权的实现依托于公司的正常经营，并不负担经营风险，债权人倾向于规避风险。营业转让中股东与债权人则呈现出不同的投资倾向，存在利益分野。营业转让是现代企业提升自身市场竞争能力，实现战略协同、规模效应的重要手段，是企业效率的体现，有利于促进社会总体福利，但交易安全理念要求对企业利益的满足不能建立在损害第三方利益攸关者的基础上。根据卡尔多－希克斯标准，在社会总体福利增加的基础上，利益攸关者中受损的一方应得到补偿。为此，法律上规定营业转让债权债务制度的目标应是给予受损一方适当的补偿。具体而言，即在实现营业转让目的的同时，补偿债权人利益之受损。对此，存在两个层次的判断标准，首先，应对营业转让中交易对价是否合理进行判断；其次，在交易对价不合理的情形下，对债权人予以法律救济。因转让人债权的让与对债务人并无太大影响，营业转让中的债权让与适用我国合同法相关规定即可，[①]但债务承担关系到转让人的债权人之债权能否顺利实现，不同债务人的履约能力不一，需在营业转让中特别规定。基于此，笔者分别就营业转让债务承担的否定说与肯定说两种立法例，结合我国商事背景，构建以下三种不同的债务承担制度。

1. 除当事人另有约定外，营业受让人对债务不负清偿责任

首先，营业转让中的已有债务承担尊重当事人的约定。主要可分为约定承担与约

① 《合同法》第80条。

定不承担,一般而言,当事人缔约时的约定对是否承担债务的考量将体现于交易对价上,如约定承担债务,则交易对价相应扣减。

其次,作为契约的补充解释,在当事人未明确约定已有债务承担问题时,基于债的相对性原理,法律规定转让人仍对债权人负责,受让人不负清偿责任。营业转让的价值是在维持营业整体性的基础实现营业控制权的转移,受让人受让营业其目的在于实现自身经济利益,同时,营业从经济效率较低的转让人流向经济效率较高的受让人,实现社会资源的最优配置,增加社会总体福利。故概括性地规定受让人的对原营业的清偿责任,虽大力保护债权人的利益,但对市场营业转让行为构成压制,从长远来看,企业资不抵债时难以通过营业转让实现最大化利益,企业破产不是债权人债权的最佳实现方式。

但是,市场主体具有双重性,一方面是相互合作的社会本性,另一方面是个人主义的本性,并且这种个人主义具有扩张性的本能,使其只顾自己的欲望和要求,不惜牺牲他人来设法满足这些欲望与要求,并克服一切对这些欲望与要求的阻力。为解决其中的矛盾,需对市场主体的活动加以一定程度的限制。就营业转让而言,转让人、受让人、债权人等利益攸关者有不同的利益导向,为避免转让人与受让人利用营业转让转移资产、逃避债务,应赋予债权人对营业转让的知情权。具体至制度层面,即需建立营业转让的通知与商事公告制度:根据不同债权人债权数额的大小设定不同的程序,达到一定数额的债权,转让人应履行个别通知义务,对于其他债权人,可以公告方式通知。公告的主体应包括转让人与受让人。网络科技的发展为商事公告制度提供了物质基础,就营业转让而言,转让人应在签订营业转让合同后 5 日内登录国家企业信用信息公示系统,填报营业转让的相关信息;同时,受让人因受让营业而天然具有公告以显示其经济实力的内在动力,为防止转让人规避公告,受让人也可成为营业转让公告的义务主体。就公告的效力而言,未经公告,受让人将交易对价支付于转让人的,其价款支付对债权人不产生对抗效力,即受让人即使已经支付价款给转让人,仍需对债权人承担清偿责任。

再次,如前所述,以上制度建立于交易对价合理的基础上,在交易对价不合理的情形下,转让人将经营的风险转嫁于债权人,为避免市场失衡,法律应对债权人予以救济。主要包括两项权利:一为异议权,自营业转让公告之日起 10 日内,转让人的任何债权人,不论其债权是否到期,均可对交易对价行使异议权。债权人在规定期限内行使异议权的,受让人不得将交易价款支付给转让人,否则不能对抗异议债权人。二为公开竞价拍卖请求权,债权人可向法院提出请求,以转让人与受让人确定的交易对价为基础加价进行第二次拍卖。任何人,包括原受让人,均可参与竞价;如规定期限内无人应价,则宣告提出加价拍卖申请的人为新的受让人。

最后,债权人对欺诈性营业转让享有撤销权。可参考我国《合同法》《破产法》的相关规定。

2. 以是否继用原商号为标准,判断营业受让人对债务的清偿责任

首先,营业转让人对营业转让前因经营发生的债务继续承担责任。根据债的相对

性原理,债锁定的是转让人与其特定债权人之间的关系,没有法定或约定的事由,不能对抗第三人。民商法一般理论中,债务承担存在两种情形,一是免责的债务承担,即第三人代替债务人承担其全部债务,原债务人脱离债的关系,第三人成为新的债务人。但由于不同债务人的履约能力差异,此种债务承担方式需要债权人的同意方可;二是并存的债务承担,即原债务人不脱离债的关系,第三人加入了债务关系,与债务人共同承担债务。并存的债务承担实质上增加了债权实现的可能性,无损于债权人的利益,一般无须债权人同意。在营业转让中,转让人与受让人之间的债务承担往往未经债权人同意,故法律拟制为并存的债务承担,转让人并不因受让人的加入而彻底退出债的关系。但转让人的清偿责任,也可因法定事由而免责,如债权人免除或债权经过消灭时效,可直接适用合同法的相关规定。

其次,受让人继续使用原商号时,对转让人因营业产生的债务在受让营业的价值总额内负责。就商事外观主义而言,若营业转让前后,营业的商号、人员、场所、电话等未发生变化,债权人信赖外观往往无法察觉已发生的营业转让,失去了积极实施债权保全措施的最佳时机。此时,应推定受让人以继续使用商号的意思表示同意加入转让人原营业的债务关系,对债务承担连带责任。

但为鼓励营业转让制度的适用,即使在受让人继用商号的情形下,也应规定相应的免责情形。受让人基于继用商号所形成的商事外观对债权人承担责任,但其在受让营业之后进行了不承担转让人债务的登记或公告,或者将不承担转让人债务的意思通知给债权人,那么债权人不再具备商事外观所保护的信赖利益,此时,受让人即使继用商号,也不承担原营业债权人的清偿责任。

最后,受让人不继用原营业商号,原则上不对原营业债权人承担清偿责任。

3.将债之关系区分成维持营业所订立的合同与金钱债务

第一,就因维持营业所订立的合同而言

其一,营业转让的客体是为实现一定营业目的而组织化了的、被作为有机体的机能性财产,包括不动产、动产等及在营业活动中形成的各种有经济价值的事实关系。营业转让制度避免将构成营业之每一要素单独转让所造成的不必要的损失,符合营业维持理念的要求。而为维持营业所订立的合同,如供货合同、经销合同、会员合同等,作为营业的构成部分,是营业自身价值的体现,也是其创造新的经济价值的重要要素,若不随营业一并由受让人继受,势必影响营业的整体价值,损害其原有的机能性。另外,受让人受让为维持营业所订立的合同,将创造转让人与受让人利益共赢的局面:于转让人而言,此类合同因营业转让而失去履行的客观基础,可导致一定的违约责任;而于受让人而言,其受让营业的初衷在于利用原有的营业进驻相关市场,受让合同是效率实现其经济利益的有效途径。

其二,基于公平原则及合同的相对性原理,在规定受让人继受因维持营业所订立的合同的同时,应赋予合同对方当事人以一定的救济。理由有二:首先,受让人继受合同意味着合同主体的变更,从意思自治的角度而言,合同对方当事人并未承诺与新的权利主体订立契约,不能将转让人与受让人营业转让的利益捆绑于第三方;其次,不同的商事主体其商事信用及履约能力不一，应允许合同对方当事人根据具体情形决定是否继续履行合同。

第二，就营业转让前因营业发生的金钱之债而言

(1)基于企业财产担保论，受让人应在转让人无力清偿原有债务时，负清偿责任。首先，营业转让中，以公司为例，股东基于有限责任以其出资为限承担责任，为实现最大回报，倾向高风险投资；而就债权人而言，其债权的实现依托于公司的正常经营，并不负担经营风险，债权人倾向于规避风险。营业转让中股东与债权人则呈现不同的投资倾向，存在利益分野。营业转让是现代企业提升自身市场竞争能力，实现战略协同、规模效应的重要手段，是企业效率的体现，有利于促进社会总体福利，但交易安全理念要求在对企业利益的满足不能建立在损害第三方利益攸关者的基础上。根据卡尔多-希克斯标准，在社会总体福利增加的基础上，利益攸关者中受损的一方应得到补偿。为此，法律上营业转让债务承担模式设计的目标应是防止造成第三方的负外部性。具体而言，即在实现营业转让目的的同时，防止债权人利益受损。

其次，根据企业财产担保论，在现代社会交易中，债权人通常是着眼于企业财产的担保价值与企业收益力而负有债权的，[①]当具有担保意义的营业财产发生移转时，债务也一并移转。但有学者认为，一般性地规定受让人对原有债务的清偿责任，实际是忽视了转让人的整体偿债能力、未考虑营业转让中的交易对价，即当营业转让完成时，若交易对价符合市场合理预期，转让人的资产只是发生形式上的变动，而其整体偿债能力未有下降，并且债权人也可以要求执行交易对价；当交易对价不合理，转让人无力偿债时，转让人构成欺诈交易，才可否定受让人的独立主体资格。但该观点并未正视，营业转让使具有一般担保意义的营业财产转换为易消耗或隐匿的金钱对价，债权人债权实现的风险增加。并且，债权人作为第三方，无法或很难证明交易对价的不合理。

最后，从法政策的角度考量，作为理性经济人，转让人与受让人是自己利益的最佳安排者。现代激励理论认为，个体活动的外部性产生了激励的需要，激励的目的就是把个体行为的外部性内部化，通过规则的强制，迫使产生外部性的个体将社会成本和社会收益转让为私人成本和私人收益，使行为主体对自己的行为承担完全责任，从而通过个体的最优选择实现社会最优。[②] 如果制度规定具有信息优势的人群同时必须对被监督对象的行为承担连带责任，这部分人群也获得了监督他人的激励和名义。就整个社会而言，这种基于信息优势的连带责任就是一种相对有效的制度安排。[③] 在营业转让中，受让人相对于债权人而言，往往更加了解转让人的营业状况，处于信息优势的地位。当法律规定受让人在转让人无力清偿原有债务时，在所受让的财产范围内承担清偿责任，将促使营业转让当事人更加慎重考虑债务处理的约定，并体现于交易对价之中。

---

① 刘小勇：《营业转让制度研究——以日本法为中心》，中国人民大学出版社 2014 年版，第 170 页。

② 张维迎：《作为激励机制的法律》，载《信息、信任与法律》，生活·读书·新知三联书店 2003 年版，第 83 页。

③ 同上书，第 163 页。

(2)受让人的清偿责任以所受让的财产范围为限。营业转让制度的设计应兼顾交易安全与交易效率,作为企业并购的方式之一,营业转让,特别是在当前大众创业背景下,是市场主体活跃度的体现,应予以鼓励。为平衡受让人与债权人之间的利益,促进营业转让制度的适用,应将受让人的债务承担风险限定于所受让的营业财产的范围内。

(3)营业转让人对营业转让前因经营发生的债务继续承担责任。根据债的相对性原理,债锁定的是转让人与其特定债权人之间的关系,没有法定或约定的事由,不能对抗第三人。如前所述,债务承担有免责的债务承担和并存的债务承担之分。营业转让人对营业转让前产生的债务继续承担责任则是基于并存的债务承担原理。

七、营业转让中的劳动者保护

营业转让的实质是在维持营业机能性的前提下,实现营业控制权的转移。在一些营业中,由于岗位的专业性要求,劳动者具有不可替代性,劳动合同的概括继承是实现营业机能性的重要保障;而另一些营业则不然。那么,营业转让人与受让人是否可自主约定劳动合同的承继抑或排除某些劳动合同的继续,以及劳动关系的承继是否需要劳动者的同意?这些问题涉及营业转让自己与劳动者权益保护之间的平衡,以下分别从比较法立法例、学界学说对我国营业转让中劳动者保护构建予以展开。

(一)比较法立法例考察

欧盟制定了"关于企业事业全部或企业、事业的部分移转时劳动者权利保护的加盟国法制接近的理事会指令",根据该指令第1条第1款,企业或事业的转让,是指构成以追求经济活动为目的的资源的组合的、维持同一性的经济实体的转让。在企业转让时的劳动合同以及劳动关系产生的权利与义务自动转移至受让人(第3条第1款),即转让人的雇员自动成为受让人的雇员,继续保持其在转让人处享有的相同的条款与条件,受让人对转移来的雇员也可主张转让人的权利。企业转让本身不得成为转让人或受让人解雇的事由。并且规定了当事人应通知受转让影响的雇员代表并与他们进行协商的义务。以上为最低要求,成员国享有制定更有利于雇员的法律、条例或行政规章的自由。《德国民法典》第613a条规定,企业或者企业的一部分因法律行为而转移给另一企业主的,另一企业主即加入由转移时存在的劳动关系产生的权利和义务。

中国台湾地区"企业并购法"第16条规定,并购后存续公司、新设公司或受让公司应于并购基准日30日前,以书面载明劳动条件通知新旧雇主商定留用之劳工。该受通知之劳工,应于受通知日起十日内,以书面通知新雇主是否同意留用,届期未为通知者,视为同意留用。留用劳工于并购前在消灭公司、让与公司或被分割公司之工作年资,并购后存续公司、新设公司或受让公司应予以承认。第17条规定公司进行并购,未经留用或不同意留用之劳工,应由并购前之雇主终止劳动契约,并依劳动基准法第16条规定期间预告终止或支付预告期间工资,并依法发给劳工退休金或城资遣费。前项所定不同意留用,包括经同意留用后,于并购基准日前因个人因素不愿留用之情形。

（二）营业转让劳动者保护学说争议

劳动合同是否随营业一并转让给受让人，主要存在两种学说争议：

其一，劳动关系应随营业一并转让给受让人。有学者认为，我国《劳动合同法》第34条规定，用人单位发生合并或者分立等情况，原劳动合同继续有效，劳动合同由承继其权利和义务的用人单位继续履行。虽然该规定并未明确规定适用于营业转让，但在解释上，其中的“合并、分立等情况”应包括营业转让在内的所有企业并购的情形。[①] 朱慈蕴教授认为，我国相关法律法规虽规定了国有企业营业转让时，受让方应继受既存的劳动关系。但在非国有企业营业转让时，现行法律尚未规定，因此，有必要进行统一的营业转让立法，强制受让方继受劳动关系，包括相应的保险，并成为一个被人们普遍遵守的规则。至于受让人是否支付营业转让前拖欠的职工工资和欠缴的各项社会保险费用，从其约定。

其二，劳动关系是否随营业转让一并移转，应首先由转让人与受让人作出约定。王保树教授认为，我国营业转让的实践中，比较重视职工的安排，在尊重国有企业营业转让经验的基础上，商法就一般意义的营业转让作出规定可以考虑：转让方应在营业转让前制定职工安排方案，由转让方职工代表大会或职工大会讨论通过。该方案应记载于营业转让合同之中，由当事人按照合同履行安排职工的义务。[②] 有学者支持劳动关系不当然随营业转让承继，其主要理由有：营业转让本质上是资产交易行为，一种混合契约行为，只要不影响营业的有机性，当事人可以自由约定以排除部分财产和事实关系的移转。在法律没有规定需要当然承继劳动关系时，当事人可以约定以排除劳动关系的承继。另外，基于保护弱者利益和社会稳定，劳动关系实应当然承继于受让人。但是，受让方是营业转让合同的当事人，理应考虑其利益需要。对于可能解雇之员工，应该通过社会保障机制来解决，而不应该推给企业。若企业负重过多，经营困难，最终员工利益和社会利益也会受到损害。立足于受让方经营灵活、增强竞争力的角度，确实应赋予营业转让当事人在营业转让合同中对劳动关系的承继进行自由约定。[③]

笔者认为，营业转让的本质是“买卖”，是社会资源从低效率之人流向高效率之人的市场行为，法律应予以鼓励，仅在市场失灵的地方予以规制。就营业转让中劳动者保护而言，应首先尊重当事人的约定，当事人约定承继的，应征得劳动者同意，当事人约定不承继的，转让人应制订职工安排计划，由转让方职工代表大会或职工大会通过。在当事人无约定的情况下，法律推定当事人之间承继所转让营业全部的劳动合同。

---

① 张如海：《试论我国营业转让法律制度之构建》，载《法学杂志》2010年第10期。

② 王保树：《寻求规制营业的“根”与“本”》，载王保树主编：《中国商法年刊(2007)》，北京大学出版社2008年版，第212页。

③ 李领臣、王拥：《营业转让的法律效果——基于日本和台湾地区的理论研究和法律规范》，载《理论建设》2011年第4期。

第十一章　商事争议解决

一、商事争议解决概述

（一）商事争议的概念

商事争议是因当事人商事行为的实施而发生的争议，也称商事争端、商事争执、商事纠纷或商事案件。

根据商事争议的概念，商事争议的特点主要体现在以下四个方面：

第一，引起商事争议的是商事行为，包括商事主体为其营业所为的行为和非商事主体所为的应当为商法所规范的行为，即相对商事行为和绝对商事行为。引起争议的行为的性质是判断该争议是否是商事争议的核心，所有由商事行为引发的争议都应归入商事争议的范畴。

第二，商事争议的当事人可能双方为商事主体，也可能一方为商事主体，还可能双方均不是商事主体。这是因为商事争议的当事人与引起该商事争议的商事行为的主体是一致的。商事主体相对商事行为的行为对象可能是商事主体，也有可能是非商事主体。而绝对商事行为发生在非商事主体之间，例如自然人之间的票据行为、自然人股东之间股权转让行为等。

第三，商事争议的内容是当事人之间就商事权利义务的不同主张。因为是商事争议主要是商事主体在营业中发生的，所以争议主要是财产权益的纠纷，此外还涉及商事人格权，例如商事名称权、商事信用权等。

第四，商事争议优先适用商事法律规范。商事争议裁判者在解决商事争议时应遵循商事法律优先适用的原则；商事法律没有规定的，适用民法；民法没有规定的，适用交易习惯。

（二）商事争议解决立法设计的要求

第一，途径的多样性。提供多种解决途径是为了应对商事交易多样性所带来的争议多样性。商事活动涉及各个领域，交易的内容和交易各方的需求亦不相同，立法设计多种规范化的解决途径，会为商事活动的顺利进行保驾护航。我国最常用的方法是仲裁、调解和和解，并有具体的法律法规予以规范。其他国家还衍生出不同的途径，包括小型审理[①]、

① 小型审理（minitrial）是一种模拟诉讼程序进行调解的过程。

中立事实评估[①]、司法裁判[②]、法院授权 ADR[③]、简易陪审团和居中调停等。

第二,程序的效率性。现代市场经济处在信息时代,交易频繁,瞬息万变,因此,商事交易会做到尽可能的简便与快捷。而商事争议是商事交易效率性的挡路石,它会使得交易中断或终止。即使出现商事争议而付诸于各途径加以解决,商事主体也希望求得争议解决程序的简便和快捷,因为这意味着交易时间的节约、成本的降低和资金利用率的提高,从而更有可能实现商事主体的营利目的。

第三,争议处置的专业性。专业性表现在多个方面:一是争议解决人员的专业性,无论是何种途径解决商事争议,商事争议的"裁判者"都要有足够的专业知识来支撑,以公平、高效地解决争议;二是争议解决机构的权威性,一个运行稳定、公正独立的裁判机构能够赢得争议各方的信任;三是争议解决程序的法定性,以法律法规的形式将解决程序固定下来,能够减少裁判的任意性,将争议解决置于阳光下,接受争议各方的监督,这也体现了专业性。

(三)在商事一般性立法中规定争议解决的必要性

第一,争议解决是逻辑顺序的终点。规则的制定逻辑无外乎三个层次:其一,对规则的定义进行文字阐述;其二,解释规则,即对定义产生不同见解时,如何对规则进行解释;其三,认定规则,即认定主体与认定程序。而争议解决作为认定规则中的程序性规范,是认定规则的关键。前述章节规定了很多义务性实体规范,缺少了程序性规范,未能使规则的制定逻辑达到圆满状态。义务性规范是商事主体的行为准则,使商事主体能够自觉调整与其他主体之间的关系,然而一旦秩序发生混乱,当事人并不能依据义务性规范使秩序恢复正常。而程序性规范提供了一种最有效率路径,通过这种路径,争议当事人可以回归和平状态。

第二,解决商事争议与民事争议时追求目标的侧重点不同。商事争议解决对"公平"保护的侧重点与民事争议解决不同。由于很多民事案件当事人是自然人,所以民事审判在承认当事人的缔约能力存在差异的前提下,更强调对弱者的特殊保护。而商事主体相对于自然人已高度职业化,法律在很多情形下推定其具有专业的判断能力和更高的注意义务。因而在商事审判在很多情况下,注重公平的同时也注重效率。

民事争议解决与商事争议解决对财产保护的方式不同。民事争议解决更注重对"人"本身的关注,明显侧重人格权益的保护,这是商事争议解决所没有的。商事主体的本质是营利性组织,对于商事行为中追求利益最大化的行为,司法持支持的态度。所以法律鼓励交易,以期资本在更多次的流通中实现增值。

若商事法律不根据商事活动特点形成争议解决的路径,那么所有的争议都会通过

---

① 中立事实评估(neutral evaluation)只是争议解决过程中的一个程序,由双方共同选择的中立的第三方调查复杂的事实和技术问题,分析案件争议,提供分析报告。

② 司法裁判(judicial referee)并非真正意义上的司法程序,而是由双方当事人选择或法院指定一名司法裁判,通常是退休的法官,进行私下审理和判决。这种判决的效力相当于法院判决。

③ 法院授权 ADR(court-mandated ADR)是指法院要求某些案件的当事人在诉讼之前必须采取非诉讼程序解决争议,这些非诉讼程序是由法院设计或主持的,因此被称为法院授权的 ADR。案件类型主要是涉案标的额较小的案件。

现有的争议解决途径流向民事诉讼法和仲裁法规定的传统路径，从而与民事活动无异，不利于实现商业价值。所以有必要在商事一般性立法中对商事争议解决进行规定，以满足商事活动需要。传统的民法争议解决是围绕自然人日常生活规定的，从而形成了具有民法特征的民事诉讼法律和一系列裁判规则，所以《民法总则》并未单章规定争议解决。

第三，商事一般性立法应该承担起创新商事规范的历史责任。在个案裁判中区分民商事的理念在我国已初步形成，虽然有时会适用同样的法律，但是商事审判庭和民事审判庭的裁判思路明显不同。最典型的是《合同法》第 114 条第 2 款规定："约定的违约金低于造成的损失的，当事人可以请求人民法院或者仲裁机构予以增加；约定的违约金过分高于造成的损失的，当事人可以请求人民法院或者仲裁机构予以适当减少。"商事审判庭倾向于"不调"或"微调"，而民事审判庭则倾向于"调"。对于《合同法》第 113 条违约损害赔偿的规定，民事审判庭通常不考虑对"可得利益"的保护，而商事审判庭则相反。①

然而，区分裁判途径的理念尚未在商事争议的当事人之间形成，且目前的法律未形成有效的商事裁判框架，提供多重裁判路径供当事人选择，这就为商事一般性立法规定争议解决创造了条件。商事一般性立法应该就商事争议的解决制定合理的法律框架，形成体现商事活动个性的争端解决机制，为商事活动提供更好的行为指引。

二、非诉讼方式解决商事争议

相当多的商事争议事实上并没有通过法院诉讼程序解决，而是通过其他方式解决，这是由于利用司法制度解决商事或者其他纠纷可能会花费当事人巨大的诉讼费用和时间成本。而且在商事诉讼中，商事争议双方的正常营业活动可能会受到影响。为了减少或者解决这些问题，商事争议的当事人越来越倾向于利用非诉讼方式解决争议。本部分对我国现有的使用频率最高的三种非诉讼途径进行介绍。

（一）和解

1. 和解的含义

作为商事争议解决途径之一，和解是指商事主体双方自行协商，就商事活动中涉及的实体权利进行处分并达成协议，从而解决争议的活动。这种活动是商事争议各方之间"争议—谈判—争议解决"的过程，和解的发起和最终结果的作出都是由双方当事人自行磋商。

在术语选择的过程中，值得一提的是"和解"与"协商"的区别。协商是指双方为达成合意进行商讨行为，协商可以存在于任何一种争议解决途径之中。协商的当事人之间并不必然存在争议，而参与和解的当事人之间必然存在紧张关系。这一点可以从我国现行的法律规范用语中洞悉，例如，因为民事诉讼活动中的当事人必然存在争议，所以《民事诉讼法》中凡涉及双方通过交涉解决争议的途径均使用"和解"来描述，其

---

① 王涌：《中国需要一部具有商法品格的民法典》，载《中国法律评论》2015 年第 4 期。

第50条对民事诉讼活动中当事人的和解进行了一般规定："双方当事人可以自行和解。"第207条规定了执行和解："在执行中，双方当事人自行和解达成协议的，执行员应当将协议内容记入笔录，由双方当事人签名盖章，一方当事人不履行和解协议的，人民法院可以根据对方当事人的申请，恢复对原生效法律文书的执行。"除此之外，《合同法》在规定合同争议处理的方式时也使用"和解"作为规范用语，其第128条规定"当合事人可以通过和解或者调解解决同争议；当事人不愿和解、调解或者和解调解不成的，可以根据仲裁协议向仲裁机构申请仲裁"。同样，一些法律选择适用"协商"这一词语对相关情形进行描述，例如《担保法》第78条规定："股票出质后，不得转让，但经出质人与质权人协商同意的可以转让。"不难发现，在这个法条中出质人和质权人之间是没有争议的，"协商"描述的是双方试图就某一事项达成一致意见的过程。综上所述，选择"和解"这一术语对争议解决途径进行描述更为恰当。

2. 和解的效力

和解的效力主要体现在以下三个方面：第一，和解能够产生合同法上的效力，当事人双方成为合同的当事人，需遵守双方合意。第二，达成的合意可以成为有执行力的法律文书的基础，例如当事人可以向法院或仲裁机构申请制作司法调解书或仲裁裁决书。第三，和解后，当事人可以向有关部门申请对相关法律程序进行变动，如因和解而撤诉、因和解而中止执行等。但变动并不具有确定性，若在撤诉或中止执行后和解协议遭到任何一方的反悔，另一方只能另行起诉或恢复原生效法律文书的执行，并不能要求对方继续履行和解协议。

3. 和解的优势

和解作为一种"低碳"的争议解决途径广泛存在于我国法律、行政法规和部门规章中，但是并没有像诉讼、仲裁、调解等争议解决途径一样有专门法律规范予以调整，也没有形成体系化的制度。在一些法律法规没有涉及的领域，当事人当然享有协商的权利。和解具有灵活性，它可以先于调解、仲裁、诉讼程序进行，也可以贯穿在其他各种争议解决途径之中使用，而且它极大地节约了当事人的时间成本、金钱成本，成为当事人解决争议的第一选择。

第一，和解可以最有效率地解决争议。任何一方当事人在履约的任何时候和任何地点发现双方之间存在任何争议，都可以向对方表示自己期望以和解的方式解决争议的意愿。在绝大多数情况下，对方会同意和解的提议。只要双方有解决争议的诚意，在互谅互让的基础上达成和解是完全可能的。

第二，和解可以有效地保守当事人之间的商业秘密。由于没有第三人的参与，双方可以就他们之间的任何涉及商业秘密的争议进行谈判。如果谈判成功，当事人之间有可能公之于众的争议就会在极端秘密的情况下化解。这符合当事人对最大利益的追求。

第三，和解有助于保持和促进当事人之间的友好合作关系。和解的基础是双方当事人自愿寻求妥善办法来消除歧见，它会促进一方当事人了解和理解对方的意见和主张，同时认识到自身的长短和地位。达成和解通常会使得双方当事人加强相互了解，增进友谊,促进合作,和衷共济。

第四,和解不妨碍当事人采取进一步的法律行动。和解是解决争议的最初方法,但不是解决争议的唯一方法。出于对商业上各种因素考虑,大多数争议可通过和解的方式得到解决。但是如果一方拒不与对方合作,对和解的要求置之不理,又对拒不和解的一方不可能有什么制裁措施时,当事人可以按照具体情况和双方的约定,进一步采取调解、仲裁或诉讼方式解决争议。由于和解具有很大的任意性,即使在调解、仲裁或诉讼程序中,当事人如果有和解的愿望,也是完全可以达成和解的。①

(二)调解

1. 调解的含义

调解,是指以争议当事人的自愿为前提,在中立第三方的主持下,促使双方达成调解协议以解决争议的过程。调解可以由当事人指定调解员,也可以提请调解机构指定调解员。作为主持调解的中立第三方,调解机构一般都有自己的调解规则,提交调节机构的争议应按照调解程序进行调解。调解成功的,双方签订和解协议,视为双方建立了一种新的合同关系,双方应自动去履行。如有一方反悔或不履行,另一方可按照违约对待,再寻找新的途径去解决。如果调解员在双方达成的协议书上也签字,则称双方达成的协议为调解书或调解协议。当事人依据和解书和调解书一般不能到法院申请强制执行,或者说和解书和调解书不具有强制执行力,但也有例外,如我国人民法院作出的调解书或仲裁庭依和解书或调解书作出的仲裁裁决书,当事人是可以依此申请强制执行的。②

通过与和解的含义进行比较,我们可以更好地理解调解的含义。其一,和解和调解的行为主体不同。和解是当事人自己协商解决纠纷;调解是在第三方的主持下,通过细致的工作,使双方当事人达成调解协议。其二,法律后果不同。和解协议靠当事人双方的自觉履行,不能作为人民法院的执行根据;而人民法院作为调解机构做出的调解协议具有强制执行的法律效力。

2. 调解的优势

第一,调解可以快捷地解决争议。双方当事人同意调解的,往往不要求调解员遵循刻板的规则和模式,而是授权调解员可以以灵活的方式分清事实,公平合理地提出他们可以接受的方案。调解的随意性使当事人不必在程序上耗费过多的时间,有利于争议的迅速解决。

第二,调解员的专业知识和技能提高了解决争议的可能性。双方当事人都同意的调解员通常是在某一行业具有专业知识或实际经验的人士。调解员可以利用他们的专业知识和技能说服当事人互谅互让,尽可能地消除当事人之间的抵触情绪,使争议得到解决的可能性大大提高。

第三,调解是在双方都自愿接受的前提下进行的,对当事人无任何强迫。无论调

---

① 程德钧、王生长、康明编著:《国际惯例和涉外仲裁实务》,中国青年出版社1993年版,第148~149页。

② 同上书,第150页。

解成功与否，都不会损及当事人以往的友好关系。

第四，调解可以与诉讼、仲裁等方式结合起来，避免冗长耗时的争议解决程序，减少当事人和裁判机构的时间成本和金钱成本。

3. 调解的类型

我国并未依据商事活动的特点制定用于解决商事纠纷的特有的调解制度，从理论上来说，法律规定的各种调解方式均可用于解决商事争议。目前我国法律规定的调解主要有四种方式：人民调解、商会调解、仲裁调解和诉讼调解。当事人通过这四种调解途径所达成的调解协议具有合同属性，其中具有给付内容的调解协议经法院确认后具有强制执行力。

在各调解方式的分工上，人民调解着重解决民间商事纠纷，例如未登记的个体摊点、流动商贩和农村承包经营户的商事纠纷可以通过人民调解的途径予以解决。仲裁调解是调解解决商事争议的核心手段，其因保密性和专业性成为争议双方的重要选择。凭借自治行会的专业知识和中立地位，商会调解已成为仲裁调解的重要补充。诉讼调解是商事调解的重要组成部分，得益于法院的司法公信力，诉讼调解充分保障了公正和效率，极大地缓解了诉讼案件给当事人带来的紧张关系，实现了当事人对义务的自觉履行。

表 8 简要描述了上述四种商事调解方式的主要内容。

表 8

类型	主要依据	主要内容	调解机构
人民调解	《中华人民共和国人民调解法》	［调解原则］平等自愿、不违背法律法规和政策、尊重当事人权利① ［人民调解委员会的性质和产生］①人民调解委员会的性质：群众性组织；②人民调解委员会的设立：村委会、居委会设立，企事业单位根据需要设立② ［调解发起程序］①当事人申请调解；②人民调解委员会主动调解（但当事人一方拒绝的除外）；③基层法院或公安机关对适宜通过人民调解解决的纠纷交由人民调解委员会调解③ ［调解协议的形式和效力］①调解协议的形式：可以书面也可以口头；②调解协议具有法律约束力（合同效力），可以进行司法确认④	①村委会、居委会设立的人民调解委员会； ②企事业单位、乡镇、街道、人民团体设立的人民调解委员会

① 参见《人民调解法》第 3 条。

② 同上书，第 7 条、第 8 条。

③ 同上书，第 17 条、第 18 条。

④ 同上书，第 28 条、第 33 条。

续表

类型	主要依据	主要内容	调解机构
商会调解	《中国贸促会/中国国际商会调解中心调解规则》	[调解原则]自愿原则；合法原则；参照国际惯例原则；公正公平原则；诚信原则。① [调解申请的发起]①当事人之间订立的调解条款的，一方当事人申请或双方申请；②没有订立调解条款的，双方当事人同意调解的② [调解员的选(指)定]①当事人可以在调解员名册中选择，也可自行确定调解员，但须调解中心确认；②逾期未共同指定或委任指定的，由调解中心代为指定③ [调解方式]①联合调解：经当事人同意，调解中心可与其他争议解决机构进行联合调解；②调解员调解方式：调解员分别或共同会见当事人；调解员征求当事人建议意见；聘请专家鉴定人；调解员提出建议等④ [调解协议的达成与终止]①调解协议的达成条件为双方签字；②调解的终止：达成调解协议、任何一方或共同声明终止、期限届满、调解员认为无调解成功可能并书面声明终止⑤ [调解协议的性质与效力]①调解协议具有合同性质，②可以依据调解协议申请支付令、司法确认及强制执行；③调解内容不得作为仲裁、诉讼或其他类似程序的证据⑥	①中国贸促会/中国国际商会调解中心 ②中国国际商会在全国省份、自治区、直辖市及一些主要城市分会调解中心

① 参见《中国贸促会/中国国际商会调解中心调解规则》第3条、第4条。

② 同上书，第8条。

③ 同上书，第16条、第17条。

④ 同上书，第6条、第20条。

⑤ 同上书，第24条、第25条。

⑥ 同上书，第26条、第27条、第31条。

续表

类型	主要依据	主要内容	调解机构
仲裁调解	《中华人民共和国仲裁法》和各仲裁机构仲裁规则	[调解在仲裁程序中的适用]仲裁庭在作出裁决前,可以先行调解。当事人自愿调解的,仲裁庭应当调解。调解不成的,应当及时作出裁决① [调解书的效力]调解达成协议的,仲裁庭应当制作调解书或者根据协议的结果制作裁决书。调解书与裁决书具有同等法律效力② [调解书的制作]调解书应当写明仲裁请求和当事人协议的结果。调解书由仲裁员签名,加盖仲裁委员会印章,送达双方当事人③ [仲裁调解与仲裁的关系]调解书经双方当事人签收后,即发生法律效力。在调解书签收前当事人反悔的,仲裁庭应当及时作出裁决④	各仲裁机构,如"中国国际经济贸易仲裁委员会""中国海事仲裁委员会""北京仲裁委员会""武汉仲裁委员会"等
诉讼调解	《中华人民共和国民事诉讼法》《最高人民法院关于适用〈中华人民共和国民事诉讼法〉的解释》	[调解原则]自愿原则;查明事实和分清是非原则;合法原则;⑤调解不公开原则⑥ [适用范围]审判程序一般都适用调解。但执行程序,适用特别程序、督促程序、公示催告程序的案件不适用调解⑦ [调解的启动]①调解必须经双方当事人同意;②立案前先行调解:立案前适宜调解的可以先行调解,但当事人拒绝调解的除外;⑧③受理后径行调解:经审查案件法律关系明确事实清楚的,可以径行调解;⑨④庭前调解:普通程序中开庭前可以调解,⑩简易程序中合伙协议纠纷、标的额较小的纠纷等商事纠纷必须调解⑪	人民法院

① 参见《仲裁法》第51条。
② 同上。
③ 同上书,第52条。
④ 同上。
⑤ 参见《民事诉讼法》第93条、第96条。
⑥ 参见《最高人民法院关于适用〈中华人民共和国民事诉讼法〉的解释》第146条。
⑦ 同上书,第143条。
⑧ 参见《民事诉讼法》第122条。
⑨ 参见《最高人民法院关于适用〈中华人民共和国民事诉讼法〉的解释》第142条。
⑩ 参见《民事诉讼法》第133条。
⑪ 参见《最高人民法院关于适用简易程序审理民事案件的若干规定》第14条。

续表

类型	主要依据	主要内容	调解机构
诉讼调解		[调解协议与调解书的效力]调解协议具有合同效力;调解书经双方当事人签收后,即具有法律效力,其中具有给付内容的调解书,强制执行力① [调解和判决的关系]调解未达成协议或者调解书送达前一方反悔的,人民法院应当及时判决②	

商事案件的调解在实践中的运用主要集中在商会调解、仲裁调解和诉讼调解上,其中争议双方可以向商会调解组织直接申请调解,是作为独立程序的商事调解;而仲裁调解和诉讼调解则是作为仲裁和诉讼过程中的辅助手段。此外,中国国际商会调解中心创新性地开展了联合调解制度,即组织两个以上具有商事调解职能组织(国内或国外)共同运用调解的形式,促成当事人和解。由于在解决商事问题上,很难保障人民调解委员会调解员的专业性,所以人民调解主要集中在民事争议上,但因该制度有完整的立法框架,所以对商事争议解决的意义不容小觑。由此可见,我国的立法和实践虽然未对调解制度专门制定调解法,但调解制度通过部门法和实践自治,几乎体现在所有纠纷之中,形成了较为完整的调解体系。

(三)商事仲裁

1. 商事仲裁的含义

商事仲裁,是指发生商事争议的双方当事人,根据其在争议发生前或争议发生后所达成的仲裁协议,自愿将该争议提交中立的第三方仲裁机构进行裁决,仲裁机构依据仲裁规则解决争议的方式。其中,仲裁协议是指双方当事人自愿将他们之间发生或者可能发生的争议提交仲裁机构予以解决的书面协议,是双方当事人所表达的采用仲裁方式解决纠纷意愿的法律文书。仲裁规则是指进行仲裁程序所应遵循和适用的规范。根据这一概念,商事仲裁具有以下要素:第一,商事仲裁以自愿协商为基础;第二,商事仲裁由双方当事人选择中立第三者进行裁判;第三,作出的裁决对双方当事人具有法律约束力。

2. 商事仲裁的特征

不同于和解、调解的任意性,也不同于司法、行政途径的强制性,商事仲裁形成了相对固定且足够灵活的民间财产权益纠纷解决体系。具体而言,商事仲裁具有以下特点和优势:

第一,自愿性。自愿性是仲裁的最重要原则,双方可以自行约定或选择仲裁事项、仲裁地点、仲裁机构、适用法律等。

第二,专业性。法律规定当事人有权指定具有专业知识的仲裁员进行仲裁,而且

① 参见《民事诉讼法》第96条、第97条。

② 同上书,第99条。

商事仲裁机构均应备有分专业的、由专家组成的仲裁员名册供当事人选择，专家仲裁由此成为商事仲裁的重要特点之一。

第三，非公开性。这种非公开性体现在审理的非公开和当事人的保密义务。我国《仲裁法》第40条规定："仲裁不公开进行。当事人协议公开的，可以公开进行，但涉及国家秘密的除外。"相关仲裁规则也规定了商事仲裁员禁止泄露仲裁案件具体内容的义务。

第四，快捷经济性。与诉讼相比，商事仲裁实行一裁终局制，当事人之间的争议能够在相对短的时间内迅速得以解决，省去了多审级审理给争议解决带来的不确定性。因为结案较快，使仲裁所需费用相对较低；因为仲裁的保密性，使得案件争议对双方日常的商业经营影响较小，能够避免不必要的经济损失。

3. 商事仲裁的性质

伴随商事仲裁实践的产生和发展，法律对其态度由一开始的确认到后来通过仲裁立法加以规范。与之相适应的是，司法对仲裁的监督由宽松到严格控制，再到弱化。围绕司法介入仲裁的程度，学理界对商事仲裁的性质提出了四种理论，即司法权论、契约论、混合论及自治论。①

（1）司法权论。司法权论是指国家有权监督和管理商事仲裁所涉及的一切事项。该理论认为只有仲裁的发生取决于当事人的意思自治，而仲裁的效力、仲裁的承认与执行等其他事项均来自国家法律的授权。对于仲裁进行立法上严格控制最典型的范例莫过于公元十一世纪的英国。针对当时日益发展的仲裁事业，为使法院分得一杯羹，英国政府极力主张"法院管辖权不容夺原则"，对一切仲裁裁决，法院均有权予以重新审查。②

（2）契约论。契约论认为仲裁是当事人合意发起的，仲裁程序也是按照双方约定确定的，仲裁结果是双方自愿接受的。法国学者尼步耶那这样解释仲裁契约论："仲裁裁决具有契约性质，这是因为仲裁员权利的取得，不是来自法律或司法机构，而是来自当事人间的协议。仲裁员是按照当事人在协议中的意愿去裁定争议的。当事人让仲裁员以公断人的身份作出裁定是一种真正的委托。由此，裁决也被注入了契约性，如同所有协议一样，裁决必然具有法定效力，而且具有终审判决的权威。"③

（3）混合论。混合论的支持者认为仲裁源于私人契约，但其效力取决于法律规定。该理论的倡导者索瑟－霍尔将仲裁定性为"一种混合的特殊司法制度，它源于当事人的协议，并从私法中获取司法效力"。④ 仲裁的混合性体现在两方面：一是仲裁员的权限取决于当事人事先达成的仲裁条款或事后达成的仲裁协议；二是仲裁庭的裁判过程以及赋予仲裁特定的效力不能超过一国国内法的规定。

（4）自治论。自治论认为仲裁制度是一种独创的制度，它摆脱了契约和司法权的

---

① 韩健：《现代国际商事仲裁法的理论与实践》，法律出版社2000年版，第34页。

② 参见杜国胜：《国际商事仲裁性质之论争及评析》，载《大庆师范学院学报》2009年第5期。

③ 参见尼步耶那：《法国国际私法论》，转引自乔欣《比较商事仲裁》，法律出版社2004年版，第9页。

④ 参见何炼红：《论国际商事仲裁的性质》，载《湖南省政法管理干部学院学报》2002年第2期。

观念,是一种超越国家的自治制度。[①] 仲裁协议和仲裁裁决的强制力不是取决于契约,也不是司法权的割让,而是争议解决自身的需要。规定仲裁效力的法律并不是先于仲裁出现的,而是为了适应商人发明的这种争议解决方式而作出的规定,因而几乎每个国家都有专门适用于商事仲裁的法律。

本书更倾向于混合论,认为商事仲裁是一种契约性与司法性的混合体。因为整个仲裁程序的启动和运行贯穿着当事人的自由意志,包括当事人在仲裁协议中授权某一仲裁机构进行仲裁,当事人合意选择仲裁人员,当事人放弃或变更请求等。另外,商事仲裁在现代社会被更多地赋予了法律属性,包括仲裁机构是法律授权产生的,仲裁程序是根据国家仲裁法律规定进行的,商事仲裁裁决的强制执行力是法律赋予,且国家强制力保证各方履行裁决内容。

4. 商事仲裁的分类

(1)国内商事仲裁与涉外商事仲裁。国内商事仲裁是指同一国的当事人因不具有国际因素的商事争议而进行的商事仲裁。涉外商事仲裁是指存在下列情况之一的仲裁:商事争议的当事人在签订仲裁协议时各自的营业地位于不同的国家或地区;或者,仲裁协议中或根据仲裁协议确定的仲裁地、主要义务将要履行的任何地点或与争议的客体具有最密切联系的地点位于各方当事人营业地国家或地区之外。[②]

中国仲裁制度长期以来就分为国内仲裁和涉外仲裁两个类别。在仲裁法颁布实施以前,国内仲裁和涉外仲裁体系截然不同,两者在性质、机构设立、仲裁员权限、仲裁管辖、仲裁裁决效力方面都有较大的区别。在仲裁法颁布实施以后,国内仲裁和涉外仲裁基本形成一致,仅有的区别在于人民法院对涉外仲裁的司法支持和监督采取与国内仲裁不同的程序和标准,较好地配合了中国吸引外资的政策。[③]

(2)机构仲裁和临时仲裁。机构仲裁是指根据双方当事人的合意选择常设仲裁机构及仲裁员,根据其固定的仲裁规则解决争议。临时仲裁是指任何已设立的仲裁机构均不参与仲裁裁决程序和案件管理,而是由当事人自行设计仲裁规则或选择适用已有仲裁规则,并将争议交由选择的仲裁员进行仲裁并作出裁决。

与机构仲裁相比,临时仲裁具有突出的特点:首先,有利于充分尊重当事人的意思自治,仲裁程序的每一个环节都由当事人决定和控制;其次,有利于充分保护当事人隐私,因为没有仲裁机构及其相关人员的参与,所以减少了仲裁内容向外透露的可能性;最后,有利于发挥仲裁的灵活性,因为临时仲裁没有固定规则的限制,具有很大的弹性。

长久以来,我国采用的是典型的机构仲裁模式,我国《仲裁法》没有规定临时仲裁。但在国际上,临时仲裁更加盛行。1976 年《联合国国际贸易法委员会仲裁规则》提供了临时仲裁的程序规定供当事人选择适用,也为各国建立临时仲裁程序提供了模板。从各国商事立法实践来看,大多数国家的仲裁法都承认和采纳临时仲裁。奥地利、比利时、德国、美国、丹麦、芬兰、法国、英国、意大利、荷兰、挪威、瑞典、中国香港等

① 转引自何炼红:《论国际商事仲裁的性质》,载《湖南省政法管理干部学院学报》2002 年第 2 期。

② 参见张圣翠:《我国涉外仲裁法律制度之完善》,载《法学》2013 年第 5 期。

③ 沈四宝、薛源:《论我国商事仲裁制度的定位及其改革》,载《法学》2006 年第 4 期。

多个国家和地区的仲裁制度都规定了临时仲裁制度。①

近期,我国也开启了对临时仲裁的相关立法和实践。2016 年 12 月 30 日,最高人民法院印发了《关于为自由贸易试验区建设提供司法保障的意见》。该意见第 9 条第 3 款规定:"在自贸试验区内注册的企业相互之间约定在内地特定地点、按照特定仲裁规则、由特定人员对有关争议进行仲裁的,可以认定该仲裁协议有效。"中国首部临时仲裁规则《横琴自由贸易试验区临时仲裁规则》自 2017 年 4 月 15 日起开始施行,为临时仲裁制度在自由贸易试验区的有效推进提供了制度保障。

5. 商事仲裁的形成和发展

(1)国际商事仲裁的形成与发展。以仲裁的方式处理争议,在国际上已有悠久的历史。早在古罗马时代,就开始出现了以仲裁的方式解决商业往来中发生纠纷的做法,罗马法《民法大全》"论告示"第二编记载了古罗马五大法学家之一保罗的论述:"为解决争议,正如可以进行诉讼一样,也可以进行仲裁。"②

但商事仲裁作为一种法律制度始于中世纪欧洲。英国、瑞典等国是最早开始规定仲裁法律制度的国家。13 世纪中叶,在英国的一部年鉴中出现了有关仲裁的记载。14 世纪中叶,瑞典的某些地方法典中也承认仲裁是解决争议的一种合法方式。

近代商事仲裁法律的蓬勃发展始于 17 世纪末。英国 1687 年的《罚金条例》涉及仲裁协议效力的规定;在 1697 年,英国正式制定了第一个仲裁法案。法国大革命时期,国民议会在 1790 年将商事仲裁定性为"解决国民之间的争议的最合理的方法";1800 年《法院组织法》赋予了公民自愿将其争议将由仲裁解决的权利;1807 年的《法国民事诉讼法典》也对仲裁进行了规定。

早期的仲裁,主要用以解决国内民事纠纷,处理债权债务方面的争议。到了 19 世纪末 20 世纪初期,随着资本主义商品经济的发展,仲裁也被用以解决国际贸易中发生的争议,不少资本主义国家相继制定了有关仲裁的法律法规,承认仲裁的法律地位,建立了专门的商事仲裁机构。例如,英国于 1889 年制定了《仲裁法》;在 1887 年,瑞典正式制定了其第一部有关仲裁的法律,并在 1929 年通过了《瑞典关于外国仲裁协议和仲裁裁决的条例》;1877 年《德国民事诉讼法典》和 1890 年《日本民事诉讼法》也均对商事仲裁进行了规定;1892 年英国在伦敦成立了伦敦仲裁院,1923 年法国在巴黎成立了国际商会仲裁院等。③

近年来,国际商事仲裁的发展主要表现在三个方面。

第一,商事仲裁国际立法的统一化。为了解决和消除仲裁立法上的差别,各国签订了一系列与仲裁有关的国际公约和法规,如 1928 年的《布塔斯曼特法典》和 1923 年

---

① 王岩:《建立临时仲裁制度探析》,载《人民法院报》2005 年 3 月 21 日。

② 乔欣主编:《比较商事仲裁》,法律出版社 2004 年版,第 18 页。

③ 本部分对国际商事仲裁形成和发展的梳理主要参考文献有:乔欣主编:《比较商事仲裁》,法律出版社 2004 年版,第 18 ~ 20 页;程德钧、王生长、康明编著:《国际惯例和涉外仲裁实务》,中国青年出版社 1993 年版,第 156 ~ 158 页;赵秀文:《国际商事仲裁及适用法律研究》,北京大学出版社 2002 年版,第 5 ~ 10 页;帕德罗 · 马丁内兹 - 弗拉加:《国际商事仲裁——美国学说发展与证据开示》,蒋小红、谢新胜译,中国社会科学出版社 2009 年版,第 5 ~ 7 页。

的《仲裁条款日内瓦公约》等。在联合国的推动和主持下,多国签订或加入了 1958 年联合国《承认及执行外国仲裁裁决公约》。联合国于 1976 年制定的《联合国国际贸易法委员会仲裁规则》已广泛被仲裁机构采用。1985 年制定的《国际商事仲裁示范法》为各国仲裁的立法或修法提供了参照。

第二,仲裁机构不断增加,其服务性不断加强。一些国家的商业行会,非政府组织相继成立仲裁机构。此外,因为仲裁的发展与商业贸易的蓬勃发展密不可分,就决定了仲裁要尽可能地为商业提供便利,以实现仲裁当事人的最大利益。

第三,商业活动的当事人愈加重视仲裁的作用和优势。这具体表现在国际商业贸易合同、保险合同、货运合同中一般都订立有仲裁条款。

(2)我国商事仲裁的形成和发展。1912 年民国政府颁布的《商事公断处章程》是中国近代第一个关于商事仲裁的专门规定。此外,革命根据地和解放区时期的仲裁规定也为我国商事仲裁制度的形成奠定了基础。

我国的商事仲裁制度开始于涉外商事仲裁。中央人民政府政务院于 1954 年 5 月通过了《中央人民政府关于在中国国际贸易促进会内设立对外贸易仲裁委员会的决定》,中国贸易促进委员会之后于 1956 年就对外贸易仲裁委员会仲裁程序进行了规定。1958 年国务院通过了《中华人民共和国国务院关于在中国国际贸易促进会内设立海事仲裁委员会的决定》,之后贸促会又就海事仲裁委员会的仲裁程序进行了规定。这两大涉外商事仲裁机构的成立被视作我国商事仲裁制度的开端。

在仲裁法颁布之前,国内商事仲裁并不是与行政、司法独立的争议解决途径,而是由政府内部的机构行使仲裁权。仲裁的原则在这一时期也发生了多次改变,由"只裁不审"发展为"先裁后审",由"两裁终局"变为"两裁两审"或"一裁两审"再到"一裁终局"。

《仲裁法》和《民事诉讼法》的有关规定相结合,共同构成了我国仲裁制度的框架。1994 年 8 月 31 日第八届全国人民代表大会常务委员会第九次会议通过了《仲裁法》,确立了"或裁或审"和"一裁终局"的原则,成为商事活动各方参与仲裁的主要依据。在《仲裁法》对涉外仲裁规定的基础上,《民事诉讼法》第 26 章就涉外仲裁和诉讼的关系进行规定。此外,2005 年最高人民法院出台了《关于适用仲裁法若干问题的解释》,又对仲裁协议的有效要件、仲裁裁决的撤销和不予执行问题作了规定。

中国仲裁实务近些年来不断发展,主要体现在以下三个方面:

第一,我国仲裁机构的数量和受案标的额不断增加。在符合仲裁法规定可以组建仲裁机构的 270 多个城市中,近 90% 的城市组建了仲裁机构。基本上,省会城市和较大的城市均设立了仲裁机构。[①] 2015 年全国 244 家仲裁委员会共受案 136924 件,比 2014 年增加 23264 件,增长率为 20%;案件标的总额 4112 亿元(指人民币,下同),比 2014 年增加 1465 亿元,增长率为 55%。[②] 以我国具有代表性的仲裁委员会为例,根据

① 本数据体现的是参考资料撰写时所反映的情况,详情参见沈四宝、于健龙主编:《中国仲裁年度报告(2013~2014)》,法律出版社 2016 年版,第 3 页。

② 参见宋连斌、付攀峰、陈希佳:《中国商事仲裁年度观察(2016)》,载《中国商事争议解决年度观察 2016》,北京仲裁委员会/北京国际仲裁中心编,中国法制出版社 2016 年版,第 1 页。

中国国际经济贸易仲裁委员会的数据统计,其涉案总量基本呈现逐年递增的趋势,2016 年达到新高,共计 2181 件。① 2016 年北京仲裁委受理案件数量、标的额均创新高,案件覆盖各种争议类型,共受理案件 3012 件,相比 2015 年增加了 68 件;案件标的额为 465.9 亿元,较 2015 年增加了 54.8 亿元。②

第二,受案数量平稳增长,裁决质量上升。2015 年,被人民法院裁定撤销仲裁裁决案件有 209 件,占案件总数的 0.15%,与 2014 年的 203 件、0.18% 的撤销率相比略有下降;被裁定不予执行仲裁裁决案件为 84 件,占案件总数的 0.06%,与 2014 年的 106 件、0.09% 的不予执行率相比也略有下降。③

第三,国际商事仲裁与中国国内仲裁融合度不断提升。其一,涉外案件量稳步增长。以中国国际经济贸易仲裁委员会为例,2016 年共受理涉外案件 483 件,同比增长 10.53%。其二,国际商事仲裁的司法审查程序持续完善。各级法院依照《纽约公约》和双边或多边承认和执行条约,先确定仲裁协议的准据法,再根据准据法判断仲裁协议形式和实质有效性的裁判思维已经非常统一。④ 其三,海外商事仲裁机构相继在中国设立办事处,与此同时,中国仲裁机构也积极寻求突破。如香港国际仲裁中心在上海自由贸易区设立代表处,中国国际商会在福建平潭综合试验区设立海峡两岸仲裁中心等。

三、商事诉讼制度

(一)商事诉讼概述

1. 商事诉讼的含义

商事诉讼,是指商事主体将有争议的商事权利和义务事项,提交司法审判机构,由其按审判程序作出裁决的制度。⑤ 商事诉讼体现出与和解、调解和仲裁不同的特征:其一,商事诉讼具有公权性。由法院代表国家行使审判权解决商事争议;其二,商事诉讼具有强制性。这表现在案件受理时和裁判执行时,不需要对方的同意;其三,商事诉讼具有严格程序。

因为民事和商事实体法在价值取向、调整方法及具体制度设计上存有不同,所以二者所对应的民事诉讼程序和商事诉讼程序也必然有所差异。第一,商事诉讼对效率的要求更高。商事活动的营利性使商事主体对程序的快捷、简便要求更高,相应的程序也把效率作为价值追求。第二,商事诉讼裁判结果波及的范围更加广泛。民事裁判结果一般只在当事人之间发生效力,此外法律提供第三人撤销之诉等方式给予了有利

---

① 参见中国国际经济贸易仲裁委员会网站公布的统计数据:载 http://www.cietac.org.cn/index.php?m=Page&a=index&id=24,最后访问日期:2017 年 3 月 28 日。

② 参见北京仲裁委员会网站公布的工作总结:《北京仲裁委员会 2016 年工作总结》:载 http://www.bjac.org.cn/news/view?id=2909,最后访问日期:2017 年 3 月 28 日。

③ 法制网公布国务院法制办公室授权发布的 2015 年全国仲裁工作有关情况,载 http://www.legaldaily.com.cn/Arbitration/content/2016-03/29/content_6545612.htm?node=79488,最后访问日期:2017 年 3 月 28 日。

④ 参见中国仲裁法学研究会公布:《中国国际商事仲裁年度报告(2015)》,第 17 页。

⑤ 参见赵万一:《商法学》,中国法制出版社 2002 年版,第 456 页。

害关系的案外人以救济方法,但是效力涉及的范围有限;而商事主体虽然多为法律拟制的人,但基于其人合性,诉讼结果对商事主体内部的每一个主体都会发生影响,例如股东和职工的权益保护;又因为商事争议与其营业息息相关,裁判结果的间接效力涉及的主体就更加广泛和不确定,例如消费者权益保护。

2. 我国商事诉讼的形成与发展

新中国成立之后至改革开放这段时间里,我国仅有民事诉讼和刑事诉讼的区分。民事裁判的依据以政策为主,其中绝大多数的民事案件以婚姻、家庭为主。涉及财产权益的案件类型主要是宅基地纠纷、房屋纠纷、继承纠纷和赔偿纠纷。

改革开放之后,我国计划经济模式被打破,经济审判开始承担经济活动中发生的各类纠纷案件的审理工作,逐步从脱离了民事审判的范畴。在之后近 20 年的时间里,经济审判经历了从无到有,由强到弱,不断发展壮大的过程。主要体现在:第一,各级法院普遍设立了经济审判庭。1983 年第六届全国人大常委会第二次会议修改了《人民法院组织法》,规定各级法院应设立经济审判庭。第二,经济纠纷案件范围广。在经济庭设立初期,经济纠纷既审理经济纠纷,也审理经济犯罪案件;1984 年最高人民法院第一次全国经济审判工作会议之后,确立经济审判的基本任务是审理经济纠纷案件,调整生产和流通领域的经济关系,但是经济纠纷案件所涵括的范围仍然十分广泛。第三,经济审判具有明显的商事审判特征。经济庭审理以经济合同纠纷为主,较多适用商事法律法规,奉行商法效力优于民法效力,商法优先于民法适用的原则。相较而言,民庭受理的合同纠纷相对较少。

随着经济法与民法的界限愈加明晰,且无论是经济纠纷案件还是民事案件均适用《民事诉讼法》,于是在 2000 年,最高人民法院确立了大民事审判格局,将民庭、经济庭和知识产权庭的名称进行了整合,统称民事审判庭,分别改称民一庭、民二庭和民三庭,但各庭原有的主要职能仍未改变。

如今,我国并没有建立独立且统一的商事诉讼程序。除了某些领域的商事诉讼,如海事(商)案件和破产案件设有相对独立的诉讼程序外,绝大部分商事诉讼案件,如发生在公司法、票据法、证券法、期货交易等领域的商业纠纷,都是适用《民事诉讼法》规定的普通诉讼程序来进行审理的。此外,令人遗憾的是,《民事案件案由规定》仍将公司、证券、票据等有关的商事纠纷贯以民事纠纷的案由,并未使用商事纠纷的概念。[①] 尽管"商事审判"已正式成为我国的官方语言,但是司法实践中,商事审判未获得相应的独立性。我国目前还没有设置专门的商事法院或商事法庭,大部分商事案件的管辖仍然处于大民事审判格局之下,即由民二庭来审理。仅有少数重大涉外案件及海事、海商案件成立专门的商事法院,并且对海事法院管辖权的要求也过于严格。[②]

实践中地方法院实现了在商事立案和审判上的创新和突破。鉴于商事审判在裁判理念、审判方法、适用法律等方面有独特的要求,目前一些法院实行了对民商审判的

① 樊涛:《我国商事审判制度的反思与重构》,载《河北法学》2010 年第 2 期。

② 樊涛:《中国商法总论》,法律出版社 2016 年版,第 265 页。

分别管理。在立案上,对于各类商事纠纷案件,无论其主体是商个人、商法人或商合伙,一律划为商事案件,不再立为民事案件,严格按照案件的性质为标准而不是主体标准来划分民、商事案件收案范围。在技术上,对商事案件采用独立于民事案号的商事案号,这有助于准确界定商事审判的职能和管辖范围,正确适用法律,逐渐理顺商事审判与其他民事审判工作的分工和范围,确定正确的审判工作思路,准确把握商事审判规律,充分发挥商事审判的职能作用,从而强化商事审判思维的确立。①

如前所述,因为商事活动具有特殊性,且我国商事诉讼程序的缺失已经在客观上成为现代商法实施的障碍,所以适应其特殊性的商事诉讼制度需要从制度顶层进行设计和构建。同时,法官在适用商事诉讼特别程序审理商事案件的过程中还应该形成商事裁判思维,用来指导商事争议裁判者正确认识和理解商法本质,从而实现商法实体法的价值。

(二)商事审判理念

1. 商事审判理念的含义

商事审判理念是指法官在司法审判活动中,结合商法的特殊性和并对商法原则加以贯彻而形成的倾向性结果。商事审判理念要求法官总体把握商法和商事活动特点,并在个案审判中根据案件的个性恰当适用商事审判理念去审理案件。

(1)商法原则与商事审判理念。商法原则和商事审判理念是相互联系的。一方面,商法原则是法官了解商事活动规律,把握商事法律特点最便捷的途径;另一方面,商事审判理念也会影响商法原则和规则的适用。在审判领域,法官裁判权的行使会受到两个方面的影响:一是观念,即理念;二是具体法律规定的适用。即使是后者,在寻法及适法的过程中都有一定的自由裁量幅度,理念不同,思考路径亦不同,从而导致不同的裁判结果。②

同时,商法原则和商事审判理念又是相互区别的。原则和规则是法律条款的基本形态,原则是抽象化了的规则。在我国,法律的基本原则是可以不经具体化而单独作为法官的裁判依据的。③ 而商事审判理念不能成为裁判依据,是具体化工作中的“一般法律思想”,仅具有指导作用,指导司法者更好地适用规则和原则,因此商事审判理念在判决书中不能引用。

(2)商法理念与商事审判理念。商法理念是商事审判理念的上位概念。“商法理念”在语境上有两个层次:应然为“商法是什么”,是人们对于商法现状的理性认识;实然为“需要商法做什么”,体现在立法、司法、守法等法律的各个运行层面。立法需要立法者以其对商法的认识来拟定条款,司法需要司法者按自己的价值偏向来适用法律

---

① 参见于好、张江涛:《用“商事思维”指导审判》,载《人民法院报》2008 年 3 月 2 日,第 6 版。

② 俞秋玮、贺幸:《商事裁判理念对审判实践影响之探析》,载《法律适用》2013 年第 12 期。

③ 这一点与德国法语境下的“基本原则”不同,德国法语境下的基本原则通常指法律思想或法律理念,不是裁判规范,不能作为裁判依据。参见于飞:《民法基本原则的立法表述:区分法律理念与概括条款》,载《中国社会科学报》2015 年 5 月 27 日,第 A07 版。

进行裁判[①]，商人社会的环境影响立法和司法，立法与司法又对商人守法产生反作用，影响其商行为的判断。商事审判理念是商法理念实然作用的一部分，即法官在个案裁判时从商法独特性的角度来考虑问题的思维方式。

2. 商事审判理念的内容

由于商事审判理念并非法定概念，虽然一些国家的商法典存在很多体现商事审判理念的条款，但并未实现理念或类似概念的立法化。[②] 商法的特征、基本内容决定了我们应当确立的商事审判理念。例如，商法具有营利性、具有较强的技术性、兼具公法性、发展性等特征，奉行商主体法定、确认和保护营利、营业自由、交易便捷、交易安全、公平竞争、社会责任等基本原则。[③] 我国诸多学者和司法工作者从商法规定出发，结合我国商业活动和商事争议解决现状对商事裁判理念进行了不同角度的归纳和总结。

（1）一元论。有学者主张商法理念反映着共同规律，是一种内在逻辑。商事审判中不应该过度考虑商法理念，主张单一向度的商法理念。这种理念可以表述为"以营利为目的的风险控制"。[④]

（2）二元论。主张二元论的学者将"效益"和"安全"概括为商事活动和商事裁判的价值指引。"效益"要求商事审判活动遵循商事自由和商事便捷原则，合理适用和解释任意性规则；"安全"指引裁判者遵循法定强制和公示、外观主义原则，适当运用强制性规范以维护交易和社会经济的安全。[⑤]

（3）多元论。多数学者主张的商事审判理念是多元的，但众说不一，[⑥]这种差异大致可以看作从两种角度出发所形成的不同结果。第一种角度是从商法理念出发直接

---

① 此处所述仅指大陆法系国家的司法适用。

② 参见王建文：《我国商法中加重责任理念的司法应用及立法构想》，载《南京师大学报》2013 年第 3 期。

③ 关于商法的基本原则，国内学者有多种主张，具体可见本书分论关于商法基本原则的论述。

④ 参见戴少杰：《以营利为目的的风险控制——关于商法理念的初步思考》，载《商事法论集》（第 10 卷），法律出版社 2006 年版，第 412～416 页。

⑤ 参见范健：《从全球经济危机反思现代商法的制度价值》，载《河北法学》2009 年第 8 期。

⑥ 王保树教授认为商事审判应着重把握以下六点理念和思维：要尊重商人和商事交易的特殊性；尊重商人自治和章程等自治规则；尽可能促进交易、方便交易；注意外观主义的适用并保护善意第三人的利益；注意企业维持原则的适用；注意尊重商法中的特别规定。参见王保树：《商事审判的理念与思维》，载《山东审判》2010 年第 2 期。刘俊海教授认为法官的进行商事审判时应具有四类裁判理念：关注商人营利性；关注商人专业性；充分尊重商人意思自治；裁判者要具有能动性、谦抑性和中立性。参见刘俊海：《法官如何裁决商人纷争——怎么看转变商事裁判理念》，载《人民法院报》2012 年 2 月 27 日，第 2 版。叶林教授总结适应商事审判的观念为三点：关注营业资产；关注商事合同的营利性和营业性；遵循表示主义。参见叶林：《商法理念与商事审判》，载《法律适用》2007 年第 9 期。樊涛副教授认为商事裁判思维主要体现在以下五点：保护和增进企业效益；尊重和保护营业自由；促进交易便捷；维护交易安全；商事特别法规范优先适用。参见樊涛：《中国商法总论》，法律出版社 2016 年版，第 281～282 页。雷兴虎教授认为商事司法裁判理念应该树立以下四种理念：营利为本；商人自治；风险防范；社会责任。参见雷兴虎、李长兵：《商法理念及其在商事立法和司法中的适用》，载《甘肃社会科学》2013 年第 2 期。王建文教授归纳如下商法理念：强化私法自治；保护经营自由；保护营利；加重责任的适用。参见王建文：《论商法理念的内涵及其适用价值》，载《南京大学学报》2009 年第 1 期。李后龙博士总结审判中应当确立的商法意识有八项：重视对经营主体的资格审查；重视对经营主体的交易相对人的保护；重视行政规章的参照适用；重视维持企业的稳定；重视保障商事合同自由；重视商主体和商行为的营利性特点；重视保障交易简便、迅捷、安全的技术性规范；重视商事习惯和外国立法例的价值。参见李后龙：《商法思维与商事审判》，载《法学研究》2004 年第 11 期。

看待商事审判理念，由于这些商法理念是从商人和商事关系特点中总结的，所以侧重于对商人的保护，诸如“商人自治”“注重效率”等理念。但是这些理念有一定的管中窥豹的属性，所以导致其在司法审判中很难被正确把握。第二种角度是从司法实践出发总结商事审判理念，这些理念含有对多种观念、多方利益的权衡，不再局限于商人群体视角，而是多从商业交易动态过程去分析具备何种理念才能保证商事交易的公平、高效运转。于是，诸如交易相对人的利益保护，善意第三人的利益保护以及防止公权力过分介入等理念便被予以考虑。

本书更认同后者对商事审判理念的表述方式，认为商法理念和商事审判理念应该区别对待。因为司法裁判往往要考虑不同法律关系之间的问题，商事审判理念不应该“一刀切”地只注重商人利益，在理念上要更加注意平衡。但不具有偏向性的理念是不具有适用性的，所以整体方向应该是偏向商事关系维护、注重对商人的保护的。同时偏向性理念的适用是要有前提的，就是必须要准确判断案件性质，确定其是否为商事争议，是何种类型的商事争议，系争关系网中是否存有除了商人之外、除了商主体之外的其他主体，从而修正理念的过度偏向性。

3. 明确商事审判理念的意义

（1）明确商事审判理念对商事争议案件的解决具有指导意义。商事纠纷具有个性，商事和民事审判理念的区别是客观存在的。首先，从主体上看，商事纠纷是发生在商人之间的纠纷。具备民事主体资格是成为商事主体的前提，但并非所有的民事主体都能成为商事主体。只有具备法定条件的、被法律允许从事商事活动并且办理了相关核准登记手续的民事主体，才能成为商事主体。其次，从纠纷的类型来看，商事争议主要是商事主体在从事商事行为过程中发生的纠纷。商事行为是以营利为目的而实施的行为，且行为人以营利性的经济活动为业。最后，从解决纠纷所适用的法律来看，不同于普通民事纠纷，在处理商事纠纷时，商法的适用先于民法，在商法没有规定的情况下，适用民法的有关规定。① 商事思维指导商事审判有利于我们克服长期以来固执地把商事纠纷简单等同于民事纠纷的错误做法，在具体商事案件中强化商法意识，保护市场健康发展。另外，商事审判理念的明确对非诉讼途径解决商事争议具有参照和指导意义。虽然协商、调解以及仲裁制度充分尊重了意思自治，但有时因为居中者具有偏向性或能力不足而在解决过程中偏离商事思维，所以从立法上确立商事审判理念有助于帮助居中者理解商事争议的个性，有助于争议解决机构制定合理的争议解决规则。

（2）明确商事审判理念有助于加强商事审判的独立性与特殊性。虽然大民事审判格局模糊了民二庭的审判特色，但大部分的商事争议仍由其来审理。在事实上许多法院民二庭已经在实践中考虑到了商事案件的特殊性，形成了自己的商事裁判经验。在立法上确立商事审判理念，会使民二庭的工作更加定位于商事审判，有利于克服“民商事审判”的模糊称谓给民二庭系统带来的消极影响，激发民商事审判人员的自

---

① 于妤、张江涛：《用“商事思维”指导审判》，载《人民法院报》2008 年 3 月 2 日，第 6 版。

豪感和使命感,发挥民二庭应有的职能作用。[①] 需要强调的是,无论理论研究还是商事审判,我们所做的工作不是要刻意制造商法的特殊性,而是要发现商法的特殊性,尊重商法的特殊性,在审判当中采取相应的对策。这样,也就是把蕴藏在商法中的理念、思维,通过商事审判弘扬出来,形成商事审判的理念和思维。[②]

(三)商事诉讼特别规则

1. 我国商事诉讼模式的选择

随着商事关系愈加复杂,在建立和完善商事实体法律的同时,有关的商事诉讼程序法律也应该予以完善。应当以既有的民事诉讼模式为基础,建立若干具有商法特征的特别诉讼制度来实现商法的价值,这一模式可以称为特别规则模式。特别规则模式的基本内容可以概括为以下两个方面:第一,民事诉讼法总则作为民事诉讼和商事诉讼的"程序总则",对民、商事案件的审理具有统领性、普遍性的效力。第二,在商事一般性法律中单章规定商事诉讼特别规则,以满足商事案件的特殊要求。

(1)建立商事诉讼特别规则的必要性。

第一,制定专门的商事诉讼法典并不现实。虽然制定专门的商事诉讼法典最大限度地考虑了商事活动和商事争议的特殊性,但在我国民商合一的大背景下并不可行,短期内无立法的可能性。原因有二:其一,商事争议可以依靠我国现有的民事诉讼制度实现其可诉性,实体法律的独立性和诉讼制度独立性之间并无必然联系;其二,商法和民法在我国的法律体系下存有很多交叉,过于强调商事诉讼独立性将造成实践混乱。

第二,单纯依靠民事诉讼法的规定不利于实现商法实体规范的特殊性。实体和程序是解决问题的两个方面,相互配合才能实现法律追求的价值,但是一些民事诉讼的规范已经明显滞后或偏离于商事法律规定追求的价值。例如我国现行的民事证据制度强化了当事人主义,使诉讼双方挖空心思、竭尽全力开展一场寻找和藏匿证据的竞赛,这种人为引导、构筑的对抗,进一步破坏了商人之间已经受到伤害的交易关系,增加了"和谈息诉"的难度。[③]

第三,将商事诉讼特殊规则规定在实体法中有独特价值。其一,可以很好地应对商法的专业性,根据不同实体技术规范内容,富有针对性地制定程序法规范,方便法官司法过程中贯彻立法意图;其二,避免了商事诉讼错误适用民事诉讼规范的缺点;其三,在商事一般法中制定顶端的商事诉讼特殊规则,可以避免类似程序立法的杂芜。[④]

(2)在商事一般性立法中规定商事诉讼特别规则的可行性。尽管以上论述了规定商事诉讼规则的价值,但将诉讼制度规定在实体法中颇有突兀。有无将程序规范规定在实体法律的先例,这种规定有无法理可言,将决定规则设计的可行性。

第一,商事一般性立法的性质肯定了在其内部写入诉讼规则的可行性。一般性立

① 参见李后龙:《商法思维与商事审判》,载《法学研究》2004年第11期。

② 王保树:《商事审判的理念与思维》,载《山东审判》2010年第2期。

③ 参见蒋大兴:《审判何须对抗——商事审判柔性的一面》,载《中国法学》2007年第4期。

④ 参见樊涛:《中国商法总论》,法律出版社2016年版,第268~270页。

法，例如"通则"，对特定领域内事项的调整具有广泛性，它不同于实体法的"总则"，因而为程序制度的写入留下了空间。王保树教授认为，商事通则为具有一般性调整特征的法律，它指导依附于它的单行法的适用，同时区别于单行法可以单独适用。① 赵旭东教授认为，我们要制定的"商法通则"并不是法典总则性质的规定，而仅是在商法体系内部，根据商法领域本身体系化的要求而进行的商事共同性或一般性的立法。②

第二，我国立法实践肯定其可行性。其一，《民法通则》也规定了程序性内容，例如宣告失踪和宣告死亡、诉讼时效、涉外民事关系法律适用这些诉讼程序规则；其二，类比《民法通则》和《民事诉讼法》的时间，前者于 1987 年 1 月 1 日开始实施，后者于 1991 年 4 月 9 日公布并实施。这说明商法可以在无对应专门诉讼法典的情况下或条件尚不具备的情形下，先行在通则中规定部分特别的程序性规则，也为之后专门的商事诉讼立法夯实基础。

第三，考察国外对商事诉讼机制的规定，也多在商法典或商事单行法中体现。实体和程序问题本来就是很难截然分开的，需要相互协作和渗透。即使是商法典或商事单行法，因商法具有较强的公权力介入和较强的拟制性特征，其内容既涉及组织法和行为法规范，也涉及实体法和程序法规范。③

2. 商事诉讼特别规则的构想

（1）商事诉讼时效制度。商事诉讼时效制度包含一些特殊的短期诉讼时效的适用范围、诉讼时效期间起算、中断、终止和延长及届满后的法律后果等。④ 关于商事诉讼时效规定，比较法上大致有两种立法模式：一种是在商法典中不对商事时效进行一般规定，仅规定特殊时效，如《西班牙商法典》第 943 条："本法典没有明确规定时限的诉讼，其时效的规定依据公共法。"另一种是在商法典中，明确规定短于民事一般诉讼时效的商事一般诉讼时效，如《日本商法典》第 522 条："除本法有特别规定外，商行为所产生债权，五年期间不行使则因时效而消灭。但其他法律法规所规定的时效期间短于五年时，从其规定。"

我国《民法总则》第 188 条第 1 款将《民法通则》规定的一般诉讼时效期间延长为 3 年，旨在适应社会人员流动性增强和权利义务关系趋于复杂的现实情况。但商事活动比民事行为更加追求效率，为适应商事纠纷快速高效解决的需求，将商事一般诉讼时效规定为稍短于民事一般诉讼时效，以二年为宜。再者，商事主体因其专业性与职业性，在商事诉讼时效上应有更高的注意义务，稍短的诉讼时效有利于督促商人尽快解决争议。再加之商事争议可能发生在商事主体与非商事主体之间，赋予请求保护商事权益的商人更短的诉讼时效要求，有利于保护通常处于弱势一方的非商事主体的权益。

（2）设立商事审判庭，专门审理商事争议案件。世界各国审理商事纠纷的司法组

---

① 参见王保树：《商事通则：超越民商合一与民商分立》，载《法学研究》2005 年第 1 期。

② 参见赵旭东：《制定"商法通则"的五大理由》，载《中国商法年刊（2007）》，第 6 页。

③ 参见李颖：《论公司类型案件特殊诉讼机制的构建》，载《人民司法》2003 年第 9 期。

④ 参见李建伟：《制定商法通则的缘起及其立法价值的再认识》，载《社会科学战线》2015 年第 12 期。

织大体可以归为四类:一是由普通法院、职业法官审理商事争议,不设专门审判组织,如爱尔兰、西班牙、日本等。二是由普通法院内设的专门审判庭审理商事纠纷,法官均为职业法官,罗马尼亚、中国采取此制。三是由专门的商事法院来审理商事纠纷,但法官可能均为职业法官,如卢森堡;也可能均为从商人中选出来的非职业法官,如法国;还可能是由职业法官和来自商界的法官共同组成审理团队,如比利时、克罗地亚等。四是由仲裁法院审理,仲裁法院全由职业法官组成,如俄罗斯。

商事审判庭的设立是正确把握商事立法的重要保障,有设立的必要性和可行性。第一,商事审判庭的明确有助于准确界定商事审判的职能和管辖范围,正确适用法律,逐渐理顺商事审判与其他民事审判工作的分工和范围,确定正确的审判工作思路,准确把握商事审判规律,充分发挥商事审判的职能作用,从而强化商事审判思维的确立。第二,设立商事审判庭具有可操作性。这种大民事审判格局下的民商事审判,其实质是商事审判。第三,根据最高人民法院的管辖分工规定,民二庭审理的案件类型与民一庭和民三庭存有显著的区别。民二庭以审理公司、保险、证券、期货、票据、破产、担保纠纷和企业之间的合同纠纷为主,涉及商事主体内外部关系的纠纷、经营者之间的买卖等合同纠纷和因特殊商事行为所产生的纠纷。① 故在民二庭的基础上组建并明确商事审判庭具有可操作性,有利于顺利衔接商事审判工作。

(3)建立商事案件协议管辖制度。商事争议的协议管辖可以打破《民事诉讼法》第34条关于协议管辖选择的法院必须与争议有实际联系的规定,进一步弱化协议法院与案件之间的联系。一方面,协议管辖能够尊重当事人的自由合意。这使当事人在更广泛的范围内充分考虑各种因素,如法院的公正性、中立性、专业性、便利性和判决的可执行性等因素,最后作出明智的选择。另一方面,协议管辖能够突出中立的第三方法院对于商事案件审理的重要性,减少商事争议当事人的"地域恐惧心理"。我国现有的商事裁判体系下,争议双方愿意协议选择仲裁解决商事争议的比率很高,原因之一就是当事人顾虑任何一方所在地或者与案件有联系的法院存在地方保护或偏向性。再者,我国商业发展和法官裁判经验之间存在地域上的不均衡,有些地区的法院积累了非常丰富的相关领域的裁判经验,丰富的裁判经验有利于提高效率并最大限度实现公平。

(4)建立商事审判陪审员制度。商人参与案件审理是贯彻商事裁判理念的重要保障。商人了解商业规则和习惯,了解商人的营业性,能够帮助法官在商事案件审理中正确运用商业思维,破除传统民法思维的壁垒。我国可以考虑的做法是由各省市高级人民法院在相关商业协会和社团中选任部分商业人士担任非职业裁判者,以弥补法官商业感知力的不足。② 此外,就商事案件中涉及的一些商事专业性问题,商人或商业专家能够帮助法官厘清案件情况。因此在设置商事法庭的国家,商人是作为法官进行裁判案件的;而未设置商事法庭的国家往往也看到了商人进入审判体系的重要性,

① 参见李后龙:《中国商事审判的演进》,载《南京大学法律评论》2006年春季号。

② 参见罗培新:《论商事裁判的代理成本分析进路》,载《法学》2015年第5期。

因为商人了解行业习惯。①

我国的人民陪审员制度已经极大程度地满足了审判需要,有利于人民监督和专家陪审员参与案件审判。因此没有必要另辟蹊径创造商人陪审员的聘任制度,依靠现有的制度,稍加规定和改造就能满足商事审判商人参与裁判的需要。商事审判陪审员制度要平衡与人民陪审员制度之间的关系,在程序上严格依据我国现有的人民陪审员制度建立,在条件上参考人民陪审员制度的条件和考虑商事活动的具体情况。第一,商事陪审员制度附属于人民陪审员制度,因此必须满足关于人民陪审员的相关规定。如《全国人民代表大会常务委员会关于完善人民陪审员制度的决定》第 4 条规定:"公民担任人民陪审员,应当具备下列条件:(一)拥护中华人民共和国宪法;(二)年满二十三周岁;(三)品行良好、公道正派;(四)身体健康。担任人民陪审员,一般应当具有大学专科以上文化程度。"第二,考虑到商事争议的复杂性和专业性,必须对商人或商业专家的任职资格进一步规定。如商事陪审员需从事与商业有关的活动满一定期限、无破产经历以及有丰富的商业经验等。再如《法国司法组织法典》第 413 条规定:"商事法院的法官由商事法院管辖范围内的选举团选举产生,选举团包括商事法院的在职法官和工商会的成员,以及已经申请在选举人名册上登记原商事法院法官和原工商会成员。作为商事法院法官的候选人必须是年满 30 周岁以上,从事商业活动至少 5 年以上,具有法国国籍,并且没有破产经历。"

值得讨论的是,商人与商人之间的商事争议、商人与非商人之间的商事争议是否均强制商事陪审员参与审判。本书认为商人与非商人的商事争议案件在组建合议庭时人民法院可以根据案件实际情况判断是否应当从商事陪审员名单中确定商人作为陪审员。这主要考虑到因格式合同或商业垄断等原因,在很多情形下非商人为弱势一方,若与商人之间的争议不区分对待,商人的思维和商人之间的同理心等因素会影响案件的公平性。而商人之间进行商业活动的过程通常是在平等协商的基础上进行的,所以商事陪审员参与审判并无不妥。而且商事陪审员依据其对行业规则、习惯的熟悉,可以促使商人当事人之间的商事争议趋于缓和,实现柔性审判。

(5)建立形式自由、程序高效的商事证据制度。近年来的民事证据制度改革,如果站在商人的立场评价,基本上是一场失败的试验。现有的证据制度强化了审判表演的对抗性,诸如举证责任、举证时限等诸多制度都在强化这种倾向,这场改革促使诉讼双方在庭审前后以及庭审之中,挖空心思、竭尽全力展开一场寻找和藏匿证据的竞赛,当事人主义的改革虽然可能使一度慵懒的审判表演,变得更加好看,但无疑混淆了一般民事审判和商事审判的区别。这种人为引导、构筑的对抗,进一步破坏了商人之间已经受到伤害的交易关系,增加了"和谈息讼"的难度。② 在具有和讼倾向的商事领域中,这样的规定必须作出改变。

在形式上,应建立自由证据规则。《法国商法典》第 109 条诠释了自由证据的含

---

① 参见樊涛:《中国商法总论》,法律出版社 2016 年版,第 278 页。

② 蒋大兴:《审判何须对抗——商事审判"柔性"的一面》,载《中国法学》2007 年第 4 期。

义，其规定："对于商人、商行为得以一切方式予以证明，但法律另有规定的除外。"①商事主体和商事行为的多样性，决定了纠纷发生时双方可提供证据的多样化，如果一味地追求刻板化和证据形式固定化，会阻碍法官发现案件的真实性。例如，在美国的商事审判中，对于商事惯例的证明程度非常宽松，证明方法通常是由熟悉特定行业的商业活动专家出具证实在这一行业内存在某种行业惯例的证明。② 又如，随着网络交易频率的逐渐增加，网络买卖合同和消费记录应可以直接被用作证据来证明案件事实，以此提升事实真相的发现可能性和案件审判的效率。

在程序上，限制适用我国《民事诉讼法》第65条关于举证时限的规定。该条规定："人民法院根据当事人的主张和案件审理情况，确定当事人应当提供的证据及其期限。当事人在该期限内提供证据确有困难的，可以向人民法院申请延长期限，人民法院根据当事人的申请适当延长。当事人逾期提供证据的，人民法院应当责令其说明理由；拒不说明理由或者理由不成立的，人民法院根据不同情形可以不予采纳该证据，或者采纳该证据但予以训诫、罚款。"该条给予了法官极大的自由度来决定是否采用逾期提交的证据，同时也给予了当事人足够的时间来收集证据，提交证据。司法实践中，多数法官为发现事实真相进行能动司法，在当事人举证时间上给予了过分的宽容。这种做法是与商事审判特点相悖的，它不仅极大地降低了审判效率，而且为当事人的证据突袭提供了可乘之机。因为商事主体在进行营业活动时具有相当的注意义务，且其搜集证据、固定证据的能力相较非商事主体更强，所以应该认为在其有能力在举证期限内提供足够的证据，反之将承担举证不能的责任。通过这种方式，一方面可以促使商事主体在其营业活动中更加细致谨慎，另一方面也能提高审判效率。尽快解决商事争议也符合商事主体对效率的追求。

(6)施行严格的财产保全制度。我国《民事诉讼法》规定的财产保全制度对于涉诉当事人双方来说是相对平衡的制度。一方面，考虑到申请人可能遭受的潜在财产损失，给予了申请人在诉前和诉中申请财产保全和行为保全的权利；另一方面，考虑到被申请人可能因被采取保全措施而遭受不必要的损失，要求申请人在申请诉前保全时提供相当程度的担保，并给予了被申请人不服保全裁定而申请复议的权利。

但现行的保全制度在商事诉讼活动中却会给被申请人带来不小的负面效果。第一，财产保全措施过于刚性。自然人的全部财产或部分财产被查封、扣押、冻结之后，其仍可以进行丰富的非财产性的社会活动；依靠个人信用，其仍可以从亲友或其他社会机构获得财产资助，生活可以维持，只不过可能会有一定程度的降低罢了。与自然人不同，商事主体的一切行为与其营业有关，而其营业行为又是与其财产密切联系的。被采取查封、扣押和冻结措施之后，其商业信用必定会下降，贷款融资的难度会大大增加，商事主体的营业可能会陷入停滞。第二，法院裁定保全的标准不明确。商事案件的案情一般错综复杂，很难在短时间内厘清案件事实。根据《民事诉讼法》的规定，对

① 金邦贵译：《法国商法典》，中国法制出版社2000年版，第45页。

② 周林彬、王佩佩：《试论商事惯例的司法适用》，载《学术研究》2008年第10期。

于诉前保全,在紧急情况下,法官应在48小时之内做出是否采取保全的裁定;对于诉中保全,一律应当在48小时之内做出是否保全的裁定。在如此有限的时间内作出正确的裁定,对于法官的要求是相当高的,更多时候,裁定的标准只能局限在法官对案件有限的理性判断和感性判断上。第三,被申请人的权益保护集中在事中和事后救济。当被申请人认为裁定错误要求复议时,保全措施已经对其财产或行为施加影响力,这种对商事主体营业行为的干扰多数情况下是不可逆的。此外,申请人提供的担保是用来赔偿当申请错误时被申请人的损失;如果保全措施错误是由于法院的违法行为造成的,当事人可以根据《国家赔偿法》的规定申请国家赔偿。对于商事主体来说,相较提供事中和事后救济,避免对其营业活动的干扰更加重要。

职是之故,现有的财产保全规定应当根据商事活动的特点加以调整。首先,对商事争议采取保全措施应当以行为保全为主,采取财产保全时,应避免对其全部财产或大部分财产进行保全,为被申请人的继续营业留出适当的财产。其次,即使是诉中保全,也应要求申请人提供相当程度的担保,由此提高申请人提出保全申请的代价,避免申请人对被申请人正常营业行为的任意干扰。最后,法院在作出保全裁定时应该严格审查。一方面,可以对法官作出裁定的时间做出宽缓规定;另一方面,可以要求法官在商事争议案件的财产保全裁定书中对作出裁定的理由进行相对充分的论述,以此督促法官对财产保全进行审慎判断,不能不知不觉地干扰到或者实质影响到被申请人的营业活动。

(7)建立商事速裁机制。速裁是指人民法院为了提供司法效率,节约司法资源,减轻审判压力,对于事实清楚,权利义务关系明确,双方争议不大,当事人要求尽快解决纠纷的案件,或者法律关系不复杂且双方当事人同意尽快解决纠纷的案件,由法院内部的专门机构或者专门人员,通过简化诉讼程序,迅速作出裁判的审理方式。[①] 相比较普通诉讼程序,速裁程序有着明显的特点和优势。其一,它符合商事争议当事人对于效率的追求。当下大量的商事案件往往要经过二审、再审,冗长的诉讼程序会使当事人背负巨大的时间压力和金钱压力。其二,它能够分流案件,减少法院,尤其是基层法院的工作压力,从而提高工作质量。

然而,我国《民事诉讼法》对普通诉讼程序的简化不符合商事速裁制度的现实需求。其一,简易程序并不简易。现行简易程序基本上只是普通程序的简化形态,除审判组织和审理期限有明显差别之外,其他方面并无明显界线加以区分,比如答辩期间、反诉或变更诉讼请求、上诉权等几乎无所差别,导致所谓"繁者不繁,简者不简"的状况。[②] 其二,简易程序中的小额诉讼对于"小额"的界定太苛刻,大部分的商事争议案件的标的额会高于上年度就业人员年平均工资的30%,导致很少比例的商事争议案件通过小额诉讼程序解决。其三,参考德国速裁制度引入我国《民事诉讼法》的督促程序存有缺陷。《最高人民法院关于适用〈中华人民共和国民事诉讼法〉的解释》第

① 袁秀挺等:《民事诉讼速裁机制的探索与完善——对上海市基层和中级法院时间的考察分析》,载《人民司法》2007年第21期。

② 傅郁林:《小额诉讼与程序分类》,载《清华法学》2011年第3期。

437 条规定,法院对债务人异议仅是形式审查,且认定异议成立的情形较多,导致债务人很难通过申请支付令的方式要求债务人履行债务。

所以,为了提高审判效率,优化司法资源配置,满足商事主体对快速、简便、公正、高效地解决争议的需求,避免现有制度的弊端,应该对商事速裁程序重新调整和优化。其一,小额诉讼案件强制速裁。由于在程序启动上当事人没有选择权,故强制性速裁程序的适用范围必须限于相对较低的标准,但是应当考虑商事争议涉案标的额较大的情形,适当提高标准。其二,大额诉讼案件合意速裁。速裁合意的方式可以比照仲裁的制度设计,双方在争议发生前签订速裁协议或在合同中拟定速裁条款;也可以在双方诉讼时协商一致。其三,支付令制度应提高债务人异议成立的难度,严格债务人的证明责任,同时法院对债务人的异议进行实质审查。被申请人提出异议往往也不是完全的否定,也没有提出有实质证据的理由,大部分只是为了减少、延缓或拖延债务,所以这类案件进入速裁程序很容易达成调解协议,或作出迅速判决,而不必进入审判程序。①

(8)探寻多元化的审理方式和结案方式。在审理方式上,引入圆桌审判和商谈审判。我国重刑轻民的传统导致民事诉讼中司法的权威性无处不在,虽然我国目前采用对抗式的法庭设计,但在审理语言等方面上仍然存在纠问式的影子。这种方式会导致当事人缺少意见的交换,从而导致双方达成和解的可能性降低。在日本,一部分有志于改革的法官也正在作出一种尝试,以谋求加快程序的进行和促成和解——在受理案件后,由法官召集双方当事人及其律师举行一次非正式的会合,这种会合有点像法官和律师对当事人进行交叉的"采访",基于其特定的形式和功能,这种非正式的程序被称为"辩论兼和解"。② 相较民事主体,商事主体的营业活动多伴随谈判的方式,谈判是他们达成商业目标的方式之一,也是他们解决纠纷的重要方式之一,很多分歧都可以消失在谈判桌前。审理方式参考谈判的要素进行改造,如双方可以一改站于法庭两侧的对立地位,而是坐在圆桌前由法官居中审理,这种方法有利于双方在惯常节奏下达成共识,化解矛盾。

在结案方式上,注重调解结案与和解结案。只要该商事争议没有决定性地影响到商事主体的营业,那么商事主体会更加重视对将来利益的持续追求,而非固执地想要对过去进行了结。商事争议与财产利益密不可分,商事争议主体通常不希望以持续性、公开化的方式恶化双方关系,影响到其商业信誉。所以基于商事主体的这种考虑,法官在商事审判活动中应该弱化司法的权威性,采用软性的手段解决双方争议。同时,调解与和解结案也是对速裁程序的补充,通过调和的方式,当事人可以尽快回归到正常的营业活动中去。

---

① 傅郁林:《小额诉讼与程序分类》,载《清华法学》2011 年第 3 期。

② 参见[日]谷口安平:《程序的正义与诉讼》,王亚新、刘荣军译,中国政法大学出版社 1996 年版,第 36 ~ 37 页。转引自蒋大兴:《审判何须对抗——商事审判"柔性"的一面》,载《中国法学》2007 年第 4 期。

图书在版编目(CIP)数据

中国商事法律制度/赵旭东等著. -- 北京:法律出版社,2019
ISBN 978-7-5197-3455-8

Ⅰ.①中… Ⅱ.①赵… Ⅲ.①商法-研究-中国 Ⅳ.①D923.994

中国版本图书馆CIP数据核字(2019)第083235号

中国商事法律制度
ZHONGGUO SHANGSHI FALÜ ZHIDU

赵旭东等 著

策划编辑 王 扬
责任编辑 王 扬
装帧设计 乔智炜

出版 法律出版社
总发行 中国法律图书有限公司
经销 新华书店
印刷 固安华明印业有限公司
责任校对 杨锦华
责任印制 张建伟

编辑统筹 独立项目策划部
开本 787毫米×1092毫米 1/16
印张 23.25
字数 454千
版本 2019年9月第1版
印次 2019年9月第1次印刷

法律出版社/北京市丰台区莲花池西里7号(100073)
网址/www.lawpress.com.cn
投稿邮箱/info@lawpress.com.cn
举报维权邮箱/jbwq@lawpress.com.cn
销售热线/400-660-8393
咨询电话/010-63939796

中国法律图书有限公司/北京市丰台区莲花池西里7号(100073)
全国各地中法图分、子公司销售电话:
统一销售客服/400-660-8393/6393
第一法律书店/010-83938432/8433　西安分公司/029-85330678　重庆分公司/023-67453036
上海分公司/021-62071639/1636　深圳分公司/0755-83072995

书号:ISBN 978-7-5197-3455-8　**定价**:88.00元